중국 지역연구와 지식네트워크

이 저서는 2009년도 정부재원(교육과학기술부 학술연구조성사업비)으로 한국연구재단의 지원을 받아 연구되었음(NRF-2009-362-B00011).

국민대학교
중국인문사회연구소
총서·9

중국 지역연구와
지식네트워크

박영순·박철현·서상민·송인재·은종학
이광수·차태근·최은진·허재철   공저

學古房

서 문

　국민대 중국인문사회연구소 총서 9권 『중국 지역연구와 지식네트워크』는 HK인문한국사업의 아젠다 '중국 지식·지식인: 지형과 네트워크' 주제와 관련된 마지막 연구결과물이다. 십년간 매년 한해마다 기획한 연구를 수행하여 총서를 발간하였는데 올해 9권을 출판하기에 이르렀다.

　그간의 아젠다 연구는 첫째 학술사나 지식사회학 등의 연구에서 주로 언급되어 왔던 지식이나 지식인 연구에 그치지 않고 이를 새롭게 하고 확장하고자 해왔다. 기존의 지식이나 지식인 연구에서 크게 주목하지 않았던 명목적 지식과 암묵적 지식까지 포함하여 지식의 범주와 접근의 방법을 모색하고자 했다.

　둘째 분과학문적 틀을 벗어나 융합과 통섭을 추구하며 지식담론, 문학예술, 과학기술, 국정운영, 정치경제, 사회문화의 범주로 나누어 주제연구를 진행하였다. 그동안 드러나지 않은 중국연구의 사각지대를 포함한 지형의 변화를 드러내고자 인문학과 사회과학의 질적 분석과 양적 분석을 종합적으로 활용하면서 다층적 접근을 모색하였다.

　셋째 부상하는 중국이 지식을 생산하고 유통하는가를 살펴보았고 중국이 외부지식을 수용하면서 어떠한 글로컬리티적 지식을 축적하고 또 외부로 발신했는가 하는 점에도 주목하였다. 이러한 연구를 통해 역사적 변화뿐만 아니라 지식지형의 변화가 현재 중국의 정치, 경제, 사회, 문화에서 어떠한 함의를 지니고 있는가를 살펴 볼 수 있었다.

　넷째 사회과학적 방법론을 활용하여 네트워크를 분석하기도 하고 연구과정에서 중국의 지역연구에 적절한 네트워크를 규명하기도 하였다. 이 과정에서 지식인과 지식개념과 관련된 데이터베이스를 구축하고 방법론을 정립해 왔다.

　그 결과가 종합되는 아젠다 연구의 최종 목표는 지식연구를 통한 중국

지역연구의 새로운 접근과 이론화의 구현이었다.

  하지만 아젠다 연구를 장기간 하면서 이룬 성과도 적지 않았는데 역사적인 흐름과 변화에 주목하여 중국 지식과 지식인의 다양한 조직과 활동 속에 축적된 지식의 패러다임의 변화를 규명하였다. 또한 이러한 패러다임의 변화가 지식의 생산과 유통과 확산의 새로운 지형을 구축했다는 점도 드러내었다. 뿐만 아니라 연구 과정에서 지식의 지형과 지식생산의 경로를 중층적으로 파악하였고 다양한 함의의 네트워크를 방법론도 실험하였다. 이를 통해 지식생산과 유통, 확산의 동력이나 장치를 밝히기도 하였다. 또한 시각적으로 지식을 이미지화하여 지형과 지식의 관계를 표현해 내었다.

  총서 9권의 글들은 지난 십년간 수행한 아젠다 관련 연구의 주제를 각자의 영역에서 녹여낸 것으로 '중국 지식 · 지식인: 지형과 네트워크' 연구의 심화와 확산을 위한 현재의 지점과 향후의 방향을 제시한다는 점에서 의미가 있다.

  우선 차태근의 '서학의 사다리와 지식장'은 19세기 서학이 중국의 지식체계 경계 밖에서 어떻게 중국의 지식체계로 접속되어 가는지를 살펴본 흥미로운 글이다. 명말 청초 예수회 선교사들에 의해 수용된 서학은 중국 지식체계 전체에서 볼 때 여전히 예외적이고 보조적인 의미에서 벗어나지 못했다. 하지만 19세기에 서학이 중국의 지식체계에서 일정한 지위와 기능을 확보해 갔고 이는 중국의 근대성이 독특한 성격을 지닌다는 점과 관련이 있음을 드러내 주었다. 글에서는 특정한 지식 네트워크를 중심으로 한 지식장을 분석하였다. 중국에서 서학이 夷學에서 洋學. 그리고 新學으로 지위와 역할이 서로 다른 서학경로와 지역공간에 따라 어떻게 형성되고 수용되었는가를 드러내었다.

박영순의 '서학동점기 서학의 수용과 지식생산: 上海格致書院의 '考課'와 '格致'에 대한 인식을 중심으로'는 신식서원이 서학을 수용, 전파함과 동시에 전통학문체계에 대한 새로운 변화를 추구해나간 과정을 분석한 글이다. 1874년에 설립된 상하이격치서원(上海格致書院, 이하 격치서원으로 약칭)의 '고과(考課)'의 활동을 통해 당시 양무 관료와 지식인들의 서학에 대한 이해와 인식을 고찰하였다. 또한 지식생산의 기제를 격치서원의 기관적 특성, 고과의 시행과 행위자(출제자와 수상자)분석, 『격치서원과예』에 반영된 서학에 대한 인식과 중서학[격치] 관계를 이해한 방식 등을 분석하고 신식서원에서 생산된 양무지식의 내용과 그 메커니즘을 밝혔다.

최은진의 '모던 차이나 (*Modern China*)' 잡지와 미국의 중국학 연구동향: 키워드 동시출현 분석을 중심으로'는 키워드 동시출현 방법을 활용하여 담론의 네트워크를 규명하고자 한 글이다. 미국의 중국학 연구가 1970년대 냉전시기의 중국학 연구가 내재적 문제를 지녔음을 제기하며 중국 중심의 연구를 모색해 나간 과정을 살펴보고 이러한 모색의 과정에 담론 유통의 장인 비판적 잡지인 '모던 차이나'에 주목하였다. 주편인 필립 황의 편집의도를 분석하고 기존연구에서 잘 드러나지 않았던 2000년대 이후의 변화를 키워드 네트워크를 분석하였다. 이를 통해 모던차이나의 최근 연구들은 역사연구와 현재 중국의 문제를 연결하는 것으로 역사를 중심으로 하되 사회학이나 경제학 등의 연구방법을 차용하였던 경향이 있음을 드러내었다.

서상민의 '동서양 현실주의 정치사상에 대한 시론'은 순자와 마키아벨리라는 2인의 사상가들의 사상에 대한 의미상관성을 비교 검토한 글이다. 2인의 구체적인 사상을 전체적으로 비교하기보다는 그들의 객관적인 상황의 공통성과 자신들의 사회가 안고 있는 문제와 그러한 문제를 해결하기 위한 그들의 현실주의적 대안의 현재적 의미만을 논구하는 방식으로 글을 전개하였다. 순자와 마키아벨리는 각기 다른 역사적 정신적 기반 하에 자신들의 사고체계를 구성하였지만, 혼탁한 사회와 정치를 현실적인 관점에서 관찰하고 그런 상황을 해결하기 위한 방법을 찾아 가려는 노력의 결과 자신의 사상체계를 형성하게 되었을 것으로 보았다. 그리고 이를 순자와 마키아벨리의 정치사상을 '치란지법(治亂之法)의 정치사상'으로 규정하고 있다.

송인재의 '정치유학의 이념과 쟁점'은 정치유학에 대한 논박이 중국의 부상 이후 중국에서 발산되는 지적 욕망과 지식지형의 단면이라고 보고 정치유학의 부상과 그 내용과 특성을 분석한 글이다. 중국 몰락의 원흉이라 지탄받고 '용도폐기' 처분을 받은 유학이 다시 재조명되고 있음에 주목하고 특히 21세기 들어 중국 지식계의 논쟁에 파문을 일으킨 '정치유학'의 주장을 살펴보았다. 정치유학은 중국이 정치제도, 사상 면에서 서양의 것을 추수하면 안 된다는 의식의 발로로 서구식 대의제 민주주의가 최선이 아님을 강조하는 것을 주요한 내용으로 한다. 또한 정치유학 담론에는 심성론에서 벗어난 오래된 유학이 지금까지 볼 수 없던 새로운 정치체제를 구축함으로써 세계의 리더가 될 중국의 앞날을 개척해야 한다는 욕망이 담겨 있다고 분석하였다.

박철현의 '현대중국의 발전전략과 호구제도 : 시진핑 시대를 중심으로'는 건국 이후 중국의 발전전략과 호구제도의 관계를 추적하는 것으로 시작하여 현재까지의 변화과정을 고찰한 글이다. 건국 초기 확립된 중공업 위주 발전전략을 추구하기 위해서는 인구의 압도적인 다수인 농민이 거주하는 농촌에서 자원을 추출하여 도시 중공업 부문에 우선적으로 투자

해야 했는데, 이를 위해서는 농민의 도시이주를 금지시켜야 했고, 이를 가능하게 하는 사회적 제도가 바로 호구제도 였다고 한다. 이러한 호구제도는 1980년대 농촌개혁, 1990년대 도시개혁을 거치면서 호구제도와 또 달랐지만, 시진핑(習近平) 시대인 2013년 이후 생겨난 최근의 호구제도 개혁은 기존의 호구제도 개혁과 또 다른 질적인 차이를 보인다고 하였다.

이광수의 '대만 TV시사토론프로그램의 정치편향성'은 언론매체의 정치적 편향성에 따른 프레이밍 효과에 의해 심화되고 있는 대만 언론의 양극화 문제를 방송언론 즉 TV시사토론프로그램에 대해 분석한 글이다. 대만의 TV시사토론프로그램의 분석은 정치적 성향을 분석하기에 적절한 것으로 보았다. 특히 시사프로그램은 남녹 정파성이 선명하게 드러나는 방송임에 주목하였다. 따라서 정치적 편향성이 프로그램을 제작하는 모기업의 정치적 배경 및 성향, 사회자의 정치적 성향과 진행 방식, 토론자의 직업과 발언, 토론 주제 선정 및 접근 방식 등의 요인에 따라 드러났다. 그의 분석에 의하면 국민당 중심의 남영 정치세력과 민진당 중심의 녹영 정체세력으로 표현되는 양극화된 정치적 편향성이 프로그램에 뚜렷하게 나타난다. 이외 정치적 편향성은 토론자, 사회자의 정치성, 경쟁의식등도 작용했다고 분석하였다.

허재철의 '중국의 동남아 연구와 지식 교류 네트워크'는 네트워크라는 새로운 시각에서 중국의 동남아 연구에 대해 분석한 글이다. 연구대상은 동남아와 관련된 1992년부터 2018년까지 모든 학술영역에 걸친 5,541편이라는 방대한 양의 논문으로, 연구 빈도 추이 및 주요 연구자, 학술지 등을 살펴보았고 키워드 네트워크를 통해 그 동안 어떤 주제로 연구가 진행되었는가 동향을 분석하였다. 이와 같은 중국의 동남아 연구 현황은 한국 학계의 동남아 연구에도 시사점을 주며 향후 중국과 한국, 또는 한·중·

일 3국의 동남아 연구 비교로의 확장될 수 있을 것으로 기대된다.

　은종학의 '싱가포르 SUTD의 對中·對美 연구협력 네트워크 분석'은 '동아시아의 작은 용'이라 일컬어지는 국가들(한국, 대만, 싱가포르)에 대한 최근의 비교연구에서 싱가포르를 주목하여 연구한 글이다. 싱가포르는 중국의 부상에 가장 기민하게 대응하며 전략적 균형을 유지한 것으로 평가된 바 있어 싱가포르에 주목하였다. 분석은 미시적으로 2012년 싱가포르가 신설한 제4의 국립대학 SUTD에 초점을 맞추었다. 디자인에 강조점을 둔 SUTD는 설립과정에서부터 양대 전략적 협력 파트너로 선정한 미국의 MIT, 중국의 절강대학과 최근까지 형성·발전시켜 온 연구협력 네트워크를 다각도로 실증 분석하였다. 그리고 이를 통해 SUTD가 미국 및 중국의 서로 다른 자원을 어떻게 활용하며 국제적 네트워크 속에서 자신의 위상을 어떻게 구축해 가는지 분석하여 정책적 함의도 드러내었다.

　이상의 연구를 종합하여 살펴본 본서의 주요한 특징은 외부에서의 지식 수용과 이를 변용하고 중국의 지식을 외부로 확산하는 지식생산과 유통, 확산의 메커니즘을 분석하였다는 것, 지식생산기관과 생산된 지식의 내용과 그것의 함의를 분석하고자 한 것, 네트워크 방법을 활용한 지식확산의 의미, 실제의 분석 등을 다각도로 모색한 것이라 하겠다. 향후 보다 유기적인 연구를 통해 연구가 더 심화되고 지속되길 기대해 본다. 아울러 지난 오랜 시간 동안 아젠다 연구를 꾸준히 열정적으로 해 주신 중국인문사회연구소의 선생님들과 함께 참여해 주신 많은 선생님들께 다시 한번 감사의 말씀을 드린다.

2019년 5월 필진을 대표하여
최은진 지음

목 차

서학의 사다리와 지식장
ㅣ 차태근 ·· 13

서학동점기 서학의 수용과 지식생산
: 上海格致書院의 '考課'와 '格致'에 대한 인식을 중심으로
ㅣ 박영순 ·· 53

'모던 차이나(Modern China)' 잡지와 미국의 중국학 연구동향
: 키워드 동시출현 분석을 중심으로
ㅣ 최은진 ·· 105

동서양 현실주의 정치사상에 대한 시론
: 순자와 마키아벨리의 "치란지법"(治亂之法)
ㅣ 서상민 ·· 139

정치유학의 이념과 쟁점
ㅣ 송인재 ·· 177

현대중국의 발전전략과 호구제도: 시진핑 시대를 중심으로
ㅣ 박철현 ·· 207

대만 TV 시사토론프로그램의 정치편향성
ㅣ 이광수 ·· 237

중국의 동남아 연구와 지식 교류 네트워크
  ㅣ 허재철 ·· 269

싱가포르 SUTD의 對中·對美 연구협력 네트워크 분석
  ㅣ 은종학 ·· 297

서학의 사다리와 지식장

● 차태근 ●

I. 서론

19세기 이후 서학은 중국 지식구조와 문화의 변화에 있어 핵심적인 부분이다. 서학이 중국의 지식과 문화를 어떻게 변화시켜 왔는지에 대해서 량치차오(梁啓超)는 1922년 일찍이 유명한 3단계론으로 요약한 바 있다. 즉 기물(器物) - 제도(制度) - 문화(文化)의 3단계는 바로 서학동점의 내용상의 진화를 말하며, 각각 양무 - 무술 - 5.4운동으로 이어지는 시대의 중심내용을 이룬다는 것이다.[1] 이러한 관점은 지금도 여전히 19세기 이후 중국의 역사를 이해하는 인식모델로서 작용하고 있지만 그렇다고 이에 대한 비판이 없는 것은 아니다. 코헨(P. A. Cohen)은 량치차오를 겨냥한 것은 아니지만, 서구의 영향관계를 중심으로 19세기 이후 중국사를 이해하는 방식을 비판하면서 특히 중국 내부의 다양한 편차를 무시한 전체적 중국관을 비판하였다. 즉 중국은 연해안과 내륙 사이에 지식과 학술상의 편차가 심하여 이를 구분하여 분석해야 한다는 것이다.[2] 이러한 관점

---

* 이 글은 차태근, 「19세기 중국 서학 그룹과 담론의 네트워크」, 『大東文化硏究』, Vol.52, 2005를 수정 · 보완한 것이다.

** 인하대학교 중국학과 교수.

1) 梁啓超, 「五十年中國進化槪論」, 『最近五十年: 申報館五十周年紀念』, 上海: 申報館, 1922, 1-5쪽.

은 이후 왕룽주(汪榮祖)에 의해 청말시기 변법운동을 분석하는데 적용
되었다. 다만 왕룽주는 코헨이 연해안 지역을 홍콩 - 마카오 - 광저우로
국한시켜 기타지역과 구분하던 것을 더 세분하여 광둥 - 푸젠 연해안 지
역과 상하이 중심지역, 그리고 후난 - 후베이 유역과 베이징 - 톈진지역으
로 세분하여 분석하고 있다.³⁾이러한 분석을 통해 그는 19세기 중국 사상
과 학술의 다양한 면모와 지역적 편차를 보여주는 한편, 중국의 변혁은
단순히 연해안 지역의 지식인들에 의해서가 아니라 내륙지식인과 결합함
으로써 비로소 현실적 추진력을 얻게 된다고 주장하였다. 또 전통 유가
학술의 변화와 중국의 근대화 과정을 연계시켜 설명하려는 시도가 있었
는데, 양녠췬(楊念群)은 유학의 지역적 성격 편차와 그 지식인을 연계하
여 19세기 중국 변법주체의 지역적 특성을 분석하였다.⁴⁾양녠췬의 이러한
분석은 지역별 지식집단의 성향을 그 지역의 학문적 특성과 결부시키고
있는 점에서 19세기 중국의 다양한 지역 지식인들이 보여준 서학에 대한
상이한 태도를 설명하는데 유익하다.

그러나 지역적 편차는 량치차오 등의 단일적 중국 상(像)을 극복하는
데 유용하지만, 지역성만으로 한 지식인의 지적 성향이나 행동을 설명하
기에는 명확한 한계가 있다. 코헨이 또 다른 곳에서 지적한 바와 같이 같
은 연해안 지역의 지식인이라도 서로 다른 사유 패턴과 행동방식을 보여
주는 사례는 너무 많기 때문이다.⁵⁾ 그렇다고 이를 단지 연해안 지역의

2) Paul A. Cohen, *Discovering history in China: American historical writing on the recent Chinese past*, New York: Columbia University Press, 1984, 제4장 참고.
3) 汪榮祖,「論晚淸變法思想之淵源與發展」,『從傳統中求變―晚淸思想史硏究』, 鄭州: 百花洲文藝出版社, 2002, 47-74쪽.
4) 楊念群,『儒學地域化的近代形態―三大知識群體互動的比較硏究』, 北京: 三聯書店, 1997.
5) Paul A. Cohen, *Between Tradition and Modernity: Wang T'ao and Reform in Late Ch'ing China*, Cambridge: Harvard University Press, 1974, pp.272-273.

다양한 성격의 문화 공존(즉 전통적인 것과 초월적인 것의 공존)으로 설명할 수도 없다. 이를 설명하려면 결국 각각 개별적 사례연구가 진행되어야 하지만, 몇 가지 다른 보충적인 결정요소를 도입함으로써 이를 보완할 수는 있을 것이다. 그것은 바로 상기의 지역성 외에 계층성을 도입함과 동시에 지식의 생산과 유통을 형성하는 시스템내지 개인적 인적 네트워크를 해석요소로 삼는 것이다. 여기서 계층성은 사회적 공간과 지식 공간 속에 처해있는 위치를 말한다. 근대 사회와 같이 사회적 분업이 고도화되고 계층간 유동성이 활발하게 이루어지는 경우, 계층의 형성과 특성을 이해하기 위해서는 복합적인 요인을 고려해야 한다. 하지만 전통사회와 같이 분업이 다소 간단하고 신분 상승의 사다리가 고정되어 있거나 제한적일 경우 사회적 유동이 낮아 계층성의 문제도 상대적으로 단순하다. 19세기 중국은 전통사회에서 근대사회로의 구조적 변화가 진행되었던 시기이다. 사회적 구조의 변화는 곧 계층분화의 변화와 지식구조의 변화에 의해 추동된다. 19세기 중국의 서학의 사회적 지위와 기능의 변화는 중국의 사회구조 변화와 밀접히 연계되어 있다. 서학이 생산되고 유통되는 공간의 변화, 서학의 주체들의 사회적 신분 혹은 계층의 변화, 서학이 전체 지식구조에서 점하는 지위의 변화는 곧 19세기 이래 중국사회의 변화와 동시적으로 병행될 뿐만 아니라 중국 근대성의 한 특성을 보여주기도 한다. 그 중 특히 유의할 것은 사회적 신분의 상승 혹은 유동과 관련된 서학의 사다리 기능이다. 사다리는 한 사회의 계층에 위계질서를 부여하여 특정한 사회질서를 형성하는 기제일 뿐만 아니라 지식을 욕망의 대상으로 만드는 역할을 한다. 특정 지식이 지니고 있는 가치와 유용성이 중국사회에서 실현될 수 있는 공간과 그러한 공간으로의 진입을 위한 통로의 유무는 새로운 지식구조의 변화를 가늠할 수 있는 중요한 시금석이다.

II. 서학 그룹의 관계망과 형성 시스템

19세기 중국의 서학 종사자를 보면 대부분 사회와 권력의 중심에서 다소 떨어진 주변적 위치에 있던, 사(士) 계층 중에서도 폭넓은 하부를 구축하고 있던 계층들로 구성되어 있음을 알 수 있다. 이들은 당시 사(士) 집단이 공통으로 지니고 있던 출사의 뜻을 지니고 있었지만 그 뜻을 이루지 못하였거나, 기존의 교화(敎化)를 자임하는 유사(儒士)와 다른 즉 청대 중기이후 두드러진 전문 지식인 집단의 출신이었다. 이러한 계층성은 이들에게 당시 사회 체계나 구조에 대한 비판적 시각을 가질 수 있는 동기를 부여하였으며, 특히 당시 지배적인 지식시스템에 대해 강한 문제의식을 갖도록 하는 기초가 되었다.

그러나 서학이 처음부터 일정한 계층성을 지니고 있었던 것은 아니다. 이른바 서학 지식인이라 명명할 수 있는 부류는 중국 사회에 보편적으로 편재했던 것이 아니라, 바다위의 섬과 같이 특수한 지역과 특수한 관계망을 통해서 형성되었다. 심지어 서학은 처음 단순히 기능적 지식으로서, 순수 서학 종사자는 사인이라는 전통적 계층에 포함되지 않았다. 이들은 계층이 아닌 개인 혹은 소수의 그룹을 형성하고 있으며, 이들 섬들이 서로 연계되어 사회적 지식망으로 확대되어가면서 사회의 중요한 계층으로 전화해 갔다. 그런데 그들의 공간적 국지성이야 말로 서학 종사자들이 점차 계층으로 전화하는데 유리한 조건을 제공하였다. 왜냐하면 이러한 국지성은 한편으로 서학 그룹의 상호 연계성을 강화시키는 결과를 낳았기 때문이다. 그들은 일정한 지점에 집결하여 공동 작업을 벌여나갔고 일정한 경향의 새로운 담론을 형성하였다. 우리는 익히 알려진 양무운동시기의 지식인이었던 정관잉(鄭觀應), 왕타오(王韜), 선위구이(沈毓桂) 등의 주장 속에서 주제의 집중과 관점의 공통성을 어렵지 않게 발견할 수 있다. 이러한 것이 가능했던 이유는 이들이 적잖은 년 배의 차이에도 불구하고 비슷한 공간에서 공통의 지식원에 입각해 있었을 뿐만 아니라 실제로 새로운 담론을 위한 인적망을 형성하고 있었기 때문이었다. 따라서 19세기 말 이전의 중국 서학의 특징과 의미를 이해함에 있어 실제 서학을 형성해 나갔던 이들 그룹의 인적망에 대한 분석은 매우 중요하다고 할 수 있다.

서학 관련 인적 네트워크는 크게 두 가지 루트를 통해 이루어졌다. 하나는 중국 경세(經世) 혹은 양무 관료를 중심으로 한 막부(幕府) 네트워크이고, 다른 하나는 서구인이 세운 학교와 조직을 매개로 한 인적 네트워크이다. 먼저 막부는 중국의 청대 후기의 대표적인 정치문화의 한 현상으로서 일부 고관들이 일반 중하층 지식인을 자신의 주위에 모아 사적 혹은 공적인 업무들을 수행토록 하는 비공식적 제도였다. 이는 광대한 통치영역에 비해 상대적으로 적은 관료들에 의해 관리되는 제국의 통치체계의 산물이었다. 즉 지방의 관료들은 자신이 책임을 맡고 있는 지방을 통치하기 위해 개별적으로 자문이나 실무의 도움을 줄 수 있는 인재들을 채용해야만 했다. 그리고 또 한편으로는 과거제의 높은 경쟁으로 거인(擧人)이 될 향시(鄕試) 이상의 과거시험을 통과하지 못해 출사(出仕)의 뜻을 이루지 못한 지식인들이 경제적 문제의 해결, 지식계에의 참여(교류), 현실정치에의 참여 등을 위해 대관료의 후원을 받아야했다. 후원자와 피후원자의 관계는 비교적 자유로웠으며 지식인들은 후원자에 협조하여 시문이나 문헌편찬에 종사하거나 실제 염정, 해운, 치수, 방어, 구호활동 등 특수 업무에 종사하기도 하였다.

막부문화는 청 중기에는 주로 시문이나 학술활동 중심의 막료활동[유막(遊幕)]이 위주였으나 도광제(道光帝, 1821-1850) 이후는 지방사무와 중앙의 특수 정무(政務)나 양무와 관련된 활동으로 확대되었다. 특히 아편전쟁이후 시대의 변화에 따라 막부활동은 더 활발해졌으며 사회에서도 중요한 기능을 담당하였다. 우선 아편전쟁, 태평천국의 난 등을 거치면서 재정의 확충을 위해 정식 과거제도와 기부금을 통한 신사계층의 확대로 말미암아 과거시험에 합격했어도 관직을 받지 못하는 사(士)계층이 증가하였고, 또 기부금을 통해 관직을 얻는 경우가 늘어나면서 지식인들 사이에 과거제도에 대한 선망과 흥미가 상당히 약화되었다.[6] 따라서 지식인들 가운데 상당수는 과거제도 이외의 다른 삶의 방식을 도모하기 시작했으며, 그 중에서 막부활동은 여전히 중요한 사회진출 방식 가운데 하나였다.

다른 한편 아편전쟁과 태평천국의 난을 거치면서 전문적 지식에 근거한 양무가 중앙정부와 연해안 주요 지방정부의 업무가 되면서, 이것을 담당할 새로운 지식인들이 요구되었다. 이러한 인재는 기존의 과거시험을 통해서는 얻기 어려웠고, 지방 사무에 밝거나 전문적 지식과 안목을 지닌 일반 지식인들 가운데서 발탁해야 했다. 특히 쩡궈판(曾國藩) 등의 건의에 의해 막부활동에 종사하는 인물 중 재능있는 인재를 발탁하여 적극 관직을 수여토록 했는데, 이로써 19세기 중기이후에는 쩡궈판, 리훙장(李鴻章), 장즈둥(張之洞)과 같은 핵심 관료들의 문하에 수많은 지식인들이 운집하여 일정한 지식 - 인적망을 형성하였다.[7] 즉 19세기 후기 중국의 막부는 단순히 개인적 수요에 의한 인적망이 아니라 특수 정무를 수행하기 위한 일종의 권력 네트워크이기도 했다. 따라서 여기에는 과거를 통한 출사의 뜻을 이루지 못한 지식인은 물론, 유생(儒生)과 신사(紳士)계층과 유학생, 심지어 정식 과거시험의 진사과에서 급제를 한 관원과 외국인들까지도 망라되어 있었다.

---

6) 張仲禮 著, 李榮昌 譯, 『中國紳士─關於其在19世紀中國社會中作用的硏究』, 上海: 上海社會科學院出版社, 1998, 제2장 참고.

7) 청대 막부활동에 대해서는 尙小明, 『學人遊幕與淸代學術』, 北京: 社會科學文獻出版社, 1999; 李志茗, 『晚淸四大幕府』, 上海: 上海人民出版社, 2002; K. E. 福爾索姆 著, 劉悅斌·劉蘭芝 譯, 『朋友·客人·同事』, 北京: 中國社會科學出版社, 2002 참고.

막료 전체가 서학과 관련된 것은 아니지만, 이들 가운데는 당연히 서학과 관련된 지식인들이 포함되어 있었을 뿐만 아니라 부족한 인재를 양성하기 위해 지식인들이 서학에 관심을 갖도록 계획적으로 유도하기도 하였다. 서학 관련 막료들은 대부분 외교나 상업, 기계 제조, 과학 교육과 같은 특수 업무능력을 지닌 실무형 지식인들이었다. 이 가운데 무술변법(1898년) 이전 서학관련 지식인의 막부활동은 주로 아편전쟁 이전의 타오수(陶澍)와 이후 양무운동을 적극적으로 추진하였던 쩡궈판, 리훙장 등과 같은 주요 양무관료들의 막부에서 이루어졌다. 이들 막부에서 활동했던 서학관련 지식인들은 다음과 같다.

〈표 1〉막부와 서학관련 지식인

막 부	서학관련 막료활동 지식인
陶 澍	魏源, 馮桂芬 등
曾國藩	李善蘭, 徐壽, 郭嵩燾, 陳蘭彬, 容閎, 華蘅芳, 薛福成, 徐建寅 등
李鴻章	馮桂芬, 郭嵩燾, 薛福成, 鄭觀應, 伍廷芳, 馬建忠, 唐廷樞, 羅豊祿 등

이상의 막부활동 지식인들은 정도의 차이는 있지만 넓은 의미에서 모두 관료계에 직간접적으로 관련되어 있었다. 이들은 서학과 관련된 지식과 담론의 생산자였을 뿐만 아니라 또 궈쑹타오(郭嵩燾), 쉐푸청(薛福成), 마젠중(馬建忠) 등은 청 말의 저명한 외교관이자 양무의 정책 집행자이기도 했다. 지식의 생산과 유통, 사회적 실천을 상호 연계시키는 막부는 민간사회에서 새롭게 출현하는 지식을 사회와 국가의 지식과 연계시켜주는 매개역할을 하였다. 또 다양한 개성 있는 막부의 지식인들은 서로 각기 다른 공간에서 활동함에도 불구하고 국가의 개혁과 관련하여 유사한 가치 정향을 보여주었을 뿐만 아니라, 자신들의 신분과 지위를 활용하여 서학의 사회적 합법성을 위해 중요한 역할을 하였다.

<표 2> 중국인의 서학 경로

유 형	서학 지식인
서구 학교	梁發, 袁德輝, 何進善, 何啓, 胡禮垣, 伍廷芳, 唐廷樞, 容閎, 黃勝, 鄭觀應 등
서구인 조직/기구	李善蘭, 徐壽, 張福僖, 王韜, 華蘅芳, 沈毓桂, 管嗣復, 蔡爾康, 吳友如 등
서구 유학	伍廷芳, 馬建忠, 容閎, 舒高第 등
중국 학교/기구	鍾天緯, 李鳳苞, 趙元益, 賈步緯, 徐建寅, 羅豐祿, 嚴良勳, 汪鳳藻, 朱格仁, 瞿昂來, 鳳儀, 朱敬彛, 黃致堯, 吳宗濂, 周傳經, 徐紹甲, 席淦 등

　　다음으로 민간과 서구인 중심이 된 서학 네트워크이다. 처음 서학의
실질적 형성은 주로 서구의 선교사들 및 그들과 밀접한 관계를 맺고 있던
일련의 '민간' 지식인들에 의해 추동되었다. 민간 중심의 서학은 기본적으
로 서구 선교사들이 주도하였지만, 점차 중국인이 보다 적극적으로 참여
하는 방식으로 바뀌어갔다. 뿐만 아니라 중국에 서학의 보급을 위해 힘쓰
던 서구의 선교사들 역시 개인적인 차원의 활동이 아니라 특정한 조직을
통해 교육활동을 진행하였다.[8] 교육의 대상인 중국인의 입장에서 보면,
초기 서학지식인들은 선교사들이 세운 초기 학교에서 수학하고 이후 중
국의 서학보급이나 그와 유관한 일에 종사한 지식인, 서구인이 세우거나
관여한 조직에 함께 참여한 지식인, 그리고 다음으로 서구에 유학을 한
지식인 등으로 구분된다. 이러한 민간의 서학이 서구 선교사와 직접적인
관계를 맺고 있음으로 인해 자연 공간적 제약을 받을 수밖에 없었다. 즉
선교사들이 비교적 자유롭게 활동할 수 있고 또 그들이 집결되어 있는
지역이 초기 서학의 형성지점이 될 수밖에 없었다.

---

8) 19세기 중국에서 설립된 서구의 교육 및 지식 보급 기구와 활동에 대해서는 백광준,
「19세기 초 서양 근대 지식의 중국 전파 ― 'Society for the Diffusion of Useful
Knowledge in China'를 중심으로」, 『中國文學』, 91, 서울: 한국중국어문학회, 2017,
113-35쪽; 차태근, 「19세기 전반 동아시아 담론과 지식망: '중국총보(Chinse repository)'
를 중심으로」, 『중국현대문학』, 32, 서울: 한국중국현대문학학회, 2005, 119-145쪽 참조.

　선교사가 중심이 된 대표적인 교육기관으로는 광둥성을 중심으로 세워
진 영화서원(英華書院, the anglo-chinese college, 1818-1856), 모리슨 학
당(Morrison Educational Society School, 1839-1849)등 학교, 그리고 상하
이를 중심으로 한 묵해서관(墨海書館, London Missionary Society Press,
1844-1863)과 격치서원(格致書院)을 들 수 있다. 이 중 영화학원과 모리
슨 학당은 아편전쟁을 전후한 기간에 중국의 주변에서 영국 기독교 선교
사 모리슨과 밀른 등이 중심이 되어 중국인을 대상으로 설립한 교육기관
이었다. 영화학원은 1818년 말라카에서 건립되었다가 아편전쟁 이후 홍
콩이 영국에 할양되면서 홍콩으로 이전하였다. 그 후 1844년 영화신학원
(英華神學院)으로 개칭하여 1856년까지 운영되었다. 모리슨 학당은 미
국 선교사 브리쥐맨(裨治文, E. C. Bridgman)과 모리슨의 아들 존 모리
슨(J. R. Morrison) 등이 세운 모리슨 교육협회에서 1839년에 마카오에서
설립하였다가, 아편전쟁 이후 1842년 홍콩으로 이전하여 1849년까지 운
영하였다. 이와 달리 묵해서관은 런던 선교회 소속 선교사 메드허스트
(麥都思, Walter Henry Medhurst), 와일리(偉烈亞力: Alexander Wylie),
무어헤드(慕維廉, William Muirhead), 에드킨스(艾約瑟: Joseph Edkins)
등이 자카르타에서 인쇄기를 들여와 1843년 상하이에 설립한 출판기구이
다. 묵해서관은 성경과 선교 자료 등 기독교 관련 서적이외에도 서구의 수
학, 과학 관련 번역 서적과 잡지『육합총담(六合叢談, Shanghai Serial)』을
발간하였다. 이 출판기구에서 주목할 것은, 앞의 교육기관이 주로 아동을
대상으로 한 외국어 및 기초지식을 쌓는데 중점을 둔 것에 비해, 묵해서
관은 처음부터 중문 번역과 출판 활동을 위해 리산란(李善蘭), 왕타오
(王韜) 등 중국 지식인들과 공동 작업을 진행하면서 서학과 중학을 접목
시키고 서학에 대한 중국 사회의 승인을 획득할 수 있는 기초를 마련했다
는 점이다. 청일 전쟁 이전 민간 주도의 서학기구 중 가장 대표적인 것은
상하이에 설립된 격치서원(格致書院, 1873-1914)이다. 격치서원은 양무

운동이 시작된 지 10여년이 지나 설립된 만큼 서구 선교사뿐만 아니라 중국의 민간 지식인들이 함께 공동으로 조직하였으며 양무관료들의 적극적인 지원을 받았다. 활동 방면에서도 교육과 출판, 박물관과 도서관 운영 등 다양한 방식으로 진행되었고, 특히 주목할 것은 격치서원에서 수학하는 학생들은 광둥 등 국가의 주변이 아니라 저장을 중심으로 한 중국문화의 중심지역 출신이자 부시(府試), 현시(縣試) 등을 합격한 감생이나 심지어 거인출신들도 있었다는 점이다.[9]

이상이 선교사들이 주로 중국인에 대한 선교의 목적 하에 영어교육과 서구의 학술보급을 위해 조직한 학교와 기구였다면, 중국인들에게 보다 체계적인 교육활동을 통해 서학관련 인재를 양성하기 위한 관방의 기구가 출현한 것은 1860년 이후였다. 홍콩에서는 모리슨 학당이 폐교된 이후 10년 사이에 홍콩에는 십여 개의 국립학교가 건립되었지만, 1862년에는 그 중 몇 개의 학교를 통합하여 중앙서원(中央書院, The Government Central School)을 건립하여 더욱 체계적인 중등 교육을 실시하였다. 관주도의 서학교육은 특히 양무운동의 일환으로서 양무를 담당할 인재 양성이 시급했던 중국 내지에서 더욱 본격화되었다. 양무운동은 이신(奕訴, Yi Xin), 쩡궈판 등이 중심이 되어 서구의 과학과 군사기술, 그리고 그와 관련된 인재 및 외교상 필요한 외국어 능력을 갖춘 인재를 양성하여 중국을 다시 부강하게 만드는 것이 목적이었으며, 크게 세 가지 방면에서 추진되었다. 첫째는 1858년 톈진조약으로 베이징에 외국의 공사가 상주하는 등 서구와의 외교관계가 상시화 되면서 이를 담당할 외교관의 양성이 필요했다. 이들은 주로 외국어와 만국공법을 학습하고 외국에 유학생으로 파견되기도 하였다. 두 번째는 서구적인 기계생산을 도입한 산업시설을 건설하고 운영하는 것이었다. 세 번째는 서구의 근대적인 군사무기

---

9) 王爾敏, 『上海格致書院志略』, 香港: 中文大學出版社, 1980 참고.

와 기술을 수용하는 것이었다. 이와 같이 서구의 기초과학과 무기제조 및 활용법 등에 대한 교육이 필요해지자 양무 관료들을 중심으로 일련의 교육기관이 설립되었다. 먼저 외교부에 해당하는 총리사무아문(總理事務衙門)의 산하에 1862년 경사동문관(京師同文館)을 세워 선교사 존 쇼 버든(John Shaw Burdon)이 초대 총교시를 맡았으며, 존 프라이어(John Fryer), 윌리엄 마틴(William A. P. Martin)과 리산란, 쉬서우(徐壽) 등 당시 중국에 와있던 서구의 선교사와 중국의 저명한 수학자, 화학자들이 교사를 맡았다. 이들 학교에서는 서구의 각 국 언어와 천문학, 수학 등 과학지식들을 중심으로 교육하였다. 뿐만 아니라 1863년과 1864년에 각각 상하이(1867년 상하이광방언관(上海廣方言館)으로 개칭)와 광저우(廣州)에 동문관이 설립되었는데, 이들 교육기관은 서구의 기초 과학을 가르치기는 했지만 주요 목적은 외국어에 능통한 인재양성이었다. 또 서구의 과학기술에 관한 학문을 중점적으로 가르치기 위한 교육기관도 출현하였는데, 1866년 쭤쭝탕(左宗棠, 1812-1885)이 설립한 푸젠선정학당(福建船政學堂), 1881년에 이홍장이 건립한 톈진수사학당(天津水師學堂) 등이 그 대표적인 사례들이다. 이들 학교에서는 중학과 서학을 겸하고 교사도 서구인과 중국인이 함께 담당하면서 중국의 교육 및 지식체계 속에 서학의 지위를 부여했을 뿐만 아니라 서학 지식인들에게 사회적 활동공간을 확대하는데 중요한 역할을 하였다.

III. 서학의 사회적 공간
: 상인·통역사에서 변호사·의사로

서학이 지식으로서 의미를 갖게 위해서는 지식체계에서 일정한 위치가 부여되어야 할 뿐만 아니라 사회적 의미를 인정받지 않으면 안 된다. 앞서 본 서학의 생산 주체의 변화, 즉 선교사 중심에서 선교사 및 중국지식인의 협력, 그리고 관방주도로의 변화는 바로 서학의 사회적 가치와 의미가 변화하는 과정과 밀접히 연계되어 있다. 중국에 서학이 소개되고 중국인의 교육내용으로 포함되기 시작한 것은 1820년대 이후 서구 선교사들을 통해서였다. 특히 19세기 초 영국과 미국의 기독교 선교 사업회에서 동아시아 지역으로 선교활동이 본격화되면서 많은 선교사들이 연이어 파견되었다. 그들 가운데 일부는 선교와 지식보급을 목적으로 학교를 수립하였는데, 선교사 모리슨(Dr. Robert Morrison)과 밀른(Rev. William Milne)이 말라카에 건립한 영화서원은 중국인을 대상으로 한 최초의 서구학교라고 할 수 있다. 이 서원은 말라카 등에 거주하는 중국인들에게 영어와 기독교 원리를 가르치고 동시에 선교사들에게 중국어와 중국어 텍스트를 가르치기 위한 것이었다. 주요 교육내용은 중국어, 영어와 같은 언어교육과 더불어 지리학, 천문학, 수학, 과학과 같은 서구 근대 학문, 그리고 성경과 종교에 관한 것이었다.

1820년에 학생 모집을 시작한 영화서원은 처음 학생, 특히 중국인 학생을 모집하는데 많은 어려움을 겪었다. 그 이유는 그 곳에 거주하는 중국인들이 교육을 통해 기존의 생업 이상을 넘어 다른 사회적 신분이나 지위를 얻는데 관심이 적었기 때문이기도 했겠지만, 정작 외국어나 초보 수준의 중국문학을 익혀서 사회에 진출할 수 있는 기회가 별로 없었기 때문이었다. 개교 이후 14년 후인 1834년까지 졸업한 중국학생 40명 가운데 싱가포르에서 세관원이나 통역으로 활동한 4명과 나중에 목사가 된 량파(梁發, 1795-1855)와 허진산(何進善, 1817-1870)을 제외하면 대부분 상인이나 선원으로 활동하였으며, 중국에서 일정한 지위를 얻은 자는 베이징의 사이관(四夷館) 통사가 되었다가 아편전쟁 직전인 1839년 린쩌쉬(林則徐)의 아편금연 운동기간에 통번역원으로 활동했던 위안더후이(袁德輝) 한 사람 뿐이었다.[10] 즉 당시 영어를 비롯한 외국어와 서구에

대한 지식이 사회에서 유용하게 사용될 수 있는 곳은 상업이나 통역에
불과했던 것이다.11) 뿐만 아니라 통역관은 당시 중국에서 사회적 신분이
나 경제적 수입의 측면에서 보더라도 매우 낮은 신분이었다. 이러한 서학
의 사회적 가치와 기능의 한계는 단순히 학생들의 개인적인 차원의 문제
가 아니라, 초등학교 수준의 서구의 근대지식에 머문 교육과정과 직접 교
육을 담당했던 선교사들의 비전문성도 한 원인이 되었다고 할 수 있다.

그러나 1840년 아편전쟁 이후 홍콩이나 마카오, 광저우 등을 중심으로
서구 선교사와 상인들의 활동이 더욱 활발하게 이루어지면서 그 지역의
중국인들이 개인적으로 혹은 선교사들의 추천과 지원을 받아 직접 해외
유학을 하는 경우가 종종 있었다. 이들은 미국이나 영국에서 정식으로 대
학교육을 받는 등 고등교육을 받았으며, 귀국해서도 그에 걸맞은 사회적

---

10) 조훈, 『윌리엄 밀른』, 그리심, 2008, 222-239쪽. 당시 아편금연 운동기간에 린쩌쉬를
보조했던 중국인 통번역관은 4명이 있었는데, 위안더후이 이외에 인도 세람포르
(Serampore) 출신으로 중국인 아버지와 벵갈 출신 어머니에서 태어나 선교학교에서
교육받았던 아만(Aman)과, 미국 코네티컷(Connecticut) 주의 콘웰(Cornwall)에 소재
한 선교학교에서 수학했던 알룸(Alum), 그리고 광동에서 활동하던 미국 선교사로부터
영어를 배운 량파의 아들 량진더(梁進德)였다. 위안더후이는 광동의 13양행 가운데
하나인 이화양행(怡和洋行)의 사장 우빙젠(伍秉鑑)의 추천을 통해 정식 통역관이
되었고, 나머지는 린쩌쉬가 칙사로 부임하여 해외 자료 수집·번역과 문서왕래의 필요
성에 의해 임용했던 것으로 보인다. Carl T. Smith, *Chinese Christians: Elites, Middlemen,
and the Church in Hong Kong*, Hong Kong University Press, 2005, pp.54-59.
11) 즉 외국어 및 외국에 대한 초보적인 지식이 사회에서 가질 수 있는 의미는 바로 상업상
필요한 통역이었다. 물론 통역 역시 사회적으로, 특히 광동과 같이 무역이 활발한
지역에서는 중요한 역할을 수행하였다. 그런데 당시 서구학교 출신자 중 적지 않은
사람들이 가장 큰 무역상품이던 아편의 거래를 위한 통역관으로 활동하였다. 이로
인해 당시 중국 사회에서 통역사에 대해 부정적인 시각이 형성되었을 뿐만 아니라,
학교를 수립한 서구 선교사들조차 자신들의 교육의 목적이 왜곡되고 있다고 보고,
중국인에게 외국어를 교육하는 것에 대해 회의감을 갖기도 하였다. Charles Taylor,
*Five Years in China: With Some Account of the Great Rebellion, and a Description of
St. Helena*, New York: Derby & Jackson, 1860, p.50.

활동이나 직업을 추구하고자 하였다. 1839년 마카오에 설립한 모리슨 학교는 미국의 예일대학 출신인 사무엘 로빈슨 브라운(Rev. Samuel Robbins Brown)을 초빙하였는데, 그는 1846년 귀국하면서 그 학교에서 공부하던 중국인 학생 룽훙(容閎, 1828-1912), 황성(黃勝), 황콴(黃寬, 1829-1878) 등 3명이 외국인의 경제적 지원 하에 미국에서 유학할 수 있도록 주선을 하였다. 그 중 황성은 병으로 곧 다시 귀국하였지만, [12] 룽훙과 황콴은 미국에서 몬슨 아카데미(Monson Academy)를 졸업한 후 각각 미국 예일 대학과 영국의 에든버러 대학에 입학하였다. 그리고 룽훙은 1854년 문학 사 학위를 받고 귀국하였고, 황콴은 1857년 의학 박사학위를 받고 귀국하 였다. 당시 서구의 최고 학문을 익히고 온 이들이 중국 사회에서 자리를 잡는 과정은 어떠했을까?

먼저 룽훙을 보면 귀국 후 그가 자리 잡은 것은 미국 주중 공사인 피터 파커(Peter Parker, 1804-1888)의 서기와 홍콩 최고법원의 통역사의 직책 이었다. 당시 중국에서는 그의 지식을 펼칠 수 있는 기회가 없었을 뿐만 아니라 홍콩에서도 비서와 통역사와 같은 특정 영역에 국한되었던 것이 다. 이에 비해 의학박사 학위를 받은 황콴은 1858년 광저우에서 홉슨(B. Hobson)과 혜애의관(惠愛醫館)을 열고 의료 활동을 하였으며, 1866년 에는 광저우의 의료선교회에서 운영하는 박제의원(博濟醫院)에서 일하 기도 하였다. 또 1862년에는 리훙장(李鴻章)의 초빙을 받아 막료 의사 [醫官]로 일하기도 하였는데, 이는 당시 서구 의술이 중국에서도 인정을 받았기 때문이기도 하지만 중국 사회에서 의사는 능력에 따라 개방된 직 업이기도 했기 때문이었다. 결국 당시 외국에서 서구의 고등 학문을 익혀

---

12) 황성은 귀국 후에 홍콩의 신문사에서 인쇄술을 배우고 신문출판에 종사하였다. 1873 년에는 룽훙이 기획한 미국 유학생 2차 파견단의 수행원으로 참여하였으며, 그 후 미국 초대 공사관에서 통역관으로 활동하기도 하였다.

서 중국에서 활동할 수 있는 분야는 기존 중국사회에서의 비경쟁 분야인 의학이나 변호사, 통역과 같은 비교적 개인적 활동이 자유로운 분야에 국한되어 있었다. 이는 개인적으로 서구 유학을 했던 경우도 마찬가지였다. 19세기 말 저명한 사상가 허치(何啓, 1858-1914)는 홍콩에서 중앙서원을 졸업한 후 1872년 영국으로 유학을 가서 애버딘(Aberdeen) 대학에서 의학을 공부하였으며, 다시 링컨 법학원(Lincoln's Inn)에서 법학을 전공하여 변호사 자격을 취득한 후 1882년에 귀국하였다. 또 청말 민초 외교관으로 활동한 우팅팡(伍廷芳, 1842-1922)은 홍콩 성바오로서원을 졸업하고 홍콩 지방법원의 통번역관으로 근무하다가 1874년 영국 런던대학(University College London)과 링컨 법학원에서 각각 법학과 변호사 양성과정을 이수하였다. 졸업 후에는 1877년 귀국하여 변호사로 일하다가 1882년에는 이홍장의 막부에서 법률고문으로 활동하였다. 쑨원(孫文, 1866-1925) 역시 하와이와 홍콩의 중앙서원에서 수학을 한 후 1887년부터 1892년에 허치가 세운 서의서원(西醫書院)에서 의학을 배우고 의사가 되었다. 특히 많지는 않지만 선교사나 목사인 부친의 지원을 받아 서구에 유학하였던 중국 여성들 대부분은 의학을 전공하였는데, 이는 여성이라는 성별이외도 귀국 후 서구지식이 중국에서 가장 잘 통용될 수 있는 분야가 바로 의학이었기 때문이었다.[13] 이러한 제한적인 출로로 인해 중

---

13) 19세기 중국의 여성 중 미국에 유학한 사람은 진야메이(金雅妹, 1864-1934), 허진잉(何金英, 허진홍(許金訇으로 표기하기도 함, 1865-1929), 캉아이더(康愛德, 1873-1931), 스메이위(石美玉, 1873-1954)등이 있다. 이들은 부친인 목사나 외국 선교사의 지지를 받아 미국에서 유학을 하게 되었는데, 모두 의학을 전공하고 귀국하여 의사로서 활동을 하였다. 진야메이는 1882년 미국 뉴욕대학 부속 여자의과대학에서 수학하고 1888년 졸업 후 귀국하였으며, 허진잉은 1884년 일리노이의 웨슬리 대학(Wesleyan College)에서 수학한 후 1894년에 다시 필라델피아 종합의대에서 실습을 마치고 1895년에 귀국하였다. 캉아이더와 스메이위는 미국 여성 선교사 호에(Howe)의 도움으로 1892년에 함께 미시간 대학에서 의학을 공부한 뒤 1896년 귀국하였다. 褚季能, 「甲午

국인들 가운데 서학을 적극적으로 배우고자 하는 사람들은 매우 적었으며, 그것도 기독교를 통해 서구문명을 잘 이해하고 있던 일부 사람들에 국한되었다.

이렇게 협애한 활동영역으로 인해 서학에 적극적으로 관심을 가진 사람은 매우 제한적이었다. 또 좁은 사회적 활동공간은 서학을 매개로 한 인적인 네트워크도 매우 협소하게 만들었다. 예를 들어 앞서 언급한 영화학원 출신으로 목사가 된 허진산은 7남6녀의 자녀가 있었다. 그 중 다섯째 아들이 바로 허치였다. 즉 허치의 자비유학은 바로 그의 부친의 영화학원에서의 교육 경험과 밀접한 연관이 있었던 것이다. 그리고 허진산의 딸 중 한 명은 앞서 언급한 황관과 결혼을 하였으며, 또 한 명의 딸은 역시 외교관인 우팅팡과 결혼하였다. 서학을 매개로 형성되는 이와 같이 밀접한 인척관계는 당시 중국에서 서학에 대한 인식이나 관심이 일부 사람들에게 국한되어 있었다는 점을 말해 주고 있으며, 허치와 우팅팡, 쑨원이 여전히 의학이나 법학을 전공한 것도 중국은 물론 홍콩에서도 서학의 기능이 매우 제한적이었음을 의미한다. 하지만 변호사와 서구의 근대적 의학에 기초를 둔 의사의 직업은 서학이 사회적인 역할이나 경제적인 측면에서 사회적 신분상승을 위한 새로운 통로를 갖게 되었다는 것을 의미했다.

IV. 서학의 사다리
: 주변에서 중심으로

중국인 중 최초의 예일대학 졸업생인 룽훙이 문학을 전공한 것은 매우

戰前四位女留學生」, 『東方雜誌』, 第3卷 第11號, 上海: 商務印書館, 1934.6.

이례적인 경우라고 할 수 있다. 귀국 후 그가 외국인과 관련된 곳에서 활동을 하였지만 중국내에서 활동할 공간을 발견하기는 쉽지 않았다. 룽훙은 자신의 서학지식을 가지고 중국 국가나 사회에서 참여할 길을 모색하며 1859년에는 태평천국에 미국식 교육제도를 채택할 것을 건의하기도 했지만 모두 성과 없이 끝나고 말았다. 그런 그에게 중국사회에 참여할수 있는 기회를 마련해 준 것은 1863년 가을 리산란의 추천으로 쩡궈판을 만나면서부터이다. 그는 쩡궈판의 막부에서 서구로부터 기기의 도입과 번역 등에 종사하며 4품관의 지위에 올랐으며,[14] 후에 중국 최초로 미국에 중국학생들을 파견하여 유학시키는 계획을 진행하게 된다. 그런데그가 리산란을 통해 쩡궈판을 만날 수 있었던 것도 태평천국의 난과 제2차 아편전쟁을 거쳐 1861년부터 시작된 이른바 양무운동(洋務運動)이라는 역사적 계기가 있었기 때문이었다. 앞서 언급한 바와 같이 양무운동으로 서학교육을 위한 여러 학교가 건립되었는데, 이는 중국사회의 변화를 상징하기도 하지만 무엇보다도 서학을 통해 중국사회에서 일정한 지위까지 오를 수 있는 사다리가 만들어졌다는 것을 의미하기도 한다.

경사동문관은 주로 통역관과 서양관련 사무를 전문적으로 처리하기 위한 양무 인재를 양성하는 것이 목적이었지만 이 분야에 대한 사회적 관심은 그다지 높지 못했다. 여전히 대부분의 사람들은 이른바 정통적인 과거시험을 통한 길(이를 정도(正途)라고 부름)을 선택하였다. 이에 양무운동을 주도하던 이신과 쩡궈판, 쭤종탕 등 지방 독무(督撫)들은 양무에 대

---

14) 4품관은 당시 높은 관직이었다. 일반적으로 과거시험 진사과에 합격하면 종6품에서 정8품까지 수여되었는데, 4품관은 그 이상이었던 것이다. 룽훙에게 4품관을 부여한 것은, 당시 서구 선교사들이 서구에서 대학을 졸업하면 중국에서 진사과에 합격한 것과 동일시했던 것과 서학에 정통한 인재를 확보하기 어렵다는 점, 그리고 여전히 서학을 폄하하는 사회적 풍토 하에서 룽훙 등이 업무를 제대로 수행하기 위해서는 보다 높은 품계가 필요하다고 보았기 때문일 것이다.

한 사회적 관심을 높이고 참여하는 인물들의 적극성을 이끌어내기 위해 사회적 신분을 연계시켰다. 즉 경사동문관에서 시험을 거쳐 성적이 우수한 학생들에게 주로 과거시험의 가장 낮은 단계인 동시(童試) 합격생에게 부여하던 감생(監生), 공생(貢生)등의 지위를 부여하여 향시에 응할 수 있는 자격을 부여하였을 뿐만 아니라, 과정을 마친 우수한 사람들에게 8품 내지 9품의 직위와 낭중(郎中), 주사(主事), 지현(知縣), 지부(知府) 등의 직함을 부여하고 외교관, 통역관 등에 임용하였다. 또 상하이와 광저우의 동문관에서도 성적이 우수한 학생을 경사동문관에 추천하여 일정한 과정과 시험을 거쳐 사회적 공명(功名)을 얻을 수 있도록 하였다.

한편 1870년대 이후에는 서학 교육기관의 설립과 더불어 유학생 파견도 적극적으로 추진하였다. 대표적인 것이 바로 1872년 룽훙의 제안으로 어린 학생들을 선발하여 15년 동안 장기적으로 유학을 하도록 미국에 파견한 이른바 유동출양(幼童出洋) 계획이다. 이 계획에 따라 1872년부터 1875년까지 매년 4차례에 걸쳐 각각 30명씩 전체 120명을 파견하였다. 이 계획은 비록 중국내 완고파의 방해와 미국에서의 반중국 정서로 인하여 1881년에 유학생들을 중도에 귀국시켜 중단되었지만 중국에서 서학을 보다 체계적이고 심도 있게 배울 필요가 있다는 인식이 형성되고 있었음을 보여준다. 즉 동문관이나 선정학당, 수사학당에서의 서학교육은 초보적이거나 단편적이어서 보다 체계적인 학습을 위해서는 유학이 필요했던 것이다. 그리하여 동문관과 푸젠선정학당에서도 학생 가운데 일부를 선발하여 유학생을 파견하였다. 푸젠선정학당에서는 1877년, 1883년, 1886년, 1897년 총 4회에 걸쳐 85명을 영국, 프랑스, 독일 등에 파견하였다. 또 경사동문관에서도 1902년 경사대학당에 합병되기 전까지 전체 2회에 걸쳐 32명을 영국, 프랑스, 러시아, 독일에 파견하였다. 유학을 마친 사람들은 앞서 경사동문관의 졸업생들처럼 일정한 지위와 직함을 받았다. 예를 들어 룽훙의 계획으로 미국에 유학을 갔던 120명 가운데 1881년 중도에 귀국할 때 이미 대학을 졸업한 학생은 어우양정(歐陽賡, 1858-1941), 잔톈여우(詹天佑, 1861-1919) 두 명뿐이었는데, 이들은 귀국 후 푸젠선 정학당에서 몇 년 수학을 한 후 우수한 성적을 인정받아 5품관을 수여받 았으며 나머지들도 대부분은 9품관에 상응하는 지위를 수여 받았다.

이와 같이 양무운동으로 서학은 중국사회에서 사람들의 사회적 진출을 위한 계단으로 인정받기 시작했다. 하지만 이는 어디까지나 여전히 유가 경전을 중심으로 한 과거시험이라는 정도(正途)에서 보면 지엽적인 통로 로 간주되었다. 이 때문에 이신은 경사동문관에 천문학과 수학을 위한 과 정을 설치하면서 거인(擧人)이나 감생, 공생출신이외에도 30세 이하의 젊은 진사 출신들이 입학하여 교육을 받도록 했는데, 대학사 워런(倭仁) 과 어사 장성짜오(張盛藻) 등은 정도 출신이 서구의 교사들로부터 천문 학이나 수학을 배우는 것은 사람들에게 정도가 아닌 말단에 빠지게 하고 서구에 비해 중국을 낮추는 수치스러운 일이라고 반대하였다.[15] 이에 대 해 동치제가 이신 등의 주장을 지지하였지만, 실제로 정도출신이 천문학 이나 수학을 배우겠다고 나선 경우는 극히 드물었다. 또 동문관이나 선정 학당, 혹은 미국 유학생이든 서학을 위해 지원하는 사람들은 대부분 경제 적 형편이 어려워 자력으로 정도의 길을 도모하기 어려웠던 사람들이었 다. 동문관이나 선정학당 등에서 학생들의 학비는 물론 생활비까지 보조 했던 것도 바로 당시 학생모집이 용이하지 않았다는 점을 말해 준다. 뿐 만 아니라 서학에 능한 사람에게 정도(正途)의 길을 열어주기 위해 산학 (算學)을 1888년부터 향시의 정규 과거시험 과목에 추가하였지만 실제 응시생은 매우 적었으며, 1898년 무술변법시기에 결정했다가 1903년에 비로소 실시된 외교, 내정, 기술 등 현실적인 실무에 능한 인재를 선발하

---

15) 寶鋆等修, 『籌辦夷務始末』(同治朝), 第48卷, 北平: 故宮博物院影印, 1930, 10-14쪽.

기 위한 경제특과(經濟特科) 역시 실제적인 효과는 매우 적었다. 따라서 1900년 이전 서학이 중국인의 사회진출을 위해 놓았던 사다리는 여전히 사회 인식상 주변부이자 제한된 단계에 국한되어 있었다. 상하이동문관을 거쳐 경사동문관을 졸업한 왕평짜오(汪鳳藻, 1851-1918)가 2품관에 올라 주일본공사를 맡기도 했지만 이는 그가 1883년에 과거시험을 통해 진사에 합격했기 때문이었다. 동문관 출신가운데 그와 같이 과거시험을 통해 거인이나 진사가 된 사람은 13명에 달한다. 그들을 제외하면 대부분 5품관 이하의 직위로 외교관 수행원이나 통역관, 선박기술과 항해, 기기 제조의 기술자 또는 그 밖의 부서의 하급관리로 충당되었다.

　그럼에도 경사동문관이나 선정학당, 수사학당이 중국의 근대화에 있어서 중요한 의미를 지니는 이유는 1905년 과거제의 폐지로 본격적인 학당시대로 접어들면서 사회적으로 서학관련 지식인의 수요가 급격히 증가할 때 바로 그들이 중요한 역할을 맡기 시작했기 때문이었다. 1872년 룽홍이 기획한 미국유학에 참여했던 어린 학생들은 30여년이 지난 1900년 이후 중국의 정치, 경제, 교육, 과기, 군사, 광산, 철로, 전보, 우정 및 해군 등의 분야에서 중견인물로 성장하였다. 그 가운데 잔톈여우는 중국 철도의 개척자로 명성을 얻었고, 탕샤오이(唐紹儀)는 중화민국 초임 내각총리를, 탕궈안(唐國安)은 청화대학의 전신인 청화학교의 초임교장을, 차이팅간(蔡廷幹)은 해군 원수(元帥)를, 그리고 차이샤오지(蔡紹基)는 북양대학 교장을 맡았다. 1905년 과거제가 폐지되고, 특히 1912년 이후 민국시기로 접어들면서 중국에서 사회적 진출을 위한 가장 유력한 사다리는 이제 서학이 대신 떠맡게 되었던 것이다. 룽홍이 예일대학을 졸업하고 10여 년간 중국의 주변 경계에서 떠돌고 있었던 반면에 1917년 콜롬비아 대학원을 갓 졸업한 후스(胡適)가 곧 바로 베이징대학 교수로 초빙을 받았던 것은 반여 세기 동안 중국에서 서학의 변화한 위상을 잘 말해 준다.

V. 새로운 지식장과 권력의 형성

1842년 7월 30일 싱가포르에서 태어나 3세 때에 부모를 따라 광저우로 돌아온 우팅팡이 선택한 것은 과거시험 준비였다. 그러나 그는 과거시험에 낙방하고 태평천국의 난이 발생하자, 1856년 홍콩에서 신문을 발간하던 친척 천옌(陳言)[16]의 도움으로 홍콩으로 가 성바오로서원에서 수학을 하였다. 졸업 후에는 홍콩 고등재판소의 통역관을 하면서 천옌을 도와 『중외일보』 및 『화자일보』을 위한 번역작업을 하였다. 그 후 1874년 영국 런던대학에서 법학을 전공하고 1876년 변호사 자격증을 획득하여 중국인 최초의 변호사가 되었다. 1877년 귀국하기 전, 룽훙이 기획한 미국 유학생을 이끌고 미국에 가 있던 광둥 출신 천란빈(陳蘭彬)의 요청으로 주미영사를 수락하고, 또 마침 중국공사로 런던에 온 궈쑹타오(郭嵩燾)를 만나 외국어와 법률에 능통한 인재와 신문잡지의 중요성에 대해 대화를 나누기도 하였다.[17] 하지만 부친의 사망으로 홍콩으로 귀국하여 톈진 해관도(海關道) 리베이탕(黎北棠)의 소개로 북양대신이자 즈루(直隸) 총독인 리훙장을 만났다.[18] 그 후 1880년 홍콩 입법국위원이 되었지만

---

16) 홍콩에서 언론에 종사하면서 1871년 3월 홍콩데일리프레스(Hong Kong Daily Press, 『혈자보(孑刺報)』)의 부주필을 맡았으며, 곧 그 신문의 중문판인 『중외신문(中外新聞)』(1872년 『화자일보(華字日報)』 개칭)을 발간하였다. 그는 우팅팡, 허치와 친척 관계로 두 사람의 도움을 받았으며, 또 태평천국의 가담 혐의로 수배를 받아 홍콩으로 피신해 왔던 왕타오와도 관계가 밀접했다. 1878년에는 쿠바 영사를 지내고 1905년 사망할 때 까지 광산과 철도 등 사업을 하기도 하였다.

17) 궈쑹타오는 우팅팡과 만났을 때 그가 이미 미국영사를 수락했음을 알았지만, 청정부에 보고하여 더 중요한 영국의 영사로 임명해 줄 것을 요청하기도 하였다.

18) 천옌이 1878년 천란빈의 요청으로 쿠바 영사로 부임하였는데, 이는 우팅팡이 부친상으로 미국영사로 부임하지 못하자 그 대신 부임한 것으로 보인다. 당시 쿠바영사는 미국 영사가 겸하고 있었는데, 쿠바에서 화교에 대한 탄압문제가 발생하자 이를 해결하기 위해 쿠바에 영사를 파견하였다.

1882년 리홍장의 막부로 들어가 외교와 법률관련 업무를 맡았으며, 1887년 청 조정으로부터 2품관을 하사받았다. 청말 민초 중국의 저명한 외교관 우팅팡의 19세기 후반 30년간의 행보는 당시 서학의 네트워크가 어떻게 형성되는지를 잘 보여주고 있다. 말라카, 마카오, 홍콩 등 중국의 외부와 경계에서 시작된 서학은 19세기 중반에 이르면 이제 홍콩과 광둥, 상하이, 톈진 및 베이징 등 내지로 서로 연계될 뿐만 아니라, 활동지역도 중국과 외국을 넘나들면서 외교와 사업, 교육 등 다양한 방면으로 확대되었다. 하지만 앞서 언급한 바와 같이 서학에 관계하던 지식인들은 지역과 인맥 등을 통해 서로 밀접한 관계를 맺고 있었으며, 양무관료들의 지지 하에 서로 연계된 활동을 수행하였다. 즉 중국에서 서학보급 활동에 참여했던 인물들은 다양하기는 했지만 또 서로 인적으로 중첩되고 연계되어 있었던 것이다. 특히 이들 다양한 조직을 교차시켜 하나의 네트워크를 형성하는 중심인물간의 인적 연계는 훨씬 더 긴밀하였으며, 또 사상이나 의식적 측면에서의 유대 또한 매우 강하였다. 19세기 중반 이후 서학을 주도하고 있던 그룹은 크게 외국 선교사 그룹, 초기 교회학교 및 기구관련 중국 지식인 그룹, 그리고 이들에 의해 양성된 중국 학교 졸업생 그룹 등 세 부류로 나눌 수 있다. 이 중에서 세 번째 그룹은 전자의 두 그룹과 밀접한 관계가 있기는 하지만 보조적이거나 20세기 초에 주로 활약했기 때문에 19세기 중심적인 서학 지식인이라 보기 어렵다. 따라서 19세기 중심적인 서학그룹은 자연히 두 번째 그룹에 속하는 광둥그룹과 상하이 묵해서관 그룹이었다고 할 수 있다.

묵해서관은 1843년 런던 선교회의 선교사 메드허스트가 상하이에 설립하였으며, 바타비아(현재 자카르타)에서 선교용으로 쓰던 인쇄기를 옮겨와 1844년부터 1860년까지 대략 170여종의 서적을 출판하였다. 그러나 여기서 주목할 것은 그들의 구체적 활동보다도 그 곳을 중심으로 형성된 서구 선교사와 중국 지식인의 인적망이다. 우선 서구 선교사를 보면 메드허스트 외에도 스트로나흐(施敦力約翰, John Stronach), 에드킨스, 무어헤드와 와일리, 그리고 알렌과 윌리암 찰스 밀린 등이 활동에 참여하였는데, 이들은 대부분 영국 런던 선교회 소속 선교사로서 이후 중국에서 서구학문을 보급하는데 중심적인 역할을 하였다. 특히 이들은 앞서 열거한 조직들 외에도 아시아 왕립협회, 재중선교사협회 등의 모임과 『육합총담』, 『만국공보』등의 잡지, 그리고 광학회와 같은 조직을 통해서 긴밀한 인적 연계를 형성하고 있었다.19) 뿐만 아니라 이들은 중국의 관원 및 지식인들과도 폭넓은 관계를 맺고 있었고, 장기적으로 번역, 출판 등 활동에 있어서 유기적 협력관계를 유지하였다. 이들은 프라이어, 리차드(李提摩太, Timothy Richard), 레이드(李佳白, Gilbert Reid), 마틴 등과 더불어 당시 중국에서 활동하던 선교사들 중 학문적 차원에서 가장 학식이 깊던 인물들이었으며, 중국문화에 대해서도 일방적인 무시가 아니라 일정한 가치를 인정하는 그룹이었다. 따라서 이들은 중국의 민간 서학 그룹이나 관료 그룹 등과도 긴밀한 관계를 유지하며 번역이나 저서, 또는 시론(時論)적 글쓰기를 통해 19세기 중국 서학의 기초를 형성하는데 중요한 역할을 하였다.

한편 묵해서관은 초기에 서학관련 중국 지식인들의 인적망을 형성하는데도 중요한 역할을 하였는데 이는 왕타오의 일기 등에 잘 나타나 있다. 그에 따르면 묵해서관의 번역활동이나 출판활동에 선후로 참여했던 주요 인물로는 왕타오를 비롯하여 리산란(李善蘭), 장둔푸(蔣敦復), 쉬서우(徐壽), 화형팡(華蘅芳), 관쓰푸(管嗣復), 장푸시(張福僖), 천위구이(沈毓桂) 등을 들 수 있다. 이들은 다음 표에서 보여주는 바와 같이 모두 저장과 장쑤성 출신으로 동향관계로 이루어져 있으며, 묵해서관 시기 대

---

19) 이에 대해서는 차태근, 「19세기 말 중국의 西學과 이데올로기」, 『中國現代文學』, 제33호, 서울: 한국중국현대문학학회, 2005, 1-25쪽 참고.

략 10여 년 동안 막역지교로서 각각 에드킨스, 무어헤드 및 와일리 등과 번역활동을 하는 한편 시문과 시사관련 토론 등을 통해 돈독한 관계를 유지하였다.[20] 그러나 이 그룹의 중요성은 묵해서관에서의 활동에 그치지 않고, 이들이 이후 중국의 서학의 주요기관의 설립과 교육에 참여하여 서학보급을 이끌었다는 점에 있다.

리산란은 19세기 중국 최고의 수학자로서 이후 쩡궈판의 요청으로 쉬서우, 화형팡 등과 함께 안칭(安慶)의 군무기소(軍械所)에서 활동하였고, 1868년에는 궈쑹타오의 추천으로 경사동문관에서 천문과 수학을 맡아 연구 활동 및 교육 활동에 종사하였다. 이렇게 해서 배출된 인재들은 이후 강남제조국의 번역관 및 외교, 상업방면에서 활동하게 된다. 또 쉬서우는 강남제조국의 번역관과 더불어 격치서원의 설립에 주도적으로 참여 경영 및 교육을 담당하였다. 나아가 리산란, 쉬서우, 화형팡 등은 수학, 화학 등 과학방면에서 당시 중국의 일부 학자들과 함께 과학자 그룹을 형성하였다.[21]

한편 1860년대 사망한 장둔푸, 관쓰푸, 장푸시를 제외한 왕타오와 선위구이는 과학계가 아닌 언론계에서 주로 활동하였다. 이중 선위구이는 1849년 묵해서원에서 왕타오와 만난 이후 다시 곧 고향으로 돌아갔다가 1859년 다시 묵해서원의 번역활동에 참여하였다. 그 후 상하이에서 『신

---

20) 이들 관계에 대해서는 王韜, 『弢園老民自傳』, 南京: 江蘇人民出版社, 1999. 33-122쪽 참고.

21) 당시 그들과 밀접한 관계를 맺고 있던 학자들 가운데, 수학자 구관광(顧觀光, 1799-1862), 장원후(張文虎, 1808-1885), 다이자오(戴照, 1808-1860), 뤄스린(羅士琳, 1789-1853), 쉬유런(徐有壬, 1800-1860) 등의 수학자, 쉬졘인(徐建寅, 1845-1901, 쉬서우의 아들), 쉬상우(徐尙武, 1872-1958, 쉬졘인의 아들) 등 화학자, 그리고 지리학에 밝았던 리펑바오(李鳳苞, 1834-1887)등이 있다. 이에 대해서는 王渝生, 『中國近代科學的先驅』, 北京: 科學出版社, 2000; 汪廣仁·徐振亞, 『海國擷珠的徐壽父子』, 北京: 科學出版社, 2000 참고.

보(申報)』 편집을 잠시 맡기도 했지만, 주로 알렌을 도와『교회신보(教會新報)』,『만국공보』의 편집에 종사했으며, 1882년에는 역시 알렌과 더불어 중서서원(中西書院)을 운영하였다. 그리고 1889년에는 다시 광학회의 기간지로 복간된『만국공보』의 편집장을 맡았다. 뿐만 아니라 선위구이는 청말 대표적인 양무 실업가인 성쉬안화이(盛宣懷) 등과 가까운 관계를 맺었을 뿐만 아니라, 근대 언론·출판 등을 통해 신지식 보급을 이끌었던 일련의 중요 언론인들 그룹의 중심적 위치에 있었다.22) 특히 이 그룹은 출사에 대한 강한 의욕이 있었지만 주요활동은 당시 관계(官界)와 일정한 거리를 두고 있었으며,『신보』,『자림서보(字林西報)』,『호보(滬報)』(『자림서보』중문판),『신문보(新聞報)』등을 통해 근대 언론활동을 전개하였다. 특히 청말 리차드, 알렌 등과 더불어 서구 정치사상에 대한 번역 소개와 개혁적 정론과 시론을 발표하여 서학담론의 형성에 큰 역할을 하는 등 독특한 성격을 지닌 서학 그룹이었다.

22) 대표적 인물로는 왕타오 외에도 묵해서관 이후 선교사가 세운 최대 출판기구였던 미화서관(美華書館)의 중국어 편집자였던 뤄징탕(羅景堂), 선후로『신보』의 편집을 맡은 장즈샹(蔣芷湘), 허구이성(何桂笙), 첸신보(錢昕伯), 황스취안(黃式權), 상하이에서 신문발행에 종사하다 이후『만국공보』편집에 참여한 주펑자(朱逢甲), 차이얼캉(蔡爾康), 런팅쉬(任廷旭), 그리고 탕팅수(唐廷樞) 등을 들 수 있다. 이에 대해서는 易惠莉,『西學東漸與中國傳統知識分子—沈毓桂個案研究』, 長春: 吉林人民出版社, 1993; 章暉·馬軍,「遊離在儒耶之間的蔡爾康」,『檔案與史學』, 第5期, 上海: 上海市檔案館, 1998; 田中初,「遊歷於中西之間的晚淸報人蔡爾康」,『新聞大學』, 上海: 復旦大學新聞學院, 2003(冬) 참고.

〈표 3〉 서학의 상하이(묵해서관) 그룹

이름	출생지	이후 주요 활동	비고
李善蘭 (1811-1882)	저장 하이닝(海寧)	1952년 묵해서관, 1862년 쩡궈판 막료, 1868년 경사동문관의 천문, 수학의 교수	수재출신, 수학, 과학에 능통함
張福僖 (?-1862)	저장 귀구이안(歸安)	리산란의 소개로 1853년 묵해서관 입관, 1859년 동향 수학자이나 장쑤 순무(巡撫) 쉬유런(徐有壬)의 막료	수재 출신, 물리학에 능함
徐壽 (1818-1884)	장쑤 우시(無錫)	1852년 묵해서관, 1862 쩡궈판 막료, 1868년 강남제조국 번역관, 1874 격치서원 이사	화학 등 과학에 능함
華衡芳 (1833-1902)	장쑤 우시(無錫)	1852년 묵해서관, 1862년 쩡궈판 막료, 1868년 강남제조국 번역관, 1876년 격치서원 교수, 1887년 톈진무비학당(武備學堂) 교수, 1892년 우창(武昌) 양호서원(兩湖書院) 및 자강학당(自强學堂) 교수 등	수학과 제조기술에 능함
蔣敦復 (1808-1867)	상하이	1853년 왕탕오의 추천으로 묵해서관 입관, 1864년 딩르창(丁日昌)의 막료	제생(諸生)출신, 『대영국지(大英國志)』, 『워싱턴전(華盛頓傳)』등 번역
管嗣復 (?-1860)	장쑤 장닝(江寧)	동성파(桐城派)의 대표작가 관동(管同)의 아들, 1854년 에드킨스의 소개로 묵해서관 입관, 서양의학 서적 번역	수재출신, 『서의약론(西醫略論)』, 『부영신설(婦嬰新說)』, 『내과신설(內科新說)』등 번역
沈毓桂 (1807-1907)	장쑤 우쟝(吳江)	1949년과 1859년 두 차례 묵해서관 입관, 알렌과 협력하여 『만국공보』편집과 1882년 중서서원 교수를 역임	부공생(附貢生) 출신, 번역과 언론인
王韜 (1828-1897)	장쑤 우쟝(吳江)	1949년 묵해서관, 1862년 홍콩, 1867년 영국방문, 1874년 『순환일보(循環日報)』창간, 1886년 격치서원 원장(山長)	수재 출신, 번역과 언론인

19세기 중국 서학의 인적망은 이들 묵해서관을 중심으로 한 상하이 그룹과 더불어 중심적인 역할을 했던 또 다른 그룹이 있는데 그것은 바로 광저우-홍콩-마카오를 중심으로 한 광둥 서학 그룹이다. 이들 그룹에 대해서는 코헨이 일찍이 지적했듯이[23] 상하이 그룹과는 서로 공통성을 지니면서도 그 서학의 경로에 있어서는 큰 차이가 있다. 상하이 그룹이 주로 직접 서구인이 운영하는 기구에 참여하거나 개인적 관계를 통해 서구학문을 접촉하였고, 중국문화에 대한 일정한 조예가 있는 반면 외국어는 거의 구사하지 못했던 것에 비해, 광둥그룹은 초기 교회학교나 홍콩의

---

23) Paul A. Cohen, *Between Tradition and Modernity: Wang T'ao and Reform in Late Ch'ing China*, Cambridge: Harvard University Press, 1974, pp.244-266.

외국인 학교에서 수학하고 또 영국이나 미국에 유학하여 처음부터 서구
학문의 소양을 쌓았다. 하지만 그들은 상하이그룹에 비해 중국문화에 대
한 기초는 약한 편이었다.

광둥 그룹의 대표적인 인물은 바로 앞서 말한 영화서원(이후의 중앙서
원 포함)과 모리슨 학당 출신인 위안더후이, 허진산과 허치, 후리위안 및
룽훙, 황성, 탕팅수 등과 홍콩 성바오로 서원에서 수학한 우팅팡 등이다.
이들은 출신지가 대부분 해외 혹은 광둥이었으며 학맥과 지역적인 인맥
을 통해 사상과 학문에 있어서 유사한 지향성을 지니고 있었으며, 활동과
정에서도 밀접한 관계를 이루고 있었다.

〈표 4〉 서학의 광둥그룹

이름	출신지	주요 활동	비고
容閎 (1828-1912)	광둥 상산(香山)	1841년 모리슨 학당 수학, 1847년 도미, 1854년 예일 대학 졸업, 1864년 쩡궈판 막료, 중국 아동 미국 유학단 기획.	기독교인
何啟 (1859-1914)	광둥 난하이(南海)	중앙서원을 졸업 후 영국에 유학 법률과 의학을 전공, 1882년 홍콩으로 귀국하여 서의서원(西醫書院) 설립 및 교육담당, 홍콩 입법국 의원.	기독교인
胡禮垣 (1847-1916)	광둥 산수이(三水)	우팅팡으로부터 영어 수학, 중앙서원 졸업 및 교사, 왕타오를 도와 『순환일보』를 위해 영어번역, 1880년대 후반 정관잉이 주관하던 상하이전보분국(上海電報分局)의 통역사.	기독교인
唐廷樞 (1832-1892)	광둥 상산(香山)	1848년 모리슨 학당을 졸업, 영국 이화양행(怡和洋行)의 매판(買辦), 1873년 리훙장 막료, 윤선초상국(輪船招商局) 총판(總辦), 1877년 카이핑광무국(開平礦務局)의 독판(督辦), 1874년 룽훙과 『회보(匯報)』창간, 1874년 격치서원 이사. 중서서원(中西書院) 설립에 찬조.	기독교인
伍廷芳 (1842-1922)	싱가포르 (광저우에서 성장)	성바오로서원 수학, 1860년과 1874년 각각 『중외신보』, 『순환일보』 창간에 참여, 1874년 영국 유학, 법률전공, 1882년 리훙장 막료, 외교관, 중국철도회사 감독 등으로 활동.	기독교인
鄭觀應 (1842-1921)	광둥 상산(香山)	1858년 상하이에서 학업과 상업에 종사, 1867년 탕팅수와 공정윤선공사(公正輪船公司)에 투자, 1868년 프라이어(John Fryer)가 운영하던 영화학교에서 수학. 1882년 리훙장의 요청으로 윤선초상국(輪船招商局)에 참여. 1880년 『이언(易言)』 출판, 1894년 『성세위언(盛世危言)』 출판.	

광둥그룹 출신들 가운데 룽훙, 탕팅수, 우팅팡 등과 같이 직접 상하이
그룹이나 양무관료들과 협력하여 개혁활동에 참여하기도 하였지만, 이들
의 주요 활동은 번역이 아니라 저술과 교육, 그리고 상업관련 활동이었

다. 이는 서학의 경로와 전통적 학문의 소양 등에 있어 이들과 다르기는 하지만 같은 광둥의 상산 출신인 정관잉의 경우도 유사한데, 이는 이들이 모종의 측면에서 상하이 그룹과 다른 경향성을 지니고 있었다는 것을 말해 준다. 이 중에서 정관잉은 지역적으로는 광둥그룹이기는 하지만, 상하이와 홍콩 등을 오가며 상업 활동과 사회 활동, 그리고 저술 활동을 병행하면서 광둥그룹의 지적 - 사상적 특징을 이론화시켰을 뿐만 아니라 상하이그룹과 광둥그룹의 인적 - 지식의 연계망을 형성하는데 중요한 역할을 하였다.[24]

한편 상하이 그룹이면서도 정관잉과 함께 상하이 - 광둥 두 그룹을 하나의 흐름으로 연계시키는데 중요한 위치에 있던 인물이 바로 왕타오이다. 왕타오는 앞서 말한 바와 같이 일찍이 묵해서관에 들어가 번역활동을 하며 상하이그룹의 핵심적인 위치에 있었다. 그는 상하이에서 단순히 번역활동에만 종사한 것이 아니라 묵해서관에서 발행하던 『육합총담』의 편집에 참여하기도 하였는데, 이후 청조의 수배를 피해 홍콩으로 도피한 후 근 20여 년 동안 홍콩을 중심으로 활동하였다. 홍콩에서의 그의 활동은 제임스 레게를 도와 중국 유가경전을 영어로 번역하는 일 외에 주로 언론과 관련된 활동이었다. 그는 1872년 경 장쭝량(張宗良)과 천옌(陳言)이 발간한 『화자일보(華字日報)』의 주필을 맡았다가, 1874년 황성과 우팅팡의 도움을 받아 런던선교회의 인쇄기를 구입, "중화인무총국(中華印務總局)"을 설립하여 『순환일보(循環日報)』를 발간하였다. 여기에는 천옌, 허치와 왕타오 사위이자 이후 『신보(申報)』의 주편을 맡은 첸정(錢徵, 즉 첸신보(錢昕伯)) 등이 참여하였고, 또 후리위안은 영문기사의 주요 번역자였다. 뿐만 아니라 왕타오는 홍콩에 기거하는 동안 궈쑹타오,

---

24) 정관잉의 생애와 활동에 대해서는 夏東元, 『鄭觀應傳』, 上海: 華東師範大學出版社, 1981 참고.

마젠중, 딩르창(丁日昌), 성쉬안화이 등 양무관리 그룹들과 교유하거나
서신왕래를 하였으며, 또 1879년 일본 방문 시에는 황쭌셴(黃遵憲)을 만
나 교유하였다. 1884년 도피생활을 마치고 상하이로 이주해서는 1886년
부터 쉬서우를 이어 격치서원의 산장을 맡아 정관잉과도 빈번한 교류관
계를 유지하는 한편 묵해서원의 지우인 선위구이가 편집을 맡고 있던
『만국공보』와 사위 첸정이 편집을 맡고 있던 『신보』의 주요 기고자이기
도 하였다. 이와 같이 정관잉과 왕타오는 상하이그룹과 광둥그룹 그리고
양무관료(특히 외교관 출신) 그룹 등을 연결하는 서학 인적망의 중심에
있었다고 할 수 있다.25)

코헨이 일찍이 지적한 바와 같이 19세기 중국의 학술과 사상은 광둥과
상하이와 같은 연해안 지역과 내륙사이에 큰 격차가 있었다. 그러나 앞의
서학 인적망에서도 알 수 있듯이 같은 연해안 지역이면서도 상하이그룹
과 광둥 그룹 간에는 몇 가지 다른 특징들이 존재한다. 우선 두 그룹은
서학의 접촉 경로에서 명확한 대조를 이루고 있다. 상하이그룹은 처음 대
부분 묵해서관이나 『신보』 등 신문사와 같은 서구인의 기구를 중심으로,
일정한 수준의 한어를 구사할 줄 아는 선교사들과 공동번역 작업을 통해
서학을 접하고 있다. 반면 광둥그룹은 어려서부터 직접 서구인이 운영하
는 학교에서 수학하거나 유학경험을 지니고 있다. 따라서 이들이 접한 서
학의 내용은 내용과 질적인 차원에서 많은 차이가 날 수 밖에 없다. 우선
상하이그룹이 접하는 서학은 선교사의 입장에서 선택되어진 것들로, 종
교서적과 수학, 화학, 의학, 식물학 등 과학서적, 그리고 광산, 철도, 선반,
무기제조 등과 같은 실용지식들이 주를 이루었으며, 서구 역사와 정치에
관한 내용은 상대적으로 적었다. 이에 비해 광둥 그룹은 홍콩의 서구학교

---

25) 왕타오의 생애에 대해서는 앞서 말한 Paul A. Cohen의 저서와 『弢園老民自傳』,
   그리고 張海林, 『王韜評傳』, 南京: 南京大學出版社, 1993 참고.

나 외국 유학을 통해 직접 서학을 접하였으며, 의학, 법학 등을 전공하였다. 그러나 이들이 접한 서학의 내용은 당연히 전공보다 훨씬 폭 넓은 것이었음은 의심의 여지가 없다.

두 번째로 상하이의 서학그룹은 대부분 과거(科擧)에서 뜻을 이루지 못한 불운의 지식인들로서 그들의 서학에 대한 관심은 경제적 문제와도 긴밀한 관계가 있었다. 처음 대다수의 지식인들에게 있어 서학은 그 자체가 목적이 아니라 수단으로서의 의미가 강하였다. 이러한 점은 장둔푸, 관쓰푸, 장푸시를 포함하여 왕타오와 선위구이에서 잘 보여준다. 그리고 또 한편 그들은 대부분 장쑤성, 저장성과 같이 전통적 학문이 강했던 지역 출신으로, 서학을 접근함에 있어서도 전통적 지식인으로서의 학자적 태도가 강하게 나타나 있다. 특히 과학자 그룹인 리산란이나 쉬서우, 화형팡은 어려서부터 수학이나 화학, 제조술 등의 방면에서 두각을 나타내며 지적 호기심에 의해 서학을 접근한 대표적인 예이다. 즉 그들에게 있어 서학은 중서의 구분 없이 보편적인 학문의 대상이었고, 독자적 이론의 창안(리산란)이나 실험과 실증적 입증을 통한 진리추구(쉬서우)의 자세를 보여주고 있다. 따라서 그들의 주요 활동은 번역을 통한 학문적 탐구와 교육이며, 대부분의 저술도 학문적 성격이 강하다.[26]

---

26) 이들 과학자 그룹과 당시 장쑤와 저장지역의 학술적 특징, 그리고 그 지역 지식인들의 가치경향의 관계에 대해서는 楊念群, 앞의 책, 제4장 참고. 한편 왕타오는 비록 과학자 그룹은 아니라고 할지라도 언론활동 외에 강·절지역의 학술적 특징과 연관 있는 학술적 연구의 경향도 지니고 있다. 그리고 왕타오가 언론인으로서 널리 알려지기 전 그는 이미 학술적인 면에서 국내외로 널리 인정을 받았는데, 그의 대표적인 학술 저서는 그가 유럽여행을 마치고 돌아와 저술한 『보법전기(普法戰紀)』와 『법국지략(法國誌略)』이다. 이는 『해국도지(海國圖誌)』, 『영환지략(瀛環誌略)』과 같은 변경 및 외국에 대한 역사서이다. 과학자 그룹과 왕타오 등의 학문과 당시 경세학문과의 연관에 대해서는 馮天瑜·黃長義, 『晚淸經世實學』, 上海: 上海社會科學院出版社, 2002, 제8장 참고. 따라서 왕타오는 상하이그룹 가운데서도 과학자 그룹과 언론그룹을 이어주는 중심 위치에 있었다고 할 수 있다.

또 왕타오, 차이얼캉, 선위구이와 같은 언론그룹은 과학자 그룹처럼 이론과 실증에 대해 천착한 것은 아니지만 풍부한 중국전통 지식과 글쓰기 능력을 발휘하여 시론과 정론적 글쓰기를 즐겼다. 이는 그들 중 일부가 여전히 과거제가 아닌, 정론이나 시론과 같은 책론으로 관료들의 인정을 받는 방식을 통해서라도 출사하려는 강한 의지가 있었기 때문이기도 하지만, 신문매체 등을 통한 새로운 지식권이 형성되는 것과도 밀접한 관계가 있다.[27]

반면 광둥의 서학그룹은 우팅팡과 같이 과거시험을 추구한 경우가 없는 것은 아니지만, 처음부터 과거와 거리가 있는 교육제도 속에서 학습을 했으며, 그 결과 상하이 그룹에 비해 중국 전통학문에 대한 토대가 약했다. 특히 허치와 룽훙의 중문수준은 매우 낮은 편이었다. 그리고 그들은 여전히 교육을 중시하기는 했지만 이론적 탐구보다는 실천적 지식을 강조했으며, 광둥인답게 경제적 마인드를 지니고 있었다. 따라서 그들은 서구인의 협조자나 고용인이 아니라 자립적인 경제적 토대위에서 독자적인 경제적, 사회적 활동을 전개하였다. 이러한 실천적 지식 덕분에 이들 중 탕팅수, 우팅팡 등과 같은 인물들은 일찍 양무관료들의 주목을 끌었고, 외교, 상업과 경제 분야에서 중요한 역할을 담당하였다. 정관잉과 같은 인물은 당시 일반 지식인처럼 정론적 글을 즐겨 쓰기는 했지만, 광둥인으로서 상업적 마인드를 인정받아 리훙장의 막료를 지내기도 하였다. 또 학술적 영역에 있어서도 이들은 비록 적은 경우이지만 대부분 저술은 이론적이라기보다는 개혁적 정론의 경향이 강하였다. 이는 홍콩이나 마카오 등이 정치적 견해를 펴는데 상하이나 그 밖의 내륙보다는 훨씬 자유로웠던 점과도 연관이 있다. 즉 이들은 직접적인 서학의 보급 활동에 힘썼다

27) 당시 신문매체 등을 통한 시론이나 정론적 글쓰기의 특징에 대해서는 민정기, 『晩淸時期 上海 文人의 글쓰기 양상에 관한 연구—王韜를 중심으로』, 서울대학교 박사학위논문, 1999, 제4장 1절 참고.

기보다는 서학담론을 형성하는데 주력했다고 할 수 있다.

　세 번째로 상하이의 서학 그룹과 광둥 서학 그룹은 공히 서구학술의 보편적 의의와 소위 세계화의 추세를 인정하면서도 서구의 중국 권익에 대한 침탈에 민감히 반응하였는데, 그 중에서도 상하이 그룹은 종교에 의한 문화적 침식에 대해 매우 비판적이었다. 물론 이들의 기독교와 천주교에 대한 비판은 관쓰푸와 같이 유교적 입장에 근거한 경우도 있지만, 학리적 측면과 서구 종교의 서구 정치, 군사적 힘과의 결탁에 대한 비판의 성격이 강하였다. 다만 상하이 그룹 중 언론그룹은 줄곧 선교사 및 서양인과 협력관계에 있었기 때문에 대체로 서구종교와 중국문화의 조화와 절충을 추구하는 경향이 강하였다. 이에 비해 광둥그룹은 상당수가 기독교인이었기 때문에 서구종교에 대한 배타적 태도는 거의 보이지 않으며,[28] 대신 상업적 방면의 침탈에 그 누구보다도 민감하였다.

　하지만 이들 그룹은 앞서 말한 바와 같이 인식에 있어서 공통적인 경향을 지니고 있었다. 뿐만 아니라 이들이 형성하고 있던 밀접한 인적망은 시대와 사회에 대한 견해에 있어서 일종의 공통된 주제와 관점이 형성되는데 일정한 영향을 미치는 한편 서학과 개혁에 관한 담론과 흐름을 형성하였다. 이는 당시 정관잉과 왕타오의 대표적인 개혁적 시론문이자 정론문을 통해서도 잘 보여준다. 정관잉과 왕타오의 직접적인 관계는 1880년대에 와서 이루어졌다. 특히 왕타오가 상하이로 돌아와 격치서원 산장을 맡으면서 정관잉은 여러 차례 왕타오의 요청에 응해 시험출제위원으로 참여하였고, 또 쑨원과 캉유웨이를 왕타오에 소개하는 역할을 하기도 하였다. 그러나 왕타오가 정관잉을 처음 알게 된 것은 그의 『이언(易言)』을 통해서였는데, 1879년 그가 일본여행을 하려할 즈음 정관잉의 친구가

28) 광둥그룹과 기독교의 관계에 대해서는 趙春晨·雷雨田 等, 『基督教與近代嶺南文化』, 上海: 上海人民出版社, 2002 참고.

아직 출판되지 않은 『이언』(1880년 출판)을 가져다주었고, 왕타오는 다음 해에 기우생(杞憂生)이라는 필명으로 『이언』의 발문을 쓰고 있다. 『이언』은 정관잉이 상하이에 있을 무렵 1872년 경 이후부터 쓴 것으로, 바로 같은 시기 왕타오는 홍콩에서 언론활동을 벌이고 있었다. 특히 1874년부터 『순환일보』사설을 통해 비판적 정론을 발표하였는데, 이 시기의 글을 모아 1883년에 출판한 것이 바로 『도원문록외편(弢園文錄外編)』이다. 따라서 정관잉과 왕타오의 상기의 문장들은 거의 비슷한 시기에 쓰여졌다고 할 수 있으며, 당시 왕타오와 『순환일보』의 명성으로 보아 정관잉이 일정 정도 참고하였을 가능성을 부정할 수 없다. 또 1879년 이후 쓰여진 왕타오의 문장 역시 구체적으로 지적하기 어렵지만 정관잉으로부터 받은 깊은 인상이 남아있을 것으로 예측할 수 있다. 뿐만 아니라 1886년 이후 왕타오의 『만국공보』와 『신보』 등에 발표한 정론 및 시론과 정관잉의 『성세위언』(1894)의 관계도 어느 정도 추측해 볼 수 있다.

『이언』의 내용은 주로 서학동점의 새로운 상황에서의 중국의 새로운 변화정책을 논하고 있다. 구체적으로는 상업, 세무, 광업, 염정, 우정 등 행정정책, 의정(議政), 인재(人才, 즉 과거제와 관리임용), 외교 등에 관한 정치정책, 그리고 국방이나 치안에 관한 것이 주요 내용을 이루고 있다. 그리고 각 내용은 독립적으로 되어 있으며 전체 내용구성 면에서는 체계성이 부족하다고 할 수 있다. 한편 『도원문록외편』은 전체 12편으로 구성되어 내용이 복잡하지만, 변법과 관련된 핵심내용은 전 3편에 체계적으로 나타나 있다. 특히 1편에서는 변법의 이론적 근거와 타당성, 그리고 정치개혁과 학제개혁을 논하고, 2편과 3편에서는 양무와 관련된 구체적 내용을 다루고 있다. 구체적 방안에 대해 다소간의 차이는 있지만 당시 서구의 제도와 방법을 수용할 것을 주장하는 것에서는 별 차이가 없다. 그리고 『성세위언』은 『이언』을 확대 증보한 것이지만 주목할 것은 후자에 비해 훨씬 체계적인 구성을 갖추고 있으며, 특히 변법의 핵심내용이 담겨 있는 전반부의 구성은 왕타오의 『도원문록외편』에 상당히 근접해 있다. 물론 구체적 내용과 논리상에는 편차가 있지만 기본 방향과 관점은 일치한다고 할 수 있다.[29] 즉 입헌제 개혁, 과거제도 및 관리임용 제도 개혁, 중상정책, 서구의 근대적 학제 도입, 국제법에 따른 외교관계 중시, 사회보장제도, 지방 향촌질서 재건을 통한 사회 안정, 산업화를 위한 기초시설 건설 등은 당시 공히 주장되던 개혁담론이었다.

뿐만 아니라 『성세위언』은 당시 차이얼캉, 런팅쉬 등 상하이 언론그룹의 협조 하에 광학회를 중심으로 활동하던 서구 선교사들의 저역서가 많이 인용되고 있다.[30] 이는 이들 그룹간의 상호 교류와 영향이 단순히 인적차원이 아닌 지식과 사상의 차원에서 활발하게 이루어지고 있음을 말해준다. 즉 『성세위언』은 19세기 말, 중국 서학담론의 종합판이라고 할 수 있으며, 이 내용은 단지 정관잉 개인의 사유산물이 아니라 일종의 집단적 관점을 드러낸다고 볼 수 있다. 이는 거의 비슷한 시기에 발표된 허

---

29) 『도원문록외편』과 『성세위언』의 전반부 일부 목차를 보면 다음과 같다. 『도원문록외편』: 원도(原道), 원학(原學), 원인(原人), 원재(原才), 원사(原士), 변법(變法)(상·중·하), 중민(重民)(상·중·하), 치중(治中), 목린(睦鄰), 양무(洋務)(상·하), 변법자강(變法自强)(상·중·하)……; 『성세위언』: 도기(道器), 학교(學校)(상, 하), 서학(西學), 여교(女敎), 고시(考試)(상·하), 장서(藏書), 의원(議院)(상·하), 공거(公擧), 원군(原君), 자강론(自强論)……. 『이언』과 달리 『성세위언』 모두에 도기(道器)론에 실린 것은 그의 사상이 전자에 비해 더욱 강화된 체계성을 보여주는데, 이는 왕타오가 그의 『이언』을 위해 쓴 서문에서 정관잉의 사상을 도(道)와 기(器)로 귀납하는 것에서 크게 영향을 받은 것으로 보인다.
30) 예를 들어 인용되거나 거론되고 있는 대표작들을 보면 『국외방관론(局外傍觀論)』(Sir Robert Hart, 1866), 『중서관계론략(中西關係略論)』(Young J. Allen, 1875-1876), 『중미관계속론(中美關係續論)』, 『중서사대정(中西四大政)』(Timothy Richard, 1895), 『칠국신학비요(七國新學備要)』(Timothy Richard, 1892), 『자서조동(自西徂東)』(Ernst Faber, 1884), 『격화소양론(隔靴搔癢論)』(일본), 『중서견문록(中西見聞錄)』, 『신정논의(新政論議)』, 『보법전기(普法戰記)』(1871, 왕타오) 등과 당시 외교관들의 서구 기행문, 그리고 타임즈와 같은 서구 신문들이 있다.

치와 후리위안의 공저인『신정진전(新政眞詮)』의 내용과 비교해 보아도
알 수 있다. 즉『신정진전』이 비록 보다 급진적으로 서구의 정치학을 직
접 반영하는 등 양무운동의 개혁의 한계를 비판하기는 했지만, 그 개혁의
중심내용은『성세위언』에서 크게 벗어나지 않는다. 다시 말해 이들 저서
는 직접적 영향관계가 없다고 하더라도, 당시 이미 동일한 상하이 - 광둥
의 지식 회랑(回廊)속에 형성되고 있던 서학담론의 여러 관점과 주장을
이론화, 체계화시킨 것이라는 점에서 같은 일정한 지식 네트워크의 공통
된 산물이라고 할 수 있다.

VI. 양학(洋學)에서 신학(新學)으로

이상에서 본 바와 같이 19세기 중국의 서학은 지역성(상하이 - 광둥)과
계층성(수재이하의 민간 지식인 집단)을 지니면서도 그 내부적으로는 또
다른 다양한 편차를 지니고 있다. 즉 리산란, 쉬서우, 화형팡과 같은 과학
자 그룹과, 왕타오, 선위구이, 차이얼캉 같은 언론 그룹, 그리고 외국학문
을 직접 접한 광둥그룹들은 서학의 경로나 서학 담론의 특성에 있어서
다소 차이가 있다. 그럼에도 이들 간에는 긴밀한 인적 유대를 통한 지적
소통이 이루어지고 있으며, 교차 네트워크를 통해 공동으로 서학담론을
형성해 나갔다고 할 수 있다. 물론 이들의 활동을 가능하게 하고 이들과
함께 중국 서학을 구성해 나간 서구 일부 선교사 그룹의 역할 또한 적극
평가해야 하며, 19세기 중국서학의 특징은 이들에 의해 규정 된 바 또한
적지 않다. 그리고 외교관으로서 외국을 직접 견문한 궈쑹타오, 마젠중,
쉐푸청, 황쭌셴 등과 같은 외교관료 그룹은 이념성을 중심으로 점차 자신
의 계층성을 벗어나는 경향성을 보여주며, 이후 무술변법의 실패 이후 많
은 관료들의 서학에의 경도에 적지 않은 영향을 미쳤다.[31]

　이러한 다양한 서학그룹을 하나로 연결하여 19세기 서학을 변법이론으로 체계화하고 이론화한 것이 바로 왕타오, 정관잉과 후리위안이었다. 그 중 전자의 두 사람은 당시 경제문제와 정치개혁에 깊은 이해를 지니고 있던 광둥그룹과 전통적 학문과 당시 중국정치내부 상황을 잘 이해하고 있으면서 주변에서 개혁에 참여하고 있던 상하이그룹을 오가며 연계시키는 위치에 있었을 뿐만 아니라 사상을 일정한 문(文)의 수준으로 끌어 올릴 수 있는 전통문인으로서의 재능까지 갖춘 인물이었다. 이는 서학이 중국에서 힘을 발휘하기 위해서는 다양한 그룹의 지적 네트워크가 필수적이었음을 말해준다.

　한편 이들에 의해 형성된 서학은 양무운동과도 일정한 관계가 있지만, 그러나 그 지식과 사상의 경향은 양무운동이 아닌 무술변법운동에 더 가깝다. 중국의 지식계의 중심 시각에 보면, 서학은 처음 이학(夷學)에서 양학(洋學)으로, 그리고 다시 신학(新學)으로 그 의미와 지위가 변화하였는데, 신학으로서 수용되기 시작한 것은 19세기 말 무술변법 시기였다. 변법운동을 이끈 다양한 그룹들, 예를 들어 캉유웨이(康有爲) 그룹이나

---

31) 중요 외교관 그룹의 대부분은 이른바 정도의 출신이지만, 그 가운데 마젠중은 매우 예외적인 서학의 경로를 보여준다. 마젠중의 형제는 청말 민초 시기 외교와 교육 분야에서 중요한 활동을 한 독특한 가족인데, 이들이 서학을 접한 것은 기독교의 선교사와의 관계를 통해서가 아니라 명말 부터 중국에서 활동해 온 예수회를 중심으로 한 천주교 계통이었다. 마젠중과 그의 4형제들은 상하이의 쉬후이공학(徐彙公學, College of St. Ignace)에서 프랑스어와 라틴어를 비롯하여 서학과 중학를 배웠다. 그 중 두 번째 형인 마젠쉰(馬建勳)은 일찍이 청궈취안(曾國荃)에 의해 발탁된 후 리훙장의 막료가 되었다. 또 네 번째 형 마샹보(馬相伯)는 외교관으로 활동하다 1900년 이후에는 상하이 대표적인 근대학교인 진단대학과 복단대학을 창설하는 등 교육 분야에서 중요한 역할을 한 인물이다. 마젠보는 쉬후이 공학을 졸업한 후 형 마젠쉰의 소개로 리훙장의 막부에서 활동하였다. 1876년에 랑중(郎中)의 자격으로 유럽에 파견된 중국 공사 궈쑹타오를 수행하였으며, 곧 국비를 지원받아 프랑스 파리정치학원에서 수학하고 1879년 법학 박사학위를 취득하였다. 그 후 귀국하여 리훙장의 막부에서 외교와 윤선초상국(輪船招商局) 등의 업무를 맡았다.

탄쓰퉁(譚嗣同), 천츠(陳熾) 등은 중국의 주변에서 시작된 서학을 새로
운 시대의 신학으로 간주하고, 당시 주요 서학그룹에 의해 번역되거나 발
표된 글을 통해 변법사상을 구축하였다. 특히 캉유웨이 그룹의 활동은 바
로 당시 서학 담론을 전통학술 속의 변혁담론과 다시 융합시키는 것이었
다. 뿐만 아니라 일찍이 왕타오가 대신하여 상소문을 이홍장에게 전달해
주기도 했던 쑨원 역시 이들 상하이 - 광둥의 서학그룹과 밀접한 관계를
유지하고 있었으며, 사상적 측면에서도 일정한 공감대를 형성하고 있었
다. 따라서 이상에서 살펴 본 19세기 주요 서학그룹의 서학담론은 관(官)
주도하의 양무운동에 가깝다기보다는 오히려 무술변법에 더 가깝다고 보
아야 할 것이다. 실제로 양무관료들은 당시 서학 지식인들의 많은 건의
가운데 소위 급진적이라고 불리는 것(이들 대부분은 무술변법의 내용으
로 담겨짐)들을 거부하거나 회피하였으며, 심지어는 장즈둥과 같이 적극
적으로 비판하기도 하였다.

　마지막으로 19세기 서학은 민족주의의 특징이 존재하기는 하지만 그것
을 넘어선 보편주의에 대한 강한 열망을 가지고 있었다. 즉 그들은 여전
히 유교와 중국문화의 가치를 중시하는 등 전반적 서구화론자는 아니었
지만 또 한편으로는 서구 문화를 배척하는 문화적 보수주의를 비판하였
다. 그들에게 있어 중요한 것은 중국과 서구의 구분이 아니라 그 문화와
사상이 보편적인 가치를 지니고 있는가 하는 점이었다. 물론 가치의 보편
성은 시대의 변화에 따라 변화하는 역사적인 것이었다. 왕타오와 후리위
안 등에서 보여주는 새로운 동서 문화관과 대동사회의 이상은 바로 이러
한 점을 잘 보여주는 예이다.[32] 또 리산란이나 쉬서우 등은 수학이나 서

---

[32] 이에 대해서는 張海林, 「王韜的'天下觀'與改革思想」, 林啓彦, 「王韜的中西文化
　　觀」, 林啓彦·黃文江 主編, 『王韜與近代世界』, 香港: 敎育圖書公司, 2000; 王
　　榮祖, 「論胡禮垣的大同思想」, 『從傳統中求變─晚淸思想史硏究』, 南昌: 百花
　　洲文藝出版社, 2002 참고.

구 과학을 단순히 지엽적이고 실용적 학문으로만 간주한 것이 아니라, 그 속에는 세계를 구성하고 있는 보편적인 원리가 있다고 보았다. 따라서 19세기 말 장즈둥 등 양무파가 주창하던 중체서용관과 19세기 민간중심의 중국 서학 사이에는 상호 연계성이 있기는 하지만 중서문화와 사상을 대하는 입장에 있어서는 적지 않은 차이가 있었다고 할 수 있다.

| 참고문헌 |

『易言 · 이언 海國圖志』, 서울: 以文社.

조훈, 『윌리엄 밀른』, 서울: 그리심, 2008.

車培根, 『中國近代言論史』, 서울: 나남, 1985.

민정기, 「晚淸 時期 上海 文人의 글쓰기 양상에 관한 연구―王韜를 중심으로」, 서울대학교 박사학위논문, 1999.

백광준, 「19세기 초 서양 근대 지식의 중국 전파―'Society for the Diffusion of Useful Knowledge in China'를 중심으로」, 『中國文學』, 91, 서울: 한국중국어문학회, 2017.

차태근, 「19세기 말 중국의 西學과 이데올로기」, 『中國現代文學』, 제33호, 서울: 한국중국현대문학학회, 2 2005.

_____, 「19세기 전반 동아시아 담론과 지식망: '중국총보(Chinse repository)'를 중심으로」, 『중국현대문학』, 32, 서울: 한국중국현대문학학회, 2005.

K. E. 福爾索姆 著, 劉悅斌 · 劉蘭芝 譯, 『朋友 · 客人 · 同事』, 北京: 中國社會科學出版社, 2002.

寶鋆等修, 『籌辦夷務始末』(同治朝), 第48卷, 北平: 故宮博物院影印, 1930.

尙小明, 『學人遊幕與淸代學術』, 北京: 社會科學文獻出版社, 1999.

梁啓超, 「五十年中國進化槪論」, 『最近五十年: 申報館五十周年紀念』, 上海:

申報館, 1922.

楊念群, 『儒學地域化的近代形態―三大知識群體互動的比較研究』, 北京: 三聯書店, 1997.

易惠莉, 『西學東漸與中國傳統知識分子―沈毓桂個案研究』, 長春: 吉林人民出版社, 1993.

汪廣仁·徐振亞, 『海國攈珠的徐壽父子』, 北京: 科學出版社, 2000,

王韜, 『弢園老民自傳』, 南京: 江蘇人民出版社, 1999.

____, 『弢園文錄外編』, 上海: 上海書店出版社, 2002.

王先明, 『近代新學―中國傳統學術文化的嬗變與重構』, 北京: 商務印書館, 2000.

汪榮祖, 『走向世界的挫折―郭嵩燾與道鹹同光時代』, 長沙: 嶽麓書社, 2000.

_____, 『從傳統中求變―晚淸思想史硏究』, 南昌: 百花洲文藝出版社, 2002.

王爾敏, 『上海格致書院志略』, 香港: 中文大學出版社, 1980.

王渝生, 『中國近代科學的先驅』, 北京: 科學出版社, 2000.

汪曉勤, 『中西科學交流的功臣―偉烈亞力』, 北京: 科學出版社, 2000.

容閎, 『西學東漸記』, 鄭州: 中州古籍出版社, 1998.

熊月之, 『西學東漸與晚淸社會』, 上海: 上海人民出版社, 1994.

李志茗, 『晚淸四大幕府』, 上海: 上海人民出版社, 2002.

林啓彦, 黃文江 主編, 『王韜與近代世界』, 香港: 香港敎育圖書公司, 2000.

張禮恒, 『從西方到東方―伍廷芳與中國近代社會的演進』, 北京: 商務印書館, 2002.

張仲禮 著, 李榮昌 譯, 『中國紳士―關於其在19世紀中國社會中作用的硏究』, 上海: 上海社會科學院出版社, 1998.

張海林, 『王韜評傳』, 南京: 南京大學出版社, 1993.

鄭觀應, 『盛世危言』, 鄭州: 中州古籍出版社, 1998.

趙春晨·雷雨田 等, 『基督敎與近代嶺南文化』, 上海: 上海人民出版社, 2002.

馮天瑜·黃長義, 『晚淸經世實學』, 上海: 上海社會科學院出版社, 2002.

何啟·胡禮垣, 『新政眞詮』, 沈陽: 遼寧人民出版社, 1994.

夏東元, 『鄭觀應傳』, 上海: 華東師範大學出版社, 1981.

郝秉鍵・李志軍, 『19世紀晩期中國民間知識分子的思想―以上海格致書院 爲例』, 北京: 中國人民大學出版社, 2005.

章暉・馬軍, 「遊離在儒耶之間的蔡爾康」, 『檔案與史學』, 第5期, 上海: 上海 市檔案館, 1998.

褚季能, 「甲午戰前四位女留學生」, 『東方雜誌』, 第3卷 第11號, 上海: 商務 印書館, 1934.6.

田中初, 「遊歷於中西之間的晚淸報人蔡爾康」, 『新聞大學』, 上海: 復旦大學 新聞學院, 2003(冬).

Carl T. Smith, *Chinese Christians: Elites, Middlemen, and the Church in Hong Kong*, Hong Kong University Press, 2005.

Charles Taylor, *Five Years in China: With Some Account of the Great Rebellion, and a Description of St. Helena*, New York: Derby & Jackson, 1860.

Paul A. Cohen, *Between Tradition and Modernity: Wang T'ao and Reform in Late Ch'ing China*, Cambridge; Harvard University Press, 1974.

＿＿＿＿＿＿＿, *Discovering history in China: American historical writing on the recent Chinese past*, New York: Columbia University Press, 1984.

Y. C. Wang, *Chinese intellectuals and the West, 1872-1949*, University of North Carolina Press, 1966.

서학동점기 서학의 수용과 지식생산

: 上海格致書院의 '考課'와 '格致'에 대한 인식을 중심으로

● 박영순 ●

Ⅰ. 시작하며

중국 근대의 학술은 서학을 어떻게 인식하느냐의 문제이기도 하다. 그리고 서학에 대한 인식의 문제는 중국 전통학문에 대한 재인식의 문제와 연동되어있다. 서학동점기는 서학을 수용함과 동시에 중국의 전통지식체계를 재인식하고 정립하는 시간이기도 했다. 이에 근대 중국의 서학에 대한 인식과 관점에 대해 살펴보는 것은 서학동점기에 양무지식에 대한 시대적 요구와 중국 전통지식체계의 변화를 이해하는 중요한 키워드 중의 하나이다.

서학동점시기 양무 지식을 생산하고 서학을 전파하던 교회학교나 양무학당 및 관련 매체들은 서학의 유입 이후에 생겨난 산물이지만, 서학의 유입으로 가장 커다란 충격을 받았던 것은 기존의 중국의 전통학술체계와 관련 교육기구일 것이다. 그러나 서학을 수용하기에 앞서, 중국 사회에서 오랫동안 지배해왔던 '화이', '용하변이(用夏變夷)'의 문화 관념에

* 이 글은 「서학동점기 서학의 전파와 지식생산기제: 上海格致書院 '考課'의 활동과 인물을 중심으로」, 『중국문화연구』, 제41집, 2018을 수정·보완한 것이다.
** 국민대학교 중국인문사회연구소 HK부교수.

대한 '우월적 자존감'을 시대적 상황에 맞게 먼저 조율할 필요가 있었다. 이를 위해 먼저 중, 서학의 연결점을 찾아내어 서학 수용의 근거와 명분을 마련함으로써 서학을 이해·수용함과 동시에 중국 전통지식체계의 변화를 가져오고자 했다.

이러한 시대적 배경하에서 당시 신식서원 역시 서학을 수용, 전파함과 동시에 전통학문체계에 대한 새로운 변화를 추구해나갔다. 신식서원 가운데 서학전파와 양무 인재양성에 중요한 기능을 한 교육기구 중의 하나가 1874년에 설립한 상하이격치서원(上海格致書院, 이하 격치서원으로 약칭)이다. 격치서원(1874-1908)은 1874년 메드허스트(Walter Henry Medhurst, 중국 이름은 麥華陀)가 제기하고 서양의 선교사, 사업가와 중국의 대표적인 양무파 관료·사업가·지방사신(士紳) 및 학자들이 1875년 상하이 조계지 베이하이루(北海路)에 설립한 신식서원이다. 격치서원은 '고과(考課)'의 활동을 통해 서학을 전파함과 동시에 양무 지식인들이 서학을 논의하는 학술의 장이 되었다. 이처럼 격치서원과 격치서원의 고과는 당시 양무 관료와 지식인들의 서학에 대한 이해와 인식을 이해할 수 있는 중요한 연구대상이 된다.

격치서원의 고과 활동은 왕도가 격치서원을 주관하던 당시 1886년 프라이어(John Fryer, 중국 이름은 傅蘭雅)의 제의로 시행하였다. 1886-1894년까지 매년 4계절로 나눈 정규시험 계과(季課)와 1889-1893년까지 봄·가을 두 차례로 치루는 특과(特課)를 각각 개설하였다. 출제는 주로 서학과 시무(時務)에 정통한 관료나 사신(士紳)들이 맡았고, 특과는 북양대신, 남양대신들이 출제했다. 왕도는 1886-1894년 9년간의 격치서원 고과의 출제내용·출제자·응시자·답안 내용 등을 모아 『격치서원과예(格致書院課藝)』를 출판하였다.[1] 여기에는 당시 양무지식인들의 서학

---

[1] 격치서원의 고과는 1908년까지 약 20여 년간 지속되었지만 1886-1894년 동안의 내용

에 대한 인식과 중서학술[격치]의 차이에 대한 관점이 집중적으로 반영되어 있다. 9년 동안 출제된 총 88문제를 유형별로 볼 때, 양무(시무·부강·치술·국제정세 등)와 서학(또는 격치) 관련 문제들이 가장 많이 차지했다.[2] 즉 격치서원의 고과 활동은 서학 전파의 중요한 메커니즘을 형성하였다.

『격치서원과예』에서 논하는 서학의 범주와 개념은 대부분 격치와 혼용하거나 동일하게 보고 있으며, 격치란 용어를 많이 쓰고 있다.[3] 서학에 대한 인식과 수용문제를 다루기 위해 중국의 전통학문개념인 '격치' 개념과 연동하여 쓰고 있는 점은 서학에 대한 인식은 바로 전통학문체계에 대한 재인식과 연동한다는 것을 의미한다. 격치서원 주요 운영자였던 왕도 역시 서학에 대한 중요성에 대해 언급할 때 격치를 통해 설명했다. "현재 모든 서학의 원리[西法]는 격치로부터 나오지 않은 게 없다. 기계를 만드는 것도 모두 격치를 그 근본으로 한다. 격치가 아니면 그 이치를

만 현존한다. 상해서국판(上海書局版, 13권), 상해대문서국판(上海大文書局版, 15권), 상해부강재판(上海富強齋版, 13권)이 현존한다. 최근 2016년 15권을 4책으로 통합하여 상해도서관에서 『격치서원과예(格致書院課藝)』(上海科學技術文獻出版社)를 출판하였다.

2) 슝웨즈(熊月之) 선생은 인재·시무·과학·경제·사론(史論) 6개 유형으로 분류하였고, 왕얼민(王爾敏) 선생은 크게 격치 22개·어문(2개)·교육(4개)·인재(4개)·부강치술(25개)·농산수리(4개)·사회경제(2개)·국제상황(3개)·변방(6개)·기타(4개)의 유형으로 분류하였다. 王爾敏, 『格致書院志略』, 香港: 香港中文大學出版社, 1980, 56-69쪽; 熊月之, 『西學東漸與晚清社會』, 北京: 中國人民大學出版社, 2011, 293-297쪽.

3) 『격치서원과예』에는 1886-1894년 동안 88명의 345편의 글이 실려 있다. 이 안에는 서학과 격치 두 단어가 혼용되어 쓰이고 있다. 하지만 대체로 '서학'은 큰 범주에서 서양의 학문을 가리키며, 격치는 좁은 의미에서 서학의 일부분인 주로 자연과학, 과학기술로 이해된다. 이 글에서는 인용문에 실린 용어를 그대로 인용하다 보니 불가피하게 서학과 격치라는 두 개의 용어가 동시에 출현하지만, 인용문에 나오는 서학의 범주는 대부분 후자인 격치의 의미에 가깝다.

밝게 드러낼 수 없고 그 사이의 오묘함도 드러낼 수 없다고 생각한다. 그러니 격치를 중시하지 않을 수 있겠는가!"[4]라고 강조했다. 사실 격치서원의 명칭도 여기에서 유래한 것이다.

『격치서원과예』에 실린 가장 원론적이고도 큰 범주의 질문은 서학[격치]이란 무엇인가에서 크게 벗어나지 않는다. 그리고 그에 대한 답변은 '도예(道藝 혹은 道器)', '의리(義理)와 물리(物理)', '허실(虛實)' 및 '서학중원론(西學中源論)' 등 다양한 관점으로 논의되었다. 이러한 서학에 대한 이해, 중서학의 관계 등을 다루는 과정에서 언제나 전통학문과의 비교를 통한 중학에 대한 재인식도 함께하였다. 따라서 서학의 수용문제는 표면적으로는 서학을 어떻게 인식하고 수용할 것인가의 문제로 보이지만, 그 내면의 문제는 '학(學)'의 면에서 중국 학문이 과연 독립적으로 '학'을 탄생시킬 수 있는가의 문제이기도 하다.

격치서원과 고과에 대한 기존 연구는 일정 정도의 연구 성과를 보였다.[5] 그러나 대부분은 서학동점 영역이나 특정 과학사의 시각에 보다 집

---

4) "竊謂近今一切西法無不從格致中出, 制造機器皆由格致爲之根柢, 非格致無以發明其理, 而宣泄其間奧. 以是言之, 格致顧不重哉." 李芳, 『中西文化交會下的敎會書院』, 長沙: 湖南大學碩士學位論文, 2008, 28쪽.

5) 격치서원과 고과에 대한 문헌을 정리한 문헌자료로는 王爾敏, 『上海格致書院志略』, 香港: 香港中文大學出版社, 1980가 있고, 연구서로는 郝秉鍵·李志軍, 『19世紀晚期中國民間知識分子的思想: 以上海格致書院爲例』, 北京: 中國人民大學出版社, 2005; 熊月之, 『西學東漸與晚淸社會』, 北京: 中國人民大學出版社, 2011 등이 있다. 학위논문으로는 劉明, 『格致書院課藝硏究』, 上海: 上海社會科學院碩士學位論文, 2015; 沈立平, 『格致書院課藝中的科學內容硏究』, 上海: 上海交通大學碩士學位論文, 2009 및 학술논문으로 제도, 지식인, 서학관 등을 다룬 尚智叢, 「1886-1894年間近代科學在晚淸知識分子中的影響: 上海格致書院格致類課藝分析」, 『淸史硏究』, 8月, 北京: 中國人民大學淸史硏究所, 2001; 郝秉鍵, 「晚淸民間知識分子的西學觀: 以上海格致書院爲例」, 『淸史硏究』, 8月, 北京: 中國人民大學淸史硏究所, 2006 등이 있다.

중되어 있다. 특히 지식생산체계의 관점에서 기구·인물·활동·지식생
산 등을 하나로 묶어낸 연구는 상대적으로 부족한 편이다.[6] 일반적으로
지식생산기제를 보면, 어떤 특정한 '시대 혹은 상황'에서 어떤 '기구'(혹은
조직)의 '행위자(지식인)'들이 특정 '활동(혹은 제도)'을 통해 지식을 '생산'
하는 과정을 거친다. 이 글은 기존의 연구 성과 위에서, 격치서원, 『격치
서원과예』를 주요 대상으로 하여, 내용은 크게 지식생산 기구[격치서원],
지식인[출제자·응시자], 활동과 제도[고과], 지식생산[격치에 대한 인식]
4개의 카테고리를 중심으로 전개하고자 한다. 첫째, 격치서원의 설립과
운영상의 특징을 소개하고, 둘째, 제도와 인물의 측면에서 고과의 시행과
행위자(출제자와 수상자)를 분석하고, 셋째 『격치서원과예』에 반영된 서
학에 대한 인식과 중서학[격치] 관계를 어떻게 이해하고 있는 등을 분석
함으로써 격치서원과 고과의 지식생산기제의 특징을 분석한다. 끝으로
고과의 지식생산의 대략적 면모를 정리한다. 이를 통해 당시 신식서원에
서 어떻게 양무 인재를 기르고 서학 지식을 전파·수용하고자 했는지, 그
리고 격치서원과 고과는 어떤 지식생산기제로서의 특징과 함의를 지니는
지 등에 대해 파악할 수 있을 것이다. 나아가 서학동점기 서학 수용에 대
한 중국의 양무지식인들의 서학에 대한 인식·관념·태도 및 양무지식생
산의 과정을 일부 파악할 수 있을 것이다.

II. 상하이격치서원의 설립과 운영

동치(同治), 광서(光緒) 시기의 서원개혁은 전통서원에 대한 개조와

---

6) 熊月之,「新群體新網絡與新話語體系的確立: 以『格致書院課藝』爲中心」,『學
術月刊』, 7月, 上海: 上海市社會科學界聯合會, 2016과 같은 연구가 대표적이다.

새로운 형태의 신식서원의 창립을 동시에 실시했다. 서방열강의 유입으로 인한 외적 위기감과 서원 내부의 폐단이 동시에 존재했기 때문이다. 서원이 관학화되면서 과거제도의 부속물이 되어갔고, 과거준비를 위한 팔고문 위주의 학습은 서방열강에 대응할 수 있는 인재들을 공급하지 못했기 때문이다. 이를테면, "중국의 향과 읍에는 서원들이 즐비하며 사람들은 문장에 공을 들이고 과거에 매달리는 것 외에는 일삼는 게 없다. ……오늘날 인접국들이 갈수록 강해지고 있고 분위기도 날로 변하고 있으며, 유럽 각국들은 각종 기술과 정교한 물건으로 우리의 돈을 벌고 있는데, 우리의 팔고문이나 오언시는 이에 대해 아무런 관심도 없다. 한번 묻고 싶다. 팔고문으로 그들의 군함을 대적할 수 있는가? 할 수 있다. 그렇다면 적의 총과 대포 같은 무기를 대항할 수 있는가? 역시 그렇지 못할 것이다. 대적할 수 없다는 것을 알면서도 빨리 변화하려 하지 않는 것은 병에 걸렸는데도 의사를 만나려 하지 않아서 반드시 치료할 수 없는 지경에 이르게 되는 것과 같은 것이다."[7]라는 것이다.

양무시기를 전후로 생긴 교육기구는 대체로 서양언어와 번역을 담당한 상하이광방언관(上海廣方言館, 1863년 설립)이나 서방의 군사기술을 익히는 무비학당(武備學堂) 등과 같은 양무학당, 주로 지방의 사신(士紳)들이 세운 전통서원을 개조한 신식서원 및 주로 서방선교사들이 세운 교회서원 등이다.[8] 격치서원은 두 번째 유형에 속한다. 그러나 격치서원

---

7) "乃觀中國一鄕一邑, 書院林立, 所工者惟文章也, 所求者乃科擧也, 而此外則別無所事. ……今日四隣日强, 風氣日變, 泰西諸國各出奇技淫巧以賺我錢, 而我之八股五言曾不足邀彼一盼, 試問制藝能禦彼之輪艦乎? 曰不能也; 能敵彼之槍炮乎? 曰不能也. 自知不能而尙不亟思變通, 是猶諱病忌醫, 必至不可救藥也." 陳穀嘉・鄧洪波, 『中國書院史資資』, 杭州: 浙江敎育出版社, 1998, 1968-1969쪽.

8) 齊慧敏, 『林樂知的敎育文化觀及在華主要活動硏究』, 石家莊: 河北師範大學碩士學位論文, 2003, 19-20쪽 참고.

은 기타 신식서원과는 조금 다른 형태와 특징을 지닌다. 이를테면, 당시 용문(龍門)서원, 구지(求志)서원 등과 같은 신식서원은 경세치용과 통경치용(通經致用)을 기치로 내세워 국문·여지·경사(經史)·시무·격치·수학·시가(詩歌) 등의 과목을 가르치면서 새로운 변화를 시도하였다. 하지만 대체로 중학(中學)을 위주로 하고 서학은 부차적으로 운영되었고 관방의 산장(山長)을 통한 관리 역시 크게 바꾸지 않았다.9)

그러나 격치서원처럼 양무 관료와 지식인의 지원 하에 중국인과 외국인이 합작 설립하고, 고과(考課)라는 제도를 통해 서학을 전파하고 양무 인재를 양성한 서원은 거의 드물었다. 격치서원은 서양의 선교사, 사업가와 중국의 양무파 관료·사업가·지방사신 및 학자들의 지원 하에 관방[官]-사업계[商]-학계[學]의 중외 인사들의 공동협력으로 이루어진 매우 드문 유형이다. 격치서원은 서원이라는 전통적인 명칭을 쓰고 있지만 전통서원이라 할 수 없으며, 상하이 조계지에 설립되었지만 조계 당국과 관련이 없으며, 양무 관료들이 많이 기부했지만 완전히 관방이 설립한 학교만은 아니다. '중-서, 官-商-士'의 협력으로 세워진 교육기구로서, 상하이라는 도시의 다양한 이질적 문화가 교차한 산물이라 할 수 있다.10)

격치서원은 1874년 상하이 주재 영국 영사이자 선교사인 메드허스트(Walter Henry Medhurst)가 설립을 제의하였고, 그 후 이사회의 발족과 더불어 진행되기 시작했다.11) 1875년 교사(校舍)가 완공되고 1876년 조

---

9) 鄧洪波, 『中國書院史』, 上海: 中國出版集團東方出版中心, 2004, 570-580쪽 참고.

10) 上海市格致中學·上海市格致中學校友會 編著, 『格致校史稿』(第一卷 1874-1949), 「熊月之序」, 上海: 上海社會科學院出版社, 2005.

11) 1874년 3월 『신보』에 격치서원 장정 총 15조를 발표했다. 몇 가지 주요 특징은 다음과 같다. "서원 설립의 본 취지는 중국의 지식인, 상업계 인사들이 서양인과 서양의 일에 대해 깊이 이해함을 통해 상호 우호를 다지기 위함이다. 서원은 조계지 내에 설립한다. 서원의 일체 설립비용은 중국과 해외 지식인, 상인들의 기부에 의존한다. 서원 운영은 이사회를 통해 운용한다. 서원에는 신보(新報)와 번역서, 중국서적 및 각종 기기 등을

계지 베이하이루(北海路)에 정식 개원하였다.[12] 그 후 1879년 학생을 모
집하고 1880년 정식 수업에 들어갔다. 격치서원 개원 후 먼저 양무파 지
식인 서수(徐壽)가 주관하다가 1884년에 세상을 떠나자 1885년부터는 왕
도(王韜)가 운영하였고, 1897년 왕도가 죽자 1888년부터는 조원익(趙元
益)이 그 뒤를 이어갔다. 격치서원은 1874년 설립하여 무술정변 이후 중
국의 서원들이 점차 쇠락하던 1910년 전후에 폐원했다.[13] 당시 『신보(申
報)』에 격치서원 창립 내용이 다음과 같이 실렸다.

> 상하이에 세우는 격치서원이 조만간 완공된다. 처음 창설을 제안한 사
> 람은 상하이 주재 영국 영사 메드허스트(Medhurst)선생이다. 공식적으로
> 와일리(Wylie), 프라이어(Fryer) 등을 서양 측 이사로 선정하였고, 중국 측
> 이사로는 당정추, 왕영화, 서수 및 그의 아들 서건인을 선정하였다. 기부
> 자는 북양통상대신 이홍장, 남양통상대신 이종희, 천진관도 손사달, 천진
> 분순도 정수창, 전임 상해관도 심병성, 현임 상해관도 풍준광, 구강관도 심
> 보정, 상해제조국총판 정조여 등이다."[14]

비치한다." 熊月之, 『西學東漸與晚淸社會』, 279-280쪽 참고.

12) 지금의 상해격치중학 자리로서 격치중학의 전신이다. 격치서원은 '지신당(知新堂,
   일종의 박물관), '격치방(일종의 강의실)', '서방(書房, 일종의 도서관)' 세 구조로 건축
   하였다. 격치서원의 간판은 북양대신 이홍장이 썼다.

13) 실제로 주요 활동했던 시기는 1880-1900년 정도의 약 20여 년간이다. 연구자에 따라
   폐원 시점이 조금씩 다르다. 劉明, 「格致書院考課制度述論」, 1908, 20쪽; 熊月之,
   「新群體新網絡與新話語體系的確立: 以『格致書院課藝』爲中心」, 1911, 140쪽;
   熊月之, 『西學東漸與晚淸社會』, 1913, 280쪽; 郝秉鍵 · 李志軍, 위의 글, 1873-
   1914, 6쪽 등이 있다.

14) "滬上議建格致書院, 不日將可洛城矣. 其首倡創造者, 英國駐滬之領事麥君者
   也. 公擧西國之董事, 則偉君力亞烈, 傅君蘭雅也. 公擧中國之董事, 則唐廷
   樞 · 王榮和 · 徐壽及其子徐建寅也. 捐資助成者, 北洋通商大臣李鴻章, 南洋
   通商大臣李宗義, 天津關道孫士達, 天津分巡道丁壽昌, 前任上海關道沈秉成,
   現任上海關道馮竣光, 九江關道沈保靖, 上海制造局總辦鄭藻如也."『申報』,
   광서 원년 9월 7일. 郝秉鍵 · 李志軍, 위의 글, 15쪽 재인용.

1874년에 선출된 이사진의 특징을 보면 다음과 같다. 서양 측 이사진은 메드허스트, 프라이어, 와일리(Alexander Wylie, 중국 이름은 偉力亞烈, 영국선교사), 포브스(미국사업가, 중국 이름은 福弼士, Russell & Co. 旗昌洋行行長), 토드마(Toddma, 중국 이름은 敬妥瑪, 영국인), 드러먼드(W.V. Drummond, 중국 이름은 丹文, 미국변호사), 맥고완(Daniel J. MacGowan, 중국 이름은 瑪高溫, 미국선교사) 등이다. 중국 측은 당정추(唐廷樞)·서수(徐壽)·화형방(華蘅芳)·왕영화(王榮和)·서건인(徐建寅)·이봉포(李鳳苞)·서화봉(徐華封)·장환륜(張煥倫)·왕도·조원익·이평서(李平書) 등으로 국내외 관료·선교사·변호사·양무지식인·학자·사업가들이다.[15] 이처럼 격치서원은 중-서 관료·사업가·선교사·학자 등 당시 양무파 상층인물들이다. 반면, 청대의 서원은 설립 주체로 볼 때, 절대다수가 관방이거나 관부의 제의로 지방 유지와 민간인이 기부하여 설치한 것이다. 관리 측면에서 볼 때, 기본적으로 관학에 속하고 서원의 각종 업무와 교학은 대체로 산장(山長)의 지시에 따랐으며 관부의 통제도 받았다. 격치서원은 이와 달리 중서 각계 인사들이 공동 기부하여 창설하고, 다양한 신분을 가진 국내외 주체들이 이사회를 통해 운영·관리하였다.[16] 이러한 운영체제는 서학을 수용하는 제도적인 인프

15) 이사진들의 대표적 이력을 보면 다음과 같다. 메드허스트는 중국어에 정통하고 중국 사정에 매우 밝았다. 프라이어는 북경동문관, 상해영화학당(上海英華學堂), 강남제조국번역관에서 근무하였고, 익지회(益智會)를 설립하고 『중서문견록(中西聞見錄)』을 출판하는 등 서학전파활동에 적극적이었다. 와일리는 중국어·만주어·몽고어에 정통하였고 강남제조국에서 근무하였다. 포브스는 미국 Russell & Co.(旗昌洋行) 행장이자 아주문회(亞洲文會)회장을 역임했다. 중국 측 이사로 당정추는 윤선초상국(輪船招商局, 선박운송회사)의 총판(總辦)이었고, 일찍이 교회학교에서 수학을 했으며 영어에 정통하고 양행(洋行)의 매판상이었다. 왕영화는 강해관도(江海關道) 번역사였다. 그 외 양무 학자출신 서수·서건인·화형방·왕도·조원익과 독일주재 중국공사 이봉포 등이 있다. 郝秉鍵·李志軍, 위의 글, 13쪽 참고.

16) 예를 들면, 1878년 4월 6일자: 전번 회의 의사기록을 낭독했다. 비서가 이사회에 업무

라를 형성한 것이다.

설립 주체와 운영체제 외에도 격치서원의 창립 비용 역시 정부관원, 지방관료, 지식인, 사업가 및 일부 민간인들의 기부금으로 조달되었다. 특히 양무 관료의 지원이 가장 컸다. 1875년 격치서원의 모금액은 약 은 6979냥과 1541洋元에 달한다.[17) 이중 관료들이 기부한 금액은 약 은 5413냥과 630洋元으로 총금액의 각각 73.4%, 40.9%를 차지한다. 이 가운데 직례총독(直隷總督) 이홍장(은1087냥), 양강총독(兩江總督) 이종희(은1000냥), 소송태병비도(蘇松太兵備道) 풍준광(은2000냥) 세 명이 기부한 은4087냥은 전체의 75.5%를 차지한다. 한편 사업가는 약 은1183냥과 551洋元으로 총금액의 각각 16.95%, 35.76%를 차지했다. 이 외에도 각계 관원과 사업가, 매판가와 양무 학자들이 정례적으로 기부하기도 했다.[18) 이로 볼 때 격치서원의 설립기금은 양무파 관료들의 지원이 가

및 재무보고서를 제출했다. 서수(徐壽)의 과학기기, 장비구매, 서원토지매매 증명관리 등의 사항을 낭독했다. 1885년 6월 10일자: 프라이어가 격치서원의 4차 보고서 제출. 서건인(徐建寅)의 서원 관리제도 수정 관련 제의 승인. 서원 경영상태 관리 담당 '전문위원회' 설립 승인. 글러버(George B. Glover 중국이름 吉羅福)의 이사장 사임동의, 드러먼드(W.V. Drummond, 중국 이름은 丹文)를 이사장으로 임명. 「格致書院董事會會議紀要」, 『北華捷報』, 1878, 1885; 郝秉鍵·李志軍, 위의 글, 20쪽 재인용.

17) 기부자 명단을 보면 다음과 같다. 이홍장·이종희·풍준광·오육인(吳育仁)·심병성(沈秉成)·정수창(丁壽昌)·손사달(孫士達)·심보정(沈保靖)·정조여(鄭藻如)·토머스 프랜시스 웨이드(Thomas Francis Wade, 중국이름은 威妥瑪)·섭정권(葉廷眷)·심모(瀋某)·당정추·서윤·주기앙(朱其昂)·주기소(朱其昭)·성선회(盛宣懷)·블라트(Blat, 伯拉特). 대부분 양무 관료들이다. 상업계는 주로 상하에서 체류하는 양행(洋行), 양행총판(洋行總辦) 등이 기부했다. 이 밖에도 이봉포(李鳳苞)·고중렴(高仲濂)·고씨여성(顧氏小姐)·프라이어·장관신(張冠臣)·임벽암(林碧巖)·왕영화·서수 등 개별적으로 기부한 경우도 있다. 王爾敏, 『上海格致書院志略』, 18-20쪽 참고.

18) 총 34명의 정례기부자들의 명단은 다음과 같다. 당정추·서윤·저중형(儲仲衡)·저용보(儲蓉甫)·당병이(唐秉彛)·설명곡(薛明穀)·이관지(李貫之)·송자형(宋子

장 컸으며, 이는 고과의 출제자 빈도에서도 동일하게 드러난다.(3장 2의
1) 참고)

격치서원 설립 당시는 양무운동의 시대적 수요에 따라 서학을 가르치
고 서학에 정통한 인재를 양성하는 것이 급선무였다. 프라이어는 격치서
원의 설립 방향과 취지에 대해 다음과 같이 설명하였다.

> 중외 시장개방 이래 중국과 해외가 연결하여 각 분야의 교류를 진행해
> 왔다. 서학이 중국으로 들어온 지도 이미 하루 이틀의 일이 아니다. 시무
> 를 아는 자는 서학이 실용에 유익하다고 기뻐하고, 도리에 밝은 자들도 서
> 학으로 시야를 넓힐 수 있다고 칭찬했으며, 계속 모방하여 동문관, 방언관
> 을 개설했다. …… 그러나 이는 서학의 일부분을 모방한 것일 뿐 서학의
> 전파를 촉진하는 중요한 활동은 아니다. 그래서 광서 초, 중서 유명 인사
> 들이 상하이 오송강(吳淞江)에 격치서원을 세웠다.”[19]

양무파가 세운 양무학당들은 서법(西法)을 모방한 것에 불과하며, 서
학을 진흥시키는 것이 아니라 단지 실무적 측면의 문제에만 관심을 갖고
학술적 측면을 중요시하지 않았다는 것이다. 서학 수용의 근본적 목적은

衡)·주운경(周雲卿)·정관응·갈절효(葛絶孝)·오승지(吳承之)·주기앙(朱其
昂)·성선회(盛宣懷)·추양경(鄒讓卿)·손문전(孫文田)·황악천(黃嶽川)·당취
경(唐聚卿)·오조생(伍藻生)·양향천(梁香泉)·오려당(吳麗堂)·범걸신(範傑
臣)·하내소(何乃昭)·황서파(黃瑞派)·진치(陳熾)·왕성원(王星垣)·황건암(黃
健庵)·진성해(陳星海)·이송운(李松雲)·황영정(黃詠靖)·왕온보(汪韞甫)·위
문보(韋文圃)·당요경(唐翹卿)·당정식(唐廷植). 설립기금 관련 자료는 王爾敏,
『上海格致書院志略』, 20-22쪽; 郝秉鍵·李志軍, 위의 글, 22-23쪽; 熊月之, 『西
學東漸與晚淸社會』, 282-284쪽 등 참고.

19) “中外互市以來, 華洋旣接, 各事交通. 西學之流進中國者已非朝夕, 識時務者,
每喜西學之有裨實用; 明道理者亦喜西學之足擴襟懷. 一再仿行, 因設同文,
方言之館.…… 然此特國家仿效西法之一端, 猶非振興西學之盛擧. 光緖初年,
中西名士創辦格致書院於滬瀆.” 프라이어, 「格致書院西學課程序」, 광서22년
『上海格致書院刊印』; 郝秉鍵·李志軍, 위의 글, 11-12쪽 재인용.

교육의 발전에 있지 단순하게 언어를 익히거나 기술을 이식하는 데 그치는 것이 아니라는 것이다. 이처럼 격치서원은 프라이어의 취지에 따라 실제로 서학에 정통한 실용적인 인재 육성하고자 서학 과목을 개설하고, [20] 특히 '고과'의 활동을 통해 서학의 전파와 연구를 진행해 나갔다.

이상, 설립배경, 이사회의 관리체제, 설립기금, 과목 개설, 설립 취지와 목적 등으로 볼 때, 격치서원은 당시 전통서원과는 다른 '중-서, 관료-사업가-사대부'가 연합하여 당시 양무의 수요에 따라 서학의 수용과 전파에 힘을 기울인 교육기구였다. 이러한 특징은 '고과'의 활동에서 더욱 분명하게 드러난다.

Ⅲ. '고과'의 활동과 행위자 분석

1. 고과의 시행

고과는 1886-1894년까지 매년 봄·여름·가을·겨울 4계절로 나눈 정규시험 계과(季課, 正課·常課·定試라고도 함)가 개설되었고, 1889-1893년까지는 봄·가을 두 계절의 특과(特課)가 각각 개설되었다. 격치서원의 고과는 양무운동의 실제적인 수요에 따라 양무파 관료와 양무 지식인들이 서학을 논의하고 전파하는 장이 되었다. 왕도와 프라이어는 서학과 시무에 정통한 관료, 사신(士紳)들을 초청하여 출제·평가·수상을 맡겼다. 양무 고위관료 이홍장·증국전(曾國荃)·유곤일(劉坤一)에서

---

20) 광무(礦務)·전무(電務)·측량·엔지니어·기기·제조 6개 서학 과목을 개설하였다. 6개 과목 아래에 세부 과목을 개설하였다. 전무 아래에 수학·대수학·기하·삼각·重學·기학·열학 등을 개설하였다. 熊月之, 『西學東漸與晚淸社會』, 285쪽 참고.

부터 시무에 정통한 설복성(薛福成)·정관응(鄭觀應)·성선회(盛宣懷) 그리고 국제사회와 접촉이 많은 세관원 공조원(龔照瑗)·오인손(吳引孫)·섭집규(攝緝槼) 등에 이르기까지 다양한 양무파 인사들이 고과 문제를 출제하였다. 이 중 특과의 봄 시험[春課]은 북양대신 이홍장이, 가을 시험[秋課]은 남양대신(南洋大臣) 증국전과 유곤일이 출제하였다. 1886-1894년까지 9년간 총 18명이 46회에 걸쳐 총 88문제를 출제하고, 우수수상자는 88명이었다.[21] 출제 내용의 대부분은 서학과 시무 관련 문제였다.

왕도는 고과를 개설할 것을 제안하면서 "프라이어의 뜻은 국내 인사들과 문필의 인연을 맺어 글을 통해 이끌어 격치로 나아가게 하려는 것이다. 시험 기간은 매년 4분기로 나누어, 내가 주요 인사에게 사인들의 학업을 시험하는 문제를 출제하도록 요청할 것이다."[22]라고 그 취지와 기

---

21) 학자마다 약간의 편차가 있다. 슝웨즈 선생은 1886-1894년 9년간 총 46차례의 시험에 총 88문제를 18명이 출제하였고, 수상자는 초등·특등·1등이 총 2,090명인데 이 가운데 『격치서원과예』에 실린 사람은 92명이라 함. 熊月之, 『西學東漸與晚淸社會』, 293-301쪽; 熊月之, 「新群體新網絡與新話語體系的確立: 以『格致書院課藝』爲中心」, 69-72쪽; 왕얼민 선생은 17명이 출제하였고, 우수수상자는 86명이라 함. 王爾敏, 『上海格致書院志略』, 54-55쪽; 류밍의 논문에서는 총 48차례의 시험[1984년 춘계 특과는 당시 이홍장이 제출했다는 제목만 있고 공포하진 않았으므로 실제는 47차례임]에 총 89문제를 18명이 출제하였고, 수상자는 초등·특등·1등이 총 2,090명인데 이 가운데 『격치서원과예』에는 88명의 345편이 실렸다고 함. 劉明, 「格致書院考課制度述論」, 27쪽; 劉明, 『格致書院課藝研究』, 37-39쪽. 이 외에도 郝秉鍵·李志軍, 위의 글, 尙智叢, 「1886-1894年間近代科學在晚淸知識分子中的影響: 上海格致書院格致類課藝分析」 등 참고. 이 가운데 시험 회수와 우수수상자의 명수에서 차이가 난다. 계과는 9년간 1년 4회를 특과는 5년간 1년 2회씩 실시했다는 점, 슝웨즈 선생은 종천위가 5개의 필명(왕좌재·李龍光·商霖·李培禧·朱震甲)을 쓴 것을 전부 말하고 있는 점, 왕얼민 선생은 1886-1893년 8년간의 기록이라는 점 등을 고려하였다.

22) "傅君之意, 欲與海內人士結文字緣, 由文字引伸之, 俾進於格致. 每年分四季爲課期, 由餘請於當道, 出題課士." 王韜, 『格致書院課藝·格致書院課藝序言』; 劉明, 『格致書院課藝研究』, 22쪽 재인용.

본방식을 간략하게 설명했다. 그 후 이사회의 승인을 거쳐 1886년 『신보』
에 고과 활동에 대해 상세하게 소개했다.

> 격치란 두 글자가 포함하는 함의는 넓다. 모든 서학은 격치로부터 나와
> 격치를 기초로 한다. 그 정미함을 논할 때마다 학자들은 매번 매우 어려워
> 한다. 예를 들어 확충해서 말하자면, 모든 부국·강병·광물개발·재무·
> 기기제작·기계제조 등은 격치를 강구함으로써 나온 것이며, 이 모든 것
> 에 격치가 두루 포함되지 않음이 없다. 지금 서원에서 중서 이사들이 문장
> 으로 사인들의 학업을 시험하고자 한다. 먼저 문제를 출제하면 어느 곳의
> 지식인을 막론하고 문제에 따라 사실을 논술한다. 다 모은 후 저명한 학자
> 를 초청하여 등급을 정하고 우열을 나눈다. 성적이 우수한 자에게 상금을
> 주어 장려한다. 이로써 격치의 후대들이 서학을 논하는 것을 폐하지 않을
> 수 있을 것이다.

> 시험 문제는 책문 방식을 따르며, 내용은 양무를 위주로 하며 부수적으
> 로 부국·강병·기기제작·급료조달 등의 종류이다.…… 응시자는 이미
> 관직이 올랐거나 혹은 멀리 막부에 있거나 또는 擧·貢·生·監이든 간
> 에 모두 시험에 응할 수 있다. 본 서원은 내용의 우열만을 논하지 관직의
> 고하는 묻지 않는다.[23]

---

23) "格致兩字所包者廣, 一切西學, 無不從格致中來, 而以格致爲之基. 顧論其精
微, 學者每苦其難. 若擴而充之, 擧凡富國强兵開礦理財制械造器皆於格致中
講求而出, 而格致無不可以兼賅並貫. 今聞院內中西董事, 擬以文藝課士. 先
出一題, 請遠近之儒, 就題論事. 匯齊之後則延請名宿, 定其甲乙, 分其優劣.
列於前茅者, 例有賞賚, 用以鼓舞而興起之, 亦格致之緒餘, 而講西學者之不
可廢者也." "課題仿照策問體裁, 以洋務爲主, 旁及富國强兵制械籌餉之類.
…… 考者無論已入仕途, 或遠就幕府, 以及擧貢生監均可投考, 本書院只論文
字優劣, 不問官階崇卑." 「格致書院擬以藝文考試章程」, 『申報』 1886.2.13; 劉
明, 「格致書院考課制度述論」, 21-23쪽 재인용. 책문(策問)은 주어진 문제에 따라
논술식으로 답변하는 형식으로 주로 경의(經義), 정사(政事)문제를 위주로 한다.

격치서원의 출제범위, 시험 종류·목적·방식·대상 등에 대해 비교적 상세하게 밝히고 있다. 부국강병, 기술 등 격치를 주요 시험 범주로 하여 양무에 관심 있는 지식인이면 논술식의 형태로 글을 작성하여 제출하면 된다. 이 외에도 작성방식, 제출 일자와 주소, 상금 등에 대해서도 제시하고 있다.[24] 이처럼 격치서원의 고과 활동은 양무인재를 양성하기 위해 중국 사인들에게 서학에 관한 논제를 논술하게 하였고, 서학의 전파와 수용이라는 취지 하에 1886년 4월부터 공식적인 실행에 들어갔다.

2. 출제자와 수상자의 특징

(1) 출제자의 상황

출제자는 대부분 양무 관료나 지식인, 외국 인사들로서 계과는 주로 각 세관도헌(稅關都憲)이 주관하였고 특과는 남양대신과 북양대신이 주

---

24) 기타 장정내용을 보면 다음과 같다. – 본 서원의 시험은 상해도헌(上海道憲) 구지(求志)서원의 정관을 참조하여 매년 4계절로 구분한다. 여름은 4월, 가을은 7월, 겨울은 10월, 봄은 2월이다. 모두 음력 초하루를 기준으로 하며 문제지를 배포하고 제목은 『신보』에 게재하여 어디서든 알 수 있도록 널리 알린다. – 문제지 배포 일을 시작으로 거리에 관계없이 60일 내에 답안지를 제출한다. 봄 시즌은 3월 마지막 날에 마감하고, 여름 시즌은 5월 마지막 날, 가을 시즌은 8월 마지막 날, 겨울 시즌은 11월 마지막 날에 각각 마감한다. 기간을 넘기면 일체 접수하지 않는다. – 시험지는 백지를 사용하며 응시자가 스스로 준비한다. 각 줄에 20자씩 쓰고 시험지 겉면에 주소와 이름을 쓴다. 답안지는 上海六馬路格致書院內賬房으로 접수하고, 영수증을 받은 이후 상금을 수령할 때 증빙으로 사용한다. 단, 통신비는 자체 부담한다. – 답안지를 모두 수거한 후 이름과 번호를 봉인하고 도장을 날인 후 담당 교수에게 보내어 보게 한다. 시험답안에 등급을 매기고, 1-3등의 답안지를 신(申), 호(滬) 두 신문에 별호로 등재하고 이후 별도로 책으로 만들어 간행하여 세상에 알린다. – 우수 답안지를 선정하여 상금을 제공한다. 내과(內課) 1등에게 은10량 2등에게 은7은량, 3등에게 은 5량을 각각 제공한다. 나머지 상금은 답안지 수에 따라 정한다. 「格致書院擬以藝文考試章程」, 『신보』, 1886.2.13.

관했다. 1886-1894년 동안 총 18명의 출제자와 관련한 내용을 보면 다음
과 같다.

<표 1> 1886-1894년 격치서원의 고과 출제자 상황[25]

출제자	관직	문제수	출제수
이홍장	직례총판, 북양대신	15	5
섭집규	상해강해관도(上海江海關道), 절강안찰사	13	5
오인손	영파영소도대(寧波寧紹道臺)	12	6
유곤일	양강총독(兩江總督), 남양대신	7	3
정관응	초상국총판(招商局總辦)	7	2
성선회	윤선초상국독판(輪船招商局督辦), 산동등래청도(山東登萊青道), 진해관도(津海關道)	6	6
류린샹(劉麟祥)	상해강해관도(上海江海關道)	5	1
공조원	상해도대(上海道臺), 절강안찰사	4	4
설복성	영소도대(寧紹道臺), 포정사(布政使), 영국·프랑스·벨기에 대신	3	3
증국전	양강총독, 남양대신	3	1
이정영(李正榮)	등래청도	3	1
호율분(胡燏棻)	진해관도, 광동안찰사	2	2
프라이어	강남제조국번역, 격치서원이사	2	2
심병성(沈秉成)	서리양강총독(署理兩江總督), 남양대신	2	1
소우렴(邵友濂)	상해도대, 소송태도(蘇松太道), 하남안찰사	1	1
주복(周馥)	천진해관도(天津海觀道), 연운사(鹽運使)	1	1
허응영(許應金+榮)	절강포정사(浙江布政使)	1	1
브레든(Bredon, 중국이름 裹式模)	강해관세무사(江海關稅務司)	1	1

출처: 熊月之, 『西學東漸與晚淸社會』, 王爾敏, 『上海格致書院志略』, 劉明, 『格致書院課藝研究』 등의 자료를 토대로 저자 재구성

　　출제자들의 직함은 대부분 총독·대신·관도·안찰사·도대·총판·
포정사·태도·세무사비도·안찰사 등 당시 양무 사업의 중요한 관료들
이었다.[26] 청대의 전통적인 세관제도는 월해관(粤海關)민해관(閩海關)

---

25) 熊月之, 『西學東漸與晚淸社會』, 297쪽; 王爾敏, 『上海格致書院志略』, 54-55쪽;
　　劉明, 『格致書院課藝研究』, 48-49쪽 등 참고.

절해관(浙海關) · 강해관(江海關) 등 연해와 내륙의 각관(権關)으로 구성된다.[27] 이들은 세금을 부과하는 주요 기관으로 대부분 연해, 운하의 주요 상업 요지에 위치한다. 특히 2차 아편전쟁 이후 청 정부는 전면적인 통상개방 국면에 대응하고 각 관(關)의 서양 세무사의 권력 운용을 감독하기 위해, 통상 지역의 행정조직을 조정하면서 도원(道員)이 세관을 겸직하게 하였다. 이에 세무사와 세관 감독은 관세징수를 공동으로 감독하게 되었다.[28] 이처럼 청말 중국에 세관들이 많이 생기면서 도대(道臺)들도 많이 생겨났다. 세관 관리를 담당하는 도원들은 세금을 거두는 것 외에도 대외교섭을 담당했기 때문에 자금도 많았고 또한 양무관계도 밀접했으므로 후원이 가능할 수 있었다. 따라서 세관은 당시 권력기관의 하나로서 양무사업을 운영하는 기관일 뿐만 아니라 양무사업의 가장 중요한 경비 출처 기관이었다. 앞서 살펴보았듯이, 1875년 9월 설립기금 가운데 양무관료들이 기부액은 총금액의 73.4%[은], 40.9%[洋元]를 차지했고, 소송태명비도 풍준광, 직례총독 이홍장, 양강총독 이종희 세 명이 기부한

---

26) 도대: 총독, 순무(巡撫, 한 성의 군정, 민정을 관리하던 대관)와 지방관 사이의 관원. 일반적으로 포정사와 안찰사의 부수(副手)로서 양식과 수하(水河) 등을 관리했으며, 도원(道員)이라고도 함. 관도 · 태도 · 비도는 청대 해관업무를 관리하던 도원을 말함. 총독: 청대 성의 일급관원 중에 가장 높은 직위로서 한 개 혹은 여러 개 성의 군정을 맡았다. 청대는 9개 총독(직례총독 · 양강총독 · 兩廣총독 · 湖廣총독 · 閩浙총독 · 四川총독 · 陝甘총독 · 雲貴貴총독 · 東三省총독)을 두었다. 총판: 청말 중앙과 지방에 설립하여 정례업무를 처리하던 임시상설기구로서 북양정부시기에도 있었다. 포정사: 청대 총독, 순무의 속관으로 한 성의 재정 · 세금 · 인사를 관리했다. 안찰사: 청대에 사법과 형명을 관리했고, 포정사와 함께 '兩司'라 불림. 총독(혹은 巡撫), 포정사, 안찰사를 '삼대헌(三大憲)'이라고 불렀다.

27) 権關: 수륙 교통 요지와 상품거래 밀집 지역에 설립하여 세금징수와 통관을 담당하는 기관을 말함. 초관(鈔關), 상관(常關)이라고도 함.

28) 濱下武志 著, 高淑娟 · 孫彬 譯, 『中國近代經濟史研究: 淸末海關財政與通商口岸市場圈』, 南京: 江蘇人民出版社, 2006, 345쪽.

것은 전체의 75.5%(인)를 차지했다. 이로 볼 때 당시 세관과 양무사업 간의 긴밀한 권력 네트워크를 형성하고 있음을 알 수 있다.

이처럼 청 말의 세관은 권력과 자금이 집중된 곳이었다. 상하이를 예로 들자면, 상하이 도대는 강남제조국 및 윤선초상국(輪船招商局), 상해직포국(上海織布局) 등의 신식기구나 기업을 관리하는 책임을 맡았으며, 권력은 민정·군사·세관·양무 등 여러 사업을 포괄하였고 "동남지역에서 가장 중요한 직위"가 되었으며, 29) 이들 간의 긴밀한 인적 네트워크를 형성하고 있었다. 상하이 관도의 출제자를 볼 때, 대부분 이홍장과 긴밀한 관계를 형성하고 있었다. 소우렴은 이홍장의 친척이고, 공조원은 이홍장과 안휘성 동향의 친구이며, 설복성과 주복은 이홍장의 막료였으며, 오인손과 호율분은 이홍장의 안후이 동향 사람이며, 이정영은 이홍장과 사촌 동생이고, 섭집규는 증국번의 사위이자 이홍장과 긴밀한 관계였고, 류린상은 이홍자의 후배이자 장기간동안 강남제조국 총판에서 근무했다.30) 이홍장이 강남제조국을 총괄할 당시 이처럼 격치서원의 고과를 위해 출제한 관료 사대부들은 대부분 이홍장을 중심으로 한 인맥으로 형성되었다. 이러한 인적네트워크는 격치서원을 설립할 수 있었던 기본적인 환경을 제공하였고, 격치서원의 고과가 진행될 수 있었던 핵심적인 역할을 하였다.

(2) 수상자의 상황

전통서원의 학습 평가는 서원 학생을 대상으로 한 내부시험방식[內課]

---

29) 梁元生,『上海道臺研究: 轉變中之聯係人物 1843-1890』, 上海: 上海古籍出版社, 2004, 21쪽.

30) 熊月之,「新群體新網絡與新話語體系的確立: 以『格致書院課藝』爲中心」, 152쪽 참고.

이었지만 격치서원의 고과는 외부 지식인을 대상으로 한 시험방식[外課]
이었다. 그리고 출제 내용, 응시자의 범주, 작성스타일 등은 기존 전통서
원과는 많이 다르며, 응시자의 신분 · 관직 · 지역적 제한을 두지 않고 오
직 내용의 우열만을 논한다고 정관에 제시하고 있다. 『격치서원과예』에
실린 격치서원의 고과는 1886-1894년까지 총 46회에 걸쳐 총 88문제가
출제되었고, 우수수상자 총 88명의 총 345편의 글이 실렸다. 첫째, 88명
우수자의 관적의 분포를 보면, 장쑤(36명), 상하이(5명), 저장(15명), 안후

〈그림 1〉 1886-1894년 격치서원 고과 수상자의 지역별 분포도

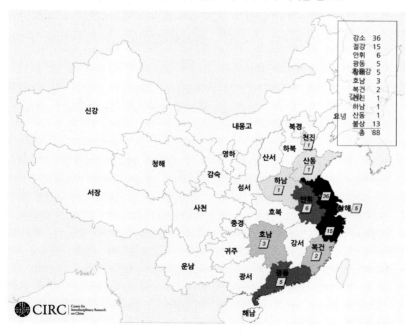

출처: 熊月之, 『西學東漸與晚淸社會』, 王爾敏, 『上海格致書院志略』, 劉明, 『格致書院課藝硏究』 등의 자료를 토대로 하
여 저자 재구성

이(6명), 광둥(5명), 후난(3명), 푸젠(2명), 톈진·허난·산둥(각1명), 불상
(13명)이다.[31]

관적이 불분명한 13명을 제외하고 75명의 수상자는 10개 성(시)의 출
신이다. 이 가운데 장쑤, 저장 출신이 총 56명(상해현 포함)으로 전체의
64%를 차지하며, 허난, 후난을 제외하고 모두 연해 지역이다. 이러한 특
징은 서학전파의 지리적 경로를 엿볼 수 있으며, 양무, 변법시기 서학의
전파에 중심에 있었던 교회서원의 지역별 분포 및 설립 활동 시기 면에서
도 거의 동일하게 드러난다. 만청에서 민국 초까지 설립된 교회서원은 약
120개 안팎인데 이 가운데 푸젠·마카오·상하이·저장·홍콩·광둥·
장쑤 등 동부 연안 지역이 전체의 약 60%를 차지했다. 또한 교회서원이
가장 번성했던 시기(1861-1900년)는 격치서원의 설립(1974-1910년 전후),
활동 시기와 거의 일치하는 2차 아편전쟁 이후부터 서원개제(1901) 전후
이다.[32] 이 가운데 광서연간(1875-1908년)은 교회서원, 신식서원, 양무학
당 등 중국의 교육기구가 서학에 대한 전파를 가장 활발하게 진행했던

---

31) 장쑤: 許玉滿·崔昂來·許庭銓·鐘天緯·張涵中·趙元益·孫景康·朱昌鼎·
劉翰飛·程起鵬·鄭其裕·陶師韓·蔣同寅·華國治·楊選青·孫廷璋·於
鬯·楊家禾·兪贊·程延傑·羅毓林·劉邦俊·董琪·胡永吉·黃潤章·錢文
霈·胡家鼎·李元鼎·潘敦先·蔣寶豊·吳佐請·褚桂山·朱其鎏·劉祖培·
李鼎元. 상하이: 秦錫田·李安邦·朱澄敍·項文瑞·朱有濂·金元善. 저장: 吳
昌綬·王恭壽·車善呈·許克勤·王輔才·朱正元·葉瀾·葉瀚·項藻馨·錢
大受·柯來泰·孫兆熊·陳漢章·劉富槐·許渠斤. 안후이: 張玠·左忠訓·程
瞻洛·單秉鈞·李國英·李經邦. 광둥: 楊毓輝·李鼎頤·王襄·楊史彬·梁揆
平. 후난: 彭瑞熙·葛道殷·龔雲藻. 푸젠: 林季賢·陳翼爲. 톈진: 部邵曾. 허난:
邵慕堯. 산둥: 孫維新. 불상: 王志中·啟之巧·華國盛·錢淸臣·錢志澄·程昌
齡·歐陽驥·王益三彭壽人·楊毓煌·張鳳翥·沈尚功·張駿聲. 熊月之, 『西
學東漸與晩淸社會』, 298-301쪽; 郝秉鍵·李志軍, 위의 글, 289-292쪽; 王爾敏,
『上海格致書院志略』, 69-72쪽; 劉明, 『格致書院課藝研究』, 37-38쪽 등 참고.
32) 교회서원의 지역적 분포에 관한 내용은 「상하이 中西書院과 '中西幷重'의 함의」,
『중국학논총』, 제59집, 서울: 고려대학교 중국학연구소, 2013, 200-206쪽 참고.

시기였음을 알 수 있다. 물론 고과에 참여한 지식인들의 관적이 실제 거
주지역과 꼭 일치하는 것은 아니겠지만, 이들의 기본적인 생활권은 상하
이 또는 그 주변 지역에서 주로 생활하였으며, 이는 상하이가 근대 서학
동점의 주요 근거지이자 서학이 연해 지역을 통해 이동되고 있음을 보여
주는 예이다.

　둘째, 수상자의 신분을 분석해보면 다음과 같다.[33] 부학(府學)·현학
(縣學)학생이 52명으로 가장 많고, 다음으로 관료 출신 9명, 신식학교 출
신 8명, 공생(貢生)·감생(監生) 출신 8명, 거인(擧人) 출신 7명, 문생

---

[33] 현학학생(39): 彭瑞熙·吳昌綏·王恭壽·翟昂來·許庭銓·秦錫田·趙元益·
　張玠·孫景康·龔雲藻·劉翰飛·李安邦·陶師韓·蔣同寅·朱澄敘·李鼎
　頤·許克勤·單秉鈞·華國治·王襄·王輔才·李國英·於圏·俞贊·程延
　傑·朱正元·林季賢·葉瀚·董琪·錢文霈·李元鼎·潘敦先·楊史彬·褚桂
　山·吳佐請·陳翼爲·劉富槐·劉祖培·許渠斤. 부학학생(13): 許玉瀛·鄒邵
　曾·朱昌鼎·孫維巧·項文瑞·李經邦·劉邦俊·葉瀾·項藻馨·錢大受·
　胡永吉·黃潤章·孫兆熊. 관료(9): 鐘天緯(五品銜廣東候選縣丞)·張玠(候補
　知縣)·朱昌鼎(藍翎五品銜候選直隷州通判)·鄭其裕(華亭縣職監)·楊毓輝
　(五品頂戴)·俞贊(五品實錄館議敘通判)·朱有濂(候選郎中)·潘敦先(中書
　科中書銜)·車善呈(湖北機器局委員·浙江鎮海縣職員·候選縣丞). 신식교
　육기구수료자(8): 項藻馨(격치서원수료)·孫兆熊(광방언관수료)·李元鼎(광방언
　관 학생)·歐陽驥(격치서원·동문관貢生)·종천위(광방언관·강남제조국번역 수
　료)·조원익(江南制造局翻譯館)·翟昂來(광방언관)·朱正元(광방언관·경사동
　문관). 貢生·監生(8): 張涵中·左忠訓·楊毓輝·孫廷璋·規家鼎·歐陽驥·
　柯來泰·李經邦. 擧人(7): 楊選青·張騷聲(1893)·陳漢章(1888)·李鼎元·조원
　익(1888)·李元鼎(1889)·蔣寶豊(1894). 文生(2): 金元善·楊毓煌. 그러나 신분
　이 중복되는 경우도 있다. 예를 들어, 項藻馨은 항주부학학생이자 격치서원 출신이기
　도 하며, 조원익은 신양현(新陽縣) 학생이자 격치서원 출신이며, 종천위는 관료(廣東
　候選縣丞)이자 신식학교(광방언관·강남제조국번역) 출신이기도 하며, 楊毓輝는
　관료이자 대포현(大埔縣) 공생이다. 이 외에도 張玠(현학학생, 관료), 李經邦(부학
　학생, 공생) 등이 이러하다. 이동에 따라 여러 개의 신분이 중복되므로 모두 넣었다.
　이상 수상자의 신분 관련 내용은 다소 차이를 보인다. 熊月之,『西學東漸與晚淸社
　會』, 298-301쪽; 郝秉鍵·李志軍, 위의 글, 289-292쪽; 王爾敏,『上海格致書院志
　略』, 69-72쪽; 劉明,『格致書院課藝研究』, 37-38쪽 등 참고.

(文生) 출신 2명의 순이다.[34] 전통교육을 받은 부학·현학학생이나 거인·공생·감생·문생은 69명으로 약 80% 정도를 차지하며, 관료 출신과 신식학교 출신은 각각 약 10%에 정도에 불과 한다. 이는 양무시기 서학의 유입으로 인해 전통지식체계가 변화하면서 서학의 지식체계를 수용하고자 한 하나의 상징이라 할 수 있으며, 서학 내용이 이미 전통서원의 지식인 교육에도 침투하였음을 볼 수 있다.

좀 더 나아가 수상자와 문장 편수의 관계를 보면, 35편(楊毓輝), 22편(鐘天緯), 16편(許克勤), 15편(李鼎頤), 14편(王輔才·葉瀚), 12편(殷之輅·李經邦), 9편(胡永吉), 7편(陶師韓·項藻馨·潘敦先), 6편(程瞻洛·胡家鼎) 등 총 345편의 88명이다.[35] 수상자와 수상횟수의 관계를 보면, 16회(鐘天緯), 15회(楊毓輝), 7회(李鼎頤), 6회(殷之輅·許克勤·李經邦), 5회(張玠·王輔才·葉瀚), 4회(朱昌鼎·項藻馨) 등이다.[36] 총 88명 가운데 약 10%를 차지하는 신식학교 출신 종천위(22편)·

---

34) 貢生: 향교의 학생. 監生: 명·청시기 최고학부인 국자감의 학생. 舉人: 명·청시기 과거시험 중에서 향시에 급제한 사람. 文生: 명·청시기 주부현(州府縣)에 설립한 공립학교('文庫'라고도 함)의 생원.

35) 5편(8명): 張玠·許庭銓·朱昌鼎·孫維新·孫兆熊·朱其鈞·劉富槐·劉祖培. 4편(7명): 車善呈·蔣同寅·李元鼎·楊史彬·陳漢章·李鼎元·許渠斤. 3편(11명): 朱澄敘·歐陽驥·李國英·朱正元·林季賢·葉瀚·柯來泰·彭壽人·錢文霈·張鳳翾·陳翼爲. 2편(15명): 彭瑞熙·王恭壽·翟昂來·葛道殷·趙元益·於巸·項文瑞·楊家禾·俞贊·錢大受·董琪·金元善·楊毓煌·沈尚功·梁揆平. 1편(33명): 許玉瀛·王志中·吳昌綬·張涵中·秦錫田·孫景康·鄒邵曾·冀雲藻·劉翰飛·左忠訓·邵慕堯·李安邦·華國盛·錢清臣·程起鵬·鄭其裕·錢志澄·程昌齡·單秉鈞·華國治·王襄·楊選青·孫廷璋·朱有濂·程延傑·羅毓林·王益三·劉邦俊·黃潤章·蔣寶豊·吳佐請·褚桂山·張駁聲. 관련 자료는 劉明, 『格致書院課藝研究』, 39-40쪽 등 참고.

36) 3회(6명): 許庭銓·車善呈·陶師韓·孫維新·胡永吉·潘敦先. 2회(12명): 彭瑞熙·王恭壽·翟昂來·葛道殷·趙元益·蔣同寅·程瞻洛·柯來泰·彭壽人·胡家鼎·孫兆熊·楊史彬. 1회(59명): 許玉瀛·王志中·吳昌綬·張涵中·秦

항조형(7편)·손조응(5편)·이원정(4편)·구양기(3편)·주정원(3편)·조원익(2편)·적앙래(2편) 8명의 문장은 총 345편 가운데 약 14%를 차지하는 48편이다. 대부분 양무학당인 서양언어를 배우고 번역을 하는 강남제조국·광방언관·경사동문관에 종사했으며, 이 가운데 격치서원 학생은 2명(항조형·구양기)뿐이다. 또 10편 이상 수상한 양육휘·종천위·허극근·이정이·왕보재·섭한·은지락·이경방 8명의 글이 총 140편에 이르며 수상자의 10%도 안 되지만 총 345편 가운데 약 41%의 글을 수상하였다. 한편 약 10%에 해당하는 5회 이상 수상자 9명(종천위·양육휘·이정이·은지로·허극근·이경방·장개·왕보재·섭한)이 총 71회를 수상하여 총 181회의 40%를 차지했다. 즉 10편 이상과 5회 이상의 두 가지에 모두 해당되는 사람은 종천위·양육휘·허극근·이정이·왕보재·섭한·은지로·이경방 8명이다. 이들은 격치서원 고과의 중심 지식인이며 이 가운데 종천위, 항조형 2명만이 신식교육기구 출신이다.

이처럼 전통교육 출신에 비해 신식교육 출신이 적은 이유는 당시 교육기구는 전통서원의 수가 상대적으로 많으며 그에 따라 전통 지식을 배운 지식인들도 많았기 때문이다. 또한 당시 양무 시기는 서학의 수용과 전파, 양무 인재의 양성이 가장 시급한 문제였지만, 그 안에는 '중체서용', '사이제이(師夷制夷)' 등의 관념을 활용한 전통서원의 변화와 전통학문체계의 변화가 동시에 진행되고 있었음을 알 수 있다. 이로 볼 때, 격치서원은

錫田·孫景康·鄒紹曾·龔雲藻·劉翰飛·左忠訓·邵幕堯·李安邦·華國盛·錢淸臣·程起鵬·鄭其裕·錢志澄·程昌齡·朱澄敘·單秉鈙·華國治·王襄·楊選青·歐陽驥·李國英·孫廷璋·於啚·項文瑞·楊家禾·俞贊·朱有濂·程延傑·羅毓林·王益三·劉邦俊·朱正元·林季賢·葉瀾·錢大受·董琪·金元善·黃潤章·錢文霈·李元鼎·楊毓煌·蔣寶豊·張鳳翽·沈尚功·吳佐請·褚桂山·張駿聲·陳翼爲·陳漢章·梁揆平·朱其鈞·劉富槐·劉祖培·李鼎元·許渠斤. 관련자료는 熊月之,『西學東漸與晚淸社會』, 298-301쪽; 劉明,『格致書院課藝硏究』, 39-40쪽 등 참고.

양무인재의 양성과 서학의 전파 및 전통학문체계의 변화를 추구한 매커니즘이며, 고과는 그 중심 활동[제도]이 되었고, 고과에 참여한 지식인들은 향후 서학수용과 전파의 중심에 서서 양무, 변법 활동에 참여하였다.

(3) 수상자의 향후 활동

양무파 관원들은 격치서원의 고과를 통해 서학의 전파와 양무 인재를 발굴하고자 했고, 이렇게 양성된 지식인들은 실제로 양무, 변법운동에 참여하였다. 위 수상자들의 향후 활동에서 잘 드러난다.[37]

〈표 2〉에서 보이듯이, 수상자의 대부분은 양무, 변법운동에서 적극적인 활동을 하였다. 주로 매체·학회·교육·정치·번역·관료·양무기관·학당·유학 등 다양한 활동을 하였다. 근대 서학의 전파기제는 대체로 교회학교, 신식서원, 양무학당, 중서번역출판기구와 그곳에서 번역한 서학저작 및 신문매체들이다. 그러나 격치서원 고과에서 수상한 88명 중에 교회학교 출신은 한 명도 없고 신식교육기구 출신은 8명에 달한다. 하지만 양무시기 교회학교나 신식교육기구의 학생 수의 규모는 기존의 전통교육기관에 비해 훨씬 적다. 숫자의 다소만으로 교회학교와 신식교육기구가 서학전파의 주요기구가 되지 못했다고 말할 수는 없을 것이다. 기구의 숫자로 보면, 당시 기존의 교육기구는 전통서원이 대다수였으므로 지식인도 서원 관련 출신들이 많았고 학문체계도 전통학문의 지식체계가 주류를 이루었을 것이다. 중요한 점은 이들 전통교육기관 출신자들이 향후 양무, 변법 활동과 근대 교육, 매체 등에서의 활동을 통해 중국의 새로운 근대 사회와 학문의 변화에 일정정도 기여를 했다는 점이다.

---

37) 劉明, 『格致書院課藝硏究』, 41-44쪽; 熊月之, 「新群體新網絡與新話語體系的 確立: 以『格致書院課藝』爲中心」, 153-155쪽 참고.

〈표 2〉 1886-1894년 격치서원 고과 수상자의 향후 활동 상황

인물	활동내역	활동성격
왕강년(汪康年)	몽학회결성, 『몽학보』, 『중외일보』편집	매체, 학회
허극근	『몽학보』편집	매체
동강(董康)	역서공회(譯書公會)결성, 『역서공회보』편집	매체, 학회
저계산(褚桂山)	『신시무통고(新時務通考)』, 『황조경세문편속집(皇朝經世文編續集)』편찬	매체
적앙래	『경세보』, 광방언관, 주영 중국대사관 번역관	매체, 교육, 양무
종천위	신강아집회(申江雅集會) · 자립회(自立會)설립, 『시무보』기고, 상해삼등공학 · 상해광방언관 · 상해강남제조국번역관근무, 성선회 · 장지동과 한양철성(漢陽鐵城)창립, 광물학당 · 자강학당운영, 우로광학당(於路鑛學堂) · 한양철창(漢陽鐵廠) · 자강학당근무, 산동기계국건설계획참여, 『서국근사회편(西國近事彙編)』등 서양서적 번역	매체, 학회, 교육, 양무, 독일유학
섭한	몽학회결성, 『몽학보』편집, 중국교육회, 후베이자강학당교원, 상하이에서 중국국회(中國國會)설립	매체, 학회, 교육, 정치
항문서(項文瑞), 진석전(秦錫田)	교육연구회	교육
항조형	『항저우백화보(杭州白話報)』창간, 저장구시서원(浙江求是書院)교원, 대청은행대리총판, 항저우안정학당(杭州安定學堂)관리	매체, 교육, 양무, 정치
조원익	역서공회결성, 『역서공회보』편집, 격치서원이사, 강남제조국근무, 『서약대성(西藥大成)』번역, 『법률의학』지음	매체, 학회, 교육, 양무, 번역, 영국 · 프랑스 등 유학
진의장(陳議章)	베이징대학 교수	교육
심육계(沈毓桂)	서양서적 번역, 『교회신보(教會新報)』편집, 중서서원설립, 교사	번역, 교육, 매체
정연걸(程延傑)	봉현제오고등소학(奉賢第五高等小學)교장	교육
류부괴(劉富槐)	절강국자감조교	교육
갈도은(葛道殷)	몽섬감총독신(蒙陝甘總督臣)	양무
설복성	강남제조국, 격치서원 근무	양무, 영국 · 프랑스 · 벨기에 · 이태리 해외양무사업
장개(張玝)	후베이직포국 · 상하이기계제조국 · 상하이직포국 · 상하이누사국(上海縷絲局) 근무	양무
차선정(車善呈)	후베이직포국위원, 후선현승(候選縣丞), 황저우지부(黃州知府)	양무, 정치
정첨락(程瞻洛)	후선현승(候選縣丞), 강남제조국, 수뢰창(水雷廠)	양무
이경방	펑톈(奉天) · 지린 등에서 군사업무	양무
주정원	광방언관, 경사동문관, 장쑤후선주판(江蘇候選州判)	양무
오창수(吳昌綬)	북양정부사법부비서	정치
정기붕(程起鵬)	고현지사(皋縣知事), 강산현지사(江山縣知事)	정치
섭란(葉瀾)	일본에서 청년회 조직	정치
당재상	상하이에서 중국국회 설립	정치
오좌청(吳佐請)	장수성자의국(咨議局)의원	정치

출처: 劉明, 『格致書院課藝研究』, 熊月之, 「新群體新網絡與新話語體系的確立: 以『格致書院課藝』爲中心』등의 자료에 근거하여 저자 재정리

비록 숫자적으로는 적지만 서학전파의 시작과 중심활동은 주로 중서학
문의 결합을 추구한 교회서원이나 서양언어의 교육과 번역에 힘쓴 광방
언관, 강남제조국 및 서학전파의 매개체인『만국공보』·『신보』등의 매체
및 신식서원에서 비롯되었다. 이들이 양무의 사회적 분위기에서 서학전
파의 선두에 서있던 공로는 향후 근대 중국사회의 변화에 커다란 추동력
이 되었다고 할 수 있다. 향후 활동 내역을 보더라도, 다수가 신식서원과
매체, 양무, 학회, 정치, 교육 등에서 활동을 한 점은 그들이 정치적으로
나 사상변화 또는 서학전파에 있어 중요한 매개가 되었음을 알 수 있다.
그리고 서원의 개혁 면에서 볼 때, 격치서원, 구지(求志)서원, 박문(博
聞)서원 등은 전통서원에서 신식서원으로 변화하면서 서학을 수용, 전파
함과 동시에 전통지식체계의 변화를 도모해왔다. 이로 볼 때, 이들은 전
통에서 근대로 전환되는 과정에서 교량적 역할을 한 지식인들이었으며,
격치서원의 고과는 서학전파와 전통지식체계의 변화에 중요한 추동적 역
할을 했다고 할 수 있다.

IV. 서학에 대한 인식과 '격치'

1. 서학의 범주와 '격치'

『격치서원과예』에 반영된 가장 기본적인 문제는 바로 서학이란 무엇인
가이다. 1886-1894년까지 출제된 총 88문제 가운데 시무, 부강을 다룬 양
무와 서학, 격치에 대한 문제가 대다수이다. 고과에 참여한 지식인들은
서학의 범주를 어떻게 이해하고 있는가.

중국 사람은 심신성명과 삼강오상을 격치의 근원으로 삼는다. ……서

양 사람들은 수학(水學)·화학(火學)·광학(光學)·성학(聲學)·음성학·화학(化學)·산학(算學)·전열학(電熱學)을 격치의 강령으로 삼는다. ……격치에서부터 시작하여 점차 평치에 이르는 데 어려움이 없을 것이다.[38)]

중국의 학문은 성리를 가장 중요시하고 그 다음으로 사장을 중요시하고 다음으로 경사·고거·여지·예악제도 및 병법·음양·회계·법술·의술·점복·동식물 등 잡다하게 하나의 학문을 이루었지만, 기예의 중요함과 다르다. 서방 각국의 학문은 다양하다. 천문·지리·기계·역산·의학·화학·광물·중력·광학·열·음성 및 각종 전기학 등은 실험을 통해 명확한 파악을 하며 헛된 이론과 다르다. 격치학문이 생긴 이후로 모든 것을 망라하여 옛사람들의 조리 없고 난잡한 것이 사라져 중외 학문이 합쳐져 하나로 꿰어지게 되었다.[39)]

서학의 범주를 크게 수학(水學)·화학(火學)·성학(聲學)·산학(算學)·천문·지리·기계·의학·광물·전기 등 자연과학으로 보고 있으며, 좁게는 격치, 기예(技藝) 라는 용어와 등치하고 있다. 중국의 격치는 유가의 도덕관념의 삼강오륜을 근원으로 하고, 서양은 수학(水學)·화학(火學)·성학(聲學)·산학(算學)을 격치의 강령으로 한다고 보았고, 서학의 격치, 기예학문을 배우고, 공담하고 추상적인 전통적인 학문 방법에

---

38) "中人以身心性命三綱五常爲格致之根源, ……西人以水·火·光·聲·音·化·算·電熱爲格致之綱領, ……由格致而漸臻於平治無難也." 趙元益答卷, 『格致書院課藝』.

39) "中國學問最重性理, 次重詞章, 次則經史·考據·輿圖·掌故以及韜鈐·術數·會計·申韓·醫葡·青鳥, 無不雜然成家, 然尤不如制藝之重. 泰西各國學問, 亦不一其途, 擧凡天文·地理·機器·歷算·醫·化·礦·重·光·熱·聲·電諸學, 實試實驗, 確有把握, 已不如空虛之談談. 而自格致之學一出, 包羅一切, 擧古人學問之蕪雜一掃而空, 直足合中外而一貫." 王佐才答卷, 『格致書院課藝』, 第1冊.

서 벗어나야 부강과 평치(平治)를 이룰 수 있다는 것이다. 『격치서원과예』에서 다루고 있는 내용은 거의 서학의 범주에 속하지만, 좁은 의미에서의 서학 범주는 대부분 격치학, 즉 서방의 자연과학에 치중하고 있음을 알 수 있다.

그러면 구체적으로 중, 서의 격치는 어떻게 다른가. 이에 앞서, '격물치지'의 약칭으로 쓰인 격치의 내용이 처음 보이는 『대학』경문의 내용을 먼저 살펴본다.

> 물(物)에는 본말이 있고 사(事)에는 종시가 있으니, 선후를 가릴 줄 알면 도에 가깝다. 옛날에 천하에 명덕을 밝히고자 하는 자는 먼저 그 나라를 다스리고, 그 나라를 다스리고자 하는 자는 먼저 그 집안을 가지런히 하고, 그 집안을 가지런히 하고자 하는 자는 먼저 그 몸을 닦고, 그 몸을 닦고자 하는 자는 먼저 그 마음을 바루었다. 그 마음을 바루고자 하는 자는 먼저 그 뜻을 성실히 하고, 그 뜻을 성실히 하고자 하는 자는 먼저 그 지식을 극진하게 이르게 하였으니, 지식을 극진하게 이르게 한다는 것은 사물의 이치를 궁극에 까지 이르는데 있다. 사물의 이치가 궁극에 까지 이른 뒤에 지식이 극진하게 이르게 되고, 지식이 극진하게 이른 뒤에 뜻이 성실해지고, 뜻이 성실해진 뒤에 마음이 바루어지고, 마음이 바루어진 뒤에 몸이 닦아지고, 몸이 닦아진 뒤에 집안이 가지런해지고, 집안이 가지런한 뒤에 나라가 다스려지고, 나라가 다스려진 뒤에 천하가 태평해진다.[40]

요약하자면, 지식을 이루는 것은 사물의 이치를 궁극에까지 이르는 데 달려있고, 사물의 이치가 궁극에까지 이른 뒤에야 지식이 그에 따라 이르

---

40) "物有本末, 事有終始, 知所先後, 則近道矣. 古之欲明明德於天下者, 先治其國, 欲治其國者, 先齊其家, 欲齊其家者, 先修其身, 欲修其身者, 先正其心. 欲正其心者, 先誠其意, 欲誠其意者, 先致其知. 致知在格物, 物格而後知至, 知至而後意誠, 意誠而後心正, 心正而後身修, 身修而後家齊, 家齊而後國治, 國治而後天下平." 성백효, 『대학·중용집주』, 서울: 전통문화연구회, 2014, 32-34쪽 참고.

게 되니, 이것을 일러 지식이 극진한 데 이르렀다는 것이다. 선유들의 격물치지의 대상['물']은 '천하·국·가·신·심·의'이며, 이에 대해 궁극에까지 이르러야['격물'] '평·치·제·수·정·성'의 이치를 아는 경지에 이를 수 있다['치지']는 것이다. 먼저 격물해야 하는 까닭은 하나의 사물의 이치를 궁구하여 그로써 만물의 이치에 통하게 되고, 만물의 이치에서 나아가 천하의 이치에 이를 수 있기 때문이다.[物格而後知至] 그러므로 치지는 반드시 먼저 격물을 해야 한다는 것이다[致知在格物]. 그리고 이러한 과정의 선후[본말, 종시]를 잘 알면 도에 가까운 것이니, 바로 격물치지는 이러한 '의리(義理)'를 밝히고자 함이며, 그 '의리'의 목적은 궁극적으로 치국평천하에 있다는 것이다.

이러한 격물치지에 대한 이해는 격치서원 고과에 참여한 지식인들에게도 많이 보인다. 그 중 일례를 들면, 주징서(朱澄敍)는 "선유들의 격치에 대한 노력은 천하·국·신·심·의가 즉 '물'임을 밝게 밝히는 데 있다. 치지의 노력은 바로 여기에 있다. 그러므로 반드시 먼저 격물해야 하는 까닭은 하나의 사물의 이치에 나아가 그로써 만물의 이치에 통하게 하고, 만물의 이치에 나아가 천하의 이치를 궁구히 하는 것이다. 그래서 치지는 반드시 먼저 격물을 해야 한다."[41]라고 했다. 『대학』의 의미와 기본적으로 동일한 인식을 하고 있다.

2. 중, 서 격치에 대한 이해

고과에서 격치에 대한 질문을 할 때, 주로 '중서 격치학문의 공통점과

---

41) "先儒格致工夫, 明指天下國家身心意, 即是物, 致知工夫即在此處. 其所以必先格物者, 蓋即一物之理, 以通萬物之理; 即萬物之理, 以窮天下之理. 是致知必先格物也." 朱澄敍答卷, 『格致書院課藝』, 第4冊. 본고에는 『격치서원과예』에서 인용할 때 명기된 그 이름을 쓴다.

차이점'을 비교하는 방식으로 출제되었다. 1889년 봄 특과(特課)에서 북양대신 이홍장은 "『대학』의 격치에 관한 설은 정강성(鄭康成: 후한의 유학자 鄭玄)을 위시하여 수십 곳이 있는데 최근의 서학과 일치한가?"[42]라고 출제하였다. 이에 대해 장동인(蔣同寅)·왕좌재(王佐才)·주징서(朱澄敍)·종천위·팽서희(彭瑞熙) 등은 중서 격치의 차이를 '도예(道藝)', '의리(義理)', '존고박금(尊古薄今)' 등의 관점에서 논의하였다.[43]

> (유교에서 말하는 이른바 격치는) 바로 의리(도리의 이치)의 격치를 말하는 것이지 물리(물질의 이치)의 격치를 이르는 것이 아니다. 중국은 도를 중하게 여기고 기예를 가볍게 여긴다. 모든 인륜과 법도, 예악과 교화에 있어 정미함이 남김없이 다 드러나지 않음이 없다.[44]

> 격치의 학문은 중국과 서양이 서로 다르다. ······대개 중국은 도를 중시하고 기예를 가볍게 여겼으므로 그 격치는 오직 의리를 중하게 여긴 것이다. 한편 서양의 경우는 기예를 중시하고 도를 가볍게 여기므로 그들의 격치는 물리적 측면으로 편중된 것이 많다. 이것이 중서 격치의 차이이다.[45]

> 요약하여 말하자면, 중국의 풍기는 도를 중시하고 예를 가볍게 여긴다. 서양의 분위기는 예를 중시하고 도를 가볍게 여긴다. 그러나 자고이래로

---

42) "『大學』格致之說自鄭康成以下, 無慮數十家, 與近今西學有偶合否?" 郝秉鍵·李志軍, 위의 글, 294쪽.

43) 왕좌재와 종천위는 동일한 인물이다. 왕좌재는 격치서원 시험에 응시할 때 鐘天緯·李龍光·商霖·李培禧·朱震甲 5개의 필명을 사용하였다. 薛毓良, 『鐘天緯傳』, 北京: 上海社會科學院出版社, 2011, 55쪽.

44) "(儒家所謂之格致)乃義理之格致, 而非物理之格致. 中國重道輕藝, 凡綱常法度禮樂敎化, 無不闡發精微, 不留餘韻." 王佐才答卷, 『格致書院課藝』, 第4冊.

45) "格致之學, 中西不同. ······蓋中國重道而輕藝, 故其格致專以義理爲重. 西國重藝而輕道, 故其格致偏於物理爲多. 此中西之所以有分也." 鐘天緯答卷, 『格致書院課藝』, 第4冊.

치란안위는 도의 성쇠에 달렸지 기예의 공졸과는 관계가 없다. ……인륜
법도, 예악교화는 결국 천하의 가장 근본이 되니, 하루라도 없을 수 있겠
는가?[46]

중국에도 격치가 있고 서양에도 격치가 있으며, 양자의 차이를 '도'와
'예[혹은 器라고도 함]'로 나누었다. 도와 예[기]에 대한 해석을 보면, "형
이상적인 것을 '도'라하며 형이하적인 것을 '기(器)'라 한다. '도'란 형체에
서 볼 수 있는 게 아니라 단지 추상적인 사고를 통해 파악할 수 있는 사
물의 본질과 기본 원리를 말한다. 반면 '기'는 형체로 볼 수 있고 주체적
감관이 감지할 수 있는 물질적 물건을 뜻한다."[47] '도'와 '기'를 내재적 정
신과 외재적 물질로 구분하여, 도는 인륜도덕이나 교화의 이치를 의미하
며, '예'는 외부사물의 이치를 의미하고 있다. 중국의 격치가 추구하는 원
리는 인륜도덕의 내재된 이치, 즉 '의리'이므로 '의리의 격치'라고 한다면,
서양의 격치가 추구하는 원리는 외부사물 자체의 원리, 즉 '물리'이므로
'물리의 격치'라는 것이다. 이런 관점에서 중국은 도를 보다 중시하여 '중
도경예(重道輕藝)'의 특징을 지니고, 서방은 기예를 보다 중시하여 '중예
경도(重藝輕道)'의 특징을 보인다는 것이다.

그리고 중국에서 말하는 '격치'는 외부형체가 있는 사물을 관찰하여 군
신·부자·부부·형제간의 인륜 대도의 의리를 이해하는 것이며, 그러한

---

46) "總而論之, 中國之風氣重道而輕藝, 西洋風氣重藝而輕道, 然自古至今, 治亂
安危恒系乎道之隆汚, 不系乎藝之巧拙. ……至於綱常法度禮樂敎化, 終爲至
天下之本, 其可一日少乎?" 彭瑞熙答卷, 『格致書院課藝』.
47) "形而上者謂之道, 形而下者謂之器. 道是不能見諸於形體只能靠抽象思維把
握的事物的本質和根本原理, 而器是見諸於形體的可以爲主體感官感知的物
質性物件." 盧勇, 「從體用分到文野之別: 試論近代主流學問觀的嬗變」, 胡春
惠·薛化元, 『中國知識分子與近代社會變遷』, 珠海: 珠海書院亞洲研究中心,
2005, 180쪽.

의리는 인간의 윤리적 질서에서 체현되는 의리이며, 학문의 궁극적인 본원이자 목적이다. 따라서 중국의 격치는 인륜과 법도, 예악과 교화 등을 잘 파악하여 궁극적으로 치국평천하의 의리를 파악하는 것이다. 그러므로 부강치도·치란안위 등은 천하의 근본이자 격치의 근본이며, 이는 도의 성쇠와 관련된 것이지 기예의 공졸과는 상관이 없다는 것이다.

이러한 이해는 크게 『대학』의 격치의 의미와 다를 바 없다. 하지만 이러한 중서의 격치를 '의리'와 '물리'로 구분하여 설명하는 이유는 격치에 대한 학문적 범주와 기능에 대한 이해를 달리하고 있기 때문이다. 앞서 예문에서 보았듯이 "중국 사람은 심신성명과 삼강오상을 격치의 근원으로 삼고, 서양 사람들은 수학(水學)·화학(火學)·성학(聲學)·산학(算學)·전열학(電熱學)을 격치의 강령으로 삼는다."고 이해하기 때문이다. 즉 중국의 격치는 심성·치란·인륜·제도 등을 겸한 자연철학에 가까운 의리의 학문이지만, 서양의 격치는 주로 실험·측량·천문·분석을 중시하는 자연과학에 가까운 기수(器數)의 학문이라는 것이다. 이러한 중서의 격치에 대한 이해는 중국의 전통적인 학술정신에 근거하여 '도와 예', '의리와 물리'와 같은 이분법적 도식으로 요약한 것이며, '중도경예', '중예경도'로 개념화한 것 역시 중국의 전통지식체계로부터 서학을 인식한 것이라고 할 수 있다. 나아가 이렇게 '중도경예', '중예경도', '의리와 물리' 등의 차이를 가져온 배경을 중, 서의 학술관념과 학문태도의 차이에서 찾고 있다.

중국과 서양이 서로 합해지는 것은 우연한 자취이고, 합해지지 않는 것은 바로 추구하는 방향의 차이이다. 그 원인을 보면, 중국의 경우 항상 옛 것을 높이고 지금의 것을 가볍게 생각한다. (따라서) 절대 고인을 따라갈 수 없다고 생각하며 늘 정해진 법칙을 고수하면서 변통을 모른다. (하지만) 서양인의 경우는 새로운 것을 좋아하고 지난 것을 싫어하며, 학문은 후자가 더 낫다고 인식한다. (따라서) 늘 앞 사람을 뛰어넘고자 하면서 힘

써 실제를 구한다. 이 점이 중서 격치가 나눠지는 지점이다.[48]

중국은 고대 성현들의 뜻을 높이고 전통학문인 경(經)을 중시하는 학술관념을 추구하므로 '존고박금(尊古薄今)'의 특징을 지닌다. 그러므로 '기존의 틀을 지키고[墨守成法]' '변화할 줄 모르는[不知變通]' 학술적 태도를 보인다는 것이다. 반면 서양은 상대적으로 '변화'를 중시하기 때문에 '기성에 도전하고 새로운 것'을 추구한다는 것이다. 하지만 이렇게 새로운 것과 옛 것, 수구(守舊)와 변화, '존고박금(存古薄今)', '희신염구(喜新厭舊)' 등의 가취취향으로 도식화하는 것 역시 중국 전통학문의 인식 틀에서 바라본 것이다.

그렇다면, 이렇게 추구하는 방향이 다른데, 왜 서양의 격치를 배우려고 하는가이다. 적앙래(翟昂來)와 양육휘(楊毓輝)는 서학[격치]을 공부하는 목적은 부강과 평치에 있으며, 격치학은 바로 부강평치를 이루기 위한 학문이라고 했다.

> 중국은 왜 다른 대국들에 필적하지 못하는가? 격치학이 안 되기 때문이다. 부강해지려면 반드시 먼저 격치에 힘써야한다. 사농공상 모두 반드시 그 분야의 학문에 정통하고 그 분야의 기예에 전문성을 갖춰야 하며 또한 부강하지 못하는 근본적 원인을 힘써 제거한 다음에야 부강을 논할 수 있다.[49]

---

48) "中西相合者系偶然之跡, 中西不合者乃趨向之歧. 此其故由於中國每尊古而薄今, 視古人爲萬不可及, 往往墨守成法而不知變通. 西人喜新而厭故, 視學問爲後來居上, 往往求勝於前人而務求實際. 此中西格致之所由分也." 王佐才答卷, 『格致書院課藝』, 第4冊.

49) "中國不能與各大國相抗衡者, 何哉? 格致之學不行也. 欲求富強, 必先格致, 士農工商, 須各精其學, 各專其藝, 而更嚴絶夫不富不強之本, 然後富強可言." 翟昂答卷, 『格致書院課藝』.

> 중국에서는 왜 서학을 추구하는가? 위로는 부국이고 아래로는 강병이
> 며, 크게는 나라의 흠차대신이나 외교 일을 할 수 있는 인재를 배양하는
> 것이고, 작게는 교사나 관리전문가를 기르기 위해서이다.[50]

서학을 배워야하는 목적은 '부강'과 '평치'에 있으며, 그러기 위해서는
격치학을 배워야 한다는 논리는 기본적으로 『대학』에 반영된 전통적인
격치관에서 크게 벗어나지 않는다. 격치학문의 수용을 통해 강국부민을
이루고자 함은 격치서원 고과에 참여한 일반 지식인뿐만이 아니라, 위
원·풍계분·왕도 등 당시 대표적인 양무지식인들도 기본적으로 함께하
는 인식이다. 격치서원의 고과를 출제한 사람들은 거의 대표적인 양무 관
료이자 양무파 지식인들이었기 때문에, 어느 정도에선 그들의 관점이 응
시자인 일반 양무지식인에게 영향을 주었을 것이다. 따라서 격치서원 고
과에서는 크게 볼 때, 서학을 격치와 등치시키면서 부강치민을 이루고자
했고, 이를 위해 다양한 관점으로 중서 격치를 비교하였다. 그러나 설사
서학동점의 위기 속에서 대응과 자위(自衛) 및 보존(保存)의 측면에서
사고한 결과라 하더라도 '도예(道藝)', '의리(義理)', '존고박금(尊古薄
今)' 등의 이분적인 비교방식은 중국 전통학문의 인식 틀에서 바라보았다
는 한계를 지닌다.

3. 격치의 학술적 의미

격치의 목적은 부강이고 부강하려면 먼저 서학을 수용해야 한다는 논
리는 표면적으로는 서학 수용의 문제로 보이지만, 다른 측면에서 보면 중
국 전통학문에 대한 재인식을 요구하는 일종의 '학(學)'의 문제이기도 하

---

50) "中國之講求西學, 何哉? 將欲上以之富國, 下以之強兵, 大以之培欽差理事之
才, 小以之收教習司事之效." 楊毓輝答卷, 『格致書院課藝』.

다. 따라서 부강치술은 정치·군사적 영역의 의미도 있지만 학술·문화
영역의 의미도 있다. 당시 양무 지식인들은 전자를 이루기 위해서는 먼저
후자에 대한 인식이 있어야 한다고 보았다. 그러므로 서학을 배워야 하는
목적인 부강치술의 관건은 격치학을 배우는 것이며, 중국 사회가 서양 대
국들에 필적하지 못하는 이유는 바로 격치학이 안 되기 때문이라는 것이
다. 따라서 학술적 의미에서 부강치술의 방식은 서학을 수용함과 동시에
전통학문 방법 및 태도에 대한 재인식도 포함한다. 이를 위해 고과에 참
여한 지식인들은 청대의 실사구시의 실학정신과 격치를 연결하여 사고하
면서 전통학문 방법에 대한 재인식과 폐단을 지적했다.

> 세상에는 무궁무진한 학문이 있다. 하지만 백 개의 실체 없이 빈 것(虛)
> 은 하나의 실제(實)만 못하고, 백 개의 허위(僞)는 하나의 진실(眞)만 못
> 하다. 이것이 큰 차이이다. ……격치학자들은 일들마다 실사구시하고 하
> 나하나 본원을 추구하며 조물주가 누설하지 않은 비밀을 발견하고 성인들
> 이 전수하지 않은 것들을 찾아내는 것이다. ……이 학문이 생기고부터 모
> 든 군사, 농업, 예법과 음악, 정치, 형사 등의 교화가 이런 격치를 기반으
> 로 하게 되었다. 이로써 나라가 부강하지 않을 수 없고 군대가 강하지 않
> 을 수 없으며 이익이 흥하지 않을 수 없고 폐단이 제거되지 않을 수 없게
> 되었다.[51]

> 중국에도 천문, 산술에 대해 잘 알고 열심히 탐구한 사람이 대대로 적
> 지 않다. (하지만) 명말 이후 성명(性命)에 대한 공론만을 밝히고 실학에
> 힘쓰지 않음으로 인해 이런 일들이 점점 쇠퇴하였고, 그래서 서양인이 일
> 어나 그 쇠미해짐을 이어 굳건하게 (자신들만의) 다름을 이루었다.[52]

---

51) "天下之學術無窮, 然百虛不如一實, 百僞不如一眞, 此其大較也. ……蓋格致
學者, 事事求其實際, 滴滴歸其本源, 發造化未泄之苞符, 尋聖人不傳之墮緒.
……自有此學而凡兵農禮樂政刑教化, 皆以格致爲基, 是以國無不富而兵無不
強, 利無不興而弊無不剔." 王佐才課卷, 『格致書院課藝』, 第1冊.

중국의 인륜도덕을 강조하는 성리학문이나 성명을 중시하는 명대 심학의 문제점은 실체가 없이 공담에 그쳐, 본원을 추구하는 실사구시의 학문정신이 부족하다는 것이다. 중학은 보다 '허'에 치중하고 서학은 보다 '실'에 치중하며, '허'는 주로 성리, 사장의 학문 방법과 태도를 의미하고 '실'은 격치, 기예의 학문 방법과 태도를 가리킨다. 특히 명말 이후 학문이 공론만을 밝히고 실학에 힘쓰지 않아서 중국의 격치학은 점점 쇠퇴하였다는 것이다. 이러한 '허'와 '실'이라는 틀을 가지고 크게는 중서학 학문방법의 차이를 개괄하였고, 작게는 선진시기 유학에서 송대 성리학, 명대 심학까지 이어오는 '의리'의 격치와 청대 실학에서 반영된 '물리'의 격치의 특징을 설명하였다. 즉 본원을 추구하는 실사구시의 실학정신을 가지고 서학을 배우고 연구할 때 부강치술을 이룰 수 있다는 것이다. 격치와 부강의 관계를 학술적인 면에서 중국의 실학정신과 연관하여 설명하는 한편 실학의 범주에 서학을 포함시키고 중국 전통학문인 실학이란 이름으로 서학을 제창한 것이다.[53]

이처럼 학술적 차원에서 볼 때, 당시 격치에 대한 이해는 중국 학술의 연속성을 지닌다. 당시 '의리의 격치'에서 점차 '물리의 격치'로 변화해 가는 과정은 송대 성리학, 명대 심학, 청대 실학 등과 연관하고 있다. 이를테면, 격치의 의미가 인문(자연)철학에서 자연과학으로 전환하는 인식의 과정은 『대학』의 '격물치지'에서 대한 송대 이후 학자들의 인식과 연관되어 있다. 송대 주희는 격물치지를 '사물의 이치를 궁구하여 이로써 지식을 지극한데 이른다.'라고 풀이했다.[54] 격물치지의 궁극적인 지점은 외부

52) "天文算數之學, 吾中土講明而切究者, 代不乏人. 自明季空談性命, 不務實學, 而此業遂微, 於是西人起而承其衰, 不得不矯然而自異矣." 王輔才答卷, 『格致書院課藝』.
53) 王爾敏, 「晚淸實學所表現的學術轉型之過渡」, 『中央研究院近代史所集刊』, 第52期, 臺北: 中央研究院近代史所, 1995 참고.

자연의 사물과 인간 내부의 도덕에 나타난 이념과 규율, 즉 '도', '의리'를 함께 탐구하는 것이므로, 인륜도덕과 평치의 '의리'에 있다. 그러므로 이 때의 '의리'는 서양과학처럼 과학적 실험을 통해 증명하는 '물리'와는 대립적인 관계를 형성하게 된다. 그 후 명말 서양 선교사들이 서방의 자연과학을 중국에 도입하면서 중국의 '격치'를 일종의 서양의 자연과학의 입장에서 해석하기 시작했고, 이러한 인식의 변화는 중국의 격치와 서양의 격치를 연결시키려는 이론적 근거와 배경이 된 것이다.[55] 그 후로도 청대 실사구시의 실학정신과 진위를 논하고 분석하려는 고증학에서 격치의 학문 방법을 계속 이어가고자 했다.

이처럼 고과에 참여한 지식인들은 청말 이후 더욱 거세진 서세(西勢)의 위기에 직면하여, 대응과 보호의 차원에서 서학을 수용하고 동시에 전통문화를 재인식하고 정립하려 했다. 따라서 서양의 근대 과학과 중국의 전통 격치학 간에 차이점이 존재함에도 불구하고, 당시 지식인들은 중국의 학문적 틀과 시각으로 중서 격치의 내적 연관성을 계속 찾아갔던 것이다. 즉 지적 관심을 과거의 '의리'에서 '물리'로 옮겨가면서 실증적이고 분석적인 학문방법을 추구하고자 했다. 이상, 지금까지 중서 격치에 관해 논의되었던 관점을 정리하면 다음과 같다.

〈표 3〉 중서 '격치'에 대한 관점

	관점					학문적 범주
중	중도경예	의리	허	존고박금 (尊古薄今)	묵수성법 (墨守成法)	자연철학('의리의 격치')에서 점차 자연과학('물리의 격치')으로 인식의 전환
서	중예경도	물리	실	희신염고 (喜新厭古)	무구실제 (務求實際)	자연과학(일부 과학기술 포함)

출처: 저자작성

---

54) "訓物爲事物, 訓格爲至, 訓知爲識, 訓致爲推極."

55) 관련 내용은 李志軍, 「格致書院與實學教育」, 46-47쪽. 葛榮晉, 「程朱的格物說 與明淸的實測之學」, 第12期, 北京: 『中國哲學』, 1998, 92-96쪽.

4. 서학 수용의 근거와 '서학중원'

한편, 서학 수용에 앞서 먼저 고민해야 할 문제가 있었다. 당시 민족적 자존심에 상처를 입은 중국 사회와 지식인들에게 어떻게 '화이'의 우월적 자존감을 유지시켜 주면서 서학을 수용할 것인가에 대한 타당한 명분과 근거를 제시할 것인 가였다. 이를 위해 서학과 중학의 관계 정립이 무엇보다도 중요했고, 이를 격치서원의 고과에서는 주로 서학중원론(西學中源論)을 통해 설명하고 있다.[56]

'서학중원'이란 서학은 중국에서 비롯되었으며, 중국의 고대 경전에 이미 들어있다는 뜻이다. 고과에 반영된 중서학의 관계에 대한 대표적인 관점이다. 격치서원의 설립자이자 운영자인 양무지식인 왕도·풍계분·정관응·설복성 등도 일찍부터 서학중원에 대한 관점을 보여 왔다. 풍계분은 "중화의 상서로움과 빼어남은 성대하고 응결되어있다. 유소씨·수인씨·복희씨·헌원씨 등 여러 선인들이 이용하고 창조해왔다. 그런데 제이(諸夷)들이 뒤늦게 나타났으니 어찌 선인들의 남긴 것을 훔쳐간 것이 아니겠는가?"[57]라고 하였고, 정관응은 서학을 배우는 것은 단지 중국에서 잃어버린 것을 서양에서 구한다는 '예실구야(禮失求野)'의 입장에서 서학을 배우고 수용하는 것은 "중국에 원래 있었던 것을 중국으로 다시 가져오는 것"[58]이라고 했다. 서학은 더 이상 '이(夷)'가 아니므로 '양이(攘

---

56) 격치서원 고과에 반영된 서학중원설과 관련한 인용문에서도 서학과 격치 두 단어를 혼용하고 있다. 그러나 대체로 서학은 조금 큰 범주에서 서양의 학문을 의미하며, 격치는 좁은 의미에서 주로 자연과학, 과학기술을 의미한다. 고과의 인용문에 나오는 서학의 범주는 거의 후자인 격치의 의미에 보다 가깝다. 관련 내용은 江曉原, 「試論淸代西學中源說」, 『自然科學史硏究』, 第7卷, 第2期, 北京: 中國科學院自然科學史硏究, 1998 참고.

57) "中華扶興靈秀, 磅博而鬱結, 巢燧羲軒數神聖, 前民利用所創造. 諸夷晩出, 何嘗不竊緖餘?" 馮桂芬, 『校邪呂抗議』, 「制洋器議」; 郝秉鍵·李志軍, 위의 글, 44쪽 재인용.

夷)'의 대상이 아니라 '수용'의 대상이며, 그 이유는 서학은 중학에 근원
을 두기 때문이라는 것이다. 이렇게 서학을 배우는 것은 일종의 중학을
재정립하는 것이라는 관점에서 서학수용의 근거를 마련했다.

물론 서학중원설이 격치서원의 고과에 처음 등장하는 개념은 아니지
만, 격치서원의 운영자들과 출제자인 양무 관료들의 이러한 사고는 고과
에 참여한 지식인들에게 일정 정도 영향을 주었을 것이다. 그들은 중국
의 경·사·자·집 속에서 여러 사례들을 찾아내어 서학중원을 증명해
나갔다.

『대학』에서 말하는 격치는 『역』·『시』·『서』·『춘추』에서 모두 찾아볼
수 있다. 『역』에 '땅에는 신기가 있다. 신기는 바람과 우뢰이다. 바람과 우
뢰가 흘러 운행하여 모든 물체가 생기게 되었다'라고 했으며, 59) 전기학은
여기에서 비롯된 것이다. 「요전」에 기록된 사계절 별자리의 순서와 혼천
의[선기옥형]가 있으니 천문학의 비조이다.60) 『모시』에 기록된 조수초목,

---

58) "以中國本有之學還之於中國." 鄭觀應, 『盛世危言·西學』 "예실구야"는 "예법을
  잃게 되면 재야에서 구한다.(禮失而求諸野)"는 뜻으로 『한서·예문지·제자략서(漢
  書·藝文志·諸子略序)』에 나오는 말이다.

59) "하늘에 사시가 있으니 춘하추동과 바람·비·서리·이슬이 가르침이 아님이 없다. 땅
  이 신기를 싣고 신기는 바람과 우뢰이니, 바람과 우뢰가 운행하여 만물이 다 살아나니,
  가르침이 아닌 것이 없다.天有四時, 春秋冬夏, 風雨霜露, 無非教也. 地載神氣,
  神氣風霆, 風霆流形, 庶物露生, 無非教也."(『예기·공자한거(禮記·孔子閑居)』).

60) "선기(천체운행을 상징한 구슬로 꾸민 틀)와 옥형(옥으로 만든 대롱; 선기옥형은 천체
  관측기구를 말함)을 두어 칠정(해와 달과 다섯 별)을 살펴 농사를 고르게 하셨다.在璿
  璣玉衡, 以齊七政."(『상서·순전(尙書·舜典)』)』) "해의 위치는 중간(춘분)이고 별은
  조숙(朱雀의 자리)이라. 이때 봄볕이 무르익으면 백성들은 흩어져 살고 새와 짐승은
  새끼를 낳고 교미한다. 해는 길어지고 별은 심성(心星)이다. 이때 순조롭게 한 여름이
  되면 백성들은 그대로 흩어져 살고 새와 짐승은 털갈이하고 가죽이 바뀐다. 밤(의
  길이)은 중간이고 별은 허성(虛星)이다. 이때 넉넉한 중추가 되게 하면 백성들은 평화
  롭고 새와 짐승은 털갈이를 하여 윤택해진다. 해는 짧고 별자리는 묘숙(昴宿)이다.
  이때 한 겨울을 바르게 보내면 백성들은 아랫목에 있고 새와 짐승은 가는 털이 난다.

벌레물고기 등 자질한 것들은 동식물학의 시조이다. 『춘추』에 기록된 일
식월식, 유성과 세차(歲次)는 바로 측량학의 조상이다.[61]

서양의 측량 산술은 중국에서 절취한 방법이다. 기기제작과 재료 사용
은 『고공기』에서 비롯되었다. 전쟁의 진용은 고대 사마법의 공수진퇴의
유산이다. 금속 채굴은 『주례』 묘인지관(卯人之官: 금속·옥·돌 등의
땅을 관장)에서 시작되었다. 측량과 지리학은 또한 진(晉)나라 배수(裴
秀: 지도의 기원과 중요성을 말한 지도제작의 6원칙을 소개)가 완성한 방
법이다. 그러므로 격치학은 저 서양에서는 '동쪽에서 온 법'이라한다.[62]

---

61) 요임금이 말씀하시기를, '아! 너희 희씨와 화씨야. 한 해는 366일이니 윤달을 사용하여
야 네 계절이 정확히 한 해를 이루어, 진실로 백관(百官)을 다스려서 모든 공적이
넓혀질 것이다.'라고 하셨다. 日中, 星鳥, 以殷仲春. 厥民析, 鳥獸孳尾. 日永, 星
火, 以正仲夏. 厥民因, 鳥獸希革. 宵中, 星虛, 以殷仲秋. 厥民夷, 鳥獸毛毨.
日短, 星昴, 以正仲冬. 厥民隩, 鳥獸氄毛. 帝曰 '咨汝羲暨和, 朞, 三百有六旬有
六日, 以閏月, 定四時成歲, 允釐百工, 庶績咸熙."(『상서·요전(尙書·堯典)』).
"여름 4월 신묘일 밤에 항성이 보이지 않았다. 밤중에 유성이 비와 함께 내렸다.夏四
月辛卯, 夜, 恒星不見, 夜中, 星隕如雨."(『상서·장공(尙書·莊公)』). 세차(歲
差): 춘분점이 황도를 따라 1년에 50.3도씩 서쪽으로 이동하여 2만 5800년 주기를
갖는 현상. "『大學』之言格致, 其見於『易』·『詩』·『書』·『春秋』之中. 『易』言地
載神氣, 神氣風霆, 風霆流行, 百物露生, 則電學所由祖也. 「堯典」四仲中星之
次, 璿璣玉衡之儀, 則天學所由祖也. 『毛詩』之草木鳥獸, 蟲魚瑣屑, 則動物植
物之學所由祖也. 『春秋』之日食月蝕, 星隕歲差, 則測算之學所由祖也." 李鼎
頤答卷, 『格致書院課藝』第5冊.

62) "外洋測算, 竊自中法; 制器相材, 源於考工; 營陣束武, 乃古者司馬法進退步伐
之遺; 開采五金, 昉於周禮卯人之官; 測繪輿地, 亦晉裴秀成法. 故格致之學,
彼西土目爲'東來法'." 潘敦先答卷, 『格致書院課藝』第13冊. 이 외에도 "형상을
보고 기기를 만드는 것은 원래 선민들에게서 비롯된 것이며, 기하는 염자(冉子)가
만들었고, 자명종은 한 승려가 만들었으며, 열차는 원래 당일행(唐一行)의 물로 동륜
(銅輪)에 충격을 주어 자체적으로 회전하게 한 기술이었는데, 지금은 불로 증기를
만들어 운행하며 증기차라 부른다.總之制器尚象, 利用本出於前民, 幾何作於冉
子, ……自鳴鐘初於僧人, 而中國失其法, 西人習之, 遂精制造, 火車本唐一行
水激銅輪自轉之法, 今則火蒸汽運, 名曰汽車."(孫兆熊答卷, 『格致書院課藝』).
'制器尚象'은 『주역(周易)』효사(爻辭)로서 '형상을 보고 기기를 만든다.'는 뜻으로,

옛날에 신농이 나무를 잘라 배를 만들고 나무를 깎아 노를 만들었으니 이것이 조선의 기술이며 실로 중국에서 시작을 열었다. 나무를 잘라 보습을 만들고 나무를 휘어 쟁기를 만들었으니 이것이 기기를 만드는 기예이고 중국이 실로 그 시작을 연 것이다. 황제가 지남차를 만들어 치우를 이긴 것은 기차가 그것을 모방한 것이다. 무후가 나무 수레를 만들고 공수반이 대나무를 깎아 까치를 만들어 날린 것은 기계를 처음 만든 예이다. 당나라 때 측우의 제조법으로 시간을 알려주었으니 이것이 시계의 비조이다.63)

이러한 격치학문을 어찌 성인들이 시작을 연 것이 아니겠는가! 다만 중국의 경우 믿음으로 전해오다가 오랜 세월을 지나면서 맥이 끊겼다. (그러나) 서양인들은 더욱 정밀하게 전문적으로 훌륭한 학문을 이루었다. …… 중국 경전에서 일찍부터 그 단서를 열었고, 중국이 창시하고 서양이 활용한 것임을 알지 못한다. 비록 외부 서양의 것[外夷]이 정교하기는 하나 또한 이 네 개의 경전에서 벗어나지 않는다.64)

요약하자면, 서양의 전기학·천문학·동식물학·측량·산술·기계제작·병법·광학(鑛學)·지리·조선·기구제작 등의 격치학은 중국의 시

중국 고대 과학기술발명에 관한 용어로 쓰인다.

63) "昔者神農剌木爲舟, 剡木爲楫, 是造船之技, 中國實開其先; 斲木爲耜, 揉木爲耒, 是制器之藝, 中國實肇其始; 黃帝造指南車, 以克蚩尤, 則火車所由仿也; 武候造木牛流馬, 公輪班削燕爲飛, 則機器所由創也; 唐有刻漏之制, 用以報時, 此爲鐘表之鼻祖." 楊史彬答卷, 『格致書院課藝』. '목우류마(木牛流馬)'는 촉한의 10만 대군에게 군량미를 전장까지 실어 나르기 위해 제갈량이 만든 운반 장치이다. 소나 말이 조각된 수레로서 하루에도 수십 리를 달릴 수 있도록 만든 수레라고 한다. 수레를 멈추게 하고 움직이게 하는 제어장치를 가지고 있다. '삭연위비(削燕爲飛)'는 "공수반이 대나무를 깎아서 까치를 만들어 날렸는데, 3일이 되어도 내려오지 않았다. 公輪子削竹木以爲鵲, 成而飛之, 三日不下)"는 의미이다.(『묵자·노문(墨子·魯問)』)

64) "是格致之學, 何莫非聖人啓其先! 特中國信以傳信, 數世轉失其傳, 西人精益求精, 專門竟成絶學. ……不知中國經籍早啓其端, 中國爲其創而西人爲其因, 雖外夷機巧, 亦不出此四府之中." 李鼎頤答卷, 『格致書院課藝』 第5冊.

조 신농씨, 황제씨를 비롯하여 중국 경전 『역』·『시』·『서』·『춘추』·
『고공기』·『주례』 등에서 그 원류를 찾아볼 수 있다는 것이다. 그런데
중국의 격치학은 그것을 기록해둔 책을 유실하였고 후대에 이를 잇는 맥
이 끊겼는데, 서양은 중국이 창시한 것을 활용하고 기술의 원리를 잘 분
석하여 정밀한 '청출어람'의 학문을 창조해냈다는 것이다.

좀 더 분석해보면, 첫째, 격치학은 '동쪽에서 온 법'이며 중학에서 '비롯
되었고', 중학은 서학의 '시조·조상·비조'라는 것이다. 서학은 중국에서
예로부터 있었던 학문인데 후에 서양으로 전해졌으므로, 중화문명과 다
른 이적[外夷] 학문이라 할 수 없다는 것이다. 그러므로 서학을 배우는
것은 곧 중학을 배우는 것이며, 서양[諸夷]에게 배우는 것은 바로 조상의
유업을 계승하는 방법이라는 것이다. 따라서 서학중원설은 자의(字意)적
으로 볼 때, (억측에 가깝도록) 서학[격치]이 중학에 근원하고 있다고 보
고 있는 이유는 당시 상황으로 볼 때, 서학의 수용에 앞서 먼저 서학과
중학의 상호 수용가능성을 찾아서, 전통적인 유학의 지식체계에 길들여
있고 화이적 문화관에 젖어있는 전통지식인들에게 서학도입의 합리적 근
거를 제공해야 했기 때문이다. 당시 시대적 추세로 보아도 무턱대고 '화
이'의 우월의식을 주장하기에는 이미 서방의 물결이 너무 거세고도 선진
적이었고, 내부적으로 민족의 위기 앞에서 부강치술이 시급했기 때문이
다. 따라서 "중국이 창시하고 서양이 활용한 것"이라는 서학중원의 관점
은 기존의 '중체서용'의 타당성을 부여함과 동시에 당시 지식계에게 서학
을 수용해야하는 명분과 타당성을 제공할 수 있었다. 결국 양무 지식인들
의 중체서용론이나 격치서원 고과에 참여한 지식인들은 모두 서학중원설
을 통해, 중국의 전통지식체계와 서학 사이의 대립과 갈등을 해소함으로
써 중국의 전통적인 가치를 보완하고자 했던 것이다. 둘째, 서학중원의
'중원'은 '자연과학'에 가까운 것으로서, 기존에 중국 전통지식체계에서 미
처 중요하게 여기지 않았던 영역들이다. 중국 경전에서 서학의 근거를 찾

았더라도, 그 중점은 더 이상 경전 속의 '의리'가 아니고 서방의 자연과학
이 추구하는 '물리'에 가까운 것이다. 따라서 서학중원설은 서방의 자연과
학, 과학기술 등을 배우고자 한 것이지만, 실제로 중국 전통지식체계 즉
제자학(諸子學)에 대한 재인식의 과정이기도 했다.[65] 따라서 양무 지식
인들은 중국의 학술관념과 사유의 틀로 서양문화를 인식함으로써 근대
자연과학, 과학기술의 지식을 중국의 고대 격치와 동일시하면서 격물치
지의 학문을 바라본 것이다. 또한 서학과 중학의 서로 다른 이질적인 학
술과 문화의 차이의 자체를 인정하지 않고, 오히려 역으로 서양 것에서
중국의 근원을 밝히게 되는 상황을 가져오게 된 것이다.

V. '고과'의 지식생산 면모

앞서 말했듯이, 고과의 출제범위는 주로 격치와 양무가 주를 이루었다.
1886-1894년까지 총 88문제의 분류를 보면, 슝웨즈 선생은 인재·시무·
과학·경제·사론(史論) 6개 유형으로 분류하였고, 이 중 시무 45문제,
과학 24문제, 경제 12문제 순으로 많다.[66] 왕얼민 선생은 크게 격치 22
개, 어문 2개, 교육 4개, 인재 4개, 부강치술 25개, 농산수리 4개, 사회경
제 2개, 국제상황 3개, 변방 6개, 기타 4개의 유형으로 분류하였다.[67] 이

---

65) 趙虎·吳冰,「論晩淸諸子學硏究中'以西釋子'的學術特色」,『河北經貿大學學
報』, 9月, 石家莊: 河北經貿大學, 2007 참고.

66) 熊月之,『西學東漸與晩淸社會』, 293-297쪽.

67) 왕얼민은 1886-1893년 8년간의 자료에 따라 총77문제로 분류하였다. 격치류 22문제는
격치총설3문제·천문역산3문제·기상2문제·물리4문제·화학2문제·의학3문제·
측량2문제·지학(地學)3문제이다. 부강치술류 25문제는 부강총설2문제·공업3문
제·윤선철로3문제·상무이권14문제·우정(郵政)1문제·해군2문제이다. 기타 4문
제는 의원·형률·연수(捐輸)·교무이다. 王爾敏,『格致書院志略』, 56-69쪽; 슝웨

를 다시 격치(22문제), 교육(10문제), 부강치술(25문제), 국제상황(9문제),
농수사회경제(6문제)로 재분류하였고, 이 가운데 격치(22문제), 부강치술
(25문제)이 가장 많다. 모두 양무와 서학을 위주로 한 문제가 출제되었음
은 다름이 없다. 따라서 고과는 양무(시무·부강치술 등)의 문제와 서학
[격치]의 문제를 주로 다루고 있음을 알 수 있다. 이러한 특징은 격치서원
의 장정에도 출제범위를 "양무를 위주로 하고 부국·강병·기계제조·군
량조달 등의 류"[68]라고 하였듯이, 격치서원 고과는 '부강', '격치'를 핵심
으로 한 신사상·신지식의 논의의 장이 되었음을 알 수 있다.

　격치서원 운영자 왕도 역시 "현재 모든 서학의 원리는 격치로부터 나
오지 않은 게 없으며, 기계를 만드는 것도 모두 격치를 그 근본으로 한
다."[69]라고 말하면서, 서학의 수용은 격치를 우선으로 해야 한다고 강조
했다. 격치서원의 명칭도 여기에서 유래한 것이다. 이는 양무시기에 가장
시급한 것은 부강치술이었고 이를 위해서는 서학 특히 격치에 대해 잘
알아야 한다는 것이다. 따라서 『격치서원과예』의 기본적인 출제 범주는
대체로 서학이란 무엇인가의 문제이며, 주로 중국 전통학문 개념인 '격치'
를 활용하여 서학(주로 자연과학, 과학기술 등)을 이해하고자 했다. 이는
당시 양무시기에 가장 시급한 것은 부국강민이었고 이를 위해서는 서학
특히 격치에 대한 이해가 기본 전제되어야 했기 때문이며, 이를 통해 서
학을 수용함과 동시에 전통지식체계의 재인식하고자 했던 것이다. 물론
『격치서원과예』안에는 서양의 근대 과학과 중국의 전통 격치를 비교하면

즈는 1886-1894년 9년간의 자료에 따라 총 88문제로 분류하였다. 슝웨즈는 왕얼민이
『上海格致書院志略』에서 광서 20년 과예를 "未及發刻"이라 했는데, 이 판본을 못
보았기 때문이라고 했다. 熊月之, 『西學東漸與晚淸社會』, 301쪽 참고.

68) "以洋務爲主, 旁及富國强兵制械籌餉之類."

69) "竊謂近今一切西法無不從格致中出, 制造機器皆由格致爲之根柢." 李芳, 『中
西文化交會下的敎會書院』, 長沙: 湖南大學碩士學位論文, 2008, 28쪽.

서 그 사이의 내적 연관성과 차이점에 대한 인식, 관점에 대해 비교적 심도 있는 논의도 있지만, 격치에 대한 인식과 시각은 비교적 단선적이고 인상적인 면이 존재한다. 당시 청말 학술계나 양무 지식인들이 방향을 중국 전통지식체계로부터 서학을 인식하고자 했으므로, 다소 총체적이며 범범한 이해에 머무른 점이 있다.

한편, 격치서원은 기본적인 지식생산기제를 형성하고 있음을 알 수 있다. 지식생산 과정은 일반적으로 어떤 시대적 상황과 환경 하에서 어떤 기구와 조직을 설립하여 관련 행위자[지식인]들이 제도[또는 활동]를 통해 필요한 지식을 생산·창출하고, 매체와의 네트워크를 통해 홍보를 거치는 일련의 과정을 거친다. 격치서원 고과의 전 과정을 보면 이러한 초보적인 지식생산 공정을 형성하고 있음을 알 수 있다. 당시 서학의 유입과 전파 그리고 서학에 정통한 양무 인재를 양성해야하는 시대적 환경 하에 격치서원[기구]은 고과라는 활동[제도]을 통해 신문 등 매체[네트워크]를 활용하여 광고를 하였고, 양무지식인들은 문제를 출제하고 각 지역의 응시자[행위자-지식인]들은 시험을 통해 양무지식을 생산하였다. 슝웨즈 역시 그들의 우수 내용[지식]은 출판하여 우편으로 판매[유통]하고 『신보』 등에 판매광고[홍보]를 싣는 일련의 과정을 보이고 있다고 했다.[70] 이러한 특징은 격치서원과 고과는 지식생산의 공정[기구-지식인-지식생산-홍보-판매-유통]의 기본적인 형태를 갖추면서 양무지식생산의 구조와 네트워크를 형성하고 있음을 알 수 있다.

---

70) 熊月之, 「新群體新網絡與新話語體系的確立: 以『格致書院課藝』爲中心」 참고.

VI. 마치며

지금까지 격치서원과 격치서원의 고과를 대상으로 기구·제도·인물·지식 등의 측면에서 격치서원의 지식생산 기제와 그 특징에 대해 살펴보았다. 격치서원의 고과 활동을 통해 어떤 인물들이 어떤 방식으로 어떻게 서학을 전파하고 있는 지의 특징에 대해 살펴보았다. 또한 고과에 나타난 지식인들의 서학의 범주와 격치에 대한 이해, 격치의 학술적 의미, 중서 학문의 관계와 서학중원설 등에 대해 분석하였다. 다음은 격치서원의 고과와 격치에 대한 함의에 대해 요약정리하며 이 글을 마친다.

첫째, 격치서원은 일반 지식인을 대상으로 고과를 '제도화'시켜서 서학 전파의 메커니즘을 형성하였다. 19세기말 이후 신지식인들은 주로 언어학당, 양무학당에서 근무하거나 교육을 받았던 양무지식인이자 매체를 설립 운영한 매체지식인들이었다. 이들의 활동 근거지가 되었던 양무 기구와 신매체는 당시 중국 지식계의 신학(新學)의 플랫폼이 되었다. 격치서원 역시 고과 활동을 통해 서학, 양무 지식을 토론하고 생산하여 훗날 양무, 유신변법에 사상적 기반을 제공하였다. 프라이어는 격치서원의 고과는 지식인과 고급관원들에게 영향력을 주었고 "아직 열리지 않은 이 나라 인민들의 두뇌와 마음을 열어주고, 서양 과학의 각 영역의 진리로 그들을 계몽하려는 것"이었다고 하였다. 그리고 "이러한 방식을 통해 격치서원의 지명도는 부단히 제고되었고, 또한 일부 고급관원들과의 합작 관계를 확보함과 동시에 가장 영향력 있는 곳이 되어 사람들에게 서방 관념에 대한 흥미를 이끌었다."[71]라고 하였다. 격치서원의 고과는 양무사업

---

71) "打開這個國家的人民那迄今爲止尙未開啓的頭腦和心靈. 用西方科學各個領域的眞理來啓蒙他們." "通過這種方式, 格致書院的知名度不斷提高. 它還確保了與一些高級官員的合作關係, 並在一些最具影響力的地方, 引起了人們對西方觀念的興趣." 『傅蘭雅檔案』第2卷, 131-132쪽; 熊月之, 「新群體新網絡

과 서학전파 및 인재양성에 영향을 주었고, 격치서원은 그를 위한 플랫폼이 되었음을 설명하고 있다.

둘째, 2차 아편전쟁 이후부터 동남 연해 지역의 서학의 수용과 더불어 여러 가지 중서관계의 문제는 시급히 해결해야 하는 핵심과제가 되었고, 이를 해결하기 위한 사상적 자원과 인재를 생산하기 위해 새로운 학술 생산기제가 필요했다. 따라서 양무 관료와 일부 지식인들은 자신들이 가지고 있는 정치, 교육 권력을 활용하여 고과라는 형식을 통해 이를 해결하고자 했던 것이다. 이런 점에 볼 때 격치서원의 고과는 학술적인 면도 있지만 그 안에는 정치사회적 의식과 의미도 깔려있다고 할 수 있다. 따라서 격치서원의 고과는 양무사업과 관련하여 사회여론을 조성하고, 서학 수용을 통해 학술적 변화를 촉진함과 동시에 신지식인을 육성하는 중요한 기제가 되었다고 하겠다.

셋째, 청대 일부 신식서원의 시험형식은 외과(外課) 형식이었고 책론(策論)을 위주로 하였으며 이는 격치서원도 마찬가지이다. 이런 면에서 격치서원은 전통을 계승하고 있다고 할 수 있다. 그러나 격치서원이 기타 신식서원과 다른 점은 中-西, 官-商-士의 설립과 기부로 설립되었고, 산장 위주가 아닌 이사회의 관리체제, 신매체와의 네트워크 활용, 격치 위주의 서학지식의 수용, 신지식인의 출현과 영향 등은 근대 교육과 사상을 열어가는 변화를 추구했다는 점이다. 또한 기존의 강남제조국, 광방언관, 경사동문관 등에서 주로 서양언어를 배우고 서양서적을 번역하고, 서방기술을 습득하는 한계를 넘어 서학에 대한 논의와 탐구를 진행했다는 점에서 학문적 성숙의 길로 한 발짝 더 나아갔다고 할 수 있다. 따라서 격치서원의 고과는 청 말 양무운동의 이론과 실천에 관한 대토론의 장으로 기능하였고, 이를 통해 생산된 『격치서원과예』는 서학 지식과 양

與新話話語體系的確立: 以『格致書院課藝』爲中心」, 153쪽 재인용.

무, 변법의 사상에 영향을 주었다고 할 수 있다.

넷째, 격치에 대한 인식과 관련한 '도와 예'·'의리와 물리'·'허와 실'·'존고박금'·'희신염고'·'서학중원' 등의 관점은 표면적으로는 서학을 어떻게 수용하고 이해할 것인가의 문제로 보이지만, 더 심층적인 문제는 '학(學)'의 면에서 중국의 학문적 경험과 축적이 독립적으로 '학'을 탄생시킬 수 있는가의 문제이기도 하다. 즉 서학을 수용하는 과정 속에서 어떻게 자신들의 학문 정체성을 지켜나갈 수 있는 가는 중요한 고민이었으며, 격치서원 고과의 서학 수용 관련 내용과 관점 역시 이러한 인식의 바탕 위에서 진행되었다. 따라서 '도 – 예'·'본 – 말'·'허 – 실'·'의리 – 물리'·'존고박금 – 희신염고' 및 '서학중원'에 대한 관점과 인식은 기존 전통학문의 관념과 가치를 표준으로 한 인지구조 안에서 서학을 인식했던 것이다. 즉 전통학문체계를 중심으로 하는 틀 안에 서학을 '용'의 범위에 한정했던 것이다.

다섯째, 격치서원 고과에 반영된 일련의 내용은 일정 정도 학술적 의미를 지닌다. 청 말 서학의 세력이 광범위해지고 거세짐에 따라 서학을 수용하는 기구도 많아지고 서학을 접촉하는 지식층도 넓어졌다. 격치서원은 고과를 통해 서학을 전파하는 기능을 하였고, 거기에 참여한 지식인들도 서학의 자연과학이나 과학기술 등을 수용·이해하면서, 나아가 근대 학문체계와 학문 방법에 대해 사유하게 되었다. 먼저 '의리의 격치'에서 '물리의 격치'로 전환되는 과정이 그러하며, 이런 과정 속에서 미약하나마 근대 학문분류체계에 대한 인식의 길을 열어주었다고 할 수 있다. 예를 들면, 격치서원의 운영자이자 대표적인 양무지식인 왕도는 『변법자강(變法自强)』에서 전통학문인 '문학'과 서구실용학문을 수용한 '예학(藝學)'으로 나누었고, 다시 예학을 '여도(輿圖)·격치·천산(天算)·율례·변론시사·직언직간' 6개로 분류하였다.[72] 역시 격치서원의 운영자인 정관응은 『성세위언(盛世危言)』에서는 문학과·정사(政事)과·언어과·격치과·예학(禮學)과·잡학과 5개로 분류하고, 격치과를 음향학·광학·전기학·화학 4개로 분류하였다.[73] 이로 볼 때, 격치서원 고과활동과 이를 운영하고 또 시험에 응시했던 양무지식인들은 중국 근대학술 분류의 발전에 일정 정도 영향을 주었다고 할 수 있다.

여섯째, 서학동점기의 서학 수용은 '충격과 대응'의 도식이었다. 민족의 위기상황에서 서학을 수용함과 동시에 서학에 버금가는 전통학문의 학술적 우수성을 발견하여, 외세에 대응하면서도 전통지식체계의 정체성도 유지해야 했다. 격치서원의 양무지식인은 그것을 선진시기부터 이어오는 '격치'에서 찾고자 했다. 격치서원 고과에 반영된 격치에 대한 논의는 선진시기 격치로부터 시작하여 송대 성리학을 거쳐 청초 실학 사조를 이어 청말 양무운동과 서학을 연결하는 사상적 자원이 되었다. 이로 볼 때, 격치서원의 고과는 대응과 보호의 차원에서 서학을 전파·수용하는 한편 중국 학술사의 지속성을 이루어 나간 학술 활동이었다고 할 수 있다.

| 참고문헌 |

김영식, 『동아시아과학의 차이』, 서울: 사이언스북스, 2013.
김유리, 『서원에서 학당으로』, 서울: 한국학술정보, 2007.
김해연, 『동서종교문화교류사』, 서울: 성지출판사, 2003.

---

72) 肖朗, 「中國近代大學學科體系的形成: 從'四部之學'到'七科之學'的轉型」, 『高等敎育硏究』, 第6期, 武漢: 華中科技大學, 2001, 100-101쪽.

73) 후에 양계초는 『서학서목표(西學西目表)』에서 '學·政·敎' 세 항목으로 나누었는데, '학'은 일종의 '이과'에 속하며, '정'은 '史志·官制·學制·法律·農政·礦政·工政·商政·兵政·船政' 등 '실용과목'을 말한다. 梁啓超, 『飮氷室合集』, 北京: 中華書局, 1989, 1卷 19쪽·62쪽, 3卷 3쪽 참고.

박영순, 「상하이 中西書院과 '中西幷重'의 함의」, 『중국학논총』, 제59집, 서울: 고려대학교 중국학연구소, 2018.

정병석, 「東西交涉에서 드러난 儒學의 文化的認知構造와 堅固한 自我意識」, 『동양철학연구』, 제50집, 서울: 동양철학연구회, 2007.

顧長聲, 『傳敎士與近代中國』, 上海: 上海人民出版社, 2013.

鄧洪波, 『中國書院史』, 上海: 中國出版集團東方出版中心, 2004.

梁元生, 『上海道臺研究: 轉變中之聯係人物 1843-1890』, 上海: 上海古籍出版社, 2004.

劉明, 『格致書院課藝研究』, 上海: 上海社會科學院碩士學位論文, 2015.

李芳, 『中西文化交會下的敎會書院』, 長沙: 湖南大學碩士學位論文, 2008.

上海圖書館, 『格致書院課藝』(4冊), 上海: 上海科學技術文獻出版社, 2016.

薛毓良, 『鐘天緯傳』, 北京: 上海社會科學院出版社, 2011.

王爾敏, 『上海格致書院志略』, 香港: 香港中文大學出版社, 1980.

_____, 『近代上海科技先驅之仁濟醫院與格致書院』, 桂林: 廣西師範大學出版社, 2011.

于瀟, 『王韜主持格致書院的改革嘗試』, 大連: 遼寧師範大學碩士學位論文, 2008.

熊月之, 『西學東漸與晚淸社會』, 北京: 中國人民大學出版社, 2011.

張立程, 『西學東漸與晚淸新式學堂敎師群體研究』, 北京: 中國人民大學博士學位論文, 2006.

張曉靈, 『晚淸西書的流行與西學的傳播: 以上海地區爲中心』, 上海: 復旦大學碩士學位論文, 2004.

趙中亞, 『格致匯編與中國近代科學的啓蒙』, 上海: 復旦大學博士學位論文, 2009.

陳毅嘉・鄧洪波, 『中國書院史資料』(3卷), 杭州: 浙江敎育出版社, 1998.

沈立平, 『格致書院課藝中的科學內容研究』, 上海: 上海交通大學碩士學位論文, 2009.

郝秉鍵·李志軍,『19世紀晚期中國民間知識分子的思想: 以上海格致書院爲例』, 北京: 中國人民大學出版社, 2005.

江曉原,「試論淸代西學中源說」,『自然科學史硏究』, 第7卷 第2期, 北京: 中國科學院自然科學史硏究, 1998.

魯小俊,「書院課藝: 有待深入硏究的集部文獻」,『學術論壇』, 11月, 桂林: 廣西社會科學院, 2014.

_____,「淸代書院課藝序言的地域書寫」,『西南民族大學學報』, 1月, 成都: 西南民族大學, 2017.

劉明,「格致書院考課制度述論」,『都會遺蹤』, 1月, 上海: 上海市歷史博物館, 2015.

李長莉,「晚淸對西學的兩種誤讀: 論鐘天緯的西學觀」,『江蘇社會科學』, 第6期, 南京: 江蘇社會科學院, 1999.

李志軍,「格致書院與實學敎育」,『淸史硏究』, 8月, 北京: 中國人民大學淸史硏究所, 1999.

毛志輝,「關於『19世紀晚期中國民間知識分子的思想: 以上海格致書院爲例』的不足及錯謬」,『中國圖書評論』, 5月, 北京: 中宣部出版局, 2010.

尙智叢,「1886-1894年間近代科學在晚淸知識分子中的影響: 上海格致書院格致類課藝分析」,『淸史硏究』, 8月, 北京: 中國人民大學淸史硏究所, 2010.

孫邦華,「傅蘭雅與上海格致書院」,『近代史硏究』, 第6期, 北京: 中國社會科學院, 1991.

王爾敏,「晚淸實學所表現的學術轉型之過渡」,『中央硏究院近代史所集刊』, 第52期, 臺北: 中央硏究院近代史所, 1995.

熊月之,「格致書院與西學傳播」,『史林』, 2月, 上海: 上海社會科學院歷史硏究所, 1993.

_____,「『格致書院課藝』在晚淸思想文化史上産生了巨大的作用」,『學術界』, 8月, 合肥: 安徽省社會科學界聯合會, 2016.

_____,「新群體新網絡與新話語體系的確立: 以『格致書院課藝』爲中心」,
『學術月刊』, 7月, 上海: 上海市社會科學界聯合會, 2016.

趙虎・吳冰,「論晚清諸子學研究中'以西釋子'的學術特色」,『河北經貿大學
學報』, 9月, 石家莊: 河北經貿大學, 2007.

肖朗,「中國近代大學學科體系的形成: 從'四部之學'到'七科之學'的轉型」,『高
等敎育研究』, 第6期, 武漢: 華中科技大學, 2001.

郝秉鍵,「上海格致書院及其敎育創新」,『淸史研究』, 3月, 北京: 中國人民大
學淸史研究所, 2003.

_____,「晚淸民間知識分子的西學觀: 以上海格致書院爲例」,『淸史研究』,
8月, 北京: 中國人民大學淸史研究所, 2006.

黃勇德,「淺析19世紀80年代晚淸士人對中西格致異同的認識: 以『格致書院
課藝』和『萬國公報』爲視角」,『科技資諿』, 5月, 北京: 北京市科學技
術研究院, 2017.

'모던 차이나(*Modern China*)' 잡지와 미국의 중국학 연구동향
: 키워드 동시출현 분석을 중심으로

● 최은진 ●

I. 머리말

미국의 중국학은 1800년대 후반 유럽의 漢學을 수용하여 주로 인문학적 연구를 하면서 시작되었다. 이후 지리적인 특징으로 인해 미국이 태평양 지역으로 진출해 가는 과정에서 중국이 중요하게 부각되면서 미국의 중국연구는 점차 실용적 목적을 지니게 되었다. 보통 중국학의 정의와 범주를 어떻게 할 것인가에 대해 다양한 논의가 있지만, 미국의 중국학에 대해서는 인문학적 특성과 사회과학적 특성이 혼합되고 역사학에 기반한 사회과학적 방법론을 차용한 것으로 간주되고 있다. 그리고 이러한 특징은 국가의 외교 정책 수립과 관련되어 미국의 중국학이 실용주의적인 성격을 갖추어가면서 형성된 것이라 할 수 있다. 그 형성의 과정에서 보면 미국의 중국학은 지역연구의 일환으로 진행되고 중국 근현대의 역사연구가 중심이 되면서도 타 분야와 함께 연구되는 학제 간 연구로 이루어졌다.

---

* 이 글은 「미국의 중국학 연구동향과 함의 — 저널 '모던 차이나 (Modern China)' 분석을 중심으로—」, 『사림』, 제65호, 2018을 수정·보완한 것이다.
** 국민대학교 중국인문사회연구소 HK교수.

그러나 이러한 실용주의적 성격을 특징으로 하는 미국의 중국학은 1970년대 들어 미국 내에서도 비판을 받게 된다. 기존에 수용되었던 유럽의 중국학에 내재되어 있던 인종차별적이고 오리엔탈리즘적인 아시아 인식이 미국의 중국학에도 포함되어 있었기 때문이었다. 또한 대서양과 태평양을 동시에 접하는 지리적 특성에 따라 두 곳을 모두 중시하는 미국의 이중적 정책이 외교정책의 특징이 되었는데 이로 인해 중국학은 국가의 이익과 관련된 정책적 연구의 성격을 띠어 왔다.[1] 이러한 정책연구의 성격이 짙은 중국학 연구는 당시 전개된 미국의 비판적 사회운동의 확산과 함께 비판적 성찰을 요구하게 된 배경이 되었다.

비판과 성찰의 흐름은 저널의 창간으로 이어졌다.[2] 1975년 창간된 모던 차이나(*Modern China,* 이하 모던 차이나로 지칭)의 창간자이자 편집자 필립 황(필립 황(黃宗智), Philip C. C. Huang, 이하 필립 황으로 지칭)은 창간의 이유를 성찰에 기반한 중국연구의 필요성 때문이라고 하였다.

중국학 연구에 대한 성찰은 미국에서의 중국연구의 지향점, 방법론에 대한 것을 포함하고 있어서 중국의 현재적 문제와 관련지어 이루어지는 것이다. 편집자 필립 황 역시 중국의 발전대안과 역사의 문제를 고민하고 이러한 논쟁에 적극적으로 주도하고 참여하였다. 저널 모던 차이나도 지

---

1) 황동연, 「냉전시기 미국의 지역연구와 아시아 인식」, 『동북아역사논총』, 33, 서울: 동북아역사재단, 2011, 21쪽; 중국학자들은 중국에 대한 서구의 이해의 일환인 중국학이 주로 미국의 국가적 이익과 외교관계로 좌우되었다고 지적한다; 李婷婷·方雅靜, 「當代美國中國學研究的又一部力作—《美國的中國學研究》評述」, 『國外社會科學』, 第6期, 北京: 社會科學院文獻信息中心, 2013, 148쪽; The Journal of Asian Studies는 1941년 창간된 저명한 지역학 잡지로 미국의 전략적 이익의 목적에 부합하기 위한 목적으로 만들어졌다고 한다. 張裕立, 『亞洲研究雜志』中的中國學研究 (1980-2005)」, 吉林大學碩士學位論文, 2011.

2) 저널 *Bulletin of Concerned Asia Scholars*도 지역연구인 아시아 연구에 대한 성찰이 필요하다는 당시 분위기에 부합하여 1970년대 창간되었다.

역연구의 범주에 포함된 중국 근현대 역사 연구자들이 주로 투고하는 잡지로서 역사연구성과를 포함해 중국학 연구의 기본적인 이론과 방법에 대한 논의를 이끄는 장이기도 하였다. 이러한 이유로 본고에서는 미국의 중국학 연구의 경향에서 역사에 기반하여 성찰적 중국학 연구를 도모하고자 한 흐름의 일환을 파악하고자 한다. 여러 잡지 중 모던 차이나를 선택한 것은 이 때문이었다.[3]

  기존의 미국의 중국학에 대한 연구는 미국 지역연구가 냉전시기 혹은 2차 대전 후 어떻게 세계적인 학술연구 패권을 지니게 되었는가 하는 문제와 관련하여 분석한 것이 있다. 1990년대의 걸프전쟁과 2003년의 이라크 전쟁 후에도 미국의 권력과 학술의 긴밀한 관계에 대한 비판이 여전히 일어나고 있는 상황에서 1970년대 이래 비판에 대응한 흐름이 이후에 어떻게 전개되어 갔는가 하는 점에 대해 밝힐 필요가 있다고 본다. 물론 이에 대해 기존 연구가 있지만 주로 기관이나 제도를 통해 중국과 관련된 지식이 형성되는 과정과 그 내용을 분석하는데 중점을 두고 있다.[4]

---

3) 모던 차이나의 영향력 요소는 0.800이고 68개 지역연구 저널 중 28위이며 5년간의 영향력 지수는 11위로 나타났다. http://journals.sagepub.com/impact-factor/mcx; *The China Quarterly*, *Modern China*, *The China Journal*, *Issues&Studies* 가 당대 중국연구 영역의 중요한 잡지로 손꼽힌다. 餘倩虹, 『《當代中國》與美國中國學的發展(1997-2016)』, 北京外國語大學碩士學位論文, 2쪽.

4) 페어뱅크와 하버드 학파에 대한 연구인 林穎, 『美國中國學 : 從傳統到現代- 一以費正淸爲中心』, 福建師範大學 碩士論文, 2013 및 포드재단이 1950, 60년대 미국 내 하버드 대학을 비롯한 중국학연구 대학과 연구소에 지원하였을 뿐 아니라 한국과 타이완 등의 중국학 연구기관에도 반공이념과 미국적 가치와 제도를 전파하기 위해 재정지원을 한 것에 대해 중국학 발전에 기여와 함께 비판받을 구조가 있음을 지적하였다.; 韓鐵, 『福特基金會與美國的中國學(1950-1979)』, 上海: 社會科學院出版社, 1997, 146쪽; 정문상, 「포드재단(Ford Foundation)과 동아시아 '냉전지식': 한국과 중화민국의 중국 근현대사연구 사례를 중심으로」, 『아시아문화연구』, 36, 가천대아시아문화연구소, 2014, 185쪽에서 재인용; 유럽에도 마찬가지였다.; 박용희, 「전후 미국의 대독일 문화정책과 '문화의 미국화'기획」, 『독일연구』, 22, 2011.12; 미국의 대학,

학술저널은 학문의 생산과 유통의 채널이라고 볼 수 있지만 기존 연구에서 저널에 대한 분석은 많지 않다.[5] 그러므로 초기 중국학에 대한 비판적 경향을 띤 저널로 탄생된 모던 차이나가 어떠한 주요한 내용을 담고 있는지 또 어떻게 변화해 왔는지 등의 지적인 구조를 고찰하는 것도 미국 중국학의 전체적인 지형의 일부를 살펴보는데 유의미할 것이다. 그러므로 본고에서는 기존의 연구에서 1970년대와 80년대의 소위 3세대의 연구에 대한 분석은 있지만[6] 2000년대 이후의 변화에 대한 연구가 드문 것을 보완하기 위해 키워드 분석이 가능한 2003년 이후의 논문을 대상으로 작성한 데이터를 분석해 보았다. 키워드 동시출현 분석 방법은 논문자체의 관계를 객관적으로 보여주는 양적 분석기법으로 모던 차이나의 영향력이 큰 만큼 질적 연구를 위한 기초적인 분석의 의미도 있다. 이러한 양적 분석의 일환으로도 볼 수 있는 키워드 분석은 질적 분석을 접근할 때 객관적 기준을 제공하고 나아가 많은 정보를 그룹화하고 시각화 할 수 있는 장점이 있다.

한편 편집자 필립 황의 글과 편집 방향에 대해서도 주목하였는데 이는

정부기구, 군대, 국회, 학회, 기금회 등에 연구기구가 설립되어 있고 1,000여 개의 미국연구기관 중 200여 개가 중국외교와 전략문제를 논의한다. 미국의 대 중국정책에 주로 영향을 끼치는 기관은 하버드대학의 동아연구센터, 미시간대학의 중국연구센터이며 미국 국무원의 중국고문들도 이러한 학교 출신들이고 정보기관에도 이들 중국외교, 군사 전략 전문가들이 중국 연구자들이어서 중국학이 국가 이익과 무관한 학술적 연구만 하고 있다고 보기는 어렵다고 본다. 仇華飛, 「當代美國中國學研究述論」, 『東方論壇』, 第4期, 2011年, 4쪽; 李婷婷, 方雅靜, 위의 논문, 148쪽 재인용.

5) "Journal of Contemporary China"의 1997년부터 2016년간 이 저널에 발표된 연구성과를 분석대상으로 하여 미국의 중국 연구의 특징과 추세를 개괄하였다. 분석결과 미중관계가 가장 중요한 연구주제였다. 餘倩虹, 앞의 글 참고.

6) 제 1세대는 페어뱅크로 주로 정치사연구가 주를 이루며 2세대는 사회과학 방법을 도입했고 3세대는 경제사, 민중운동사, 지방사를 주로 연구대상으로 확장한 엘리자베스 페리 등이 대표적 인물이라고 한다. 朱政惠, 「關於美國中國學家的總結和反思」, 『歷史教學問題』, 第4期, 上海: 華東師範大學, 2003.

그가 저널의 편집 방향을 결정하는데 주도한 것으로 나타났기 때문이다. 그러므로 본고에서는 미국의 중국학 연구의 역사적 흐름 속에서 최근의 변화의 사례로 모던 차이나를 분석하여 모던 차이나 연구의 특징이 미국의 중국학 연구지형에서 어떠한 함의를 지니는 가에 대해서 가늠해 보고자 한다.

II. '모던차이나'의 발간 배경과 학술교류

1. 미국 중국학연구의 형성과정

미국의 중국학은 1832년 창간된 『중국총보中國叢報(奧文月報)』에서 선교사들이 중심이 되어 소개된 한학(Sinology) 연구에서 시작되었다. 이후 독일의 한학자가 콜럼비아 대학에서 중국 고대사를 강의하면서 학과가 생겼다. 1920년대 점차 학술적 성격을 지닌 연구가 활발히 이루어졌고 1928년에는 미국 학술단체이사회가 중국학 회의를 개최하게 되었다.[7] 그러나 태평양 전쟁이 일어나면서 유럽의 한학과 달리 미국의 중국연구는 현실문제와 관련되어 이루어지는 경향이 강하게 나타났다. 페어뱅크(J. K. Fairbank, 1907-1991) 역시 한학에 대한 연구 보다는 현대중국에 대한 연구에 더 관심을 기울였다.[8]

미국 중국연구에서 중요한 위치를 차지하는 페어뱅크는 1955년 포드

---

7) 朱政惠,「美國學者對中國學研究的回顧與反思」,『江海學刊』, 第3期, 江蘇省社會科學院, 2011, 149쪽.

8) 페어뱅크는 1932년 칭화(淸華)대학에서 연구 하면서 중국 학자들과 교류했고 1936년 하버드 대학에 임용되었으며 매카시 열풍 속에서 박해를 받기도 하였다. 林穎, 위의 논문, 14-15쪽. 하버드 동아시아연구소는 1977년 페어뱅크 센터로 명칭을 바꾸었다.

재단(Ford Foundation)의 기금을 받아 하버드 동아시아연구소를 설립하고 1956년에서 1973년까지 소장을 담당했다. 1970년대 말이 되면 연구소에 모였던 연구자들이 미국의 70여 개 대학의 교수가 되어 소위 '하버드 학파'를 형성했다.

페어뱅크가 건립한 중국학 연구는 19세기 유럽 한학 전통을 이어 주로 역사와 언어연구에 집중되어 있던 기존의 학풍을 현재 중국의 정치, 경제, 사회, 외교의 문제를 분석하고 사회과학의 방법을 활용하는 소위 인문학과 사회과학의 학제 간 연구를 도입한 것이다. 또한 근현대중국을 대상으로 하는 역사학을 중심으로 하는 학제적 연구였다.[9] 하지만 페어뱅크의 중국연구는 미국의 냉전정책의 틀 속에서 이루어진 것이었고 이는 미국 내 중국학을 주도하였을 뿐 아니라 학문적 권위를 통해 동아시아 지역의 중국연구에도 상당한 영향을 끼쳤다.[10]

페어뱅크의 '충격과 반응'설에 기반한 중국연구는 1970년대 후반까지 중국연구의 주요한 패러다임이었으며 이러한 근대화론과 관련된 중국연구는 역사학과 사회과학 방법론을 결합한 방식으로 이루어졌다.[11] 근대화론은 주지하다시피 동아시아 지역에서도 민족주의적 바탕 하에서 보편적 가치로 수용되었다. 일례로 1970년대 미국과 홍콩 학자들이 주로 주장한 유교의 현대화에 대한 기여를 논하는 신유학도 이러한 근대화론의 일환이었다고 볼 수 있다. 이외 중국학을 포함하는 지역연구의 주요한 인식론적 방법에는 유럽중심주의, 오리엔탈리즘도 포함되어 있었다. 중국학이 전국적인 사업으로 규정된 것은 1973년 미국 학술단체이사회의 회의에서였는데 이 단체의 주요 연구과제는 중미관계였다.[12]

---

9) 汪兵,「侯且岸與美國現代中國學問題研究述略」,『黑河學刊』, 第1期, 黑河: 黑龍江省黑河市社會科學聯合會, 2018.
10) 仇華飛, 위의 글 참고.
11) 林穎, 위의 글, 17쪽.

하지만 이러한 실용적이고 평면적인 지역연구에 대한 비판의 일환으로 중국연구에 대해 비판적 성찰이 필요하다는 문제가 제기되었고 그것은 베트남전에 대한 비판 및 여성의 권리에 대한 문제제기가 일어난 미국 국내의 상황을 배경으로 한 것이었다.

한편 근대화론과 유럽중심적 인식에 대한 비판을 담고 있는 폴 코헨 (Paul A. Cohen)이 중국 중심의 연구를 주창한 책을 1984년 출판한 것에서 미국의 지역연구에 대한 미국 학계의 자기비판이 본격적으로 시작되었다.[13] 코헨은 기존의 충격과 반응설이 중국의 전통과 현대의 단절을 강조한 것에 대해 전통과 근대의 연속성 및 지방사를 중시하는 중국연구의 새로운 경향을 낳았다.[14] 또한 이와 함께 프랑스의 아날학파와 포스트모더니즘이 중국학에도 수용되면서 연구의 주제는 하층민중, 여성문제, 소수민족의 문제, 미시사, 도시사 등으로 확대되었다.[15]

2. '모던 차이나' 창간과 필립 황

모던 차이나의 편집자 필립 황도 1970년대 비판적 학문연구의 경향에

---

12) 仇華飛, 위의 논문, 25쪽.

13) 미국의 소위 좌파 지식인이라 할 월러스틴, 프란츠 슈만, 페리 앤더슨 등은 칼 폴라니의 영향을 받았다. 1970년대에는 에드워드 사이드의 오리엔탈리즘, 헤이든 화이트의 메타 역사학, 프레데릭 제임스의 정치적 무의식 등이 미국의 지역학 연구 전체에 영향을 끼쳤다. 전 지구적 차원의 역사라는 관점이 큰 영향을 끼쳤다고 할 수 있다. 신동준, 하루투니안, 커밍스 대담, 「부르스 커밍스와 해리 하루투니안 미국 아시아학의 비판적 검토-주류 학계의 국익에의 종속, 독선, 인종적 편견의 실상과 그에 맞서온 두 학자의 학문과 인생」, 『역사비평』, 54, 서울: 역사비평사, 2001, 139쪽.

14) 王瑞, 「"中國中心觀"與美國的中國學研究」, 『史學理論研究』, 第2期, 北京: 中國社會科學院世界歷史研究所, 2017, 169쪽.

15) 朱政惠, 위의 글, 149-151쪽; 여성 연구자의 증가와 여성문제 연구가 증가한 것도 관련이 있다. 黃育馥, 위의 글, 9쪽.

영향을 받았고 1975년 출판된 모던 차이나는 이를 반영한 것이었다. 앞에서 살펴본 바와 같이 실용적이고 전략적인 지역연구의 문제점이 중국학뿐 아니라 학문 전반에 대한 비판으로 미국 내에서 제기되고 있었으며 특히 지역학 연구에 내재하는 문제가 제기되었다. 주요한 것은 중국에 대한 선입견을 지니고 연구가 이루어진다는 것과 연구의 시각이 반공적이라는 것으로 편집자 필립 황의 편집자의 말에서도 나타났다.

초기에도 그렇지만 고찰해 볼 2003년 이후 모던 차이나에도 필립 황의 글이 가장 많이 실려 있고 또한 기획된 심포지엄의 글이 많이 실렸다는 면에서 필립 황의 주장이 함의하는 바에 대해 살펴보는 것은 모던 차이나에 대한 성격을 규명하는데 필요하다고 본다.

필립 황은 창간호인 1975년 1호에서 중국어 핑인(倂音)을 사용하고 성적으로 남성만 표현하는 언어를 사용하지 말 것을 주장하고 이외 레드 차이나, 공산중국, 대륙 중국이라는 표현이 아닌 중국이라는 용어를 사용해 줄 것을 요청하였다.[16]

그리고 1975년부터 기획된 심포지엄을 소개하면서 미국만이 아닌 일본과 중국의 연구자들의 글을 실어 미국연구의 한계를 극복하려 한다고 표명하였다.[17]

1976년에도 편집자의 글을 통해 "차이나 쿼털리(*China Quarterly*)는 비트포겔과 벤자민 슈워츠의 1960년대 논쟁을 시작으로 문을 열었다."고 하고 비트포겔은 미국 중국학에서 정치적으로 우파라고 지적하였으며 저널 차이나 쿼털리도 CIA의 영향 하에 조직된 문화자유의회(Congress For Cultural Freedom)가 당시 조직한 것이고 1960년대의 미국중국학은 우익

---

16) Huang, Philip C.C, "Editors' Note on Stylistic Policies", *Modern China*, Vol.1, No.1, Jan, 1975, p.127.
17) Huang, Philip C.C, "Editors' Foreword", *Modern China*, Vol.2, Issue 2, April 1976, pp.139-140.

과 좌파가 아닌 자유주의적 학자들 간의 대립의 양상이었을 뿐이었다고
주장하였다. 그러므로 "반공산주의적 태도에서 벗어나 균형 있는 회의가
열리고 이것이 저널에 반영되길 바란다."고 하고 있다.[18]

1978년에도 중국사회와 경제 및 대중운동에 대한 글을 소개하는 것에
주력하였으며 중국과 일본 및 미국 내의 중국계 학자들의 적극적인 참여
를 강조하였다.[19] 이후 일본과 중국의 학자들의 글을 지속적으로 싣고자
하였고 이를 통해 미국 중국학의 협소함을 극복하고자 했다.[20]

모던 차이나는 1975년부터 심포지엄을 개최하여 기획논문으로 실어
왔고[21] 1991년에는 "중국학 패러다임 위기: 사회경제사 연구의 모순"을
기획한 의도를 소개하면서

> "중국 사회경제사 분야는 현재 새로운 방법으로 근본적인 문제를 해결
> 해야 할 필요가 있다. 40년간의 중국학 연구에서 1950년대에는 전통 중국
> 의 봉건성을 설명하는 것에 중점을 두었다. 그리고 서구의 충격과 반응이
> 학설로 자리 잡기 시작했는데 마르크스주의 학설 역시 서구의 단계에 중
> 국을 맞추려 한 것이었다. 그러나 중국은 영국과 달리 발전 없는 농촌의
> 산업화가 19세기 후반부터 일어났다."

라고 하여 독자적인 사회경제사 연구가 필요하다는 자신의 주장을 전개
하기 시작하였다.[22]

---

18) Huang, Philip C.C, "Editors' Foreword", *Modern China*, Vol. 2, Issue 4, October 1976, pp.419-420.
19) Huang, Philip C.C, "From the Editor", *Modern China*, 4(4), 1978, p.435.
20) Huang, Philip C.C, "Editor's Note", *Modern China,* Vol.4, No.4, Oct., 1978, p.435.
21) 1980년에는 명청시기와 중화민국시기의 정치경제문제와 대중운동, 1982년에는 중국 사회의 혼합적 요소, 1984년에는 전통후기 중국에서의 가족, 1992년에는 중국의 경제 개혁, 1993년에는 중국에서의 공공영역의 문제, 1993년과 1995년에는 법률연구가, 1998년에는 포스트모더니즘이 주제였다.

　또한 1993년에는 "중국 사회경제사 연구는 규범인식의 위기에 처해있다"고 하고 규범인식 즉 각종 모델과 이론 심지어 대립적 모델과 이론이 함께 인식되고 신념이 되어 영향을 끼치며 사고의 내용과 기준을 좌우하고 있다"라고 비판하면서23) 이데올로기나 규범의 속박에서 벗어나 역사 자체로부터 출발해야 한다고 주장했다. 이러한 주장은 1998년에도 이어져 근대화론이나 마르크스주의적 연구나 모두 중국을 보편성이나 특수성으로 바라보게 하는 함정에 빠지게 하므로 이데올로기를 벗어난 경험적 연구를 해야 한다고 하였다. 그리고 이와 동시에 당시 유행하던 포스트모더니즘에 경도된 문화연구에 대해서도 비판하였다.24)

　2000년에는 중국학과 현대중국에서의 문화병존이라는 글을 통해 중국에서 온 유학생들이 미국의 중국학 연구에 점점 참여하면서 다양한 중국연구의 길이 열리고 있다고 주장하고 두 문화의 병존과 이를 통한 연구의 확장이 필요하다고 주장하였다.25)

　한편 필립 황의 실제적 연구를 강조하는 입장은 2002년에 일어난 포머란츠(Kenneth Pomeranz)와 캘리포니아 학파와의 논쟁에서 더욱 드러났다.26)

　포머란츠는 서구중심론과 충격반응 모델을 전복하는 주장을 하면서 신

22) Huang, Philip C.C, "The Paradigmatic Crisis in Chinese Studies: Paradoxes in Social and Economic History", *Modern China*, 17(3), 1991, pp.99-341.
23) 黃宗智, 「中國經濟史中的悖論現象與當前的規範認識危機」, 『史學理論研究』, 第1期, 中國社會科學院世界曆史研究所, 1993, 47쪽; 張裕立, 위의 글, 13-17쪽.
24) Huang, Philip C.C, "Theory and the Study of Modern Chinese History Four Traps and a Question", *Modern china*, 1998, pp.183-205; 朱政惠, 「美國學者對中國學研究的回顧與反思」 참고.
25) Huang, Philip C.C, "Biculturality in Modern China and in Chinese Studies", *Modern China*, 26(1), 2000, pp.3-31.
26) 張裕立, 위의 글, 27쪽.

세계사를 주창했는데 18세기까지 중국 강남을 위시한 아시아 선진지역과 영국 등 유럽의 선진지역은 모두 토지에 대한 인구압의 증가와 노동집약적 생산, 분업과 시장경제가 견인하는 스미스적 성장의 성숙기에 있었고 경제발전 수준과 사회적 압박도 유사한 정도였다고 주장하였다. 이는 서구가 중국에 비해 앞섰다는 기존의 주장을 반대한 것이었다. 이외에도 산업혁명은 석탄자원의 유리한 지정학적 배치와 아메리카 식민지를 착취적으로 이용하여 생태자원의 압박이 해소된 영국에서 우연적으로 일어난 것일 뿐이라고 주장하기도 하였다.

이에 대해 필립 황은 청대에 이러한 농업기술과 생산력으로 산업혁명을 일으킨 것이 아니라고 하고 산업혁명이 일어나지 못한 이유는 거대한 과잉인구에서 비롯된 내권화(involution) 때문이라고 하면서[27] 이것이 중국농촌을 바라보는데 핵심적인 것이라고 하였다.[28] 이후 중국 사회경제에 대한 연구에 주력하면서 필립 황은 2003년에는 'Rural China'도 창간하였다.

또한 2010년 중국에서 출판된 감춰진 농업에 의하면 중국의 농촌은 자유주의자들이 주장하는 근대공업이 규모의 경제이며 대농장이라는 미국모델은 맞지 않고 오히려 양극화만 초래할 수 있다고 하였다. 그리고 중국모델은 소규모 가족농장 기초의 합작조직이 더 효율적이고 여기에 국

---

27) 내권은 총생산량과 토지단위면적당 생산량은 증가하나 노동력의 단위당 생산량이 감소하는 현상인 질적 발전이 없는 양적 성장을 의미한다, 황쫑즈(黃宗智) 지음, 구범진 옮김, 『중국의 감춰진 농업혁명』, 서울: 진인진, 2016, 17쪽.

28) Kenneth Pomeranz, "Beyond the East-West Binary: Resituating Development Paths in the Eighteenth-Century World", The Journal of Asian Studies, 61(2), 2002; Huang, Philip C.C, "Development or Involution in Eighteenth-Century Britain and China? A Review of Kenneth Pomeranz's The Great Divergence: China, Europe, and the Making of the Modern World Economy", The Journal of Asian Studies, 61(2), 2002; Huang, Philip C.C, "Further Thoughts on Eighteenth-Century Britain and China: Rejoinder to Pomeranz's Response to My Critique", The Journal of Asian Studies, 62(1), 2003; 張裕立, 위의 글, 27-28쪽.

가가 적극 개입하여 지방정부를 통제하고 지방정부의 고과를 합작조직 등으로 지표화하는 것이라고 하였다.[29]

이후 필립 황은 자신의 주장을 뒷받침하는 글을 지속적으로 발표하였고 2011년에는 제도화된 경제와 비공식 경제의 고찰이 필요하다고 하였다.[30] 2015년에는 중국의 실제 현실에 부합하는 방향을 제 3의 길이라고 하면서 보편적이고 절대적인 이론을 구축하는 것이 중요한 것이 아니라 경험적 조건과 한계를 지닌 이론과 통찰력을 구축하는 것이 과학적 방법이라고 주장하였다.[31]

한편 필립 황은 2003년 이래 중국의 인민대학으로 옮겨 활동하면서 중국 내에서의 영향력도 확대해 나갔는데 〈그림 1〉은 黃宗智(필립 황)을 주제로 하여 CNKI에서 찾은 195건의 논문의 저자 소속의 기관의 지역별 분포도이다. 베이징 69편, 후베이 26편, 상하이 12편, 허베이 10편 외에 미국 10편, 홍콩 3편, 타이완 1편, 독일 1편 등 중국외 지역도 포함되어 있다. 주로 연구되는 기관은 人民大學, 北京大學, 華中師範大學, 河北師範大學, 中國社會科學院 등이다. 1980년 이래 점차 연구가 이루어져 2004년 12편으로 증가했고 2010년 20개로 늘어났는데 2005년 이래 『개방시대(開放時代)』와 모던 차이나와의 동시 기획이 지속적으로 진행된 것과 관련이 있는 것으로 보인다.[32]

29) 강진아, 「중국 농민으로 상상한 제3의 길 : 차이나 모델 : 『중국의 감춰진 농업혁명』(황쭝즈 지음, 구범진 옮김, 진인진, 2016)」, 『역사비평』 117, 서울: 역사비평사, 2016, 462-464쪽.

30) Huang, Philip C. C, "The Theoretical and Practical Implications of China's Development Experience: The Role of Informal Economic Practices", *Modern China*, Vol.37, No.1, January, 2011, pp.3-43.

31) Huang, Philip C. C, Gao, Yuan, "Should Social Science and Jurisprudence Imitate Natural Science?", *Modern China*, Vol.41, Issue 2, March, 2015, pp.131-167.

32) 黃宗智, 「近現代中國和中國研究中的文化雙重性」, 『開放時代』, 第4期, 廣州:

〈그림 1〉 필립 황(황쭝즈) 관련 중국내 연구 지형

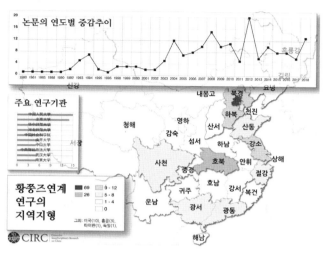

출처: CNKI자료 재구성[33)

　이상을 통해 보면 1970년대 미국의 기존 중국학 연구에 대한 비판을 기반으로 창간된 모던 차이나는 편집자 필립 황의 학술활동을 통해 미국과 중국 및 다양한 중국학 연구자와의 소통과 연계의 장을 형성해 왔다는 것을 알 수 있다. 즉 모던 차이나는 중국에 적합한 연구의 방법과 패러다임을 모색하는 장의 역할을 지속해 왔다고 볼 수 있을 것이다.

廣州市社會科學院, 2005; 黃宗智,「連接經驗與理論 : 建立中國的現代學術」, 『開放時代』, 第4期, 廣州: 廣州市社會科學院, 2007; 黃宗智,「我們要做什麼樣的學術？――國內十年敎學回顧」, 『開放時代』, 第1期, 廣州: 廣州市社會科學院, 2012;《中國新時代的小農經濟》導言」, 『開放時代』, 第3期, 廣州: 廣州市社會科學院, 2012. http://www.opentimes.cn/html/Journal/123.html. 개방시대(開放時代)의 주요 편집자는 우충칭(吳重慶)이며 모던 차이나에 2015년 논문을 발표하였다.
33) http://epub.cnki.net/kns/brief/default_result.aspx.

Ⅲ. '모던 차이나'의 중국학 연구 경향 분석

1. 최근 '모던 차이나' 연구자의 국가별 분포와 지역적 특성

필립 황의 중국학에 대한 비판적 연구의 지향은 2000년대 이후의 모던차이나에는 어떻게 반영이 되었을까. 그리고 2004년부터 UCLA를 퇴직하고 중국의 인민대학으로 옮겼고 중국에서의 활동을 활발히 한 것과[34] 어떠한 관련이 있는가 등을 살펴보기 위해 이하에서는 키워드가 제시되고 있는 2003년부터 2018년 1기까지의 주요논문을 데이터화 하여 분석해 보았다.

이를 살펴보면 우선 저자는 전체 237명이었는데 이 가운데 2회 이상 투고한 저자는 22명이었다. 그러나 3회 이상의 저자는 3명인 필립 황(Philip C. C. Huang)(26편), 에디 유(Eddy U(3편)), 이반 셀레니(Ivan Szelenyi(3편))에 불과하여 저자간 관계성이 긴밀하게 있다고 보기는 어려웠다. 다만 글이 실린 정도로 파악을 해 본다면 2회 이상 논문을 낸 학자는 추이즈위안(Zhiyuan Cui, 崔之元), 왕샤오광(Shaoguang Wang, 王紹光), 저우쉬에광(Xueguang Zhou, 周雪光), 장웨이궈(Weiguo Zhang), 왕후이(Wang Hui, 汪暉), 빅토르 슈(Victor Shiu), 창청(Chiang Cheng), 비비안슈(Vivienne Shue許慧文), 장스공(Jiang Shigong, 强世功), 에드먼드 펑(Edmund S. K. Fung, 馮兆基) 등이며 에드워드 맥코드(Edward A. McCord), 프랭크 피크(Frank N. Pieke), 제니퍼 네이버(Jennifer M. Neighbors), 세바스찬 헤르만(Sebastian Heilmann), 입홍욱(Hung-Yok Ip), 이화이인(Huaiyin Li, 李懷印) 등임을 볼 때 2003년부터 2018년까지 모던 차이나에는 필립 황의 글이 가장 많았고 추이즈위안과 왕샤오광 등 중국의 신좌파 학자들의 글이 많이 발표된 것으로 나타났다.

---

34) 황쭝즈 지음, 구범진 옮김, 위의 책, 412-412쪽.

〈표 1〉 모던 차이나(2003-2018년)의 저자 소속 기관으로 본 국가 분포 및 중국 지역별 분포[35]

국가별	기관수	중국	기관수
미국	150	베이징	48
중국	87	홍콩	29
영국	16	상하이	4
오스트레일리아	13	광저우	3
캐나다	10	난징	2
타이완	6	산시	1
프랑스	4		
독일	4		
한국	4		
이스라엘	3		
네덜란드	3		
노르웨이	2		
싱가폴	2		
아일랜드	1		
이탈리아	1		
스웨덴	1		
일본	1		
합계	308	합계	87

　저자보다 소속기관이 많은 것은 여러 소속을 지닌 저자의 소속을 모두 포함했기 때문이다. 전체 308개 기관을 국가별로 보면 미국이 가장 기관 수가 많고 다음으로 중국, 영국, 오스트레일리아, 캐나다 순서였다. 타이완, 한국, 싱가폴, 일본도 포함되어 있다. 중국도 비교적 많아서 살펴보았는데 베이징과 홍콩이 주요 연구기관으로 베이징의 경우 편집자 필립 황의 소속기관이 많이 포함되어 있었던 것 29개를 제외하면 홍콩 연구기관이 모던 차이나에 기고한 저자가 가장 많았던 지역이라고 볼 수 있다.

　〈표 2〉 주요기관을 보면 필립 황의 소속기관 인민대학과 캘리포니아대학을 제외하면 칭화대학, 홍콩중문대학, 베이징대학, 예일대학, 스탠포드

---

35) SAGE Journals http://journals.sagepub.com/loi/mcxa 참고로 재구성함.

대학, 하버드대학이 주요기관이라고 볼 수 있고 다음 홍콩 소재의 대학들이라고 할 수 있다. 그러므로 모던 차이나에 기고하는 2000년 이후 연구자들은 중국, 홍콩 등이 미국의 주요 대학 못지않게 많다고 할 수 있다. 국가별 기관을 살펴보면 미국은 예일대학, 스탠포드대학, 하버드대학, 텍사스오스틴대학, 캘리포니아대학(샌디에고), 펜실베니아대학, 조지워싱턴대학, 코넬대학, 카네기멜룬대학이 주요한 기관으로 나타났다.

<표 2> 연구자의 소속기관[36]

주요기관	논문편수
(Law School,)Renmin University of China, Beijing, China	33
University of California, Berkeley, California, USA	30
Tsinghua University, Beijing, China	9
Chinese University of Hong Kong	7
Beijing University Law School, Beijing, China	6
Yale University, New Haven CT, USA	5
Stanford University, Stanford, CA, USA	5
Harvard University, Cambridge, MA, USA	5
University of Hong Kong	4
Hong Kong University of Science and Technology	4
Hong Kong Baptist University, Hong Kong, SAR China	4
Australian National University, Canberra, ACT, Australia	4
University of Texas at Austin, Austin, Texas, USA	3
University of California, San Diego	3
University of British Columbia, Vancouver	3
Sun Yat-sen University, Guangzhou, China	3
Oxford University	3
Pennsylvania State University, University Park, PA, USA	3
Hong Kong Polytechnic University, Hung Hom, Kowloon, Hong Kong	3
George Washington University Law School, Washington, DC, USA	3
Fudan University, Shanghai, China	3
Cornell University, Ithaca, NY, USA	3
Carnegie Mellon University	3

36) https://www.jstor.org/stable/i209706 참고.

중국의 주요 대학은 칭화대학, 베이징대학, 중산대학, 푸단대학이며 홍콩은 홍콩중문대학, 홍콩대학, 홍콩과학기술대학, 홍콩침례대학, 홍콩폴리텍 대학이다. 이외 오스트레일리아국립대학, 캐나다 브리티쉬 콜럼비아대학, 영국의 옥스퍼드대학도 주요 연구기관에 포함된다.

홍콩 대학의 중국연구는 홍콩의 주요 대학들 내에 중국연구가 이미 활발히 전개된 전통에 기인하는 것이다. 미국은 문화원조의 방식으로 냉전시기 홍콩에 반공적인 문화를 형성하려 하였는데 그중의 하나가 고등교육에 대한 지원이었다. 특히 1957년 이후 홍콩을 독립적인 자본주의가 번영하는 공간으로 만드는 것을 주요한 정책으로 해서 홍콩의 9개 고등교육기관을 통폐합하여 종합대학으로 재편하고자 했다. 미국 모델 전파를 위한 담론의 확산 생산지의 역할을 하도록 하는 것이 목표였는데 이 과정에서 홍콩 대학에 미국식의 대학체제와 교육과정, 교재가 이식되었다. 특히 대학에 대한 지원을 통해 베이징의 고등교육기관보다 수준을 높게 만들기 위한 목적으로 지원이 이루어져[37] 그 결과 중국보다 높은 수준의 학술연구가 가능한 제도가 성립되었다. 이러한 제도적 뒷받침이 향후 중국연구에서 주요한 담론 형성지로 기능하게 되었던 것이다.[38]

이렇게 논문의 저자를 보면 모던 차이나는 주요소속기관이 대학인 연구자들이 대부분이고 학술적 성격이 강한 성격을 지닌 저널이라고 할 수 있다. 저자의 대부분의 전공을 보아도 사회학, 경제학을 일부 포함하지만 역사전공자가 대부분이다. 또한 미국에서 발간되나 전 세계적 범위의 연구자가 포괄되고 있고 중국과 홍콩의 연구자가 많이 참여하고 있다고 볼 수 있다. 뿐만 아니라 2000년대 이후는 필립 황과 중국의 신좌파 학자들

37) 오병수, 「아시아재단과 홍콩의 냉전(1952-1961) – 냉전시기 미국의 문화정책 –」, 『동북아역사논총』, 48호, 서울: 동북아역사재단, 2015, 33-37쪽.
38) 周曉虹, 「當代中國硏究的歷史與現狀」, 『南京大學學報』, 第3期, 南京: 南京大學, 2002, 89쪽.

의 글이 많이 실렸던 것도 알 수 있다.

2. 키워드 동시출현 분석으로 본 연구동향의 지적 구조

2003년 이래 모던 차이나의 연구 경향을 키워드 분석을 통해 살펴보았다. 그 결과 논문 전체의 키워드는 1,088종인데 이 가운데 3회 이상 출현한 주요 키워드로 중국, 젠더, 근대성, 민족주의, 경제발전, 종족성, 베이징, 국가, 문화대혁명, 교육, 마오쩌둥, 중화민국, 도시화, 여성, 형식주의, 광저우, 홍콩, 정당화, 대중문화, 대중종교, 종교, 중앙지방관계, 중국공산당, 계급, 가족, 비정통, 정체성, 공식적, 사법개혁, 현대중국, 국가정체성, 인민회의, 실천, 공공여론, 종족성, 혁명, 일당지속국가, 항일전쟁, 국가, 여행주의, 이행, 운남, 중국혁명, 당국가체제의 43개를 추출하였다. 이 가운데 관계성을 살펴보는데 적절치 않은 중국을 제거하고 이외 네트워크 연계가 되지 않는 키워드를 제거해 24개의 키워드를 선택하였다. 그리고 그 관계를 분석하여 아래 〈그림 2〉로 구현하였다.[39]

〈그림 2〉는 동시출현 패스파인더(PNNC) 기법으로 군집을 나누어 본 것으로 4군집과 고립된 2개의 키워드로 나뉘어진다. ①그룹은 광저우, 종교, 베이징, 도시화, 교육, 종족성, 정당화(의례를 통한), 국가, 중앙지방관계 ② 그룹은 젠더, 근대성, 여성, 중화민국, 대중종교, 농민, 중국공산당, 홍콩 ③ 그룹은 마오쩌둥, 대중문화, 문화대혁명 ④그룹은 형식주의, 당국가체제이며 민족주의, 경제발전은 고립되었다.

---

39) 그림은 WNet을 이용하여, 가중 네트워크에서의 전역 중심성인 삼각매개중심성(TBC)과 지역 중심성인 최근접이웃중심성(NNC)를 산출하고 이진 네트워크에서의 전역 중심성인 매개중심성(Betweenness)과 지역 중심성인 연결정도중심성(Degree)을 산출(NodeXL 이용)했다. 이재윤, 「지적 구조의 규명을 위한 네트워크 형성 방식에 관한 연구」, 『한국문헌정보학회지』, 40(2), 광주: 한국문헌정보학회, 2006 참고.

〈그림 2〉 모던 차이나(2003-2018) 주요 연구의 키워드 네트워크

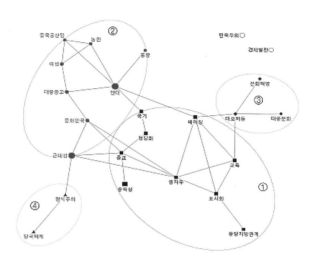

〈표 3〉을 통해 살펴보면 전체 그룹에서 전역성이 큰 것 즉 모던 차이나에 실린 연구들의 관계에서 가장 영향력이 큰 키워드는 '젠더(gender)'로 나타났다. 광저우와 근대성이 다음으로 영향력이 크며, 종교, 도시화, 베이징, 여성, 중화민국, 마오쩌둥, 교육이 같은 비중을 차지한다. 그러므로 2003년 이래 주요 연구 주제는 젠더 연구이며 광저우를 대표하는 지역연구와 근대성의 문제라 할 수 있다.

이외 민족주의와 경제발전은 모던 차이나의 연구자 간의 연결된 연구라기보다는 고립되어 진행되고 있는 주제로 볼 수 있다.

한편 모던 차이나 연구에서 가장 영향력이 큰 주제를 보여주는 전역성과 국부적으로 영향력이 큰 것을 보여주는 지역중심성이 동시에 높은 것은 광저우와 근대성, 마오쩌둥이었다. 근대성의 문제 속에 중국을 바라보는 시각은 지속적이며 마오쩌둥 연구와 광저우를 대표로 하는 지역연구도 마찬가지라 할 수 있다.

<표 3> 키워드 동시출현 분석표[40]

SN	NODE	삼각매개중심성 (TBC)	상대적 삼각매개 중심성(0~1)	최근접이웃 중심성(NNC)	상대적 최근접 이웃중심성(0~1)
1	중국China	49	0,19368	1	0,04348
2	젠더gender	39	0,15415	1	0,04348
3	근대성modernity	11	0,04348	2	0,08696
4	민족주의nationalism	0	0	0	0
5	종족성(민족성)ethnicity	2	0,00791	0	0
6	도시화urbanization	6	0,02372	2	0,08696
7	여성women	5	0,01976	2	0,08696
8	대중종교popular religion	3	0,01186	0	0
9	중화민국Republican China	5	0,01976	2	0,08696
10	정당화orthopraxy	1	0,00395	1	0,04348
11	당국가체제party-state system	0	0	1	0,04348
12	마오쩌둥Mao Zedong	5	0,01976	2	0,08696
13	교육education	5	0,01976	1	0,04348
14	문화대혁명Cultural Revolution	0	0	0	0
15	베이징Beijing	6	0,02372	0	0
16	국가the state	1	0,00395	1	0,04348
17	농민peasants	1	0,00395	2	0,08696
18	종교religion	7	0,02767	3	0,13043
19	대중문화Popular culture	1	0,00395	1	0,04348
20	형식주의formalism	1	0,00395	1	0,04348
21	홍콩Hong Kong	0	0	0	0
22	광저우Guangzhou	12	0,04743	4	0,17391
23	중앙지방관계central-local relations	0	0	1	0,04348
24	중국공산당Chinese Communist Party	1	0,00395	2	0,08696
(고립)	경제발전economic development	0	0	0	0

각 그룹을 살펴보면 ①그룹에서 가장 전역성이 높은 것은 광저우이고 이는 가장 이 집단에서 영향력이 큰 키워드를 의미한다. 종교도 국부전역성이 높은 편이다. 지역연구와 종교 연구 등 도시와 사회문제와 관련된

---

40) 저자 사이의 저자 키워드 중복도를 산출하고 네트워크를 구축한 뒤 PNNC(Parallel Nearest Neighbor Clustering) 패스파인더 알고리즘을 활용한다. 김판준, 이재윤, 「연구영역분석을 위한 디스크립터 프로파일링에 관한 연구」, 『정보관리학회지』, 24-4, 서울: 한국정보관리학회, 2007, 204쪽.

연구가 가장 큰 집단을 형성하는 것으로 분석할 수 있다.

②그룹은 그룹 내에서는 젠더가 아닌 근대성, 여성, 중국공산당, 중화민국이 동일하게 국부적인 지역 중심성이 높은 것으로 나타났다. 젠더문제는 근대성과 농촌지역 및 종교문제와 연동되어 연구되는 것으로 모던 차이나에서 중시되는 연구로 나타났다.

③그룹은 마오쩌둥이 가장 영향력이 높은 것으로 나타났다. 마오쩌둥과 관련된 연구가 여전히 중요하게 이루어지고 있음을 보여준다.

④그룹은 형식주의와 당국가 체제가 모두 영향을 지니고 있다. 당국가 체제의 특성에 대한 논의가 주요한 주제인 것으로 볼 수 있다.

분석의 결과를 종합하면 젠더와 근대성, 도시화, 마오쩌둥과 문화대혁명, 당국가 체제의 문제를 둘러싼 네트워크가 나타난 것으로 볼 수 있고 경제문제와 관련된 연구는 이러한 연구와의 내적 연계는 적다고 할 수 있다.

3. 중국학 연구 주제의 다양화와 지속된 연구[41]

앞에서 키워드간의 네트워크가 보여주는 의미를 이해하기 위해서 관련 연구를 검토해 보고자 한다. 다양한 주제가 지속적으로 확장되어 온 것이 2000년대 이후 모던 차이나의 중국학 연구의 주요한 특징이라고 볼 수 있을 것이다.

우선 가장 영향력이 큰 주제인 젠더와 관련 논문의 증감 추이를 보면 2004년 2호와 2004년 3호, 2005년 4호, 2006년 2호, 2006년 3호, 2009년 3호, 2010년 2호, 2011년 1호, 2014년 6호, 2015년 1 호, 2017년 6호에 지

---

41) 이하 SAGE Journals http://journals.sagepub.com/loi/mcxa참고.

속적으로 실렸던 것을 알 수 있다. 주로 캐나다와 홍콩 소속의 연구자가 많았고 중국의 연구자도 점차 증가했다. 주제는 운남, 티벳 등 지역과 도시와 농촌의 여성 등 지역과 관련된 젠더연구가 주로 이루어진 것과 포괄 시기도 청대에서 개혁개방 시기에 이르기까지 걸쳐 있어 젠더연구는 많은 주제와 연관되어 있었던 것으로 볼 수 있다.

근대성(modernity)과 관련된 연구는 2003년 4호, 2004년 1호, 2006년 4호, 2007년 2호, 2008년 1호, 2009년 1호, 2011년 1호와 5호, 2013년 5호, 2014년 5호, 2015년 1호에 실렸고 홍콩의 연구자가 많았고 주요주제는 도시와 농촌 및 특정지역 연구와 근대화의 문제, 법률, 젠더문제와의 연계 등이 함께 연결되어 연구된 것으로 볼 수 있다.

여성(women)은 2003년 3호, 4호, 2004년 3호, 2005년 1호, 2006년 1호, 2009년 5호, 2010년 3호와 5호, 2011년 4호, 2012년 5호, 2013년 1호로 전시대의 여성문제를 다루고 있으며 여성과 교육, 근대성의 문제 등이 서로 연결되어 있고 도시와 농촌의 여성문제 등도 주요한 주제였다.

홍콩(Hong Kong)은 2004년 2기와 3기 및 2014년 6기에 관련 논문이 실렸고 지역연구 차원의 젠더연구가 이루어졌다.

농민(peasants)은 2005년 2호, 2006년 3호에 관련 논문이 실렸고 여성, 젠더와 관련된 내용이었다.

대중종교(popular religion)는 2004년 2호, 2005년 2호, 2008년 4호, 2010년 5호, 2014년 5호에 관련 연구가 실렸는데 농촌지역의 대중종교의 문제와 여성과 종교의 문제가 서로 연결되어 있는 것으로 보이며 이외 기독교와 불교 및 지역의 종교문제 등이 세부적인 연구가 이루어졌다.

광저우(Guangzhou)는 2004년 2호, 2008년 2호, 2009년 5호, 2017년 6호에 관련 논문이 실렸고 대중종교, 민국시기, 도시화, 근대 등 다른 주요한 키워드와 가장 많은 연계를 보이는 주제어라고 볼 수 있다. 베이징은 2007년 3호, 2013년 4호, 2014년 4호와 6호, 2017년 6호에 관련 논문이 실렸고 젠더문제나 민족주의, 교육과 도시화 등과 연관되어 연구되었다. 중앙지방 관계는 2008년 3호와 2016년 6호에 관련 논문이 실렸고 도시화와 관련된 연구였다. 도시화(urbanization)는 2004년 1호, 2005년 4호, 2007년 3호, 2016년 6호, 2017년 6호에 실렸는데 광저우 베이징 등과 관련된 연구이다.

국가(the state)는 2007년 1호, 2009년 3호, 2011년 4호, 2014년 2호에 관련 논문이 실렸고 2014년 2호의 글은 당국가 체제의 글과 공유하는 주제이다. 또한 중화민국(Republican China)은 2004년 1호, 2004년 2호, 2005년 1호, 2008년 2호, 2015년 1호에 관련 연구가 실렸고 근대성이나 이 시기 대중종교 및 광저우지역의 종교문제 등이 주로 연결되어 연구된 것으로 나타났다.

정당화(orthopraxy)는 2007년 1호의 기획주제로 주로 명청시기의 의식과 제례를 통한 정권의 정당화 과정에 대한 연구였던 것이다. 2007년 젠더관련 논문은 이 기획논문으로 실리지 않았던 것이고 2007년은 청대사(淸代史) 연구가 주로 실렸던 것을 알 수 있다.

종교와 관련된 논문은 2007년 1호, 2008년 2호, 2009년 1호, 2009년 3호에 실렸고 민국시기와 청대 종교를 통한 통치의 정당화 문제와 관련된 것이었다.

종족성(ethnicity)은 雲南과 貴州 및 2011년 淸代 蒙古에 대한 연구 등의 주제어로 소수민족의 문제와 관련된 연구로 볼 수 있다.

위에서 살펴본 바와 같이 젠더 연구가 많은 주제와 연관되어 있는 것은 모던 차이나의 연구가 다양한 주제를 포괄한다는 것도 의미한다. 앞에서 살펴본 바와 같이 1980년대 이후 여성을 비롯한 소수민족(티벳), 의료, 문화 등 다양한 주제에 대한 연구가 2000년대에도 지속적으로 다양하게 이루어지는 연속성을 보여주는 것이라고 할 수 있고 이것이 모던 차이나에도 반영되는 것을 알 수 있다.

다른 한편으로 기존의 연구에서 지속되는 연구주제로는 마오쩌둥 (Mao Zedong)과 관련된 것인데 관련 글은 2006년 4호, 2008년 1호, 2011년 2호, 2012년 3호, 2013년 3호, 2015년 5호 등에 실렸고 마오와 관련된 다양한 논의가 지속된 것을 보여주기는 하지만 다른 주제와 많은 관련은 없었다. 교육과 관련된 글은 2003년 4호, 2004년 1호, 2005년 2호, 2005년 4호, 2006년 4호, 2008년 1호, 2009년 6호, 2010년 6호, 2017년 6호에 지속적으로 발표가 되었으며 젠더 및 여성문제나 근대성의 문제, 마오쩌둥시기의 교육문제, 농촌, 도시 등 관련된 주제가 많은 주제였다고 볼 수 있다.

문화대혁명(Cultural Revolution)은 2003년 3호, 2005년 4호, 2010년 4호, 2013년 3호, 2015년 2호, 2018년 1호, 2018년 2호에 관련 논문이 실렸는데 최근 많이 연구되는 주제이다. 교육과 민족주의, 마오쩌둥 등이 연구와 관련되어 있다. 이외 대중문화와 관련된 논문은 2004년 4호, 2010년 4호, 2015년 5호에 실린 것으로 마오쩌둥과 관련된 연구였다. 기존연구의 연속성을 보여주면서 문화대혁명에 대해서 다각도의 연구가 이루어지고 있는 것도 2000년대 이후의 새로운 경향이라고 볼 수 있다.

한편 주요한 주제이나 네트워크적 특성이 약한 주제는 개혁개방 이후의 주요한 문제와 관련된 연구라고 볼 수 있을 것이다. 당국가 체제 및 형식주의 등이 그러하다.

당국가체제(party-state system)는 2014년 2호의 기획논문의 주요 키워드로 당국가 체제에 대한 래리 베커(Larry Catá Backer), 장스공(Jiang Shigong), 왕후이 등의 글이 실렸던 것과 관련이 있다. 형식주의(formalism)는 2006년 2호, 2006년 3호에 보이는 필립 황의 연구의 주요한 주제로 다른 연구와의 연계는 없다.

경제발전은 2003년 4호, 2010년 1호, 2011년 6호, 2012년 2호와 5호 등에 실려 있으나 다른 주제들과 연계된 것보다는 단독의 성격이 강했다.

민족주의(nationalism) 관련 논문은 2005년 3호 2008년 1호, 2009년 1호, 2010년 4호, 2011년 4호, 2012년 1호, 2013년까지 지속되어 발표되었다가 다시 2017년과 2018년에 실렸다. 영국과 홍콩 및 미국의 주요 대학의 연구자들의 연구가 주를 이루는데 다른 주제와는 고립된 것이 특징이다.

2003년 이후의 모던 차이나의 지적 네트워크는 젠더를 비롯한 다양한 주제가 1980년대 이래 미국의 중국학 연구의 특성과 부합하여 이루어지고 있었다는 면에서 지속성을 보여주었다고 할 수 있을 것이다. 또한 이러한 다양한 주제는 서로 연결되어 다른 주제로 확장된 것도 특징이라고 볼 수 있다. 이외 당국체제와 경제발전 등 필립 황과 관련된 연구들은 고립되거나 낮은 연계성을 보이는 특징을 나타내었다.

4. 서구와 중국의 대화 – 중국 모델의 모색

편집자 필립 황의 2000년 이래 기획의 글을 분석하는 것은 앞에서 살펴본 모던 차이나 동향의 중요한 부분이 될 수 있다. 특히 서양학자와 중국학자의 대화 특집을 2008년에서 2014년까지 7회에 걸쳐 실었는데 이는 광저우 사회과학원에서 발간하는 『開放時代』에도 함께 실렸 중국과 미국에서 같은 내용을 볼 수 있게 하였다고 볼 수 있다.

먼저 2008년 1호에서 "중국국가의 본질, 서양인과 중국학자와의 대화 1"에서는 중국사회의 성격에 대한 논의가 벌어졌다. 여기서 필립 황, 왕샤오광 등과 왕후이는 서구의 제국 대 민족이라는 구분에 반대하였다. 또한 시민사회의 개념으로 중국의 비정부기구를 이해하는 것도 적절하지 않다고 보았으며 왕샤오광은 중국에서 인터넷과 정보기술이 대중의 정부 의사결정에 영향을 끼친다고 주장했는데[42] 중국 국가의 특성이 서구와는

---

42) Huang, Philip C. C, "Introduction to "The Nature of the Chinese State: Dialogues among

다르다는 주장을 전개하였다.

2009년의 4호에 실린 두 번째 대화의 주제는 "중국 개혁은 어느 곳으로?"[43]였다. 홍콩 중문대학의 왕샤오광은 중국의 농촌의료문제에서 국가의 역할을 강조하고 있었고 베이징대학의 판강은 중국은 급진적 변화가 아닌 점진적 변화가 더 맞는다는 주장을 전개하였는데 양자 모두 모두 중국 내의 신좌파적 주장이라고 볼 수 있을 것이다.

2010년 1호의 세 번째 대화는 "헌법, 개혁, 중국 국가의 본성"[44]인데 여기서 필립 황은 좌파냐 우파냐의 논쟁이 중요하기보다는 실제 중국의 현실에서 개혁의 실례를 찾을 필요가 있다고 주장하였다.

2011년 6호에는 네 번째 대화로 "충칭모델에 대한 검토"가 이루어졌다. 여기서 이반 셀레니 (Ivan Szelenyi)는 자본주의 시장경제와 사회주의 계획경제에 대한 제 3의 대안(Third Ways) 이 중국에서 가능하지 않다는 결론을 내렸다. 이에 대해 필립 황은 반박하고 제 3의 길의 가능성을 주창하였다.[45] 여기서 상하이 푸단대학의 루신위(Lu Xinyu)와 칭화대학의

Western and Chinese Scholars, I", *Modern China*, Vol.34, No.1, Jan. 2008, pp.3-8; 黃宗智, 「《中國國家的性質 : 中西方學者對話(一)》導言」, 『開放時代』, 第2期, 廣州: 廣州市社會科學院, 2008. http://www.opentimes.cn/html/Abstract/1197.html.

43) Huang, Philip C. C, "Introduction to "Whither Chinese Reforms? Dialogues Among Western and Chinese Scholars, II", *Modern China*, Vol.35, No.4, Jul. 2009, pp.347-351; 黃宗智, 「《中國改革往何處去 : 中西方學者對話(二)》導言」, 『開放時代』, 第12期, 廣州: 廣州市社會科學院, 2009. http://www.opentimes.cn/html/Abstract/1197.html.

44) Huang, Philip C. C, "Introduction to "Constitutionalism, Reform, and the Nature of the Chinese State: Dialogues among Western and Chinese Scholars, III", *Modern China*, Vol.36, No.1, Jan., 2010, pp.3-11; 黃宗智, 「《憲政、改革與中國國家體制 : 中西方學者對話(三)》導言」, 『開放時代』, 第12期, 廣州: 廣州市社會科學院, 2009. http://www.opentimes.cn/html/Abstr act/1197.html.

45) Huang, Philip C. C, "Special Issue: Chongqing: China's New Experiment-Dialogues among Western and Chinese Scholars IV", *Modern China*, Vol.37, No.6, November, 2011, pp.567-688.

추이즈위안은 충칭모델의 일환인 충칭위성 TV 운영방식에 대한 검토를 긍정적으로 하였으며 추이즈위안은 나아가 헨리 조지, 제임스 미드, 안토니오 그람시 등의 이론을 통해 충칭 실험과 충칭모델을 긍정적으로 평가하고 이를 중국 공산당 주도의 국민과의 긍정적 관계 속에서 진행되는 진보적 실험으로 평가하였다. 필립 황 역시 제 3의 길의 실험사례로 충칭실험을 평가하였다.

2012년 6호에는 다섯 번째 대화로 "중국식 사회주의 시장경제?"[46]를 기획하였는데 여기서도 이반 셸레니(Ivan Szelenyi)는 충칭모델이 국유기업의 임차료에서 일부를 복지에 활용하는 방식이었지만 이는 지속가능할 수 없고 결국 시장경제에서 창출한 소득과 수익으로 모은 세금을 활용하는 것이 더 성공적일 것이다고 한 것에 대해 반박하였다. 필립 황은 실제 실험에서 긍정적 측면이 있었다고 보았으며 추이즈위안은 사회주의 시장경제의 가능성을 입증하고 중국사회주의적 과거를 통해 공공서비스 복지혜택이 가능하다고 주장했다.

2013년 여섯 번째 대화는 "현대 중국의 계획 개발-시스템, 프로세스, 메커니즘-조정계획"이란 주제로 이루어졌고 여기서 지방정부간의 갈등을 통제하는 것이 중앙정부 주도의 조정계획이라고 주장하면서 현재 중국의 상황에서는 이러한 조정계획이 필요하다고 보았다.

2014년의 일곱 번째 대화는 중국정치체제의 정당성 문제를 논의한 것으로 여기서 强世功(Jiang Shigong)과 래리 카타 (Larry Catá Backer) 및 칭화대학의 왕후이(Wang Hui)는 모두 중국의 헌법의 근원은 서구와 다르며 비공식적인 부분에 의한 중재와 조정의 처리가 중국에서는 국가를

---

46) Huang, Philip C. C, "Profit-Making State Firms and China's Development Experience: State Capitalism" or "Socialist Market Economy?", *Modern China*, Vol.38, No.6, November 2012, pp.591-629; 黃宗智, 「《中國式"社會主義市場經濟"？：中西方學者對話(五)》導言」, 『開放時代』, 第9期, 廣州: 廣州市社會科學院, 2012.

통해 중요하게 작용되므로 중국정치체제에 대한 이해를 폭넓게 해야 한
다고 주장했다.[47]

IV. 맺음말

본 연구는 미국의 중국학 연구가 1970년대 냉전시기의 중국학 연구가
지닌 내재적 문제를 제기하며 중국 중심의 연구를 모색해 나간 과정에서
어떠한 이론과 방법의 대안을 찾아 나갔는가를 살펴보고자 하였다. 그리
고 그 과정에서 담론의 유통이 이루어지는 장으로서 비판적 잡지인 '모던
차이나'에 주목하였다.

모던 차이나는 필립 황이 중심이 되어 비판적 연구를 표방한 저널로
기획과 편집의도를 통해 볼 때 기존 미국 중국학의 문제를 제기하고 이에
대한 논의를 전파해 나갔음을 알 수 있었다.

특히 기존연구에서 잘 드러나지 않았던 2000년대 이후의 변화를 중점
적으로 고찰하여 모던 차이나의 초기 편집의 기획이 어떻게 지속되고 어
떻게 구현되었는가를 드러내 보았다.

이는 2003년에서 2018년 초까지의 연구를 데이터화 하여 키워드 네트
워크를 분석을 하는 것으로 하였는데 이를 통해 저자들의 관계를 시각화
한 효과 외에 그룹핑이 드러나 연구경향의 분석에 대한 인식을 용이하게
해 주었다. 그리고 분석의 결과 저널 모던 차이나의 연구는 역사연구와
현재 중국의 문제를 연결하고 역사를 중심으로 하되 사회학이나 경제학

---

47) Huang, Philip C. C, "The Basis for the Legitimacy of the Chinese Political System
: Whence and Whither? Dialogues among Western and Chinese Scholars VII" Journal
Article, *Modern China*, Vol.40, No.2, March 2014, pp.107-118.

등의 연구방법을 차용하는 것으로 드러났다. 뿐만 아니라 중국, 일본을 비롯한 많은 학자들의 참여의 장이 될 수 있었다.

키워드의 네트워크로 볼 때 가장 영향력이 큰 주제는 젠더와 여성관련 연구라고 할 수 있으며 이는 창간 초부터 지속적으로 활발하게 진행된 것으로 나타났다. 또한 다양한 연구주제와 네트워크화 되어 있었다.

젠더 다음으로 영향력이 큰 광저우와 근대성도 종교, 도시화, 베이징, 여성, 중화민국, 마오쩌둥, 교육과 관련지어 연구되는 주요한 주제였다. 이러한 키워드 분석을 통해 본 모던 차이나의 최근 연구동향과 경향은 1980년대의 연구주제의 다양화라는 측면을 지속해 온 것을 의미한다고 볼 수 있을 것이다. 또한 이러한 다양한 주제는 서로 연결되어 다른 주제로 확장된 것도 특징이라고 볼 수 있다.

한편 민족주의와 경제발전은 모던 차이나의 연구자간의 연결된 연구라기보다는 고립되어 진행되었다고 할 수 있는데 편집자 기획과 관련된 것이기 때문일 것이다. 창간자이자 편집자인 필립 황은 미국 중국학이 지닌 이론과 방법의 문제에 대해 끊임없이 문제를 제기하고 다양한 심포지움과 기획을 통해 방안을 모색해 왔는데 이러한 자신의 학술활동이 모던 차이나에도 반영되었다. 특히 서양학자와 중국학자의 대화 특집을 2008년에서 2014년까지 7회에 걸쳐 실었고 중국의 개방시대 잡지와 동시 발간을 하면서 중국모델에 대한 전파를 도모한 것도 살펴보았다. 이를 통해 모던 차이나의 최근 경향의 특징이 사회주의적 경험을 바탕으로 서구와는 다른 길을 가는 제 3의 길을 학문적으로 뒷받침하는 소위 신좌파의 주장과 비슷한 맥락을 지니는 특성을 보였다. 또한 중국중심의 비판적 학술연구가 모던 차이나를 통해 중국모델에의 연구로 이어지고 있다는 것도 확인할 수 있었다. 나아가 모던 차이나가 미국과 중국의 중국학 연구의 다양한 지형에서 위치한 지점에 대해서 가늠할 수 있었다.

이러한 연구의 바탕 위에서 향후 모던 차이나의 창간호에서 2003년 이

전까지의 논문에 대한 분석을 보완하는 좀 더 심화된 연구를 진행해 보고
자 한다.

| 참고문헌 |

Paul A.Cohen 저, 이남희 역, 『학문의 제국주의, 오리엔탈리즘과 중국사』, 서울:
　　　　산해, 2003.
케네스 포머란츠 지음, 김규태 외 옮김, 『대분기』, 서울: 에코리브르, 2016.
필립 황 지음, 구범진 옮김, 『중국의 감춰진 농업혁명』, 서울: 진인진, 2016.
강진아, 「중국 농민으로 상상한 제3의 길: 차이나 모델 : 『중국의 감춰진 농업혁
　　　　명』(필립 황 지음, 구범진 옮김, 진인진, 2016)」, 『역사비평』, 117, 서울:
　　　　역사비평사, 2016.
오병수, 「아시아재단과 홍콩의 냉전(1952-1961) -냉전시기 미국의 문화정책-」,
　　　　『동북아역사논총』, 48호, 서울: 동북아역사재단, 2015.
이재윤, 「지적 구조의 규명을 위한 네트워크 형성 방식에 관한 연구」, 『한국문
　　　　헌정보학회지』, 40(2), 광주: 한국문헌정보학회, 2006.
정문상, 「포드재단(Ford Foundation)과 동아시아 '냉전지식': 한국과 중화민국
　　　　의 중국근현대사연구 사례를 중심으로」, 『아시아문화연구』, 36, 가천대
　　　　학교 아시아문화연구소, 2014.

林穎, 『美國中國學, 從傳統到現代- 一以費正清爲中心』, 福建師範大學 碩
　　　　士論文, 2013.
餘倩虹, 『『當代中國』與美國中國學的發展(1997-2016)』, 北京外國語大學
　　　　碩士學位論文, 2017.
張裕立, 『『亞洲研究雜志』中的中國學研究(1980-2005)』, 吉林大學碩士學
　　　　位論文, 2011.

管永前,「文獻計量學視角下的西方當代中國研究—『中國季刊』(1960-1969)
　　　爲個案」,『北京行政學院學報』, 第4期, 北京: 北京行政學院, 2012.

管永前·劉漢鋒,「『中國季刊』視角下的西方毛澤東研究(1960-2014)」,『領
　　　導之友』, 第4期, 石家莊: 中共河北省委黨校, 2016.

管永前·孫雪梅,「麥克法誇爾與『中國季刊』的創立」,『北京行政學院學報』,
　　　第2期, 北京: 北京行政學院, 2009.

仇華飛,「新世紀中美戰略關系發展趨勢」,『社會科學』, 第2期, 上海: 上海
　　　社會科學院, 2006.

_____,「當代美國中國學研究述論」,『東方論壇』, 第4期, 青島: 青島大學,
　　　2011.

梁怡,「海外中國學研究中的理論與方法」,『北京聯合大學學報』, 第1期, 北
　　　京: 北京聯合大學, 2013.

劉招成,「美國的四代中國學家及其研究」,『許昌學院院報』, 第3期, 許昌:
　　　許昌學院, 2003.

劉洪濤·郭佳·李如玥·張泉,「美國30所最優大學東亞系中國研究現狀的
　　　調查與分析」,『湖南大學學報(社會科學版)』, 第4期, 長沙: 湖南大
　　　學, 2017.

李寶梁,「當代中國研究, 歷史, 現狀與發展」,『江西社會科學』, 第1期, 南昌:
　　　江西省社會科學院, 2006.

李婷婷·方雅靜,「當代美國中國學研究的又一部力作—『美國的中國學研
　　　究』評述」,『國外社會科學』, 第6期, 北京: 社會科學院文獻信息中
　　　心, 2013.

孟慶波,「美國中國學的發端史研究」,『華南農業大學學報(社會科學版)』, 第2
　　　期, 廣州: 華南農業大學, 2013.

巫雲仙,「從『中國季刊』看西方學者對中華人民共和國史的研究」,『中共黨
　　　史研究』, 第1期, 中共黨史研究室, 2008.

吳原元,「改革開放以來中國的海外中國學研究」,『國際社會科學雜志(中文

版)』, 第6期, 國際社會科學雜志社, 2009.

吳佩炯, 「美國經驗與普遍訴求──美國中國學思想研究方法論之再研究」, 『上海師範大學學報(哲學社會科學版)』, 第3期, 上海: 上海師範大學, 2015.

王景倫, 「美國對當代中國的研究」, 『國外社會科學』, 第7期, 北京: 社會科學院文獻信息中心, 1993.

汪兵, 「侯且岸與美國現代中國學問題研究述略」, 『黑河學刊』, 第1期, 黑河: 黑龍江省黑河市社會科學聯合會, 2018.

王瑞, 「"中國中心觀"與美國的中國學研究」, 『史學理論研究』, 第2期, 北京: 中國社會科學院世界歷史研究所, 2017.

王愛雲, 「海外當代中國學研究的機遇與挑戰」, 『北京聯合大學學報(人文化會科學版)』, 第4期, 北京: 北京聯合大學, 2013.

張廣智, 「探索無止境──讀『美國中國學史研究」, 『探索與爭鳴』, 第12期, 上海: 上海市社會科學聯合會, 2004.

張注洪, 「國外當代中國史研究的概況與評析」, 『當代中國史研究』, 第1期, 北京: 中國社會科學院, 2007.

褚國飛, 「美國中國史研究模式呈現多樣化」, 『中國社會科學報』, 第7期, 北京: 中國社會科學院, 2010.

鄭先興, 「改革開放以來中西史學比較的理論研究」, 『南都學壇』, 4期, 南陽: 南陽師範學院, 2010.

朱政惠, 「關於美國中國學家的總結和反思」, 『歷史教學問題』, 第4期, 上海: 華東師範大學, 2003.

_____, 「海外學者對中國史學的研究與思考」, 『史林』, 第4期, 上海: 上海社會科學院, 2006.

_____, 「美國的中國研究: 歷史與現狀」, 『中國社會科學報』, 第2期, 北京: 中國社會科學院, 2010.

_____, 「美國學者對中國學研究的回顧與反思」, 『江海學刊』, 第3期, 江蘇省社會科學院, 2011.

周曉虹, 「當代中國硏究的歷史與現狀」, 『南京大學學報』, 第3期, 南京: 南京大學, 2002.

何培忠, 「國外中國學硏究學科創立初期回顧」, 『國外社會科學』, 第4期, 北京: 社會科學院文獻信息中心, 2013.

_____, 「國外當代中國學的發展與變化」, 『中國社會科學報』, 第3期, 2015.

何玉興, 「趙穗生與美國〈當代中國〉誕生記」, 『社會科學報』, 第12期, 中國社會科學院, 2016.

郝平, 「美國當代中國硏究四十年槪述」, 『北京大學學報(哲學社會科學版)』, 第6期, 北京: 北京大學, 1997.

黃育馥, 「20世紀80年代以來美國中國學的幾點變化」, 『當代中國史硏究』, 第5期, 北京: 中國社會科學院, 2005.

侯且岸, 「費正淸與美國現代中國學」, 『史學理論硏究』, 第2期, 中國社會科學院世界曆史硏究所, 1995.

Huang, Philip C. C, "Theory and the Study of Modern Chinese History: Four Traps and a Question", *Modern china*, Vol.24, 1998.

_____, "Rethinking China Studies in the United States", *Modern china*, Vol.42(2), 2016

中國知網 http://kns.cnki.net

SAGE Journals http://journals.sagepub.com/loi/mcxa

동서양 현실주의 정치사상에 대한 시론
: 순자와 마키아벨리의 "치란지법(治亂之法)"

● 서상민 ●

1. 머리말

인간은 자신이 속해 있는 공동체와 자신 이외의 또 다른 인간에 대하여, 그리고 그것들과 맺고 있는 관계에 대하여 의식적이든 무의식적이든 또는 단편적으로든 체계적으로든 일정한 감상과 사고를 가지고 있다. 자신 주변의 객관적 상황에 대한 이러한 감상과 사고는 동서고금 할 것 없이 인간이라면 누구나 할 수 있는 보편성을 띤다. 이런 관점에서 본다면 한 시대를 풍미한 "사상(思想)"이라고 하는 사고체계는 몇몇 탁월하거나 독특한 사상가 개인의 사고체계라고만은 할 수 없다. 그것은 인간이 사회를 구성하고 그 사회 속에서 생활하면서 느끼고 생각하는 바일뿐만 아니라, 자신의 삶을 보다 좋은 방향으로 바꾸고자 하는 바람이라고 할 수 있다. 사상이라는 것은 어떤 한 시대, 어떤 한 사회 속에서 살아 숨 쉬는 사람과 함께 형성되고 소멸되어 가는 의식과 사고의 흐름이며, 자신이 호흡하고 느끼는 자연과 사회에 대한 思考의 단편적 또는 체계적 구조이라

* 이 글은 서상민, 「순자와 마키아벨리의 현실주의 정치사상」, 『국가와 정치』, 제24집, 2018, 101-138쪽에 실린 논문을 수정 · 보완한 것이다.

** 국민대학교 중국인문사회연구소 HK연구교수.

고 할 수 있다.

본 글에서 다루고 하는 비교적 먼 역사에서 존재했던 개별사상에 관한 고찰은 그 시대를 살아왔던 인간의 삶과 그 삶 속에서 출현한 변화에 대한 바람이 담겨 있기에 그 사상의 형성조건이라고 할 수 있는 역사상 존재했던 개별사상에 관한 고찰은 그 사상의 형성조건이라고 할 수 있는 객관적인 사회적, 정치적 상황에 대한 고려가 반드시 필요한 것이며, 그 사상가가 어떤 사상적 흐름 속에서 출현하고 발전되어 왔는가 하는 점에 대한 고려가 필요하다고 하겠다. 그러한 인간의식의 외부적 조건의 양태와 특성에 대한 이해에 기초하여야만 그 사상의 역사성이 확보되는 것이며, 현재의 '나'에 주는 맥락적 의미가 제대로 드러나 텍스트의 현재성을 획득할 수 있는 것이다.

특히 특정 시대, 특정 공간에서 활동했던 개별사상가의 사상에 대한 비교 고찰이라는 것은 시·공간적으로 매우 상이한 사상과 사상가가 그 대상이 되기 때문에 그들이 생활하고 사유했던 맥락을 완벽하게 이해하는 것은 불가능하다. 그렇기 때문에 그들의 이해는 언제나 현재의 '나'의 인식과 '나'의 사유체계를 전제로 하여야 하며, 바로 그것에서 시작되는 것이다. 역사적으로 비슷한 시기로 범주화가 불가능하다고 할지라도 또는 공간적으로 비슷한 특성을 갖는 민족성을 갖지 않았다고 할지라도 그들의 생각과 사고의 체계에 대한 인식은 가능하다.

이것이 가능한 것은 전적으로 현재 '나'의 문제상황과 연결되어 있기 때문이며, 그것에 대한 인식의 깊이와 폭은 '나의' 문제의식의 한계와 밀접한 관계를 갖는다. 그러므로 비교와 관찰의 대상이 되는 사상가들이 그를 둘러싼 객관적 주관적 상황 하에서 사회와 인간에 대해 던지는 질문과 해답은 현재의 '나'에게 어떤 의미가 있는가라는 것을 통하여 나의 인식의 범위와 깊이를 통하여 상호비교 비교되며 관찰되는 것이다. 일찍이 맹자(孟子)는 "아무개의 시를 읊고 글을 읽으면서 그 사람을 알지 못한다면 말이 되겠느냐? 따라서 그가 살았던 세계(世)를 논하는 것이다"
라고 하였다.[1]

또한 중국 철학자 펑여우란(馮友蘭)은 회프딩(Harald Høffding)의 말
을 빌어 "철학자가 문제해결을 위한 근거로서 인용한 내용 자체도 그의
문제해결에 관련이 있기 때문에 한사람의 철학에 대해서 역사적 연구를
행할 때에는 그 시대의 정세와 각 방면의 사상적 배경에 대해서도 주의해
야 한다"고 말하고 있다.[2] 그렇기 때문에 사상에 대한 비교 고찰은 그 연
구의 대상이 되는 사상에 대해 접근하기 이전에 그 사상과 사상가가 몸담
고 있었던 사회, 그리고 인간관계의 구조와 특정한 공동체의 보편성과 구
체성에 대한 예비적 정보가 축적되어야 하며, 이러한 정보는 관찰자인
'나'의 생활과 조건 속에서 비교의 대상들과 내가 논리적으로 조우(遭遇)
하게 되고 그 논리 속에서 비교 검토되는 것이다.

위대한 사상과 사상가는 자신의 공동체가 혼란과 붕괴의 위기에 놓여
있을 때 출현한다는 역설이 있다. 이는 극도로 혼란된 상황 하에 놓여있
는 인간이 자신을 둘러싼 공동체와 그러한 환경에서 갈등을 일으키는 인
간에 대한 근본적인 질문을 통하여, 객관적 상황을 변화시키거나 대안을
모색하게 된다는 극히 자연적이며 보편적 특징을 반영하고 있기 때문이
다. 본 글에서 다루고자 하는 사상가들은 15~6세기의 이탈리아를 배경으
로 하거나 기원전 4세기의 중국의 극도로 혼란스러운 시대에 출현했던
인물이다. 정치적, 사회적 혼란 속에서 형성되었다는 공통점이 있다.[3]

이들 두 사상가는 시공간적으로 매우 많이 떨어져 있으며, 서로의 사상
이 상호 간에 어떠한 영향도 주거나 받은 바 있다고 추정된다. 그렇지만

---

1) "誦其詩, 讀其書, 不知其人可乎. 是以論其世也",『孟子』「萬章下」
2) 馮友蘭, 박성규 역,『中國哲學史』, 서울: 까치, 1999, p.16.
3) 賈姝寧,「馬基雅維利與荀子思想觀比較」,『法制與社會』, 36, 2016, pp.283-284.

이들은 모두 자신이 살고 있는 시대와 사회에 비슷한 질문을 던지고 있다. 순자(荀子)는 현재를 살고있는 사람이라면 누군가는 한 번쯤은 던져봄직했을 만한 질문으로 자신의 사상적 논리전개를 시작한다. '인간의 본성이란 무엇인가?', '대립과 분열의 천하를 어떻게 다스릴 것이냐'. 순자의 문제의식이 이른바 "만국의 만국에 대한 투쟁상태" 하의 있던 중국의 전국시대(戰國時代, 기원전 403-기원전 221)를 살아가고 있던 한 인간의 자연스러운 문제상황이었을 것이다. 그런데 근대초기 이탈리아에서도 비슷한 고민을 하는 인물이 나타났다. 마키아벨리(Niccolò Machiavelli)는 '이탈리아의 통일을 위한 군주의 역할과 수단은 무엇이냐'라는 질문을 던진다. 순자보다 구체적이고 직접적이다. 분열된 이탈리아를 통일시켜 평화로운 삶을 구현할 수 있게 하는 실질적 대안으로 군주의 역할, 그리고 그 군주는 어떻게 어떤 리더십으로 어떻게 상황을 변화시켜나가야 하는가 하는 현실적 대안을 제시하고 있다.[4]

필자는 이 두 인물이 제기한 자신이 처한 사회와 공동체에 던지는 문제와 그것에 대한 나름대로의 해법 등을 종합하여 두 사상을 공히 '혼란을 다스리는 방법'이라고 하는 '치란지법(治亂之法)의 정치사상'이라고 규정하고자 한다. 이러한 '혼란'에 질서를 부여하는 것, 전쟁을 평화로 바꾸는 것은 정치를 현실주의적 관점에서 접근하지 않는다면 실현되기 불가능하다. 그렇기 때문에 두 사상가가 달성하고자 했던 목표인 "치란지법"은 지극히 "현실주의적 정치관"에서 기반하고 있다. 자신들이 살아가고 있던 혼란스럽고 미래가 불확실한 당대의 정치적, 사회적 상황 하에서 인간의 본성은 매우 극단적인 형태로 발현된다. "인간본성에 근거한 객관적인 법칙의 지배"를 받는 것이 정치(政治)라고 정의하고 있는 정치적 현

---

4) Seán Molloy, *The Hidden History of Realism: A Genealogy of Power Politics*, Springer, 2006.

실주의자의 지적처럼[5] 정치라는 것은 인간의 본성이 변하지 않는 한 시간이 지나도 변하지 않는 것이다. 그런데 인간의 본성이 변한다면 이미 그것은 '본성'이라고 할 수 없다. '본성'은 "항시 그러한 것"이기 때문이다. 따라서 정치는 늘 이러한 변하지 않는 법칙 속에서 작동하고 있다.

순자와 마키아벨리는 각기 다른 시대적, 사상사적 기반 하에 자신들의 현실주의 사고체계를 구성하였지만, 이들 모두는 극히 혼란스럽고 혼탁한 사회와 정치를 현실적인 관점에서 관찰하고 그런 상황을 해결하기 위한 방법을 끊임없이 찾아가려 했던 그들의 정치적 노력, 그리고 그것을 사상적으로 체계화하는 지난한 작업의 결과로 현재와 같은 나름대로 동서양을 대표하는 현실주의적 정치사상체계를 형성하게 되었을 것으로 본다. 그러나 이 두 사람의 문제가 두 시대만의 문제인가? 그렇지 않다. 이들의 문제는 이들을 고민하고 있는 현재의 '나'의 문제이기도 하며, 어쩌면 21세기 한반도에 살고 있는 우리 모두의 문제의식이기도 하다. 민족적, 지역적, 계층적 분열이 극단화되고 있고, 이를 해결하려는 방법을 백방으로 찾아 실험하고 있는 우리의 현재적 상황은 과거 중국의 순자와 이탈리아의 마키아벨리가 던졌던 질문과 제시했던 해법과 "맥락적 친화성"이 있다 할 것이다.

이 글은 순자와 마키아벨리라는 두 사상가들의 사상의 의미상관성(意味相關性)을 비교하여 검토하려는 것이다. 앞에서도 지적하였듯이 이들의 구체적인 사상을 전체적으로 비교하는 것은 불가능하며, 무의미하다고 판단된다. 따라서 이들이 호흡하고 생활했던 객관적인 상황의 공통성과 자신들의 사회가 안고 있는 문제와 그러한 문제를 해결하기 위한 그들의 현실주의적 대안의 현재적 의미만을 논구하는 것만을 언급하게 될 것이다.

5) Hans J. Morgenthau, *Politics Among Nations: the Struggle for Power and Peace,* 이호재, 엄태암 역, 『국가간의 정치: 세계평화의 권력이론적 접근』, 파주: 김영사, 2006, p.83

II. 사상형성의 배경

　극심한 사회적, 정치적 혼란은 인간으로 하여금 '인간'에 대한 근본적인 질문을 하게 한다. "인간의 본성은 선(善)한가, 악(惡)한가?" 하물며 선악(善惡)을 나누는 기준이 자체가 시대적 상황에 따라 다르고, 내포하는 의미도 다르지만 적어도 "나에게 좋다", "나에게 좋지 않다" 정도까지는 합의할 수 있을 것이다. 서양에서는 종교적인 기준에 따른 구분이 대체적으로 2000년 동안 이루어져 왔고, 동양 특히 중국의 경우는 도덕적, 윤리적 기준에 따른 구분이 이루어져 왔다고 할 수 있다. 이렇듯 인간은 사회가 불안하고 위협적인 상황에서는 인간사회의 통합적이고 집단적인 측면보다는 분열적이고 개인적인 측면에 더욱 많은 관심을 보이는 것이다. 우리의 관심의 대상이 되고 있는 순자와 마키아벨리의 사상은 서로 맥락은 다르지만 비슷한 인간의 모습을 묘사하고 있는데, 그들아 살아가던 환경과 조건이 일맥상통했을 것이라고 짐작 간다. 그렇다면 실제로 이 두 사상가가 처한 현실은 어떠했나?

　먼저 순자는 700년 넘게 통일국가를 유지해 오던 주(周) 왕조(기원전 1046-기원전 256)의 완연한 쇠퇴와 함께 패자(霸者)들의 무력에 의한 영토합병과 합종연횡이 극히 달했던 전국시대 말기에 살았다.[6] 춘추전국시대는 중국 역사에 있어 대표적인 혼란의 시대이다. 그리고 이 시기에 출현한 지식인들을 제자백가(諸子百家)라고 하는데, 이들은 고대 그리스의 소피스트와 견줄 수 있을 정도로 다양한 다채로운 사상가들이 출현하고 역사 속으로 사라졌다.[7] 이들은 끊임없이 변하는 주변 환경 속에서 자신의 견해를 자유로이 표현하면서 여러 나라를 주유했던 부류들로써

---

6) 宋志明,「荀子的政治哲學」,『中國人民大學學報』, 3, 1999, p.55.
7) 王朋,「淺析孟子和旬子的曆史觀」,『理論研究』, 9, 2010, pp.79-80.

우주론(宇宙論, Cosmology)을 비롯하여 인간관(人間觀), 역사관(歷史觀) 그리고 정치관(政治觀) 등에 대한 주장을 설파했다.

순자가 살았던 전국시대는 공자(기원전 551-기원전479)가 살았던 춘추시대와는 사회적, 정치적 상황이 전혀 달랐다. 전국시대 말기로 오면서, 즉 진(秦)에 의한 천하통일(天下統一)을 눈앞에 둔 순자와 맹자(孟子)의 시기는 기존의 도덕이 무너지고 새로운 질서가 아직 자리 잡지 못하는 극히 혼동의 시대였다. 구옌우(顧炎武)는 이 시기를 다음과 같이 묘사하고 있다.[8]

> 春秋時期는 아직 예와 신을 존중했으나 七雄(戰國時代)은 절대로 이를 말하지 않았다. 춘추에 周王을 종주로 했으나 전국엔 절대로 王을 언급하지 않았다. 춘추시대에는 祭祈를 엄격히 하고 대접을 중시했는데 戰國엔 절대로 그런 일이 없었다.(중략) 이것은 春秋와 戰國사이 130년간에 일어난 변화인데 사서들이 이 부분의 역사를 缺하고 있어 후인들은 추측으로 알뿐이다. 秦始皇의 天下倂合을 기다릴 필요도 없이 文武王의 道는 戰國時期에 이미 끝장난 것이다.

전국시대 특히 순자가 살았던 전국시대의 말기는 봉건사회에서 중앙집중적 전제체제로의 전환이 이루어지는 과도기였다. 과거 주 왕조를 중심으로 하는 신분사회는 종법에 따른 질서가 잡혀있었던 사회였다. 왕과 제후 그리고 서민에 이르기까지 자신의 직분에 맡은 역할을 충실히 수행했던 시대였다. 하지만 시간이 지나면서 제후들의 권능은 확대되는 반면 주 왕실의 권위와 세력은 쇠퇴하게 되었고 제후의 힘을 빌리지 않으면 왕이 될 수 없는 상황에 처하게 되었다.

----

8) 장현근, 「순자政治思想에 있어서 '禮'의 기능」, 『한국정치학회보』, 26집 3호, 1993, 24쪽에서 재인용.

제후들은 자신이 세운 왕의 권위에 의탁하여 '천하'(天下)를 병탄하려
고 하거나 왕실의 권위를 무시하고 독립된 영토를 소유한 소국을 형성하
기에 이른다. 이러한 상황에서 기존의 신분사회는 급격하게 해체되고, 그
러한 사회를 유지해 왔던 宗法과 井田이 무너지면서 봉건질서는 해체의
일로를 걷게 된다. 사회를 유지해 왔던 의례와 풍속은 그 본래의 기능을
잃게 되었으며, 인간과 인간 사이의 관계는 홉스(Hobbes)의 표현대로 이
른바 "만인의 만인에 대한 투쟁"이 폭력적으로 나타난 시기였다.[9]

순자(기원전 328-기원전 235)는 조(趙) 나라 사람으로 이름은 황(況)이
며, 자(字)는 경(卿)이다. 조나라에서 태어나 제나라와 초나라 등지에서
유학과 정치를 하였다. 특히 말년의 10년은 초나라에 머물면서 춘신군
(春信君)의 식객으로 정치적 자문을 했다. 이 시기는 진나라에 의한 통
일을 불과 10-20년 남겨둔 시기였다. 이 시기에 『荀子』가 집필되었다고
알려져 있다.[10]

쓰마치엔(司馬遷)의 『史記』「孟子荀卿列傳」에 의하면, 순자가 『荀
子』라는 책을 집필하게 되는 배경에 대하여 소개하고 있는데, 순자는 '첫
째, 대국에 의한 소국의 침략과 겸병에 대한 비판과 성인이 주장하는 대
도(大道)의 실현, 둘째, 난세에 널리 퍼진 주술적(呪術的) 풍조의 타파,
셋째, 비유(鄙儒)에 대한 비판과 장자(莊子) 등의 제자(諸子)로 인한 풍
속문란(風俗紊亂)에 대한 비판 등을 목적으로 저술하였다'라고 하고 있
다.[11] 이렇듯 순자는 극도로 분열된 중국이 통일국가로 전환되는 바로
그 시기에서 인간과 천(天), 예(禮) 그리고 정치에 대한 질문과 대안을

---

9) Thomas Hobbes, *Leviathan*, 진병운 역, 『홉스 '리바이어던'』, 서울: 서울대학교 철학사
상연구소, 2006, 54쪽.

10) 장현근, 『순자: 예의로 세상을 바로잡다』, 파주: 한길사, 2015, 13-17쪽.

11) 司馬遷, 「孟子荀卿列傳」, 『史記』, 김원중 역, 『사기열전』 1, 서울: 민음사, 2011,
361-374쪽.

제시했다고 할 수 있다. 이는 마키아벨리가 살았던 15세기의 이탈리아의 상황과 크게 다르지 않았을 것으로 보인다.

마키아벨리(1469-1527)는 중세의 쇠퇴와 근대의 태동의 과도기적 상황 하에서 살았다.[12] 이 시기는 정신적으로 로마교황에 의한 거대한 통합, 그리고 정치적 신성로마황제에 의한 기독교 공동체가 와해되어 가는 시기였다. 서유럽의 거의 모든 지역에서 군주의 권력은 귀족과 성직자, 의회, 자치도시 등 경쟁적 권력과 제도를 희생시키면서 빠른 속도록 성장하였다. 신이 부여했다고 주장되었던 신성로마황제와 교황의 권위와 권력은 군주들이 자신의 것이라고 주장하기 시작하였고, 이러한 관념은 절대군주정의 확립과 더불어 왕권신수설로 발전하게 되는 전환기였다.[13]

유럽의 국가들은 권력이 분산되어 있던 봉건체제를 무너뜨리고 절대군주정을 성장시키고 있었다. 하지만 이탈리아는 대내적으로 소국(小國) 간 정치적 분열, 대외적으로는 외세의 침략에 시달리고 있었다. 당시 이탈리아는 교황청, 나폴리, 베네치아, 밀라노, 피렌체 등의 5개 도시국가가 세력균형을 이루고 있었다. 이는 마치 중국의 춘추전국시대를 방불게 한다. 이들 국가 간 균형은 외교와 전쟁에 의해 유지되었으며, 자신의 세력 강화를 위해 주변국을 끌어들이는 일이 빈번하였다.

마키아벨리의 고향인 피렌체는 14세기부터 16세기에 이르기까지 이탈리아뿐만 아니라 전 유럽에 걸쳐 획득한 경제적인 부를 바탕으로 한 르네상스의 중심적 위치를 점하고 있었다. 하지만 정치적으로는 그렇게 좋은 상황은 아니었다. 피렌체는 형식상 공화정체제를 갖추고 있었지만, 사회

12) 강정인 외, 『서양근대정치상사: 마키아벨리에서 니체까지』, 서울: 책세상, 2011; Cary Nederman, "Niccolò Machiavelli" *The Stanford Encyclopedia of Philosophy*, Stanford: Stanford University, 2002.

13) 강정인, 앞의 책, 27-28쪽; George Sabine and Thomas Thorson, *A History of Political Theory,* 성유보·차남희 역, 『정치사상사』 1, 서울: 한길사, 1997, 511-512쪽.

각 계층 간의 불안정한 연합으로 운영되고 있었고, 정치는 상층계급과 하층계급 간의 극단적인 대립으로 혼란한 상황이었다. 마키아벨리는 29세에 피렌체 공화국에 참여하여 외교업무를 담당하게 된다. 동서고금을 막론하고 분열된 국가에서의 외교는 세력을 유지하기 위해 사용되는 가장 효과적인 수단이기 때문에 군주나 왕은 여기에 많은 비중을 두게 된다. 전국시대의 소진(蘇震)과 장의(張毅)의 합종연횡(合從聯橫)이 그 대표적이 예라 할 수 있다. 마키아벨리는 피렌체에서 1502년 그 당시 세력을 확대해 가고 있던 체사레 보르지아(Cesare Borgia)의 궁정으로 파견되게 되었는데, 이 인물은 『군주론』의 주인공이다.

피렌체가 왕정으로 복귀되면서 마키아벨리는 공직에서 추방당하고 내란에 연루되어 투옥까지 당한다. 하지만 마키아벨리는 메디치가 정부에 참여하기 위해 『군주론』을 집필하여 로렌조 데 메디체(Lolenzo de Medici)에게 헌정한다. 그는 『군주론』를 통하여 일인의 영명한 군주가 출현하여 이탈리아 반도를 통일함으로써 질서와 평화를 확보해 줄 것을 바라고 있다.[14] 그의 『로마사 논고』 역시 로마가 어떻게 통일된 대제국을 건설하였는가를 이탈리아의 통일이라는 고민의 연장선에서 집필하였던 것이다. 이는 순자가 초나라의 춘신군(春信君)에게 몸을 의탁하여 천하의 안정과 "치란"을 염원했던 것과 같은 정치적 입장과 유사하다고 할 수 있을 것이다.

---

14) Niccolò Machiavelli, *The Prince*, 강정인 역, 「제26장 야만족의 지배로부터 이탈리아의 해방을 위한 권고」, 『군주론』, 서울: 까치, 1996.

III. 정치적 현실주의의 인간관

1. 맹자 비판을 통한 순자의 성론(性論) 형성

선진(先秦) 유학에서 인성론은 우주론이라고 할 수 있는 천론(天論)과 밀접한 연관을 갖는다. 공자의 어록인 『논어(論語)』에서도 보이듯 당시 지식인들의 사고체계 속에는 '인간본성론'과 '천론'이 분리되어 있지 않았다. 예를 들어 『논어』「공야장편(公冶長篇)」에서 자공(子貢)은 공자에게 "선생님의 문장은 얻어 들을 수 있으나, 선생님께서 인간의 본성과 천도를 말씀하시는 것을 얻어 들을 수가 없다."[15]는 대목에서 그 시대 공자의 제자들에게 있어서 성론과 천론은 분리불가능한 것이 아니었나 생각된다. 이것은 맹자와 순자 시대에 이르면 공자 시대보다는 훨씬 더 정교한 형태로 인성론과 천론을 거론되고 있다. 맹자는 性(nature)을 선(善)하다고 주장하여 인정(仁政)을 통한 통치를 강조한 반면, 순자는 성은 악(惡)하다고 생각하여 예치(禮治)를 중시하고 있다. 따라서 인간의 성을 어떻게 보는가에 따라서 사회문제에 대한 해결방안이 달라질 수 있다는 것이다.

특히 맹자와 순자가 살았던 시대는 사회가 급격하게 변하고, 기존의 문화와 사상이 전면적인 위기를 맞았던 시기였다. 이 시기는 하늘과 인간[天人], 항성성(恒常性)과 변화[常變], 존재와 부존재[有無], 앎과 실천[知行], 선함과 악함[善惡], 현재와 과거[今古], 예와 법[禮法], 언어와 실제[名實], 왕도와 패도[王覇], 정의로움과 이해관계[義利] 등과 같은 사고가 새로운 사회문제의 출현과 함께 끊임없이 제기되었다. 이러한 상황 속에서 직하학파(稷下學派)에 같이 속해 있었던 순자는 맹자의 인성론과

---

15) 子貢曰, 夫子之文章, 可得而聞也. 夫子之言性與天道, 不可得而聞也, 『論語』
「公冶長篇」, 김용옥, 『논어한글역주』, 서울: 통나무, 2008에서 재인용.

'천론'(天論)에 대해 잘 파악하고 있었다.[16] 따라서 순자에게 있어서 인간의 성에 대한 성악적 인식은 맹자의 "성이 선하다"는 관념을 바탕으로 구성된 것이며, 맹자에 대한 전면적인 비판 속에서 형성된 것이라고 할 수 있다.[17]

그렇다면 순자의 인성론을 논구하기 위해서는 '맹자의 인성론의 핵심은 무엇이었으며,[18] 그것이 순자의 인성론과 어떻게 다른가'에 대하여 살펴보아야 할 것이다. 먼저 맹자는 "'성'(性)은 '명'(命)이요, '명'(命)은 '성'(性)이다"(性卽命, 命卽性)라고 하면서, '성'과 '천명'을 연결지어 주장하고 있다.

> 입이 좋은 맛에 끌리고 눈이 좋은 색에 끌리고 귀가 좋은 소리에 끌리고 코가 좋은 냄새에 끌리고 사지가 편안한 것을 좋아하는 것은 본성(性)이다. 그러나 명(命)적인 요소도 있다. 그래서 군자는 그것들을 본성이라고 부르지 않는다[19]

여기에서 보이듯 맹자는 '성'과 '명'을 구분하여 인간의 감각기관은 본디 인간의 본성에 속하는 것이긴 하지만 이는 천명의 작용에 의한 것이므로 성이라고 하지 않는다. 즉 인간이 수동적이기 때문에 명이라고 정의한다. 반면 인의예지(仁義禮智), 천도(天道) 등과 같은 것은 천명을 떠날

---

16) 高專誠,「稷下學派考疑」,『晉陽學刊』, 4, pp.82-88.

17) 정재상,「중국 고대 인성론의 재인식 - 맹자와 순자, '성자명출'의 성정론」,『철학사상』, 60, 2016, 15-17쪽

18) Kim Sungmoon, "Confucian Constitutionalism: Mencius and Xunzi on Virtue, Ritual, and Royal Transmission," *The Review of Politics,* 73.3, 2011, pp.371-399.

19) "口之於味也, 目之於色也, 耳之於聲也, 鼻之於臭也, 四肢之於安佚也, 性也, 有命焉, 君子不謂性也."『孟子』「盡心下篇」. 여기에서 인용하는『孟子』의 내용은 이혜경,『맹자』, 서울: 서울대학교 철학사상연구소, 2004를 따랐다.

수는 없는 것이지만 인성에 구비된 것이기에 이를 명이라고 하지 않고
성이라고 한다. 즉 인간의 능동적인 것을 '성'(性)이라고 하고 있다.

맹자는 기본적으로 '천'(天)을 의지가 있고 덕이 있는 주재적(主宰的)
적 존재로 보고 있다. 그에 따르면 "사람이 그렇게 하지 않아도 그렇게
되는 것은 하늘의 뜻이며, 사람이 오게 하지 않아도 오는 것은 '명'(命)이
다"이라고 하면서[20] 인간의 능력으로 할 수 없는 일이지만 이루어지는
것은 하늘의 뜻에 의한 것이며, 사람이 불러들이지 않았지만 그 결과가
이루어지는 것은 '명'에 의한 것이라고 주장한다. 따라서 맹자에게서의
'성'은 인간의 욕망과 감각과는 별개의 것이다. 반면 '성'이라고 할 수 있
는 것은 측은(惻隱), 수오(羞惡), 사양(辭讓), 시비(是非)의 인의예지인
'사단'(四端, four beginnings)뿐이다. '사단'은 "하늘이 나에게 부여하는
바"(天之所與我者)인 마음(心)의 발현이며, 이는 심의 작용으로 인해
끊임없이 생각(思)하는 것을 의미하는 것이다. 따라서 맹자에게 있어서
'성'은 언제나 하늘로부터 내려 받는 것이기에 선하다고 말할 수 있는 것
이다. 인간이 태어나면서 갖게 되는 본심인 이 사단은 선천적으로 갖추어
진 즉 하늘로부터 부여된 품성을 초월하는 특성이며, 천부적 도덕이라고
할 수 있다. 결국 맹자에 있어서 인성이라는 것은 인간의 사회성과 도덕
성을 의미하는 것이다.

그러나 순자에게 있어서 성은 맹자와 그 성격이 다르다. 먼저 순자는
'성'(nature)과 '위'(aquired training)를 구분한다. 그리고 '정'(emotion)과
'성'을 특별하게 구분하지 않고 있다.[21] 그에 따르면 인간의 본성은 인간
이 태어나면서 갖게 되는 자연적인 본성이며, 자연이 인간에게 부여한 생

---

20) "莫之爲而爲者天也 莫之致而至者命也", 『孟子』 「萬章上」.
21) 강지연, 「'곽점본'에서 순자(荀子)까지: '성'(性) 과 '정'(情) 개념 소고」, 『철학논총』,
    82, 2015, 39-53쪽.

물학적 본성으로서 본래적인 것이므로 '성'이라고 한다고 하며, 후천적으로 형성된 인간의 갖가지 성격은 사회생활과 교육의 결과로서 모두 인위적인 것이므로 '위'라고 한다. 따라서 '성'이라고 하는 것은 "나면서부터 가지고 있는 것"(生而有)이며, "어떤 것을 가하지 않는 그러한 것"(無待而然)이라고 하면서, "'성'이란 하늘이 정해 놓은 것"(性者天之就也)이라고 말하고 있다.22)

맹자가 '명'이라 정의한 인간의 욕망과 감각체계 그리고 성인(聖人)이 되거나 도척(盜跖)이 되는 것까지를 포함하는 '성'의 개념을 이야기하고 있다. 이러한 성론에 근거하여 "인간의 본성은 선하지 않다[惡]. 그것이 선한 것은 '인위'[僞]에 의해서이다"라고23) 하면서 성악의 문제를 논한다. 그는 맹자가 주장하고 있는 '善'이라는 것은 사회적 교화의 결과라고 하면서, 인간의 본성을 사회적으로 적응시키지 않고 본성을 스스로 발전하도록 내버려 두면 인간사회는 혼란에 빠진다는 것이다.24) 따라서 순자는 "사람들의 본성이 선하지 않기 때문에[惡] 때문에 반드시 성인의 덕을 지닌 왕이 다스리고 예의를 통해 교화시킨 후에야 모두 다스려지고 선하게 된다"라고 하면서 '僞'의 형태로써 통치와 교화를 들고 있다. 이는 순자의 사상적 결론인 예치(禮治)의 전제인 것이다.

결과적으로 맹자의 성론은 인간의 생물학적인 측면을 '性'이라고 하지 않고 사회적이며 도덕적인 측면만을 '性'으로 규정하고 있는 반면, 순자

---

22) "性者, 天之就也", 『荀子』「正名篇」. 본 글에서의 인용하는 『荀子』의 내용은 김학주 역, 『순자』, 서울: 을유문화사, 2008을 따랐다.

23) "人之性惡 其善者僞也". 『荀子』, 「性惡」. 여기에서 필자는 '악'을 '선하지 않다'로 표현했는데 '선'(좋은 것, 좋음)의 상반된 표현이지, 서양종교에서 이야기하는 실체로서의 '악'이 아니라 간주하기 때문이다. 순자의 "악"에 대한 의미에 대해서는 이장희, 「순자 性惡說의 의미」, 『사회와 철학』 9, 2005, 211-239쪽 참조.

24) 莊錦章, 「荀子與四種人性論觀點」, 『政治大學哲學學報』, 11, 2003, pp.185-210.

는 '性'과 '僞'를 구분하여 사용함으로써 맹자의 견해를 한 차원 높이는
논의를 전개하고 있다. 순자는 맹자의 성선설에 대하여 「性惡」에서 다
음과 같이 비판하고 있는 것이다.

> 본성이 선하다면 성인의 덕을 지닌 왕도 필요 없고 예의도 필요 없다.
> 본성이 악하기 때문에 성인의 덕을 지닌 왕을 세우고 예의를 귀하게 여기
> 는 것이다.[25]

2. 순자와 마키아벨리의 人性論의 類似性

순자의 인간관은 '天'을 전제한 것이다. 여기에서의 '天'은 기독교적
'신'(God)의 개념이 아닌 인간을 포함한 자연 전체를 의미하며, 이는 자연
의 '도'(道)를 말한다고 할 수 있다(김병채, 1982). 하지만 기독교에서의
'하늘'이라는 것은 인간을 넘어선 초월적인 세계의 지배자를 의미한 반면
상당부분 의인화되어 있는 하늘이라고 할 수 있다. 반면 선진유학에서의
하늘(天)이라는 개념은 인간의 생활 속에 내재되어 있는 원리이자 법칙
과 같은 것이다. 그렇기 때문에 '하늘의 도'라 하여 하늘과 법칙을 하나로
묶어 천도(天道)라고 한다. 순자는 「天論」에서 '天'을 인간을 둘러싼 자
연이라고 하고, 정신적 의지와 같은 성질을 부과할 수 없는 유일한 실재
의 물질세계라는 인식을 가지고 있었다.

> 생명이 이루어지는 과정은 알 수 없으나 그것이 이루는 결과는 알 수
> 있으니 이를 신비하다(神)고 하는 것이다. 인간은 모두 그것이 이루어진
> 바를 알지만 그 형체없는 작용을 알지 못하여 天이라고 한다.[26]

---

25) "故性善則去聖王, 息禮義矣. 性惡則與聖王, 貴禮義矣."『荀子』「性惡」.
26) "各得其養以成, 不見其事而見其功, 夫是之謂神. 皆知其所以成, 莫知其無形,

이를 통하여 순자는 인간과 하늘이 역할을 분리한다(天人之分). "하늘
은 생성하고(天生), 인간은 이루어 낸다(人成)"는 것이다. 즉 인간으로서
해야 할 일을 하지 않고 하늘에만 의탁하여서는 안 된다는 것을 강조한
다.27) 이는 도가(老莊思想)에 비판 속에서 등장하는데,28) 순자는 '天'과
'人'과 관계를 다음과 같이 정리한다.

> 하늘을 위한 것으로 생각했을 때의 입장은, 하늘의 양육을 받아서 생성
> 된 만물에 인간이 손을 가하여 유용한 것으로 만드는 입장과 비교하여 어
> 느 쪽이 나을 것인가? 하늘이 부여하는 운명에 따라 살고 하늘을 예찬할
> 따름이라는 입장은, 하늘이 주는 운명을 법칙화하여 그에 대처해 가는 입
> 장과 비교하여 어느 쪽이 나을 것인가? 때의 흐름에 기대를 걸고 기다린다
> 는 입장은, 때의 흐름에 대응하여 時運을 유효하게 이용해 가는 입장과 비
> 교하여 어느 쪽이 나을 것인가? 하늘로부터 부여받은 물체의 본성에 因循
> 하여 그것만으로 충분하다고 생각하는 입장은, 그 만물의 능력을 충분히
> 작용하여 만물의 본성을 변화시켜 가는 입장과 비교하여 어느 쪽이 나을
> 것인가? 만물에 대하여 사색하고 만물을 만물로서 자리 잡게 한다는 입장
> 은 실제로 만물을 통치하여 만물이 적절한 위치를 싫어하는 일이 없게 하
> 는 입장과 비교하여 어느 쪽이 나을 것인가?29)

순자의 '천인지분론'(天人之分論)은 맹자가 주장하는 유학에서의 '천
인합일성'(天人合一說)에 대한 비판이기도 했다. 하늘에 근거한 도덕성
에 의지해 당시 사회문제를 해결하려 했던 것을 넘어서 있다.30) 순자는

夫是之謂天." 『荀子』「天論」
27) 梁涛, 「荀子人性论辨正: 论荀子的性恶, 心善说」, 『哲学研究』 5, 2015, pp.71-80.
28) 유희성, 「荀子의 自然論: 天人之分을 중심으로」, 『철학논총』, 44, 2006, 195쪽.
29) "大天而思之, 孰與物畜而制之. 從天而頌之, 孰與制天命而用之. 望時而待之,
孰與應時而使之. 因物而多之, 孰與騁能而化之. 思物而物之, 孰與理物而勿
失之也. 願於物之所以生, 孰與有物之所以成." 『荀子』「天論篇」.
30) 유희성, 앞의 글, 195쪽.

도가와 유가의 '천'에 대한 관념에 머물지 않고 더 나아간다. 순자는 '천'을 넘어선 인간의 의지에 주목한다. 그렇지만 순자에게 있어서 '天'과 '人'의 분리는 서양 자연과학에서 말하는 것과는 다르다. 리쩌허우(李澤厚) 역시 이러한 순자의 천과 인간 간의 관계가 서양과는 차이를 있음을 명확히 밝히고 있다. 그는 "순자가 '天'과의 투쟁을 강조하면서 또한 천에 순응할 것을 말하는 사상은 고대 그리스나 근대와는 다르며" 중국식 현실중시 사상이 반영된 결과라고 파악하고 있다.[31]

흔히 순자의 사상을 인간이 자연의 질서를 극복하거나 극복해야 하는 것으로 인식되고 있으나[32] 사실은 그렇지 않음을 보여준다. 순자의 사상을 자세히 살펴보면 '제'(制)를 논할 뿐이지 이것을 극복하거나 정복한다는 의미는 없다. 더욱이 이 '制' 역시 '天命' 하에서의 인간의 책임영역이지 하늘의 역할과 다투지 않는다. 따라서 '天道' 속에 '人道'가 있고 '人道'는 인치 즉 예의로써 통치한다는 것과 의미상 연결되는 것이다. 여기에서 마키아벨리의 運命(fortuna)에 역량(virutu)에 대해 비교해 살펴볼 필요가 있다. 마키아벨리는 운명에 대하여 다음과 같이 말한다.

나는 본래 세상일이란 운명과 신에 의하여 다스려지기 때문에 인간의 능력은 이를 통제할 수 없다고 많은 사람들이 생각해 왔고, 여전히 그렇게 생각한다는 점을 잘 알고 있다. (중략) 나도 간혹 어느 정도까지는 이 의견에 공감하게 된다. 그럼에도 불구하고 인간의 자유의지를 박탈하지 않기 위해서 나는 운명이란 우리 활동의 반의 주재자일 뿐이며 대략 나머지 반은 우리의 통제에 맡긴다는 생각에 이끌린다.[33]

31) 李澤厚, 『中國古代思想史論』, 정병석 역, 『중국고대사상사론』, 서울: 한길사, 2005, 253쪽.
32) 이종성, 「순자 철학에서의 자연과 인간의 이분법」, 『동서철학연구』, 25, 2002, 115-143쪽.
33) 『군주론』, 「제25장 운명은 인간사에 얼마나 많은 힘을 행사하는가, 그리고 인간은 어떻게 운명에 대처해야 하는가」. 여기에서 인용하는 『군주론』 내용은 강정인 역,

위에서 순자가 말하고 있는 '천지의 직분'은 마키아벨리에서 '운명'과 같은 것이다. 이 두 사상가가 말하고 있는 '천'과 '운명'은 의미상 맥락이 닿아 있다. 즉 마키아벨리는 '神'의 뜻에서 벗어나려는 자유의지가 운명에서 벗어나고 극복가능하게 할 수 있는 유일한 기반이라고 주장하고 있으며, 순자 역시 「天論」에서 주장하고 있는 바 '天命을 조절하여 이를 이용한다'는 사상과 일맥상관하기 때문이다. 순자는 "하늘에는 적절한 때가 있고 땅에는 풍부한 자원이 있고 인간에게는 그것을 다스릴 수 있는 능력이 있다. 이를 가리켜 셋이 함께 어우러짐(能參)이라고 한다. 그러나 함께 어우러지는 방법을 생각하지 않고 함께 어우러지기만을 바란다면 이는 어리석은 일이다"이라고 하면서 인간의 '運命'에 대한 인간의 변화 가능성을 제시하고 있는 것이다.[34]

그렇다면 인간은 어떤 본성을 가지고 있는가? 순자는 인간은 본래의 '性'이 있다고 본다. 그는 "태어나면서부터 갖는 본래의 그러한 것"을 性이라고 한다. 그리고 "性의 조화에서 생긴 감각기관의 정령이 外物과 접촉하여 느끼고 반응하는데 이러한 반응은 자연적으로 그러한 것이며, 이 역시 性이라고 한다."[35] 순자에게서 인간의 '性'은 무척이나 소박하고 질박한 욕구가 강한 인간이다. 인간은 생물적인 생리를 갖는 物일뿐 절제하지 않는다.

> 이익을 좋아하고 그것을 얻으려고 하는 것이 바로 인간의 성이다[36]

> 인간은 나면서부터 이익을 좋아하므로 그대로 내버려두면 서로 쟁탈만 있게 되고 사양은 없게 된다. 그래도 내버려 주면 서로 해치기만 하고 충

『군주론』, 서울: 까치, 1994 번역을 따랐다.

34) 『荀子』「天論」.

35) 『荀子』「正名」.

36) "今人之性, 生而有好利焉." 『荀子』「性惡」.

성과 믿음은 없게 된다. 나면서부터 눈과 귀의 욕구가 있어서 아름다운 색깔과 소리를 좋아한다.[37]

순자와 서양의 근대 자본주의적 인간의 본성에 대한 진단은 매우 유사하다. 홉스와 같은 서양철학자들은 인간의 이기적 본성을 이른바 "리바이어던"이라는 절대적 권력을 가진 강력한 전제국가로 해결하려고 했다면,[38] 순자는 인문적인 방법(禮, rites and rules of proper conducts))을 통하여 해결하려고 했다는 점에서 문제를 해결하려 했다. 순자는 '禮'를 통한 인간의 직분 간의 조화를 추구하였다. 다시 말해 사회생활을 화목하고 단결하도록 하는데 반드시 필요한 것으로 간주하고 있다. 인간 본성을 교화할 수 있는 순자의 해법은 다음과 같다.

> 반드시 師法(선생님의 말씀과 예법)으로 교화하고 예의를 가르쳐야 한다. 그런 연후에야 비로소 사양의 덕이 나오고 법규에 부합되며 다스림으로 돌아가게 된다.[39]

이는 서양의 자유주의가 갖는 궁극적인 대안이 국가나 정부의 출현을 통하여 인간의 갈등과 분열이라는 문제의 해결책을 찾으려고 했던 것에 반해 동양에서는 시민사회 내의 시민의식의 자발적인 교화를 통한 조화와 화목으로 문제를 풀어가려고 했다는 점에서 차이가 있을 것이다. 그럼에도 불구하고 여기에서 발생한 의문은 과연 인간의 보편적인 人性이란

---

37) "生而有好利焉, 順是, 故爭奪生而辭讓亡焉, 生而有疾惡焉 順是 故殘賊生而忠信亡焉. 生而有耳目之欲有好聲色焉, 順是, 故淫亂生而禮義文理亡焉,生而有耳目之欲, 有好聲色焉." 『荀子』「性惡」.

38) 김병곤, 「토머스 홉스: 동의에 의한 절대주의」, 강정인 외 편, 『서양근대정치사상사: 마키아벨리에서 니체까지』, 서울: 책세상, 210-215쪽.

39) "今人之性惡, 必將待師法然後正, 得禮義然後治." 『荀子』「性惡」.

존재하는가 하는 점이다. 이와 관련하여 마키아벨리는 다음과 같이 이야
기 한다.

> 인간은 흔히 작은 새처럼 행동한다. 눈앞의 먹이에만 정신이 팔려 머리
> 위에서 매나 독수리가 내리 덮치려 하고 있는 것을 깨닫지 못하는 참새처
> 럼 말이다.[40)

> 옛 역사가들은 이렇게 말하고 있다. 인간이란 풍족하지 않으면 괴로워
> 하고, 풍족하면 풍족한 대로 따분해 한다. 정말이지 존망을 걸고 싸울 필
> 요가 없는데도 인간은 야심을 위해서 싸운다. (중략) 인간이란 자신의 실
> 현능력을 훨씬 웃도는 것을 바라기 때문에 늘 불만이 끊이지 않는다. 그리
> 하여 어떤 자는 보다 많이 획득하려고 하고, 어떤 자는 가진 것을 놓지 않
> 으려고 하여 싸움이 일어나는 것이다.[41)

마키아벨리에 있어서 보편적인 인간은 '작은 새'이다. 자신의 목전의
이익에 매달리는 인간이며, 서로 다투고 많은 것을 획득하려는 인간이다.
순자의 말대로 인간의 性에 의해 그냥 내버려 두면 '서로 쟁탈하고 서로
해치는 인간'이다. 마키아벨리는 역사가들의 입을 통하여 인간이 고대로
부터 그러한 '性'을 가지고 있었으며, 그것이 인간의 本性이다고 이야기
하고 있다. 즉 순자적 표현으로 인간의 도덕이 미치기 이전의 상태인 것
이며, 성의 악한 측면인 것이다. 그러나 그 해결 방식은 상이하다. 순자는
'師法'에 따른 "禮儀之統"으로 이를 교화하려고 하였다면, 마키아벨리는
法律에 의해 이를 교정하려고 하였다. 인간의 '자연상태'에 대한 두 사상
가 사이의 해결책의 차이라고 할 수 있다. 하지만 순자는 禮治를 보완하

---

40) 『마키아벨리 어록』, 235쪽. 여기에서 인용된 『정략론』의 내용은 塩野七生, 오정환
　　역, 『마키아벨리 어록』, 서울: 한길사, 1996을 따랐다.
41) 시오노 나나미, 앞의 책, 152쪽.

는 것으로써 法治를 강조하고 있다거나 순자의 제자들 중 法治를 주장한 韓非子와 李斯 등에 의해 法家가 등장했다는 측면에서 본다면, 마키아벨리적 대안은 이미 순자의 논리 속에 담겨져 있다고 보아야 할 것이다. 그렇다면 순자와 마키아벨리가 제시한 현실의 문제를 해결하기 위한 방안들은 무엇이었는가? 순자의 法과 禮治 그리고 君主에 관한 관념과 마키아벨리의 法과 君主論을 비교함으로써 두 사상가의 사상적 유사성을 유추하고자 한다.

Ⅳ. 순자와 마키아벨리의 "治亂之法"

1. 治亂之法

순자의 정치사상의 출발은 인성론이다. '인간의 성은 악하다'에서 출발한 순자는 이를 교화하고 위한 '僞'의 방법으로서 '禮'를 들고 있다. 순자는 공자와 마찬가지로 예를 바르게 함으로써 사회적 혼란을 다스리려고 하였다(治亂).[42] 즉 순자에게 있어서의 '聖王의 政治'는 "강력한 군주의 위세를 확립하여 백성들에게 군림하고, 예의를 밝혀서 교화하며, 올바른 법을 만들어 다스리며, 형벌을 무겁게 하여 금지시켜서 온 세상이 다스려지고 올바르게 만드는" 것이며,[43] 이를 위해서는 강한 군주의 필요성이 대두되기 되는데, 순자는 군중에게 절대적인 권한을 부여하여 사회는 절대군주를 따라야 하고 백성들은 그를 쫓아야 한다는 보고 있다.[44]

42) 王傑, 「禮治, 法治抑或人治: 荀子歷史哲學基本特征的再探討」, 『理論探討』, 6, 1988, pp.70-73.

43) 『荀子』「性惡」

44) Victoria Tin-bor Hui, "History and Thought in China's Traditions", *Journal of Chinese*

권력이 한 사람에게서 나오면 강하고, 두 사람에게서 나오면 약하다[45].

군주는 국가에서 가장 높은 어른이다. 부친은 한 가정에서 제일 높은 어른이다. 높은 어른이 오직 한 사람이 있음으로써 나라도 가정도 잘 다스려지는 것이요, 만일 높은 사람이 둘일 경우에는 나라도 가정도 어지러워진다. 두사람의 높은 어른이 서로 권력을 다투면서 그 나라 그 가정이 탈 없이 오래 지속되었다는 말은 고래로 아직 한 번도 들은 일이 없다.[46]

군주는 백성의 표준이요 백성은 그 그림자이므로, 그 표준이 바르면 그림자도 따라서 바르게 된다. 비유하면 임금이 대야하면 백성은 물과 같은 것으로 대야가 둥글면 물도 따라서 둥글게 되는 것과 같다.[47]

이와 같이 순자는 공자나 맹자와 마찬가지로 유능한 자, 즉 '군자'를 통한 통치를 주장했다. 맹자가 사회문제를 근본적으로 통차자인 군자의 도덕성이나 비도덕성의 문제로 환원시킨 반면, 순자는 이미 현존하고 있는, 즉 사회적 갈등이 발생하고 있는 사회상태의 분석에 출발하려고 한다. 즉 순자는 사회적 '分'과 '義'의 조화 속에서 안정된 사회가 이루어지며 이러한 사회는 '禮'에 의해 지배되는 사회라고 보았다. 순자는 순수한 도덕성에 의한 통치보다는 '禮'에 의한 통치가 더욱 안정된 것으로 간주하고, 이를 보완해줄 수 있는 것으로써 '法'을 이야기한다.

그러면 순자에게 있어서 '禮'와 '法'는 무엇인가. 선진시대의 '禮'에는 두 가지 의미가 결합되어 있다. 하나는 제사를 비롯한 인간의 儀式

Political Science, 17, 2, 2012, pp.125-141.

45) "權出一者强, 權出二者弱", 『荀子』「議兵」.

46) "君者國之隆也, 父者家之隆也. 隆一而治, 二而亂. 自古及今, 未有二隆爭重, 而能長久者", 『荀子』「致士」.

47) "君者儀也, 儀正而景正. 君者盤也, 盤圓而水圓", 『荀子』「君道」.

(Rites)을 의미하며, 다른 하나는 法道(Rules)를 의미한다. 이러한 두 가지의 '禮'의 구성요소는 서로 분리가 불가능한 통합적인 의미를 나타내는 것이었다. 순자가 '禮'라고 할 때에는 "위로 하늘을 섬기고, 아래로는 땅을 서기고, 또 선조를 존중하고, 임금을 받드는 것"이라 하고 있으며,[48] 이러한 예를 법을 만드는 대원칙으로 삼는다. "나라에 예가 없으며 바르지 못하다. 예는 국가를 바로잡는 것이다"(『荀子』「王霸」)라고 하고 있으며,[49] 禮가 있은 후에 法이 제정되는 것이라고 한다. 부연하면 禮와 法은 '분업을 명확히 하는 가장 큰 단서'이다. 특히 "禮는 法의 커다란 구분이며 다양한 법률조례의 기준이다. (중략) 도덕의 극치이다."[50] 그러므로 禮가 없으면 법이 없다는 것이다.[51]

유웨이화(劉蔚華)와 먀오룬티엔(苗潤田)에 따르면, 순자에게 있어서 禮는 각 신분의 권리를 정하는 것이고 法은 인간의 행위준칙과 제재방식을 규정하는 것이라고 하면서 순자의 禮와 法은 불가분의 성격을 갖는 것으로 파악하고 있다. 이러한 禮治와 法治의 결합은 통치자로 하여금 '도덕의 권위'와 엄격한 위세를 갖게 하여 '禮를 존중하고 法을 엄격하게 하여 나라에 기강을 세울 수 있게 하였'는 것이다.[52] 이는 국가가 가장 잘 다스려질 수 있는 중요한 정치적 수단이라고 할 수 있다.[53] 즉 농부가 농사를 짓는 것으로부터 삼공이 나라 일을 총괄하는 것에 이르기까지 모두가 정치제도로서, 순자는 이것을 '禮'라고 칭하였다. 재정방면에서의 절약과 군사력 또한 '禮'이다. 따라서 나라를 다스리는 각종 규범은 모두

---

48) "故禮, 上事天, 下事地, 尊先祖, 而隆君師", 『荀子』「禮論」.
49) "國無禮則不正, 禮之所以正國也", 『荀子』「王霸」.
50) 『荀子』「勤學」.
51) 『荀子』「修身」.
52) 『荀子』「君道」.
53) 劉蔚華·苗潤田, 곽신환 역, 『직하철학』, 서울: 철학과 현실사, 1995, 416쪽.

예에 속하므로 예는 국가를 바르게 하는 도구이다. 국가의 '治亂'은 정치적 조치의 합리성 여부에 의해 결정된다. 그러므로 '禮'는 차이를 구분해서 직분을 정하는 최고의 법칙이라고 할 수 있는 것이다.

반면 마키아벨리는 법의 대원칙에 대해서는 이야기하지 않는다. 대신에 단편적인 법에 관한 논의들이 있다. 마키아벨리 역시 법론을 시작할 때 인간의 본성에 대한 논의에서 먼저 시작한다. 그는 인간은 필요에 강요당할 때 행동하고 또한 이기적 존재이므로 사회적 선은 인간성의 선한 심성으로부터 자연적으로 비롯되는 것이 아니라는 것이다. 국가 역시 불변적 법률과 탁월한 입법자에 의해 훌륭한 국가로 발전한다고 논하고 있다. 이는 성왕의 정치, 예와 법의 정치라는 순자의 핵심과 유사한 점이 있다. 마키아벨리는 『정략론』 1권 3장을 통하여 '구속이 제거되어 누구나 마음대로 행동할 수 있게 되면 사회는 혼란과 무질서로 빠져 들어가기 때문에 법률이 필요하다고 주장한다. 즉 인간은 법률에 의해 제어되지 않으면 선한 행동을 지향하지 않는 존재라는 것이다.[54]

이는 "善은 오직 僞에 의해서만 가능하다"는 순자적 논리를 보는 듯하다. 더욱이 마키아벨리는 법률이라는 것이 시민적 덕성(virtu)을 쌓는 가장 유용한 방법이라고 주장한다.[55] 그는 덕을 유지하기 위해서는 종교의식(rites)을 잘 지키게 하고, 법률을 완비하여 준수하게 해야 한다고 주장한다. 따라서 법은 국가의 안정과 질서의 유지를 위한 기능적인 것이다. 그렇기 때문에 그는 국가의 안정과 질서유지라는 통치행위를 위해 국가가 피해야 할 것에 대하여 다음과 같이 말한다.

국가가 법률을 만들어 놓고 지키지 않는 것처럼 해로운 일은 없다. 특

---

54) 진원숙, 『마키아벨리와 국가이성』, 서울: 신서원, 1996, 387쪽.
55) 장의관, 「시민 덕성, 정체 그리고 마키아벨리」, 『정치사상연구』, 20:1, 2014, 89-90쪽.

히 법률을 만든 사람들이 안 지키는 경우는 두말 할 것도 없이 최악이다. 국가에 또 하나의 해로운 것은 여러 사람들을 잇달아 규탄하고 공격함으로써 국민들 사이에 가시돋친 분위기를 조성하는 일이다. 국가에 그리고 지도자 개인에게 유해한 것은 끊임없는 탄압으로 사람들의 마음을 공포와 의혹에 몰아넣는 일이다. 그것은 유해를 넘어 위험하다. 인간은 절망적인 공포에 사로잡히면 자기 몸을 지키겠다는 생각만으로 광포하고 무모한 반격을 하기 마련이다. 그렇기에 시민을 함부로 형법이나 탄압으로 억누르는 어리석은 짓을 해서는 안 된다. 사람들이 안심하고 생활할 수 있는 환경을 마련하고 그들의 마음이 자기 일에만 쏠리도록 해주어야 한다.[56]

마키아벨리에게서의 法은 순자에게서의 法과는 그 본질이 상이하지만 법의 기능이 인간의 교화이며, 질서와 안정을 유지하는 수단이라는 점에 있어서는 매우 유사하다고 할 수 있다. 또한 법률이 일단 만들어지고 나면 이를 반드시 지켜야 한다는 점을 강조하고, 군주나 지배계급 역시 이를 준수해야 한다는 점을 강조하고 있다는 점에서 순자가 法의 대원칙으로 '禮'라는 것이 각자의 직분을 구분해주는 것으로, 그리고 사회전체적인 통합을 이루는 단서라는 점을 말하고 있다는 점에서 두 사상가의 법론은 매우 유사한 성격을 지닌다고 할 수 있을 것이다.

2. 리더십론

순자는 전술했듯이 중국의 봉건천하의 말미에 있으면서 새로운 통일왕조시대의 과도기적 인물이다. 즉 마키아벨리가 중세봉건과 근대의 과도기적 인물이었던 점과 유사한 성격을 갖는다. 이는 분열과 통일의 과도기요, 정신의 세계와 물질의 세계의 과도기였던 것이다. 그렇기 때문에 "荀學"과 마키아벨리의 정치사상은 혼란과 전환의 와중에서 등장하였다는

---

56) 시오노 나나미, 앞의 책, 145쪽.

공통점을 가질 수 있는 것이다. 그러나 이 두 사람의 처방은 시대적, 사상적 맥락에서 차이를 갖는다.[57)

순자는 공자와 맹자에서 보이지 않는 군자가 갖추어야 할 정치적 처방에 관한 대목이 이러한 전환기적 혼란을 극복하는 하나의 방편으로 제시되고 있는 것이다. 먼저 순자는 맹자의 왕도와 패도에 관한 논의인 "왕패론"(王覇論)을 반박하면서 자신의 논의를 전개한다. 그는 「强國」에서 "'禮'를 준수하고 지혜로운 사람을 존경함으로써 왕도(王道)를 행하고, 법을 중시하고 백성을 사랑함으로서 패도(覇道)를 행한다"라고 하여 '禮'는 왕도요, '法'은 패도라는 점을 지적하고 있다.[58) 또한 "정치의 관건은 예의와 형벌이다. 군자는 이것을 잘 시행하여 백성을 편안하게 한다. 덕을 밝히고 형벌을 조심하여 사용하면 나라가 다스려지고 사해가 편안해진다."하고 하여,[59) 왕도와 패도를 좋은 것과 나쁜 것으로 구별하지 않고 있다.

맹자는 "힘으로써 인(仁)을 가장하는 것이 패도(覇道)이고, 덕(德)으로써 인을 행하는 것이 왕도이다"라고 하였다.[60) 그러나 순자는 왕도를 존중하지만 패도를 부정하지도 않았다. "덕으로써 사람을 다스릴 수 있는 것이 왕이고 힘으로써 사람을 다스리는 것이 약한 자이다."하면서 왕도로써 패도를 억압하지 않고 왕도와 패도를 구분하여 왕도의 정치를 실현하는 것을 최고의 이상으로 삼았지만 패도의 정치를 실현하는 것도 차선의 목표로 보고 있다.[61) "최상은 왕도이지만, 그 다음은 패도이다"라고 하

---

57) Yan Xuetong, "XunZi's Thoughts on International Politics and Their Implications," *Chinese Journal of International Politics*, 2.1, 2016, pp.1-26.
58) 『荀子』「强國」.
59) 『荀子』「成相」.
60) 『孟子』「公孫丑上」.
61) 『荀子』「議兵」.

여[62] 맹자의 '패도방벌론'(霸道放伐論)을 부정하고, 패도가 갖는 현실적인 측면을 부각시키고 있는 것이다.

물론 순자의 이상정치 역시 '왕의 정치', '왕의 제도'였다. '선왕을 본받고 후왕을 본받는다'는 그의 학설은 모두 이러한 목적에서 나온 것이다. 이러한 요구에 부합되는 선왕의 전범을 그는 충분히 드러낼 수 있었지만 이러한 요구에 부합되는 후왕의 전범이 그 당시에는 아직 나타나지 않았기 때문에 드러낼 수 없었다. 하지만 그는 이러한 후왕이 나타나서 천하를 통일시키는 대업을 이루기를 바랐다.[63] 이는 통일국가를 이루기 위한 현실적인 판단에 따른 것이다. 혼란한 상황을 정리하여 천하를 통일할 수 있는 왕은 어쩌면 王道만을 걷는 것으로는 불충분하다는 순자의 정치적 현실주의에 입각한 판단이었다고 할 수 있다.

순자는 王(군주)이 갖추어야할 통치에 관한 태도를 제시한다. 이는 마키아벨리가 『君主論』에서 제시한 바로 유사한 측면이 존재한다. 먼저 순자는 「君道」에서 "군주란 무엇인가?"라는 질문을 던진다. 그에 따르면, 군주의 가장 중요한 임무는 민생을 안정시키는 것이라고 보고 있다. 즉 백성이 자신의 맡은 바 직분을 충실할 수 있도록 하는 것 그리고 그것을 통하여 사회를 유지하고 평화롭게 하는 것이 가장 최우선의 과제라는 것이다.

> 군주란 무엇인가? 사회를 능히 잘 운영하는 것이다. 사회를 잘 운영하다는 것은 무엇인가? 백성들이 잘 살 수 있도록 양육하는 것이며, 백성에게 직분을 나누어주어 잘 다스리는 것이다. 백성을 적재적소에 잘 등용하는 것이며, 등급에 맞추어 잘 갖추어 주는 것이다. 백성들이 잘 살 수 있도록 양육하면 백성들이 가까이하고, 직분을 나누어주어 잘 다스리면 백성

---

62) 『荀子』「王霸」.
63) 劉蔚華·苗潤田, 앞의 책, 432쪽.

들이 편안해하고 백성을 適材適所에 잘 등용하면 백성들이 즐거워하고, 등급에 맞추어 갖추어 주면 백성들이 영광스럽게 여긴다. 이상의 네 가지가 모두 갖추어지면 天下가 그에게 돌아오니, 이러한 사람을 잘 운영하는 사람이라고 하는 것이다.[64]

한 나라의 정치를 담당하는 사람에게는 잊어서는 안 될 기본적인 임무인 것이다. 마키아벨리 또한 "예로부터 기강이 제대로 잡힌 국가와 현명한 군주는 귀족들을 실망시키지 않는 동시에 일반 백성들을 행복하게 해줌으로써 만족시키기 위해 온갖 노력을 경주해왔다. 바로 이것이야말로 군주의 가장 중요한 임무 중 하나인 것이다"라고 말하고 있다. 순자는 전술했듯이 중국의 봉건천하의 말미에 있으면서 새로운 통일왕조시대의 과도기적 산물이다. 즉 마키아벨리가 중세봉건과 근대의 과도기적 인물이었던 점과 유사한 성격을 갖는다. 이는 분열과 통일의 과도기요, 정신의 세계와 물질의 세계의 과도기였던 것이다. 그렇기 때문에 '荀學'과 마키아벨리의 정치사상은 혼란과 전환의 와중에서 등장하였다는 공통점을 가질 수 있는 것이다. 그러나 이 두 사람의 처방은 시대적, 사상적 맥락에서 차이를 갖는다.

순자의 이러한 해법은 통일국가를 이루기 위한 현실적인 판단에 따른 것이라고 할 수 있다. 혼란한 상황을 정리하여 천하를 통일할 수 있는 왕은 어쩌면 왕도만을 걷는 것으로는 불충분하다는 순자의 현실주의적인 판단이었을 것이다. 현실주의자인 순자는 王(군주)이 갖추어야할 통치에 관한 태도를 제시한다. 이는 마키아벨리가 『君主論』에서 제시한 바로

---

64) "君子, 何也? 曰, 能群也. 能群也者, 何也? 曰, 善生養人者也. 善班治人者也, 善顯設人者也, 善藩飾人者也, 善生養人者, 人親之. 善班治人者, 人安之, 善顯設人者, 人樂之. 善藩飾人者, 人營之. 四統者具, 而天下歸之, 夫是之謂能群." 『荀子』「君道」.

유사한 측면이 존재한다.

먼저 순자는 용인의 방법을 제시한다. 순자에 따르면 군주는 모름지기 권력을 독점해야 하지만 혼자서는 다스릴 수 없다고 판단하고 군주는 그의 좌우에 완전히 신임하는 측근인 '편폐'(便嬖)을 두어야 한다고 본다. 즉 "먼 곳의 소식을 듣고 많은 정보를 수집할 수 있는 통로와 창문", "먼 곳에 가서 의사를 통하고 문제를 해결하기에 적합한 인물"이 있으면 군주는 힘들이지 않고 다스릴 수 있다는 것이다.[65] 마키아벨리가 "군주로서의 능력을 측정하는 좋은 기준이 측근에 어떤 사람을 선택하느냐 하는 것"이라는 말과 일맥상통한다.

> 군주는 관리를 쓰는 일에 유능해야 한다. (중략) 이제 한 사람이 천하의 사정을 모두 듣는다면 시간이 충분하더라도 다스림이 부족하게 될 것이다. 다른 사람으로 하여금 그것을 하도록 해야 한다. 크게는 천하를 작게는 한 나라를 가지고서 모든 일을 스스로 해야만 만족한다면, 노고와 피폐가 심각할 것이다. (중략) 덕있는 사람을 가리고 유능한 이를 써서 관직을 베풀어야 한다. (중략) 三公이 모든 일을 총괄하여 논의케 하면, 천자는 팔장을 끼고 있으면 되는 것이다.[66]

> 군주의 지혜는 관리의 선택에서 나타난다. 대신(ministro)을 선정하는 일은 군주에게 매우 중요한 문제이다. 그들이 훌륭한가의 여부는 군주의 현명함에 달려 있다. 군주의 지적 능력을 알기 위해서는 우선 그 주변의 인물을 살펴볼 필요가 있다. 만약 그들이 유능하고 충성스럽다면 군주는 항상 현명하다고 사료된다. 왜냐하면 군주가 그들의 재능을 파악하고 그들의 충성심을 유지할 수 있는 능력이 있다고 생각되기 때문이다.[67]

---

65) 『荀子』「君道」.
66) 『荀子』「王覇」.
67) 『군주론』「군주의 측근 신하들」.

하지만 측근을 쓰는 데에도 원칙이 존재한다. 순자는 이의 주요한 원칙으로 군주의 사사로운 욕심을 제거하는 것이라고 주장한다. 즉 공적 제도를 세워서 이러한 사적인 욕심을 막아야 한다고 한다. "총명한 군주는 자기 마음대로 사사로이 금석주옥과 같은 보물을 주기는 해도, 사사로이 관직이나 사업을 주지 않는다. 이것은 무슨 까닭인가? 그것은 사사롭게 하는 것이 본래 누구에게도 불리하기 때문이다."[68] 따라서 "사람 위에서 서는 자가 측근을 선택할 때는 사려가 깊어야 한다. 그렇지 않을 때에는 힘들어진다. 그것은 아첨하고 알랑거리는 자를 어떻게 하면 피할 수 있느냐 하는 것이다. 궁중에는 이런 종류의 인간이 반드시 있기 마련이므로 그들이 가져오는 폐해에서 벗어나기 위한 방책을 등한시해서는 안 된다."[69]

순자는 군주가 가져야 할 통치의 방편으로서 법과 용인을 강조하였다고 하지만 완전히 법가와 같은 것은 아니다. 법가는 법에 의한 통치(治法)를 강조하였지만 순자는 치법과 치인을 동시에 강조한다. 즉 유가의 전통과 법가의 원리가 결합되어 있는 것이다. 유가에서는 군주는 신성하고 덕으로 공적을 성취하지만, 법가에서의 군주는 술수로 공적을 이룬다고 하였다. 즉 술수로 공적을 이룬 군주는 음험하고 '인의예지'가 없으며 다만 은밀할 뿐이라는 것이다.

법가는 인간의 본성을 악한 것으로 본다는 점에서 순자와 괘를 같이하나 법가는 백성을 물질적인 것으로 파악하고 있다는 점에서는 순자와는 극히 다른 점을 보여 주고 있다. 『荀子』의 「王制」에서 그는 군주의 세 가지 핵심에 대하여 논하고 있다. 먼저 정치를 공평하게 하고 백성을 사랑하는 것(平政愛民), 예를 숭상하고 선비를 존경하는 것(隆禮敬士), 현자를 받들고 유능한 인사를 임용하는 것(尙賢事能) 등이다. 이러한 세

68) 『荀子』「君道」.
69) 『군주론』「아첨꾼을 어떻게 피할 것인가」.

가지 원칙을 지키기 위해서 군주는 반드시 '명확히 밝히고, 정직하고 성실하며, 공정해야한다는 점을 강조한다. 만약 군주가 '주도면밀하게 감추고 음흉하며, 한쪽에 치우쳐 있으면' 어떻게 천하를 다스려 백성을 보호하고 사랑할 수 있겠으며, 어떻게 예의를 숭상하고 선비를 존경할 수 있겠으며, 어떻게 현자를 숭상하고 인재를 임용할 수 있겠는가? 라고 하면서 군주의 '도'는 분명하지 않다면 천하가 그를 떠나게 된다고 강조한다.[70] 이 부분에 이르면 마키아벨리의 처방과는 조금 달라진다. 마키아벨리의 입장은 군주론과 관련하여 본다면 법가의 견해와 상당한 유사성을 갖고 있는 것으로 판단된다.

여기에서 순자와 법가의 차이점을 언급함으로써 정치사상적 측면에서의 현실주의자와 '정치공학적' 측면에서의 현실주의자의 차이를 드러내고자 한다. 먼저 순자는 "군주의 정치는 비밀히 하는 것이 이롭다"(主道利周)라는 법가의 견해를 비판하면서, "임금은 백성을 인도하는 자이며, 윗사람은 아랫사람의 표본이다" "표본 될 사람이 모습을 감추면 백성이 따라할 수 없다"라고 주장한다.[71] 法家가 비밀적인 통치방법을 제시한 반면, 순자는 정치의 공개성을 제시하고 있다. 모종삼(牟宗三)은 순자를 비롯한 유가는 군주의 덕을 중시했으며, 법가는 군주의 術을 중시하며, 유가의 군주는 신성하고 덕으로 공적을 성취하지만, 법가의 군주는 예측불허이고 술수로 공적을 이루었다라고 지적한 바 있다.[72] 이러한 측면에서 본다면 법가와 마키아벨리의 입장은 상당히 유사하다고 할 수 있다. 마키아벨리 또한 공개됨으로써 발생한 불이익보다는 은폐를 통해 목적을 달성하는 것이 군주에게 더 유익하다고 충고하고 있기 때문이다.

---

70) 蔡仁厚, 천병돈 역, 『순자의 철학』, 서울: 예문서원, 2000.

71) 『荀子』「正論」.

72) 牟宗三, 김병채 역, 『중국철학 강의』, 서울: 예문서원, 2011; 유희성. 「순자의 인식론: 모종삼의 견해를 중심으로」, 『동양철학연구』58, 2009, 111-140쪽.

마키아벨리의 법론과 군주의 리더십론을 살펴보면, '정치공학'이기보다는 현실주의 사상가임을 확인할 수 있다. 마키아벨리는 법의 대원칙에 대해서는 이야기하지 않는다. 대신에 단편적인 법에 관한 논의들이 있다. 마키아벨리 역시 법론을 시작할 때 인간의 본성에 대한 논의에서 먼저 시작한다. 그는 인간은 필요에 강요당할 때 행동하고 또한 이기적 존재이므로 사회적 선은 인간성의 선한 심성으로부터 자연적으로 비롯되는 것이 아니라는 것이다. 국가 역시 불변적 법률과 탁월한 입법자에 의해 훌륭한 국가로 발전한다고 논하고 있다. 그러면서 법은 국가의 안정과 질서의 유지를 위한 기능적인 것이기 때문에 국가의 안정과 질서유지라는 통치행위를 위해 국가가 피해야 할 것은 앞에서도 지적했듯 법을 이용하여 억압하는 것이다. 마키아벨리는 이것을 '어리석다'고 평가하고 있다.[73]

마키아벨리에게서의 법은 순자가 말하는 법과는 그 본질이 동일하지는 않다. 다만, 기능이 인간의 교화이며, 질서와 안정을 유지하는 수단이라는 점에 있어서는 매우 유사하다고 할 수 있다. 또한 법률이 일단 만들어지고 나면 이를 반드시 지켜야 한다는 점을 강조하고, 군주나 지배계급 역시 이를 준수해야 한다는 점을 강조하고 있다는 점에서 순자가 법의 대원칙인 '禮'라는 것이 각자의 직분을 구분해주고, 사회통합을 이루는 단서(端緖)라는 점을 말하고 있다는 점에서 두 사상가의 법론은 매우 유사한 성격을 지닌다고 할 수 있을 것이다.

한편 마키아벨리는 사적인 예와 공적인 예를 분리하고 있는데 순자에게서는 이와 같은 분리는 발견되지 않는다. 마키아벨리는정치영역에서 정치적 행위가 사적인 행동에 공통적으로 적용될 수 없다는 입장이다. 이는 상황적 특수성에 의한 것이다. 즉 정치가 안정되면 윤리와 도덕에 따라야 하며, 이러한 상황에서는 공적인 예와 사적인 '예'가 일치되어야 한

---

73) 시오노 나나미, 앞의 책. 152쪽.

다는 점을 강조하고 있다. 그렇지만 기만과 폭력이 판치는 정치적 상황 하에서 자신의 정치적 입지를 보호하기 위해서는 가장과 위선이 필요하게 되며, 정치와 관련된 본질에 대한 강조보다는 외양과 수법이 더욱 강조되는 것은 당연하다고 보고 있다. 따라서 순자는 객관과 현실을 중시한 철학자라고 할 수 있고 마키아벨리는 현실주의 정치인이라 할 수 있을 것이다.[74]

V. 맺음말

앞에서 우리는 순자와 마키아벨리의 정치사상을 간략하나마 살펴보았다. 서론에서도 지적하였지만, 여기에서 다뤘던 두 사상가는 자신이 살았던 시대 그리고 자신에게 던져진 정치적 문제를 해결하기 위한 나름대로의 방법을 제시하고 있다. 양자는 유사성보다는 차별성이 더 많은 것 같다. 그러나 이 두 사람을 함께 묶어 다루려했던 것은 '정치'는 나름대로 어떤 보편적인 특징 즉 본질을 가지고 있으며, 본질이 시간과 공간에 따라서 다른 형태로 나타나기는 하지만 그 주요 줄기는 같다는 점을 보여주고자 함이다. 荀子는 다음과 같이 지적하고 있다.

> 천년의 일을 알려면 오늘을 헤아리고 억만의 수를 알려면 하나 둘에서 살펴야 하며, 상고시대를 알려면 周의 道를 살펴야 하고 周의 道를 알려면 그 도를 귀하게 여기는 군자를 살펴야 한다. ...... 道로써 그 극치를 관찰하면 옛날과 오늘날이 하나이다. 사물의 종류가 다르지 않는 이상 오래되었다 하더라도 이치는 같다.[75]

---

74) Grant B. Mindle, "Machiavelli's Realism", *The Review of Politics,* 47.2, 1985, pp.32-71.
75) 『荀子』「非相」.

이러한 순자의 말은 고금이든 동양과 서양이든 상관없이 세상은 하나의 이치로 통한다는 공자의 일이관지(一以貫之) 사상과 맥을 같이한다고 본다. 정치사상 또한 예외가 아니라고 할 수 있다. 비록 순자와 마키아벨리가 다른 시대 다른 환경 속에 활동했지만 그들은 공히 분열을 극복하고 통일에 이르는 과정에서 군주가 쓸 수 있는 방안과 가져야 할 자세 등을 제시하려고 했던 것이다. 그 결과 순자는 주나라의 '도'를 마키아벨리는 로마의 '도'를 그 통일의 사례로 보여주려고 하였다. 시대와 상황은 다르다 할지라도 문제를 해결하려는 인간의 사고와 방법(政治思想)은 무척 유사하다는 점을 보여준다고 할 것이다.

정치사상이란 무엇인가? 세이빈과 솔슨에 따르면 정치사상이란 '어떤 한 사회 또는 공동체에서 발생하는 사회적, 정치적 현상과 관련된 모든 것을 대상으로 하여 그것을 파악하고 문제를 해결하려고 하는 시도'라고 지적하고 있다.[76] 즉 한 사회의 문제해결방식을 제시하는 것이라고 할 수 있다. 어떤 시대 어떤 사회이든 갈등은 존재한다. 하지만 발생한 갈등[亂]을 해결하는 방식은 주어진 조건과 환경에 따라 전혀 다르게 나타날 수 있다. 이러한 불가피한 갈등을 조정하고 해결하면서[治亂] 사회통합을 이루어 내는 것이 정치학이며, 이를 해결하려는 사상적 노력이 정치사상이라고 할 수 있다.

이렇게 볼 때, 정치학과 정치사상에서 통치학은 불가분의 요소인 것이다. 범위를 좁게 하여 말한다면, 정치학은 '다스림'의 학문이요, '어떻게 통치할 것인가'하는 것이다. 물론 순자의 지적대로 통치는 예의와 법에 따라야 하며, 피통치자인 백성의 민생을 최우선 하여 생각해야 한다는 당위도 또한 분명히 포함되어 있을 수밖에 없다. 정치사상사적 측면에서 본다면, 순자가 살았던 시대나 마키아벨리가 살았던 시대의 정치(학)와 정

---

76) 세이빈·솔슨, 앞의 책, 22쪽.

치사상이라는 것은 통치학으로써의 정치사상의 범위를 크게 벗어나지 않는다고 생각된다. 민주와 인권 개념이 성립하기 시작했던 근대 이전의 소산인 것이다. 따라서 이들에게 '정치'라는 것은 일종의 정치엘리트의 통치술이며, 통치의 방법이라고 할 수 있다. 하지만 이들의 사상을 과거의 전제 봉건적 사회에서 발현된 옳지 못한 사상으로, 극복해야 하고 배제되어야 할 사상이라고 치부해 버리기에는 정치의 본질에 대한 너무나 핵심적인 요소를 담고 있다. 그것은 현재까지도 우리가 '정치'를 말할 때, 정치지도자들의 국가의 통치와 사회의 운영하는 방법(統治方法)을 떠올리는 것도 이러한 정치가 갖는 본질적 성격 때문이라고 할 수 있다.

순자와 마키아벨리의 사고를 지배했던 사상에서 '정치'의 본줄기가 과연 무엇이며, 그것은 또 각기 다른 시대와 공간에서 어떻게 발현되고 어떻게 핵심을 담지하고 있는지에 관해 발표자의 능력으로서는 충분히 밝힐 수 없었다. 그렇지만 두 사상가는 적어도 자신이 살았던 시대의 사회 정치적 문제를 외면하지 않고 이를 적극적으로 해결하려고 했으며, 자신이 몸담고 있었던 사회에 대한 깊은 애착을 가지고 각기 분열된 국가적 상황을 극복하려는 '치란의 정치'를 생각했다는 점에 대해서는 분명히 지적할 수 있겠다.

| 참고문헌 |

강정인 외, 『서양근대정치상사: 마키아벨리에서 니체까지』, 서울: 책세상, 2011.

김용옥, 『논어한글역주』, 서울: 통나무, 2008.

李澤厚, 『中國古代思想史論』, 정병석 역, 『중국고대사상사론』, 서울: 한길사, 2005.

강지연, 「'곽점본'에서 순자(荀子)까지: '성(性)' 과 '정(情)' 개념 소고」, 『철학논총』, 82, 2015.

Machiavelli, Niccolò, *The Prince,* 강정인 역, 『군주론』, 서울: 까치, 1996.

Morgenthau, Hans J., *Politics Among Nations: the Struggle for Power and Peace,* 이호재·엄태암 역, 『국가간의 정치: 세계평화의 권력이론적 접근』, 파주: 김영사, 2006.

牟宗三, 김병채 역, 『중국철학 강의』, 서울: 예문서원, 2011.

Sabine, George and Thomas Thorson, *A History of Political Theory,* 성유보·차남희 역, 『정치사상사』 1, 서울: 한길사. 1997.

司馬遷, 『史記』, 김원중 역, 『사기열전』 1, 서울: 민음사, 2011.

塩野七生, 오정환 역, 『마키아벨리 어록』, 서울: 한길사, 1996.

劉蔚華·苗潤田, 곽신환 역, 『직하철학』, 서울: 철학과 현실사, 1995.

이혜경, 『맹자』, 서울: 서울대학교 철학사상연구소, 2004.

진원숙, 『마키아벨리와 국가이성』, 서울: 신서원, 1996.

채인후, 천병돈 역, 『순자의 철학』, 서울: 예문서원, 2000.

馮友蘭, 박성규 역, 『中國哲學史』, 서울: 까치, 1999.

Hobbes, Thomas, Leviathan, 진병운 역, 『홉스 '리바이어던'』, 서울: 서울대학교 철학사상연구소, 2006.

김경희, 「마키아벨리의 포르투나관 연구: 『군주론』을 중심으로」, 『한국정치연구』, 26:1, 2017.

김병곤, 「토머스 홉스: 동의에 의한 절대주의」, 강정인 외 편, 『서양근대정치사상사: 마키아벨리에서 니체까지』, 서울: 책세상, 2011.

김병채, 「순자(荀子)의 '천(天)'에 대한 연구」, 『동양학』, 12, 1982.

유희성, 「荀子의 自然論: 天人之分을 중심으로」, 『철학논총』, 제44집, 2006.

유희성, 「순자의 인식론: 모종삼의 견해를 중심으로」, 『동양철학연구』, 58, 2009.

이장희, 「순자 性惡說의 의미」, 『사회와 철학』, 9, 2005.

이종성, 「순자 철학에서의 자연과 인간의 이분법」, 『동서철학연구』, 25, 2002.

장의관, 「시민 덕성, 정체 그리고 마키아벨리」, 『정치사상연구』, 20:1, 2014.

장현근, 「순자政治思想에 있어서 '禮'의 기능」, 『한국정치학회보』, 26집 3호, 1993.

정재상, 「중국 고대 인성론의 재인식 - 맹자와 순자, 〈성자명출〉의 성정론」, 『철학사상』, 60, 2016.

賈姝寧, 「馬基雅維利與荀子思想觀比較」, 『法制與社會』, 36, 2016.
高專誠, 「稷下學派考疑」, 『晉陽學刊』, 4, 2007.
梁濤, 「荀子人性論辨正: 論荀子的性惡, 心善說」, 『哲學研究』, 5, 2015.
呂欣, 「荀子行政倫理思想對當代政治體制改革的啟示」, 『北方工業大學博士學位論文』, 2013.
宋志明, 「荀子的政治哲學」, 『中國人民大學學報』 3, 1999.
王傑, 「禮治, 法治抑或人治: 荀子歷史哲學基本特征的再探討」, 『理論探討』 6, 1988.
王朋, 「淺析孟子和旬子的歷史觀」, 『理論研究』, 9, 2010.
莊錦章, 「荀子與四種人性論觀點」, 『政治大學哲學學報』, 11, 2003.

Hui, Victoria Tin-bor, "History and Thought in China's Traditions", *Journal of Chinese Political Science*, 17.2, 2012.

Kim, Sungmoon, "Confucian Constitutionalism: Mencius and Xunzi on Virtue, Ritual, and Royal Transmission", *The Review of Politics*, 73.3, 2011.

Mindle, Grant B, "Machiavelli's Realism", *The Review of Politics*, 47.2, 1985.

Molloy, Seán, *The Hidden History of Realism: A Genealogy of Power Politics,* Springer, 2006.

Nederman, Cary, "Niccolò Machiavelli" *The Stanford Encyclopedia of Philosophy*, Stanford: Stanford University, 2002.

Yan, Xuetong, "Xunzi's Thoughts on International Politics and Their Implications" *Chinese Journal of International Politics*, 2.1, 2008.

정치유학의 이념과 쟁점

● 송인재 ●

Ⅰ. 중국의 길과 유학의 전변

중국의 부상은 중국이 걸어온 길에 대한 자신감을 낳았다. 중국의 길에 대한 신념은 중국을 오랫동안 풍미했던 전통적 가치도 새롭게 고개를 들게 했다. 중국의 전통을 대표하는 가치는 바로 공자를 원류로 하는 유학이다. 사람마다 유학에 호감을 갖기도 하고 혐오하기도 하며 유학의 의미를 각자 다르게 규정할 수는 있다. 그러나 유학이 근대 이전 중국의 정신계를 오랫동안 지배했다는 사실을 부정하기는 쉽지 않다. 한국의 언어 감각에서는 학술적인 냄새가 농후한 유학 대신 '유교'라는 언어로 바꾸면 그 역사적 존재감에 대한 공감은 더욱 강해질 것이다.

유학의 부활이 갖는 의미는 남다르다. 청나라가 무너지면서 옛 왕조와 함께 버려야 할 것으로 여겨졌기 때문이다. 옛것과 결별하고 새로운 것을 세우기 위해 매진하고 100년이 지나 우여곡절을 거쳐 다시 중국을 '세상의 중심'으로 돌려놓은 지금 오래전에 '용도폐기되었'다고 여겨지고 지난 세기 중반에도 격렬히 공격받은 유학이 부활하는 현상을 어떻게 해석해

* 이 글은 「21세기 중국 '정치유학'의 이념과 쟁점」, 『유학연구』, 제33집, 2015를 수정·보완한 것이다.
** 한림대학교 한림과학원 HK교수.

야 할까? 아직 활발히 활동하는 유학/유교 옹호론자들은 유학이 정당하
게 평가 된다고 환영할지 모른다. 그러나 지금 고개를 드는 유학은 조선
에서 남한에서 일본에서 하와이에서 프랑스에서 알던 예전의 유학이 아
니다. 오늘날 중국에서 고개를 다시 든 유학은 유서 깊은 유전자를 내세
우고 있지만 다시 '세상의 중심'으로 돌아온 중국에게 필요한 새로운 면
모 중 하나다.

21세기 초반 사람들의 이목을 끈 '정치유학' 또는 '제도유학'이 바로 유
학의 새로운 면모다. 물론 그 유학의 새로움은 발언자들이 내세우는 유학
의 본질에 공자가 중시한 핵심 가치에 근거한다. 하지만 그 익숙한 가치
들은 권위를 확보하기 위해 전술적으로 선택된 것이지 오랜 기간 중국
지식인들이 암송하고 생활화 했으며 신문화운동기에 배척된 '낡은 것'과
는 구별된다. 낡은 것과 새로움이 뒤엉킨 유학 담론은 그 발언의 문제성
과 함께 유학의 본질에 대한 논란도 필연적으로 불러일으켰다. 그리고 정
치유학이 촉발한 논쟁은 유학 자체에 관한 견해의 차이를 드러내는 역할
을 할 뿐 아니라 유학이 활동해온 그리고 살아가기를 희망하는 환경과의
연관도 보여준다.

결국 유학의 재조명과 그에 관한 논란은 중국의 부상 이후 중국 지성
계의 현재적 고민의 발로이다. 유학은 그 고민의 껍데기이자 사유의 자
료다. 따라서 이러한 사유를 탐사하는 일은 왜 유학 앞에 굳이 정치라는
수식어를 붙이게 되었는가에 대한 질문에서 시작한다. '정치', '제도'라는
수사에 대한 입장 차이는 유학에 대한 개념정의와 가치판단과도 연관된
다. 따라서 (정치)유학에 대한 논박은 중국의 부상 이후 중국에서 발산
되는 지적 욕망과 지식지형의 단면을 형성한다. 이 글에서는 그 단면을
살펴보려 한다.

II. 정치유학을 논의하는 맥락

중국은 개혁개방 이후 시장경제체제를 도입하면서도, 넓게 보면 일방적으로 외부의 모델을 추수하지 않는 독자노선을 견지해 왔다. 그리고 향후 발전의 지속가능성에 대해서는 여러 가지 논란이 존재하지만 중국 내에서 중국식 발전노선에 대한 신념은 날로 강화되는 추세다. 중국특색 사회주의에서 출발해서 베이징 컨센서스에 도달한 중국식 발전 담론이 중국모델론으로 상승하고 그 모델론이 세부 정책으로 구체화되고 정치적 선언으로 포장되는 일련의 과정이 이를 말해준다. 중국모델에 관한 일련의 논의는 그 초점이 경제성장에 맞추어져 왔고 주로 사회과학의 영역에서 논의되어 왔다.

다른 한편으로 사상·문화의 차원에서도 중국의 길에 대한 자신감 또는 강국 중국의 세계사적 사명을 표방하는 담론이 성장해 왔다. 그 지식기반은 개혁개방을 계기로 중국에서 활력을 부여받은 전통 사상과 서양의 근대·탈근대 이론이다. 초창기에는 전통의 복원과 새로운 사상자원에 대한 발견이 중점이었다. 하지만 사상자원에 대한 이해가 심화되고 국가의 위상이 향상됨에 따라 이 사상자원들은 지식의 차원을 넘어 현실을 성찰하고 현실에 개입하여 중국의 진로를 논하는 토대로 작동하기에 이르렀다. 이 과정에서 중국의 역사적 경험은 서구를 대체할 세계사적 보편 창출을 위한 상상의 자원으로 동원되고 있다. 축 문명Axial-Civilization의 역사적 자산은 중국이 경제 강국을 넘어서서 세계의 보편적 공감을 확보하는 문명국가로 거듭나는 전망을 제시하는 기반이 되어 '문명 – 국가론' '문명 부상론' 등을 탄생시켰다.[1] 중국의 역사적 경험은 일국의 전망을

---

1) 대표적인 논자는 간양(甘陽)과 쉬지린(許紀霖)이다. 甘陽, 『文明·國家·大學』,
   三聯書店, 2012; 許紀霖, 『啓蒙如何起死回生: 現代中國知識分子的思想困境』,

넘어 세계질서에 대한 사유에도 동원되었다. 봉건 체제에서 단기적으로
평화질서를 구축한 주대(周代)의 천하질서는 무한 대립과 이익충돌로 점
철된 현대 세계질서를 대체할 질서를 상상하는 자원으로 재조명되고 있
다.[2] 이러한 구상들은 근대 이후 형성된 전통과 근대, 더 정확히 말하면
중국의 전통과 서양의 근대 사이에서 유지되어온 후자 우위의 구도에 균
열을 가한다. 더 나아가 이 구도에서 과거의 기억이 중국을 수식하거나
중국문화를 구성하는 내포가 되는 데 그쳤던 양상도 변하고 있다.[3] 변화
의 방향은 과거의 기억을 더 이상 과거에 놓아두지 않고 미래에 대한 전
망을 가지고 과거에 접근해서 자신들의 우위에 있던 서양 근대를 대체할
대안을 창출하는 쪽으로 향하고 있다.

　최근 유학은 중국의 새로운 현실을 창출할 핵심적 사상자원으로 부상
하고 있다. 그 과정에서 중국 유학의 이론적 전변 노력이 필연적으로 수
반되었다. '정치유학'은 그 노력의 결실이다.[4] 80년대의 문화열이나 90년
대의 국학열은 유학의 학술적 시민권 회복과 양적 성장에 기여했다. 최근
의 '정치유학' 사조는 학술적 차원을 넘어 중국의 현실과 미래에 개입하
려는 욕망을 강하게 발산하는 성향을 보여준다. 정치를 유학의 본질이자
핵심으로 보는 이른바 '정치유학'의 관점은 소수의 경향에 머무르지 않고

北京: 北京大學出版社, 2011 참조.

2) 이런 의미의 천하 담론을 제기하는 사상가로는 자오팅양(趙汀陽), 간춘쑹(幹春松),
  등이 있다. 趙汀陽, 『天下體系』, 北京: 中國人民大學出版社, 2005; 幹春松, 「王
  道與天下國家—從儒家王道政治重思天下國家觀念」, 『戰略與管理』, 第3·4
  期合編本, 2009 참조.
3) 개혁개방 이후 중국에서 전통 담론의 변천 양상에 관해서는 송인재, 「1980년대 이후
  중국의 전통 독법」, 『유교사상문화연구』, 제58집, 2014 참조.
4) 정치유학은 공양학의 전통에 서 있는 것으로 파악된다. 이에 대한 소개와 비판적
  논의는 이연도, 「정치유학의 의미와 문제 - 대동, 소강설을 중심으로」, 『중국학보』,
  제60집, 서울: 한국중국학회, 2010; 이용주, 「고전을 '어떻게' 읽을 것인가 - 경학사의
  경험을 통해 본 현대 중국의 '독경' 논쟁」, 『코기토』, 66, 2009 참조.

중국 유학계에서 저변을 확대하고 있다. 최근 중국 유학계에서 일고 있는 캉유웨이에 대한 폭넓은 관심이 그것을 말해준다. 중국에서는 2014년 상반기에만 캉유웨이를 다룬 학술회의가 두 차례 열렸다.[5] 회의에 참석한 탕원밍(唐文明, 1970-)은 이 일련의 회의가 중국 유학계에서 대두되고 있는 '캉유웨이로 돌아가기(回到康有爲)' 조류를 반영한 것이라 규정하고 더 나아가 중국 사상계에 '신캉유웨이주의'가 출현했다고 평한다.[6] 캉유웨이에 대한 관심이 일시적인 현상이 아니라는 말이다. 또한 같은 해 9월 푸단대학에서는 유학과 정치를 주제로 한 유학자들의 대담이 열렸다. 이 대담에서도 캉유웨이의 이름이 거론되었다. 그리고 당시 2년 동안 중국 유학자들 사이에서 '캉유웨이붐'이 일어났음을 언급하고 왜 그런 현상이 일어났는가에 대해 물음을 던진다.[7] '신캉유웨이주의', '캉유웨이붐'이라 불리는 일련의 현상과 인식들은 현대 중국의 유학자들 사이에서 정치가 핵심적 화두로 떠올랐고 그 사유의 매개로 근대의 사상가 캉유웨이가 부각되고 있다는 사실을 알려준다.

그런데 최근의 캉유웨이붐은 급작스럽게 형성된 것이 아니다. 중국 내에서는 그 전에 이미 10년 넘게 정치를 유학의 핵심 가치로 보는 경향이 형성되었다. 이러한 흐름은 2000년대 초 재야 유학자 장칭(蔣慶, 1953-)이 선도했다. 그는 2003년에 자신의 주장을 '정치유학'이라 부르며 『정치유학(政治儒學一當代儒學的轉向, 特質與發展)』(三聯書店, 2003)을 내놓음으로써 유학의 정치적 전변을 선언했다. 그 사유의 발전 추이는 『재론

---

5) "康有爲與現代中國的建構"學術硏討會(2014.4.26-27)와 "康有爲與制度化儒學"
　　學術硏討會(2014.6.26-27)다.

6) 唐文明, 「回到康有爲'與新儒家之爭」, 『中華讀書報』, 2015.5.28.
　　http://view.inews.qq.com/a/RUS2015052802326502(검색일: 2015.9.30)

7) 「秋風敎授, 幹春松敎授參加"現代視域下的儒學與政治"思想對話」
　　http://www.hongdaojijin.com/233/i-2005.html(검색일: 2014.11.16)

정치유학(再論政治儒學)』(華東師範大學出版社, 2011), 『광론 정치유
학(廣論政治儒學)』(東方出版社, 2014) 등 후속 저작을 통해 드러난다.
간춘쑹(幹春松, 1965-)은『제도화 유가와 그 해체(制度化儒家及其解
體)』(中國人民大學出版社, 2003)와 『제도유학(制度儒學)』(上海人民
出版社, 2006)을 통해 중국 역사 속에서 정치제도와 유학의 관계를 고찰
했으며, 여기서 캉유웨이를 비중 있게 다루었다. 2010년에 출판된 쩡이
(曾亦, 1969-)의『공화와 군주: 캉유웨이 후기 정치사상연구(共和與君
主: 康有爲晚期政治思想研究)』(上海人民出版社, 2010)는 캉유웨이
정치사상을 본격적으로 다룬 저서로 평가된다.[8]

　한편, '정치유학'은 주장 당사자의 발언 뿐 아니라 타자의 이견 제시를
통해서도 이슈가 되었다. 정치유학에 대한 비판은 2015년 1월에 상하이
의 매체『더 페이퍼(澎湃新聞, www.thepaper.cn)』지에 보도된 대만 중
앙연구원 중국문철연구소 연구원 리밍후이(李明輝)의 인터뷰에서 제기
되었다. 이 인터뷰에서 그는 장칭이 제시한 '정치유학'의 일련의 관점에
동의하지 못한다는 입장을 밝혔다.[9] 리밍후이의 비판에 중국의 유학자들
이 곧바로 반박하면서 '정치유학' 논쟁이 벌어졌고 논쟁 참가자들의 주
활동 무대에 따라 논쟁은 중국과 대만의 유학자 사이의 논쟁으로 비화되
었다.[10] 논쟁에서는 '대륙신유가'와 '홍콩/대만 신유가', '정치유학'과 '심

---

8) 唐文明, 위의 글.

9) 「專訪臺灣儒家李明輝: 我不認同'大陸新儒家'」, 2015.1.24. http://www.thepaper.cn/
newsDetail_forward_1295434(검색일: 2015.9.30) 인터뷰 당사자 리밍후이가 설정한
제목은 「我不認同大陸新儒家的這種說法」였다. 훗날 회고에서 리밍후이는 인터
뷰를 진행한 기자 쨍지센(臧繼賢)이 제목을 바꿈에 따라 불필요한 감정소모와 중국
학자들의 오해, 격렬한 반응을 일으켰다며 불변한 심경을 드러낸다. 李明輝, 「關於
'新儒家'的諍論—回應『澎湃新聞』訪問之回應」, 『思想』, 第29期, 新北; 聯經出
版公司, 2015, 274-275쪽.

10) 「大陸儒家回應批評: 港臺新儒家未必切近大陸現實」, 2015.1.26. http://www.

성유학' 등이 대립적인 의미로 사용되었고, 리밍후이와 중국의 유학자들이 이 용어를 둘러싸고 견해차를 드러냈다. 이 용어들은 장칭의 정치유학 선언의 핵심을 이루는 용어들이다. 따라서 논쟁은 정치유학 담론의 핵심 주장을 재확인하고 그것의 보편적 공감대 형성 가능성도 가늠할 수 있게 해준다. 아울러 논쟁에는 리밍후이와 중국 유학자들 간의 학술적 이견과 더불어 그들의 견해를 형성한 중국과 대만 간의 서로 다른 사회정치적 상황도 투사되어 있다. 다음 장에서는 장칭 등이 제시하고 있는 '정치유학'의 이념과 특징을 살펴보고, 2015년에 일어난 정치유학 논쟁을 차례로 검토한다. 이를 통해 오늘날 중국의 현실에서 중국 유학이 가진 문제의식의 내면을 들여다보고 그 역사적, 사상적 위상을 가늠하려 한다.

III. '정치유학'의 이념과 특징

1. 정치유학의 논법

본 장에서는 '정치유학'의 핵심 논리인 정치를 유학의 본질로 규정하는 논법을 살펴본다. 주로 리밍후이가 비판 대상으로 삼은 장칭의 주장을 다룰 것이고, 동시에 그와 뜻을 함께 해서 관련 논의를 주도하고 있는 야오

---

thepaper.cn/newsDetail_forward_1297875(검색일: 2015.9.30); 「大陸儒家再回應: 港臺新儒家對傳統中國政治肯定得太少」, 2015.1.27. http://www.thepaper.cn/newsDetail_forward_1298273(검색일: 2015.9.30); 「唐文明: 儒學復興需要代際接力」, 2015.1.28. http://www.thepaper.cn/newsDetail_forward_1298721(검색일: 2015.9.30; 리밍후이의 비판으로 촉발된 논쟁은 대만학계에서도 공론화되었다. 2015년 3월 대만 중앙연구원은 '유학과 정치의 현대화(儒學與政治的現代化)'라는 제목으로 리밍후이의 인터뷰를 다룬 학술회의를 개최했다. 그리고 장칭은 4월 중국 시나망 역사채널(http://history.sina.com.cn/)과의 인터뷰에서 그간 논쟁에 대한 견해를 피력했다. 唐文明, 위의 글, 2015 참조.

중추(姚中秋, 1966, 필명 秋風)와 간춘쑹의 관점도 검토함으로써 그들이 공통적으로 보여주는 지향과 이론적 특징을 논할 것이다.

중국에서 장칭은 재야에서 활동하는 유학자로 유명하다. 대학에서 사직하고 2001년에 구이저우에 설립한 양명정사(陽明精舍)가 활동의 근거지이다. 그리고 그는 『중국문화경전 기초교육 송본(中國文化經典基礎敎育誦本)』을 편집하는 등 중국 내 독경 운동을 주도했다. 2012년 6월에는 홍다오기금(弘道基金)을 설립하고 그 집행 기관으로 홍다오서원(弘道書院)을 설치했는데, [11] 야오중추와 간춘쑹도 이 기구의 활동에 동참했다. 유학을 선양하고 같은 기구에 관여하고 있다는 공통점보다 근본적으로 이들은 모두 정치 또는 제도가 유학의 본질이라고 주장하고 있다. 이들의 주장에는 공통적으로 기존 중국 유학의 존재 양태에 대한 비판과 앞으로 중국이 독자적인 길을 모색해야 한다는 문제의식이 담겨 있다.

우선 장칭의 경우를 보자. 2003년에 출판한 『정치유학』은 오늘날 유학의 명맥을 잇는 대표적 조류인 현대 신유학에 대한 비판에서 출발한다. 여기서 비판의 대상은 머우쭝싼(牟宗三, 1909-1995)으로 대표되는 대만의 현대 신유학이고 문제시되는 핵심 속성은 '심성(心性)유학'이다. 그에 따르면, 현대 신유학이 심성유학인 까닭은 그것이 "생명과 심성의 시각에서만 유학을 이해하고 오로지 생명의 완성과 심성의 초월만을 추구"하고 "현실 속의 정치사회와 무관하고 또 그래야 하는 것"으로 간주하기 때문이다.[12] 장칭은 그런 방향으로는 유학의 전통을 온전히 계승할 수 없다고 본다. 왜냐하면 "유학은 탄생부터 정치유학이었고 공자 최대의 바람은 천하가 인(仁)으로 돌아가는 정치이상을 실현하는 것"[13]이었기 때문

---

11) 현재 홍다오기금은 후원업체 문제로 활동하지 않는다.
12) 蔣慶, 『政治儒學』, 三聯書店, 2003, 20-21쪽 참조.
13) 蔣慶, 앞의 책, 20쪽.

이다. 이처럼 정치가 유학의 본질이라는 생각은 유학이 정치에 참여해야 한다는 생각에서 나온 것이 아니라 유학의 전통에 대한 인식에서 나온 것이다.

정치유학의 천명은 이론적 이견에 머무는 것이 아니라 현실적 실천과도 연관된다. 정치가 유학의 본질이라는 점을 확인하는 이유는 일차적으로는 유학의 갱생을 위한 것이고 이러한 궁극적으로 유학의 전통을 제대로 계승하는 길은 새로운 중국적 제도를 구축하는 것임을 주장하기 위함이다. 따라서 장칭의 주장의 핵심은 제도화를 통한 유학의 갱생과 이러한 유학을 기반으로 한 중국적 정치제도 구축이다. 실제로 장칭은 대일통사상 등 유학의 사상자원에 근거해서 중국특유의 정치제도를 구축하자고 주장한다.[14] 중국적 정치제도 구축의 필요성은 바로 서양 정치제도의 문제점에 대한 인식에 근거한다. 장칭은 유학이 이 문제를 해소하면서도 중국의 역사적 전통을 계승하는 정치제도를 창출할 수 있을 것이라고 믿는다. 그리고 자신이 내세우는 유학을 '외왕(外王)유학', '제도유학', '실천유학', '희망유학'이라고 부른다.[15]

야오중추 역시 유학이 생명력을 얻는 길은 현실의 제도 구축에 깊이 개입하는 데 있다며 장칭의 주장에 공감을 표명한다.[16] 유학의 현실 개입성을 내세우는 그의 주장 역시 유학의 현 상태에 대한 비판에서 출발한다. 야오중추는 현실에서 괴리된 유학의 상태를 유학의 자기 '박물관화'라고 지칭한다. 이는 유학이 주로 심성에 대한 탐구를 중심으로 삼고 대학 내의 철학사 연구에 제한되어 있는 현실을 지적한 것이다. 그리고 역사 속에서 유학은 박물관에만 머무른 적이 없고 앞으로도 그래서는 안 된다

---

14) 蔣慶, 앞의 책, 309-358쪽.

15) 蔣慶, 앞의 책, 2쪽.

16) 姚中秋, 「人民儒學芻議」, 『文化縱橫』, 第1期, 2012.

고 주장한다. 장칭이 유학의 정치성을 공자의 전통에서 찾은 데 비해 야오중추는 유학이 제도구축의 강력한 기반이 되었던 한대 동중서의 사례에서 찾는다. 그래서 그는 동중서의 제도 개혁이 복고의 사유에서 발휘된 것이라 하며 "복고를 해야 새로운 것을 만들 수 있다."고 주장한다.17) 아울러 현실 정치에서 역할을 수행하는 유학의 유형을 '인민유학'이라 부르며 그 기본 원리를 제시한다. 인민유학의 근본 원칙은 다음 두 가지다. "첫째, 유학의 근본적 관심은 심성 수양이나 학원 내 철학 안에서 사유하는 것이 아니라 세속의 완결된 합리적 질서를 구축하는 것이다. 둘째, 현대 질서의 근본 요소는 인민에 있고 20세기 중국의 모든 헌정제도의 첫 번째 원칙은 바로 인민주권이다."18) 첫 번째 원칙에는 유학의 탈아카데미적 성격이 천명되어 있고 두 번째 원칙에는 현대 정치질서에 대한 이해가 담겨 있다. 두 번째 원칙은 서양과 신해혁명 이후 중국의 인민주권 사상을 성찰하고 인민이 현대국가 건설의 가장 근본적인 원칙이었음을 확인한 결과 도출된 것이다.19)

간춘쑹 역시 현실에 깊이 관여하는 것이 유학의 전통적인 존재양태임을 주장한다. 그는 이 관점을 이렇게 서술한다.

> 원시유가든 독존 이후의 유가든 그 존재 형태는 줄곧 관념 형태와 실천 규범의 결합체였다. 다시 말해, 공맹 집단은 결코 우리가 알고 있는 소크라테스나 아리스토텔레스처럼 지혜 탐구에 침잠한 것이 아니라 자신의 정치사회적 이상을 여러 경로를 통해 표현하고자 노력했다. 그 핵심은 그들이 줄곧 정치 참여와 사회적 실천을 모든 것의 목적으로 보았다는 데 있다. 뚜웨이밍의 표현을 빌자면 유가는 '행동하는 유가'지 결코 명상가가 아니다.20)

---

17) 秋風,「復古才能改新」,『文化縱橫』, 第2期, 2012, 33-35쪽.
18) 姚中秋, 위의 글, 77쪽.
19) 姚中秋, 위의 글, 78-79쪽.

여기서 그는 노골적으로 원시유가와 한대 이후 유가를 통틀어 정치와 현실 개입이 유가의 본질이었음을 주장하고 있다. 그래서 "'제도유학[制度化儒學]'이라는 관점은 유가의 정신적 기질과 사회적 실천 차원의 추구를 충분히 고려한 것이므로 유가의 진실한 존재상황에 더욱 가깝다."는 견해를 표명한다.[21] 더 나아가 그는 '제도유학'이라는 용어를 통해 유학과 제도 사이의 밀접한 연관을 강조한다. 여기서 제도유학이란 "유가의 학설을 기준으로 삼아 일련의 법률과 실천 체계를 수립하고 이를 전파함으로써 습속에 더욱 깊이 파고드는 것"이다. 그에 따르면, 여기에는 "통치자가 일련의 제도를 통해 유가의 독존적 지위를 확보하는" 유가의 제도화(궁극적으로 유가의 이데올로기화)와 "사회정치 구조와 구체적 정치법률 제도를 점점 유가에 근거해서 설계하거나 유가의 이상을 실현하는" 두 측면이 공존하고 있다.[22]

간춘쑹도 장칭의 심성유학 비판, 야오중추의 '박물관화' 비판과 같은 의미로 기존의 신유학을 비판한다. 그는 유학과 현실의 괴리 현상을 '관념사' 방식의 유가연구라 지칭한다. 그리고 그것이 "서양 지식 체계의 유입과 신유가의 전략이 함께 유발한 부작용"이라고 파악한다. 구체적으로 그 부작용은 "유가의 핵심기능인 실천적 특징이 한 구석에 멀리 숨어버린 점", "심성이론에서 유가의 공헌을 강조하고 그 정치적 차원에서의 곤경을 회피한 점" 그리고 "유가를 관념화해서 다룸"으로써 "수천 년 동안 유가가 발전하면서 형성한 풍부성과 복잡성이 크게 추상화된 점"이다.[23]

정치를 유학의 본질로 보는 주장은 '정치유학'(장칭), '인민유학'(야오중추), '제도유학'(간춘쑹)이라는 용어를 통해 제기되었다. 아울러 기존의

---

20) 幹春松, 「制度化儒家: 問題與方法」, 『哲學動態』, 第10期, 2003, 13쪽.
21) 幹春松, 앞의 글, 13쪽.
22) 幹春松, 앞의 글, 14쪽.
23) 幹春松, 앞의 글, 14쪽.

신유학을 자신들이 구상하는 유학의 대립물로 설정한다. 그 속성은 '심성유학', '박물관화'/'철학사', '관념사'로 규정되었다. 이러한 생각들은 기존의 유학을 극복하자는 문제의식을 담고 있지만 그것은 기존에 없던 형태의 유학을 창조하자는 의도에서가 아니라 반대로 유학의 본질에 대한 재인식에서 비롯했다. 이러한 사유과정에서 장칭은 공자를 중심으로 한 원시유가를 내세웠고, 야오중추는 한대 유가를, 간춘쑹은 둘 다를 근거로 내세웠다. 장칭은 주로 심성유학에 치중한 대만의 현대 신유학을 공격했고 다른 두 사람은 방법론적으로 근대 이후 학문체계의 용어를 동원해서 오늘날 유학의 존재방식을 문제 삼았다.

2. 중국적 가치에 대한 각성

유학의 본질에 대한 재조명은 결과가 현실 참여도 강화에 있듯 이론적 반성의 결과에 그치지 않는다. 정치유학/제도유학의 구축은 서양의 근대성에 기반을 둔 제도와 그것을 추종한 결과 발생한 문제점에 대한 비판으로 이어진다.

우선 이들은 서양식 정치제도에 문제가 많다고 비판한다. 장칭은 "서양식 민주주의가 서양을 넘어 중국에서 퍼져 있고 많은 학자들의 공감을 얻고 있지만 그것은 인간의 욕망과 이익만을 대변할 뿐 무도덕과 무이상의 상태에 빠져드는 것은 방지하지 못하는 결점이 있다"[24]고 비판하며 그것을 극복해야 하는 이유를 제시한다. 그리고 유학의 이념에 토대를 둔 정치제도 구축을 제안한다. 이것이 바로 중국적 가치에 연원을 둔 제도

---

24) 蔣慶, 「王道政治是當今中國政治的發展方向一蔣慶先生答何謂王道政治的提問」, http://www.confucius2000.com/confucius/wdzzsdjzgzzdfzfxjqdwdzz.htm(검색일: 2015.9.24)

구축이다. 구체적으로 장칭이 택한 것은 '왕도정치'다. 그에 따르면, 기존의 민주정치가 '민의의 합법성'이라는 '일중(一重) 합법성' 만을 보장하는 데 비해 왕도정치는 '천지인(天地人)'의 가치를 구현하는 '삼중(三重) 합법성'을 보장하기 때문에 왕도정치가 민주정치보다 우월하다.[25)]

한때 자유주의자였던 야오중추는 기존에 현대 중국에서 통용된 사조의 문제를 자유주의의 문제로 지적하며 이렇게 말한다. "문화, 사회 영역의 반전통과 개성해방에 중점을 둔" 자유주의든 "개인의 재산권과 자유로운 경영권의 보장에 중점을 둔" 자유주의든 "그들의 철학적 윤리학적 출발점은 모두 홉스의 정글상태다. 이들은 신체적 욕망과 계산 이성의 실질성만을 인정하고 인간의 윤리적 규정성을 벗어버렸다."[26)] 더 나아가 중국의 현실에 대해서도 꼬집고 있다. "관변 마르크스주의와 민간 자유주의라는 현대 중국의 양대 이데올로기는 한 세기에 가까운 극도의 흥분과 쇠락을

---

25) 장칭은 '삼중합법성'을 실현할 기제로 '의회삼원제'를 제안한다. 삼원은 '통유원(通儒院)', '서민원(庶民院)', '국체원(國體院)'으로 구성되며 각각 천(초월과 신성함), 인(인심과 민의), 지(역사문화)의 합법성을 보장하는 것으로 설정된다. 통유원은 초월과 신성함의 합법을 대변하는 기구다. 의장은 유교 집단 내부에서 공동으로 추대한 대유학자(大儒學者)가 맡으며 종신제다. 서민원은 사회에서 공동으로 추대한 민간 유가의 우수한 인물, 그리고 국가에서 설립한 양성기관에서 사서와 오경 등의 지식을 습득하고 정치적 훈련과 검증을 거친 인사들로 충원된다. 국체원은 공자 왕통을 계승하는 기구로서 공자의 자손이 세습 의장을 맡고 의원은 역대 성현의 후예, 역대 군주의 후예, 역대 문화 명사의 후예 그리고 사회적으로 덕망 있는 인사와 각종 종교계 인사들로 구성된다. 모두 실질적 권력을 보유하고 있으며 법안은 삼원이 동시에 통과시켜야 발효되고 집행된다. 장칭은 삼원의 공동 동의라는 절차를 통해 세 기관의 세력 균형을 꾀하고 이것을 통해 천지인 합법성의 조화를 실현할 수 있다고 주장한다. 이들 중 주도적 지위를 갖는 것은 통유원이다. 왜냐면 통유원은 왕도정치의 근간을 이루는 유교적 소양을 갖춘 이들로 구성되어 있기 때문이다. 장칭은 통유원을 통해 기존 서양 대의제의 도덕적 결함을 해결할 수 있다고 주장한다. 蔣慶, 앞의 글.

26) 秋風, 「儒家復興與中國思想, 政治之走向: 一個自由主義者的立場」, 『思想』, 第20期, 2012. http://www.21ccom.net/articles/sxwh/shsc/article_2012042358277.html (검색일: 2015.9.17)

거쳐 거의 종말을 고하고 있다. 이들의 충격을 거쳐 중국은 문명의 폐허, 정신적 폐허, 사회적 폐허, 문화적 황폐화, 공동체 질서 와해의 추세에 말려들었다. 오로지 부를 추구해서 금빛 반짝이는 운동만이 이 한때 아름다웠던 신세계의 황량함을 감추고 있다."27) 이에 대해 야오중추가 제시한 해결 방법은 유학 부흥이다. 그는 역사적으로 '중국문명의 핵심이자 중국성의 근본'인 유학의 역할이 전통 유럽사회에서 기독교의 역할과 비슷하다고 여기고, "유학을 현대국가에 안착시키는 것이 현대국가 건설에서 가장 중요한 작업 중 하나"라고 주장한다.

간춘쑹도 야오중추가 홉스가 현재 세계질서의 근간을 이루고 있다고 지적한다. 그가 지적한 홉스식 질서의 최대 문제점은 바로 적대와 이익 충돌이 질서의 중심이 되어 있다는 사실이다.28) 이에 대해 그는 왕도사상을 통해 패도를 극복하고 적의가 아닌 호의의 기반 위에서 세계질서를 재구축해야 한다고 주장한다.

유학의 가치에 대한 재발견과 중국적 가치에 대한 각성에 대해서 야오중추는 쑨원의 반만(反滿) 혁명 구호를 빌려 근본주의적 주장을 내놓는다. 즉 '오랑캐를 몰아내고 중화를 회복함'으로써 학술 영역에서의 '중체(中體)'를 구축하자고 주장한다. 그 의미에 대해서는 "개념의 혁명, 사고방식의 혁명, 학술규범의 혁명, 다시 말해 학문의 혁명을 통해 중국 학문의 주체적 지위를 회복해야 한다."라고 해석한다. 그리고 이에 대해 "우리가 사상학술에서 말하는 '오랑캐를 몰아낸다'는 것은 자폐 행위가 아니고 서학을 '용(用)'의 지위로 되돌려 놓는 것이다. 그렇게 하지 않으면 중국은 사상관념 면에서 영원한 식민지다."라고 변호한다. 이에 따라 야오

---

27) 秋風, 앞의 글.
28) 幹春松, 「王道與天下國家—從儒家王道政治重思天下國家觀念」, 『戰略與管理』, 第3・4期合編本, 2009. http://www.aisixiang.com/data/70124-5.html(검색일: 2014.2.5) 참조.

중추는 자신의 정체성을 '유자(儒者)'로 규정하며 이렇게 말한다. "더 많은 사람들이 유자가 된다면 어떻게 죽을지를 두고 벌어지는 좌우파의 논쟁은 사라질 것이다. 더 많은 중국학자가 유자가 된다면 세계는 구원될 것이다."[29] 이것은 유학을 통한 사상적 각성이 중국을 넘어 세계의 구원까지 이룰 것이라는 신념에 찬 표현이다.

간춘쑹은 오늘날 중국에서 중국의 길을 논할 때 유학이 거론되는 이유에 대해서 역사적 관점에서 고찰한다.

> 개혁개방 이후 중국적 모델을 설명할 때 다른 나라와 구별되는 중국적인 것을 찾으려 할 때 유가사상 또는 유가의 가치관이 불가결한 논제가 되었다.

> 오늘날 중국 위기설은 근본적으로 제도적 곤경이다. 백년간 맹목적으로 남을 따르는 모방을 겪은 뒤 중국인의 실제 도덕과 가치 관념에 맞는 제도 시스템을 수립하는 것이 '대국의 사명'이 되어야 한다.[30]

여기서 간춘쑹은 유학과 중국모델 담론의 친연성을 경험적으로 기술한다. 아울러 근대화 이후 서양을 추종한 것이 결국 중국에서 성공적이지 못했음을 지적하고 중국적 제도를 구축하는 당위성을 내세운다. 그리고 그것을 '대국의 사명'으로 간주한다. 이것은 서양 근대화 추종에 대한 파산선고인 동시에 대국이라는 중국의 현실과 지향에 대한 인정이다. 이렇게 유학의 쇄신과 유학을 통한 현실 개입은 대국으로 부상한 오늘날 중국의 시대적 과제와 맞닿아 있다.

---

29) 秋風,「必須學術上'驅除韃虜, 恢復中華」, 2014.10.29., http://history.sina.com.cn/his/zl/2014-10-29/1716105868.shtml(검색일: 2015.9.17)
30) 幹春松,「家如何參與制度重構」,『南風窓』, 第19期, 廣州日報報業集團, 2012, 48쪽.

이상에서 보듯 정치유학의 주창자들은 유학을 통해서 서양보다 우월한 정치제도를 구축할 수 있다고 믿는다.[31] 그리고 그 해법의 적용범위는 중국이라는 한 나라를 넘어서 세계 전체의 질서를 지향하고 있다. 중국의 전통적 사상자원으로 현대의 제도적, 윤리적 문제를 해결하려는 이들의 문제의식은 타자로서의 서양식 제도에 대한 판단 이외에 중국의 자의식 회복에 대한 필요성에서 제기된 것이다. 그것은 근대 전환 이후 중국에서 외면당한 전통의 가치에 대한 재평가이자 유학을 통한 중국인으로서의 사상적 각성이다.

IV. 정치유학 논쟁

1. 대만 유학자 리밍후이의 장칭 비판

본 장에서는 리밍후이가 2015년 1월 중국의 정치유학을 비판한 것을 기점으로 촉발된 논쟁을 살펴본다. 이를 통해 양자의 견해와 차이, 그 배경에 대해 논한다. 리밍후이는 장칭의 정치유학을 천명할 때 핵심적 비판 대상이었던 머우쭝싼의 제자다. 『더페이퍼』와의 인터뷰에서 그는 장칭의 견해에 다음과 반박한다.[32]

---

31) 필자는 정치유학자들의 구상에 의구심을 갖고 있다. 의회삼원제는 대의정치의 제한된 정당성을 보장한다는 취지와 달리 유학·공자·혈통의 권위만을 강화시킬 우려가 있다. 야오중추가 말하는 유자로의 각성은 90년대 이후 자유주의자와 비판적 지식인의 중국의 모순과 진로에 관한 고민을 해결할 열쇠가 될 수 있다는 근거가 빈약한 채 선언에 그치고 있다. 간춘쑹이 중국의 굴기상황과 그에 다른 문화자각을 일반적으로 표현한다는 점에서 그나마 무난히 이해할 수 있는 언어를 사용하고 있다.

32) 이하 리밍후이의 견해는 「專訪臺灣儒家李明輝: 我不認同'大陸新儒家'」, 2015.1.24. http://www.thepaper.cn/newsDetail_forward_1295434(검색일: 2015.9.30) 참조.

첫째, 대륙 신유가는 최근에 출현한 것이 아니다. 장칭을 위시한 몇몇 사람이 대륙 신유가를 표방하지만 그 이전의 슝스리(熊十力, 1885-1968), 량수밍(梁漱溟, 1893-1988), 펑유란(馮友蘭, 1895-1990) 등이 이미 대륙에서 활동했는데 장칭처럼 주장하면 이들의 지위가 모호해진다.

둘째, 심성유학과 정치유학의 구분에 동의하지 않는다. 홍콩과 대만의 신유가들도 정치를 등한시 하지 않았다. 장쥔마이(張君勱, 1887-1969)는 본래 정치학자였고 그의 정치유학은 장칭 무리의 이론보다 훨씬 고명하다. 쉬푸관(徐復觀, 1903-1982)도 학술과 정치 사이에서 활동했다. 머우쭝싼도 『역사철학(歷史哲學)』, 『정도와 치도(政道與治道)』, 『도덕적 이상주의(道德的理想主義)』의 이른바 '외왕삼서(外王三書)'를 저술해서 정치철학을 논했다. 홍콩과 대만의 신유학을 심성유학이라고만 단정할 수 없다.

셋째, 심성유학과 정치유학은 유학 전통에서 본래 구분할 수 없다. 장칭의 논리에 따르면 심성유학과 정치유학은 각각 송명유학과 공양학의 줄기에 따라 나뉜다. 그것은 공자 유학에서 공존했던 두 유학이 훗날 분열했다는 논리다. 하지만 유학에서는 본래 내성과 외왕이 연관되어 있고 둘 중 하나만을 말해서는 안 된다. 그래서 장칭의 방법론에는 문제가 있다. 심성유학을 버리고 정치유학만을 말하는 것은 근본적으로 유학 전통이 아니다.[33]

여기서의 주된 논점은 심성유학(홍콩, 대만)과 정치유학(대륙)이라는 구분법이다. 이상의 반박에 이어 리밍후이는 장칭의 정치유학이 유토피아적이며 중국 역사에서 실현된 적이 없다고 비판한다. 그에 비해 장쥔마이와 머우쭝싼의 정치유학은 적어도 대만에서는 헌법 차원에서 실현되는 등 훨씬 현실적이라고 말한다. 그리고 현대 대만에서 정치철학을 말하지 않는 것은 그것이 현실이 되었기에 더 이상 말할 필요가 없기 때문이라고 주장하며 장칭의 구분법을 논박한다.

다음으로 장칭의 정치제도 구상에 대해서도 비판한다. 비판은 민주제

---

33) 「專訪臺灣儒家李明輝: 我不認同'大陸新儒家'」, 2015.1.24.

도에 반대하는 것은 군주 제도로 돌아가려는 것이 아니냐는 의문으로 시작한다. 총론적으로 장칭의 구상은 지나치게 이상적인 것으로서 개인적인 희망사항일 뿐이고 정치를 제대로 이해하지 못해서 비롯한 것이라고 일축하고 비판을 가한다. 그 예로 든 것이 국체원의 구성에 대한 비판이다. 여기서 리밍후이는 혈통에 따라 선거 없이 구성되는 의회가 부정과 관직매매의 부작용을 낳을 소지가 충분하며 의원 세습은 군주세습제로 돌아가는 것이나 다름없다고 지적한다. 또한 서민원만 선거로 선출되고 나머지 두 원은 추천과 선발로 이루어기 때문에 문제가 발생한다고 우려한다. 그 반면교사로 과거 간접선거로 구성된 대만의 감찰원에서 발생한 문제를 거론한다. 간접선거가 돈으로 표를 매수하기에 훨씬 수월했다며 장칭은 이런 부작용을 고려한 적이 있냐고 묻는다. 나아가 보통선거제에 폐해가 있고 그 지적이 옳다고 하더라도 장칭이 내린 처방은 잘못 내린 처방이며 이는 그가 서양 정치에 대한 이해가 부족하고 현실정치 경력이 없기 때문이라고 지적한다. 그리고 서양이나 대만에서는 선거가 아닌 시험을 통해 선발된 법관과 공무원도 중요한 역할을 하고 있으며 이것이 장칭의 방법보다 좋다고 하며 장칭이 정치적으로 무지하다고 지적한다.

2. 중국 유학계의 반향

리밍후이의 비판은 중국의 유학자들 사이에서 곧바로 반향을 일으켰다. 간춘쑹은 리밍후이가 대륙신유가를 제대로 이해하기 못하고 있다며 반박했다.[34] 그는 예전부터 심성유학과 정치유학의 구분이라는 장칭의 견해에 동조하는 입장에 서 있었다. 더 나아가 홍콩, 대만의 신유가는 오

34)「大陸儒家回應批評: 港臺新儒家未必切近大陸現實」, 2015.1.26.
http://www.thepaper.cn/newsDetail_forward_1297875(검색일: 2015.9.30) 참조.

사신문화운동의 문제의식에 견인된 반면 대륙신유가는 그것을 반성하는 기초 위에 서있다며 근본적인 차이를 지적한다. 그리고 최근의 캉유웨이에 대한 관심은 그런 문제의식을 반영한 것이라고 진단한다.[35] 이러한 기본 입장 위에서 리밍후이의 주장에 다음과 같이 반박했다.

우선 '대륙신유가'라는 명칭은 장칭과 천밍(陳明, 1962-) 등 몇몇이 임의로 자신의 정체성을 표현하기 위해 만든 것이 아니라 팡커리(方克立, 1938-)가 2005년 우한에서 열린 국제신유학 대회에 보낸 축사에서 사용한 것이고 같은 해 후난 성에서 열린 장다이녠(張岱年) 기념회의에서도 1990년대 후반에 '신유가 사조'가 대륙에서 형성되어 홍콩, 대만과 다른 조류를 형성했으며 이 대열이 이미 장칭, 천밍도 포함되어 있음을 언급했다. 아울러 정치유학은 그 이후 대륙 신유학이 발전한 결과의 하나이고 장칭 이외에도 여러 관점이 있는데 이 맥락과 현실을 리밍후이가 제대로 짚지 못했다고 지적한다. 그리고 1958년 머우쭝싼, 탕쥔이(唐君毅, 1909-1978) 등이 「세계 인사를 향한 중국문화 선언(爲中國文化告世界人士宣言)」을 공동으로 발표해서 심성이 유가의 정신적 본질이라고 선언했으므로 심성유학과 정치유학의 구분은 타당한 주장이라고 반박한다. 그리고 오히려 대만에서 정치 유학이 이미 실현되었다는 주장이 '상상'된 것이라고 일축한다.

뒤이어 대만과 중국의 현실과 신유가의 관계에 대해서 언급한다. 펑유란 등 대륙의 신유가는 봉건적 낙후성, 사회주의 가치관의 악영향 등으로 제대로 유교의 가치를 펴지 못한 반면, 대만의 신유가는 학술적 발전의 기회를 구비하고 문화적 자신감을 갖추었으며 여기에 유가와 민주/과학의 결합 가능성도 타진할 수 있었다고 평가한다. 게다가 홍콩/대만 신유

---

35) 「秋風教授, 幹春松教授參加"現代視域下的儒學與政治"思想對話」
   http://www.hongdaojijin.com/233/i-2005.html(검색일: 2014.11.16)

가의 제자인 뚜웨이밍(杜維明, 1940-), 류수셴(劉述先, 1934-) 등이 비
대륙이라는 공간적 강점에 힘입어 해외에 유학을 전파하고 개혁개방 이
후 중국 내 지식인 활동에 개입하면서 중국의 문화계에 영향을 준 점은
인정한다. 그렇지만 이들 일명 '해외신유가'는 학술적 성과는 있을지 몰라
도 중국의 현실을 몸소 체험하지 않았기 때문에 유교사상과 중국현실을
제대로 결합시키지 못 했다고 지적한다. 여기서 간춘쑹이 강조하는 것은
80년대 이후 중국 대륙의 유학이 지속적으로 현실에 조응하면서 성장했
는데 리밍후이 등 대만의 유학자들이 그 내막과 복잡성을 아직 잘 이해하
지 못하고 있다는 사실이다.

　한편 또 다른 유학자 바이퉁둥(白彤東, 1970-)은 리밍후이의 비판이
장칭에 편중되었음을 지적하며 사실 중국의 정치유학 담론은 장칭의 영
향을 크게 받았지만 그의 영향 이외에도 각자가 논리를 개발하고 있다고
말한다. 아울러 본인도 미국에 체류할 때부터 정치의 각도에서 유학을 연
구했으며 중국 정치유학의 구도가 생각보다 다원적이라고 말한다. 심성
유학과 정치유학의 분류 문제에서는 홍콩/대만 신유가가 정치를 언급하
기는 했지만 그들에게 정치는 어디까지나 심성의 부산물이며, 현실적으
로 홍콩/대만의 신유가는 자유주의의 응원부대일 뿐이라고 비판한다.

　저서 『군주와 공화』를 내고 캉유웨이붐의 중심에 서 있다고 평가 받는
쩡이는 리밍후이가 '대륙신유가'의 최근 발전과 노력에 대해 충분히 이해
하지 못한다고 지적한다.[36] 우선 장칭만을 거론한 점이 잘못이라고 지적
하고 그것만을 전제로 한다면 문제가 발생할 수밖에 없다고 말한다. 반면
자신을 비롯한 중국 학자들이 슝스리, 머우쭝싼을 이해하는 정도가 홍콩/
대만 학자가 중국 학자를 이해하는 정도보다 깊다고 주장한다. 이에 근거

---

36) 「大陸儒家再回應: 港臺新儒家對傳統中國政治肯定得太少」
　　http://www.thepaper.cn/newsDetail_forward_1298273(검색일: 2015.9.30)

해서 리밍후이가 장칭을 비판하면서 거론한 장쥔마이 · 쉬푸관 · 머우쭝싼의 사상의 정치적 성격을 인정하고 심성과 정치는 구분될 수 없으며 장칭의 구분이 상당히 편협하다며 리밍후이의 견해에 공감을 표한다. 실제로 중국에서는 이런 편협함에 대한 지적이 많다고 밝히고 대륙 신유가의 입장을 다음과 같이 정리한다.

> 첫째, 홍콩/대만 유가가 주로 의존하는 경전은 사서이고 대륙 유가는 오경에 주로 의존한다. 송대 유학에서 오경의 중요성을 소홀히 한 것에 대응해서 대륙에서는 오경의 중요성에 주목하고 다시 사서를 오경 안에 편입시켜 편협함을 극복한다.
> 둘째, 경학 연구 방법은 철학 연구 방법과 다르다. 슝스리, 머우쭝싼 등은 서양철학의 범주로 중국 학술에서 서양 형이상학에 근접한 것을 가져다 서양철학식 중국철학으로 개조했다. 하지만 철학연구에 대응되는 것은 '자학(子學)'이 아니라 '경학'이므로 서양철학 연구 패턴에 맞추기 위해 '자학'에 집중하는 것은 옳지 않고 중국의 전통을 이해하는 데도 도움이 안 된다. 따라서 경학 연구로 돌아가야 중국의 전통을 이해할 수 있다.
> 셋째, 현대 신유가의 가치 근거는 오사 이후의 계몽 전통이다. 따라서 신유가는 전통사상의 일부를 중요시하고 계승하지만 이것은 '추상적 계승'에 불과하고 중국 고대의 제도와 무관하다. 그 최종 목적은 여전히 서양세계의 품에 안기는 것이다. 즉 서양이 보편이 되고 서양의 세계가 중국의 미래가 된다고 본다. 그들은 중국사상을 부분적으로 긍정하지만 그 속에서 서양적 가치의 싹을 찾아낼 뿐이다.[37]

여기서 쩡이는 장칭과 홍콩/대만 신유가 모두를 비판하고 제3자적 입장을 표명하고 있다.

탕원밍도 리밍후이의 관점 중 '대륙신유가'라는 명칭을 문제 삼는다.[38]

---

37) 「大陸儒家再回應: 港臺新儒家對傳統中國政治肯定得太少」
　　http://www.thepaper.cn/newsDetail_forward_1298273(검색일: 2015.9.30)

그는 1996년 팡커리에 가 이미 중국 학자로서 유교전통 위에 선 문화보수주의을 출현이 인지했음을 거론한다. 당시 팡커리는 1994년 『원도(原道)』 창간에 즈음해서 진행된 리쩌허우와 천밍의 대담에서 홍콩/대만과 다른 신유가 집단이 대륙에서 형성되었음을 언급한 사실, 1992년 쓰촨에서 열린 "유학과 그 현대적 의의" 국제학술회의에서 양쯔빈(楊子彬)이 "대륙신유학의 기치를 공개적으로 들자."라고 선언한 사실 등에서 '대륙신유가'의 자각의식이 포착된다고 주장했다. 뒤이어 탕원밍은 현재의 대륙신유가가 지난 세기와 80, 90년대와는 다르고, '대륙신유가'로 분류될 수 있는 학자 내부에도 커다란 차이가 존재하며, 대륙신유가의 출현은 문혁 이후 중국의 현실과 관계가 있음을 지적한다. 아울러 대륙신유가의 자각의식에는 민국시대 신유가를 폄하하거나 배척하는 의도가 있지 않고 중국에서 중단된 유가의 기치를 다시 들려는 의지가 더 강하며 장칭이나 양쯔빈의 경우도 민국시대 유학을 계승·발전시키고 중국의 유학을 부흥하려는 문제의식을 가진 것이라고 판단한다.

다른 한편으로 탕원밍은 1949년 중화인민공화국 건설 이후 대륙에 남은 유학자들을 대륙신유가라고 부르기도 했음을 상기한다. 이 경우에는 그들이 중국공산당의 이념과 정치적 주장에 동조하며 홍콩이나 대만으로 떠난 이들과 정치적 입장이 대립했음이 두드러졌다고 말한다. 그러나 탕원밍은 '대륙신유가'가 1990년대 자각의식을 적극적으로 표방했지만 그 기반에는 홍콩/대만 신유가의 제자인 해외 신유가의 도움이 있었기 때문에 둘을 선명히 나누는 것은 부적절하다고 판단한다. 근본적으로 대륙신유가와 홍콩/대만의 신유가는 유학 본래의 구분 방식이 아니므로 심학, 이학, 공양학 등 유학 본래의 명칭을 사용할 것을 제안한다. 탕원밍은 논

---

38) 「唐文明: 儒學復興需要代際接力」 http://www.thepaper.cn/newsDetail_forward_1298721(검색일: 2015.9.30)

의를 통해 중국에서 유학 발전의 의미를 찾는다. 그것은 과거와 다른 유학 사상의 등장은 문혁 이후 30여 년에 걸친 탐색 끝에 서양 근대성의 신화가 무너졌기 때문에 가능했다는 사실이다. 탕원밍은 중국에서 유학의 재건과 발전이 오사운동 이후 중국이 추구했던 서양 근대성을 버리고 대안을 찾는 과정이라고 규정한다.

리밍후이는 2015년 인터뷰 이전에도 중국 학계와 접촉한 경험이 있기 때문에 중국 학자들에게 그의 이름은 낯설지 않다. 중국 일부 학자들의 반응에는 이러한 사전 지식도 반영되어 있다. 중국의 유학자들은 대륙신유가라는 명칭, 유학의 정치담론 존재 여부 등의 문제로 리밍후이와 이견을 보였다. 그리고 그들 내부의 의견도 단일하지 않다. 그러나 대체로 중국의 유학에 대한 리밍후이의 이해가 논의의 중심이었다. 그 배후에는 '대륙신유가'라고 자처하게 된 90년대 이후 중국 유학의 발전이 학술의 내부 논리뿐만 아니라 중국의 현실과 진로에도 지속적으로 조응해 왔다는 인식이 공통적으로 깔려있다. 따라서 중국과 대만 유학자의 논쟁은 순학술적인 문제를 넘어 현실적인 문제와도 결부되어 있다.

3. 장칭의 반비판

리밍후이와 중국 유학자의 논쟁의 중심에 서 있는 장칭은 2015년 4월 자신의 견해를 밝혔다.[39] 우선 명확히 '정치유학'이 보통명사가 아니라 『춘추』의 '개제입법의 학(改制立法之學)'에서 연원한 고유명사임을 지적한다. 그리고 이에 근거해서, '정치유학'이 "공자가 『춘추』를 근거로 창립했고 여타 정치적 지혜와 예제(禮制) 정신을 융합했으며, 정치이성·

---

39) 「專訪蔣慶: 王道政治優勝於民主政治」, 2015.4.7. http://history.sina.com.cn/his/zl/2015-04-07/1631118451.shtml(검색일: 2015.9.30)

정치실천·정치비판·제도우선·역사희망을 구현한 것으로서 심성유학과 정치유학을 구분하고, 긍정적 이데올로기적 기능을 보유함으로써 자기 소외를 극복하는 춘추로부터 한나라·수나라·근현대에 걸쳐 면면히 내려오는 순정한 유학전통"이라는 자신의 정의를 재확인한다. 이에 따르면 장쥔마이와 머우쭝싼이 말한 정치유학은 유학의 전통 위에 있는 것이 아니고 그들의 것은 정치유학이 아니라 '정치를 말하는 유학'이라고 평한다. 그리고 비록 머우쭝싼·장쥔마이 등이 정치에 관심이 있었지만 유학에 대한 근본적인 입장은 심성유학에 있었다고 지적한다. 아울러 장칭은 리밍후이가 그들의 정치유학이 대만에서 이미 실현되었다고 하지만 사실 그것은 서양의 민주제도이지 유가의 전통적 의리에 기반을 둔 정치제도가 아니라고도 비판한다. 이에 따라 홍콩/대만 신유가는 향후 자유민주파와의 합일되고 유가 본연의 특성을 상실하게 될 예정이어서 그들의 정치는 서양의 정치, 민주의 정치제도지 중국의 정치 유가의 정치제도가 아니라고 판정한다. 심성유학과 정치유학의 구분이라는 논법에 대한 리밍후이의 비판은 유학자가 정치를 언급했는가 여부를 두고 이루어진 데 비해 장칭의 반박은 정치적 주장이 유학의 전통과 중국적 특성에 부합하는가를 기준으로 삼는다.

리밍후이에 대한 반박은 민주주의에 대한 근본적 회의로 진행된다. 즉 리밍후이는 민주주의가 세계에서 가장 좋은 정치제도라고 간주하지만 민주주의가 이미 역사와 현실, 원리와 제도의 측면에서 적지 않은 문제를 노출했다고 지적한다. 장칭은 민주주의의 문제점을 유가의 용어로 비판한다. 그것은 '리(理)'와 '세(勢)'의 관계다. 유학에서는 리가 세보다 우선인데 이것을 정치에 대입하면 민주주의는 리가 아닌 세만 실현할 수 있다는 것이다. 장칭은 민주의 문제는 여기서 비롯하고 리를 중시하는 유가는 왕도정치를 목표로 함으로서 민주주의의 결함을 극복할 수 있다고 말한다. 나아가 장칭은 리밍후이가 자유주의의 입장에서 유학을 대하기 때문에 제도를 구축하는 기능을 상실하고 현존 체제를 건드리지 않는 한도에서 '순수비판'만을 하는 처지에 놓였고, 이런 상태에서 유가와 자유주의, 민주주의는 결국 본질적 구별을 잃고 하나가 되는 일만 남았다고 진단한다. 유학을 정치의 '순비판자'로 보는 리밍후이의 주장대로 유학이 존재한다면 유학은 '창제의식'과 '창제기능'을 상실하고 공자의 『춘추』가 확립한 '계제입법의 유학'이라는 원칙을 위반해서 결과적으로 유학의 근본정신을 저버리게 된다고 강변한다.

인터뷰는 왕도가 민주주의보다 우세하다는 제목을 내걸고 있지만 대화 내용에서 장칭은 두 제도의 우수성을 가늠하는 데 머무르지 않는다. 왕도는 유학의 일부가 아니라 제도개혁이라는 유학 본연의 지향 위에 서 있다. 더 나아가 왕도와 민주주의는 중국의 것과 서양의 것으로 치환되고 있다. 장칭이 보기에, 대만의 신유가들은 오사신문화 운동 이후 추구된 서양식 민주주의를 인정하고 그것과 동행하는 데 머무르고 있기 때문이다. 여기서 장칭이 중국 정치제도가 중국 자신의 규정근거를 둔 정치제도의 구축을 희망하고 있음을 다시 한 번 확인할 수 있다.

V. 정치유학과 그 논쟁의 위상

이상 21세기 중국에서 유행한 정치유학의 이념과 2015년 리밍후이의 비판을 계기로 노출된 중국과 대만 유학자 사이의 학술적, 정치적 견해 차이를 살펴보았다. 오늘날 중국의 '정치유학'은 서양 근대성을 지양하고 중국적 가치를 실현하려는 지향을 표출하고 기존의 현대 신유학을 심성유학이라 비판하며 정체성을 표방한다. 대만 신유가의 맥을 잇고 있는 리밍후이는 중국 정치유학의 주장에 학술과 정치의 측면에서 모두 동의하지 않는다. 유학은 본래 내성과 외왕을 병행하는 것이고 대만의 신유학자

는 정치를 외면한 적도 없고 그들의 구상은 상당부분 실현되었기 때문이
다. 따라서 리밍후이는 장칭의 정치유학 담론이 대만에서는 시장성이 없
다고 판정한다. 대만에서는 민주주의 제도가 안정적으로 실행되고 있기
때문이다. 그 근거로 다음과 같은 사례들 거론한다. "한 개인이 위법행위
를 하지 않는 한 정부를 비판했다고 옥에 갇히지 않는다." '저술과 해외여
행에 제한을 받지 않으며 서적과 인터넷에서 표현의 자유도 보장된 소중
한 민주주의 사회다. 적어도 그것을 지키기 위해 "지조 있는 인사"가 나
설 일도 없다.'[40] 이상의 근거들은 대만에서 정치적 자유가 보장되었음을
보여주는 현상이다. 그런데 사실상 이러한 서술은 엄격한 통제가 자행되
는 중국의 정치상황에 대한 간접 비판이다. 그리고 이러한 현실을 언급하
지 않은 채 그 너머의 도덕과 역사를 말하는 장칭을 은연중에 비판하고
있다. 양자의 정치적 대립은 바로 근대 민주주의에 대한 이견 위에서 대
만의 현실과 중국의 도덕적 이상 사이의 대립이다. 이런 면에서 양측의
주장은 앞으로도 평행선을 달릴 것이다.[41]

현대 중국에서 90년대는 민족주의 부활의 시기이고 21세기는 자의식
강화의 시기이다. 도광양회의 시대는 지났고 화평굴기를 견지한 채 대국
굴기가 이제 자신의 현실이 되었다. 대국의 부활을 보며 중국의 지식인들
은 19세기 중반의 외교적 치욕과 5.4신문화운동에서 등장한 반전통주의
를 떠올려 대조한다. 국가의 재부상과 함께 영광을 되찾은 것은 신문화운
동을 통해 배척받은 전통, 그중에서도 유학이다. 80년대에 중국식 사회주
의 실현을 위한 3대 사상자원 중(中, 중국문화) - 서(西, 서양문화) - 마
(馬, 마르크스주의)의 한 축으로 자처하며 조심스레 부활의 움직임을 시

40) 李明輝, 앞의 글, 280쪽.
41) 2015년 4월 시나망을 통해서 발표된 장칭의 대답과 2015년 10월 『思想』 第29期에
    발표된 리밍후이의 응답은 각자의 입장 차이를 보다 분명히 할 뿐 어떠한 사유 접점
    또는 협의의 가능성을 보여주지 않는다.

작한 중국 유학은 이제 학술과 정치 측면에서 존립의 규정근거를 자기 안에서 찾으려는 단계에 올라섰다. 해외 신유가로부터 중단된 유가의 맥을 잇던 중국의 신유가가 이제는 민주와 과학을 유가와 연결시키려는 기존 해외 신유가의 이론을 비판하고 '중국적' 제도 창출에 유학이 당당히 중심에 서야 한다고 주장한다. 간춘쑹이 말했듯 대륙 유학자와 대만 유학자의 분기는 5.4신문화운동에 대한 태도를 계기로 이루어진다. 따라서 서양 근대성 신화를 폐기하고 서양 근대성의 대안을 창출하는 것이 오늘날 중국의 '정치유학'이 지니고 있는 근본적 지향이 되었다.

이런 측면에서 중국의 유학 담론은 80년대부터 진행된 중국 내 근대성 논의의 연장선상에 있다. 이들의 담론은 제도적 이론적으로 서양의 근대성을 뛰어넘으려는 중국 내 많은 이론 중 하나로 자리매김하고 있다. 경제성장이 경제성장 차원의 중국모델론을 탄생시켰다면 이제는 경제를 벗어난 정치, 문화 차원의 중국모델론을 탄생시킬 잠재적 사상자원이 된 셈이다. 특히 정치유학은 권력의 도덕적 정당성 확보에 대한 고민의 결과다. 물론 장칭의 구상에서 도덕을 유학과 공자, 혈통으로 충당하려 한 나머지 학문적 권위와 세습에 과도한 주도권을 부여할 가능성을 내포한다는 점에서 그들이 비판하는 서양식 대의제에 대한 합당한 대안은 될 수 없다.

그럼에도 중국 유학의 성장에 주목해야할 필요성은 이러한 결점이나 현실정책과의 괴리와는 별도로 존재한다. 중국의 유학은 문혁 이후부터 현재까지 끊임없이 현실과 조응하면서 이론적 성장을 도모 · 성취했으며 이와 동시에 실천의 방향을 모색하고 세력을 확장시켰기 때문이다. 중국의 유학은 수입된 서양의 이론이나 정치경제 체제, 시장의 유행에 영합해서 현대화를 운운하는 동아시아의 기존 유학 담론보다(대표적으로 유교자본주의론) 내실 있게 성장해왔다. 그 결과 중국에서 연원했다는 의미에서의 '중국의 유학'이 아닌 오늘의 중국과 호흡하고 그 자체가 되고자 한다는 의미에서의 '중국의 유학'으로 살아있다. 따라서 이 점을 명심하고 중국의 부상에 대한 단편적인 민족주의적 경계를 지양하고 부상을 지속·발전시키려는 각종 이론적 작업을 면밀히 파악하고 대처하는 것이 중국의 부상이 엄연한 현실이 된 현 상황에 부합하는 과제다.

| 참고문헌 |

송인재, 「1980년대 이후 중국의 전통 독법」, 『유교사상문화연구』, 제58집, 서울: 한국유교학회, 2014.

이연도, 「정치유학의 의미와 문제 - 대동, 소강설을 중심으로」, 『중국학보』, 제60집, 서울: 한국중국학회, 2010.

이용주, 「고전을 '어떻게' 읽을 것인가 - 경학사의 경험을 통해 본 현대 중국의 '독경 논쟁'」, 『코기토』, 66, 부산: 부산대학교 인문학연구소, 2009.

甘陽, 『文明·國家·大學』, 三聯書店, 2012.

蔣慶, 『政治儒學』, 三聯書店, 2003.

趙汀陽, 『天下體系』, 北京: 中國人民大學出版社, 2005.

許紀霖, 『啓蒙如何起死回生: 現代中國知識分子的思想困境』, 北京: 北京大學出版社, 2011.

幹春松, 「制度化儒家: 問題與方法」, 『哲學動態』, 第10期, 北京: 中國社會科學院哲學所, 2003.

_____, 「王道與天下國家—從儒家王道政治重思天下國家觀念」, 『戰略與管理』, 第3·4期合編本, 中國戰略與管理研究會, 2009.

_____, 「家如何參與制度重構」, 『南風窓』, 第19期, 廣州: 廣州日報報業集團, 2012.

李明輝, 「關於'新儒家'的諍論—回應『澎湃新聞』訪問之回應」, 『思想』, 第29

期, 2015.

姚中秋,「人民儒學芻議」,『文化縱橫』, 第1期, 中國西部研究與發展促進會, 2012.

秋風,「復古才能改新」,『文化縱橫』, 第2期, 中國西部研究與發展促進會, 2012.

幹春松,「王道與天下國家一從儒家王道政治重思天下國家觀念」,『戰略與管理』, 第3·4期合編本, 2009. http://www.aisixiang.com/data/70124-5.html(검색일: 2014.2.5)

唐文明,「回到康有爲'與新儒家之爭」,『中華讀書報』, 2015.5.28. http://view.inews.qq.com/a/RUS2015052802326502(검색일: 2015.9.30)

蔣慶,「王道政治是當今中國政治的發展方向一蔣慶先生答何謂王道政治的提問」, http://www.confucius2000.com/confucius/wdzzsdjzgzzdfzfxjqdwdzz.htm(검색일: 2015.9.24)

秋風,「儒家復興與中國思想, 政治之走向: 一個自由主義者的立場」,『思想』第20期, 2012.1. http://www.21ccom.net/articles/sxwh/shsc/article_2012042358277.html(검색일: 2015.9.17)

_____,「必須學術上'驅除韃虜, 恢復中華'」, 2014.10.29. http://history.sina.com.cn/his/zl/2014-10-29/1716105868.shtml(검색일: 2015.9.17)

「唐文明: 儒學復興需要代際接力」http://www.thepaper.cn/newsDetail_forward_1298721(검색일: 2015.9.30)

「唐文明: 儒學復興需要代際接力」, 2015.1.28. http://www.thepaper.cn/newsDetail_forward_1298721(검색일: 2015.9.30)

「大陸儒家再回應: 港臺新儒家對傳統中國政治肯定得太少」, 2015.1.27. http://www.thepaper.cn/newsDetail_forward_1298273(검색일: 2015.9.30)

「大陸儒家回應批評: 港臺新儒家未必切近大陸現實」, 2015.1.26. http://www.thepaper.cn/newsDetail_forward_1297875(검색일: 2015.9.30)

「專訪臺灣儒家李明輝: 我不認同'大陸新儒家'」, 2015.1.24. http://www.thepaper.cn/newsDetail_forward_1295434(검색일: 2015.9.30)

「專訪蔣慶: 王道政治優勝於民主政治」, 2015.4.7. http://history.sina.com.cn
/his/zl/2015-04-07/1631118451.shtml(검색일: 2015.9.30)

「秋風教授, 幹春松教授參加"現代視域下的儒學與政治"思想對話」, http://www.
hongdaojijin.com/233/i-2005.html(검색일: 2014.11.16)

현대중국의 발전전략과 호구제도
: 시진핑 시대를 중심으로

● 박철현 ●

I. 서론

1949년 10월 건국 이후 중국은 거대한 인구, 상대적으로 부족한 자원과 자본이라는 조건 속에서 발전전략을 추구해야 했다. 당시 중국은 5억의 인구 중에서 농민이 90%를 차지할 정도로 농업국가였지만, 중공업 위주 발전전략을 추구했다. 사실 노동, 자본, 기술, 토지라는 근대적인 생산요소 중에서 노동을 제외하고 다른 모든 것들이 부족한 상황에서 중국이 취할 수 있는 발전전략은 자본, 기술, 토지 보다는 노동의 투여가 상대적으로 많은 경공업 위주 전략이었지만, 중국은 중공업 위주 발전전략을 추구했던 것이다. 그 이유는 당시 공산당 지도부가 20세기 초반부터 근대적인 중공업을 기반으로 성장한 구미제국의 발전상에 깊은 인상을 받았던 것, 건국 초기 중국의 사회주의 건설을 지도한 소련의 역사적 경험, 한국전쟁의 경험 등이다. 이러한 이유들로 중국은 경공업이 아닌 중공업 위주 발전전략을 건국초기부터 추구해나간 것이다.

---

* 이 글은 「시진핑 시대 호구제도 개혁 분석」, 『지식네트워크』, 제12호, 2018을 수정·보완한 것이다.

** 국민대학교 중국인문사회연구소 HK연구교수.

이 글은 건국 이후 중국의 발전전략과 호구제도의 관계를 추적하는 것으로 시작된다. 건국 초기 확립된 중공업 위주 발전전략을 추구하기 위해서는 인구의 압도적인 다수인 농민이 거주하는 농촌에서 자원을 추출하여 도시 중공업 부문에 우선적으로 투자해야 했는데, 이를 위해서는 농민의 도시이주를 금지시켜야 했다. 다시 말해서 농민을 농촌에 결박시키고 농업 부문에서 자원을 추출하여 도시 중공업 부문에 투자하는 방식의 중공업 위주 발전전략을 추구하기 위해서는 무엇보다도 농민의 자유로운 도시이주가 금지되어야 했고, 이를 가능하게 하는 사회적 제도가 바로 호구제도였다는 점이다. 이렇게 건국 이후 중국은 자신이 맞닥뜨린 사회정치적 경제적 조건 속에서 발전전략을 추구하기 위한 사회적 제도로서 호구제도를 정립해나간다. 문제는 매 시기 달라지는 조건 속에서 발전전략도 변화를 겪고 이에 따라 호구제도도 변화한다는 점이다.

중요한 점은 사실상 건국 이후 줄곧 큰 변화를 보이지 않던 호구제도가 개혁기에 들어서 점차 변화를 보이기 시작한 것인데, 그 이유는 역시 발전전략의 변화였다. 개혁기 들어서 기존의 중공업 위주 발전전략을 폐기하고 중공업 경공업 병행 발전전략을 추구하면서, 당시 전체 인구 10억 중 80%가 넘는 인구가 거주하고 있던 농촌 부문으로 눈을 돌린 것이다. 당시 8억이 넘는 농민 중 상당수는 잉여노동력으로 농업생산성은 매우 낮은 상태였다. 즉 중국 정부는 저렴한 농민 노동력을 도시 공업 부문에 취업시키기 위해서 농촌 잉여노동력의 도시이주를 제한적으로 허용하기 시작한 것이다. 개혁기 초기인 1980년대부터 이완되던 호구제도는 1990년대 도시개혁의 시기가 도래하면서 큰 변화를 겪는다. 기존과 달리 '잠주증(暫住證)'과 같은 임시거주허가증을 발급받으면 일정기간 동안 도시에서 거주할 수 있게 된 것이다. 이는 농민의 도시이주가 개혁기 이전의 전면적 금지에서 조건부 허용으로 바뀐 것을 의미하는 것이다.

2000년대 들어서는 호구제도 변화가 더욱 가속화되어 지방정부가 자신의 조건에 맞는 호구제도를 수립할 수 있게 된다. 즉 지방정부가 자신이 설정한 사회경제적 발전전략에 맞는 호구제도를 수립하고 자신이 필요한 노동력에게 선택적으로 도시호구를 부여할 수 있게 된 것이다. 이러한 변화는 기존의 '조건부 허용'과도 질적인 차이를 보이는 호구제도 변화라고 할 수 있다.

이러한 호구제도 변화를 배경으로 해서, 이 논문은 시진핑(習近平) 시대 호구제도 개혁의 특징을 분석하는 것이 목적이다. 앞서 보았듯이 1980년대 농촌개혁, 1990년대 도시개혁을 거치면서 호구제도는 사회주의 시기와 비교해서 상당한 변화를 보였고 2000년대에 들어서도 일정한 변화를 보였지만, 2013년 시진핑 시대의 개시를 전후로 생겨난 국내적 국외적 사회경제적 정치적 조건의 변화가 원인이 된 최근의 호구제도 개혁은 기존의 호구제도 개혁과 질적인 차이를 보인다는 점에 주목할 필요가 있다.

이 논문은 이러한 국내적 국외적 사회경제적 정치적 조건의 변화를 점검하고, 그것이 초래한 시진핑 시대 호구제도 개혁의 특징을 분석하는 것이 목적이다.

기존 호구제도에 대한 연구는 중국 국내외를 막론하고 아주 많지만, 시진핑 시대를 특정한 연구는 많지 않다. 특히 시진핑 시대의 호구제도 개혁을 발전전략의 수정을 요구하는 국내외적 조건의 변화 속에서 분석한 연구는 거의 없다고 할 수 있다.

기존 중국의 호구제도 연구는 크게 4가지로 나뉜다.[1] 첫째, 비교연구이다. 이것은 동일시기 중국과 외국의 비교, 중국 국내에서 역사적 비교로 다시 나뉜다.[2] 둘째, 호구제도 변화의 동력기제에 관한 연구이다. 중

1) 다음을 참고. 別紅暄,「當代中國戶籍制度硏究綜述」,『北京工業大學學報』, 第1期, 北京 : 北京市敎育委員會, 2014. 이하 각주에서는 각 분야에서 대표적인 연구만을 제시한다.
2) 藍海濤,「我國戶籍管理制度的歷史淵源及國際比較」,『人口與經濟』, 第1期,

화인민공화국 건국 이후 호구제도는 1958년에 정식 확립된 이후 계속 변
화해왔는데, 1958-1978년까지 사회주의 시기와 1978년 이후 현재까지의
개혁기로 양분하여, 각 시기 호구제도 변화를 초래한 동력을 분석하는 연
구이다.[3] 셋째, 호구제도의 기능에 관한 연구이다. 이것은 다시 호구제도
가 가진 긍정적 기능과 부정적 기능에 대한 연구로 나뉘는데, 호구제도가
과거 중국 사회주의 건설에 기여한 긍정적 측면을 강조하는 것과 개혁기
중국의 진일보한 발전에 방해가 되는 부정적 측면을 강조하는 내용이
다.[4] 넷째, 호구제도 개혁의 목표와 경로에 관한 연구이다. 대량의 농민
공이 도시로 진입하여 도시 내부의 '2등 시민'이 되어 권리와 이익이 심각
하게 제약되는 문제를 해결하기 위해서는 호구제도 개혁이 미룰 수 없는
과제가 된 것이 이 분야 연구의 배경이다.[5]

北京: 首都經濟貿易大學, 2000; 張慶五·張雲, 「從國外民事登記看我國戶籍
制度改革」, 『人口與計劃生育』, 第3期, 北京: 人口與計劃生育雜誌社, 2002; 姚
秀蘭, 『戶籍身分與社會變遷: 中國戶籍法律史研究』, 北京: 法律出版社, 2004;
兪德鵬, 『城鄕居民身分平等化研究』, 北京: 中國社會科學出版社, 2004.

3) 楊雲彦, 『中國人口遷移與發展的長期戰略』, 武漢: 武漢出版社, 1994; 溫鐵軍,
「我們是怎樣失去遷徙自由的」, 『中國改革』, 第4期, 北京: 中國經濟體制改革
研究會, 2002; 池建宇·楊軍雄, 「中國戶籍制度變遷的供求分析」, 『經濟體制
改革』, 第3期, 成都: 四川省社會科學院, 2003; 賀振華, 「戶籍制度改革: 一個合
作博弈框架內的分析」, 『人口與經濟』, 第3期, 北京: 首都經濟貿易大學, 2003;
吳開亞·張力, 「發展主義政府與城市落戶門檻: 關於戶籍制度改革的反思」,
『社會學研究』, 第4期, 北京: 中國社會科學院社會學研究所, 2010.

4) 丁水木, 「現行戶籍制度的功能及其改革走向」, 『社會學研究』, 第6期, 北京: 中
國社會科學院社會學研究所, 1992; 彭希哲·郭秀雲, 「權利回歸與制度重建:
大城市流動人口管理模式創新的思考」, 『人口研究』, 第4期, 北京: 中國人民大
學, 2007; 葉建亮, 「公共産品岐視性分配政策與城市人口控制」, 『經濟研究』,
第11期, 北京: 中國社會科學院經濟研究所, 2006; 陸益龍, 「戶籍制度改革與城
鄕關係的協調發展」, 『學海』, 第6期, 南京: 江蘇省社會科學院, 2001; 郭欣根·
張寧, 「現行戶籍制度的利弊及改革思路」, 『當代世界與社會主義』, 第5期, 北
京: 中共中央編譯局, 2008.

이 논문은 다음과 같이 구성된다. 서론에 이어서 2장에서는 건국 이후 호구제도 탄생의 원인과 호구제도 개혁의 역사를 개괄한다. 3장에서는 시진핑 시대 호구제도 개혁의 국내외 사회경제적 정치적 조건, 주요 개혁 추진 과정과 내용을 점검한다. 또한 이러한 호구제도 개혁의 의미를 분석하고, 기존 1980년대 1990년대는 물론, 특히 후진타오 시대 호구제도 개혁의 특징과 비교한다. 마지막 결론에서는 본문의 내용을 정리하고, 시진핑 시대 호구제도 개혁이 최근 추진되고 있는 각종 사회경제적 패러다임과 어떠한 관련성을 가지는지 짚어본다.

II. 건국 이후 발전전략과 호구제도

1. 건국 초기

이 시기 호구제도의 주요 목적은 인구이동의 제한이 아니라, 당시 건국초기 공산당 정권의 기초인 사회적 질서의 유지였다. 이 목적을 달성하기 위해서, 1950년 「특수 인구관리에 관한 임시방법(關於特種人口管理的暫行辦法)」, 1951년 「도시 호구관리의 임시 조례(城市戶口管理的暫行條例)」, 1953년 「호구이주증(戶口遷移證)」과 「전국인구조사등기법(全國人口調查登記法)」, 1955년 「경상호구등기 수립에 관한 지시(關於建立經常戶口登記指示)」 등 호구제도 수립을 위한 각종 조치들이

---

5) 劉伯文,「我國戶籍制度改革的總體趨勢」,『經濟體制改革』, 第1期, 成都: 四川省社會科學院, 2004; 胡星門,「中國戶籍制度的命運: 完善抑域廢除」,『學術硏究』, 第10期, 廣州: 廣東省社會科學界聯合會, 2009; 溫鐵軍,「戶改之辯」,『小康』, 第2期, 北京: 求是雜誌社, 2008; 李志德,「中國戶籍制度變遷的路徑選擇: 城市戶籍的供需均衡與實現」,『經濟體制改革』, 第4期, 成都: 四川省社會科學院, 2010.

공안부(公安部)에 의해 발표되었다. 이 시기는 오랫동안의 외침과 전쟁으로 피폐해진 경제건설을 위해 사회질서를 유지하는 한편, 공산당 정권의 정치적 안정성을 확보하는 것이 급선무였기 때문에, 호구제도도 이에 맞추어 국민의 합법적 신분과 권리 보장, 인구 파악, "반(反)혁명분자" 등 반(反)공산당 세력의 축출 등에 초점을 맞추었다. 물론 이 시기에도 농민의 도시유입을 일정하게 제한하는 조치가 있었으나 엄격하지는 않았다.[6]

2. 사회주의 건설기

이 시기는 중국 특유의 도농분리 호구제도가 형성된다. 이 시기는 무엇보다도 중공업 위주 발전전략이 호구제도 형성의 핵심적인 원인이 된다. 중국은 건국 이후 1952년까지 농민의 토지소유는 물론 국영기업, 사영기업, 개인기업 등 다양한 소유제가 병존하는 짧은 "신민주주의(新民主主義) 시기"를 거쳐서, 1953년 제1차 5년 계획(第一個五年計劃, 이하 '일오')에 들어선다. '일오' 시기는 가용한 모든 자원을 중공업 부분에 우선적으로 투자하는 중공업화와 합작사(合作社)에 의한 농업집단화가 진행되었다. 자본, 노동, 기술이라는 생산요소 중 노동을 제외하고는 모두가 부족한 상황에서 중국이 취할 수 있는 전략은 노동집약적인 섬유, 신발, 가발 등 경공업 위주 경제발전이지만, 신생 사회주의 국가인 중국에 대한 소련의 국가건설 지도, 한국전쟁의 경험, 공산당 지도부의 중공업에 대한 오랜 지향 등으로 인해서 결국 중공업 위주 발전전략을 취하게 된다.

당시 중국에서 중공업 발전을 위한 숙련노동력과 관련 인프라를 갖춘

---

6) 자세한 내용은 다음을 참고. 路遇, 『新中國人口五十年 下』, 北京: 中國社會科學出版社, 2016, 1021-1027쪽.

곳은 도시였고, 특히 19세기 후반부터 제국주의 국가의 침략이 시작된 상하이 및 그 주변과 일본이 세운 만주국(滿洲國)이 자리 잡은 동북지역은 중공업 기업과 숙련노동력 및 관련 인프라가 집중되어있었다. 이런 이유로 '일오' 시기 중공업화 전략은 이 지역을 비롯한 도시에 집중되었다. 문제는 중공업은 그 특성상 자본집약적 산업이기 때문에 자본이 부족한 중국으로서는 중공업화에 필요한 자본을 확보해야 했으나, 한국전쟁을 막 치른 공산당 정부에 원조를 제공할 서방 국가들은 없었고, 다만 소련이 사회주의 건설 경험과 냉전 초기 극동전략에 기초해 '일오' 시기를 중심으로 '156항 중점 건설공정(156項重點建設工程)'을 통해 전문가, 자본, 기술 등을 지원했을 뿐이다.[7]

따라서 중국은 당시 인구의 90% 가량이 살고 있던 농촌에서 잉여를 추출하여 도시 중공업 건설에 집중 투입하는 방식을 취했다. 농업잉여는 두 가지 방식을 통해서 추출되었다. 첫 번째는 곡식을 세금으로 국가에 납부하는 '농업세(農業稅)'이고, 두 번째는 국가가 농민에게서 농업생산물을 강제로 저가(低價)에 수매하고 국가가 이 농업생산물을 도시 노동자와 공업부문에 저가로 공급하는 '국가강제수매 및 판매제도(統購統銷)'이다.[8] 이에 대해 도시 공업 부문에서 생산하는 공업생산물은 상대적으로 고가(高價)로 책정되어 전체인구의 90%가 넘는 농민에게 판매되었다.[9]

7) 156항 가운데 1/3 이상이 동북지역에 집중된다. 자세한 내용은 다음을 참고. 董志凱·吳江,『新中國工業的奠基石』, 廣州: 廣東經濟出版社, 2004.
8) 농업세는 2006년 공식 폐지되고, 국가강제수매 및 판매제도는 1980년대 초반 농업개혁을 실시하면서 폐지된다. 국가강제수매 및 판매제도에 관해서는 다음을 참고. 鄭有貴 主編,『中華人民共和國經濟史(1949-2012)』, 北京: 當代中國出版社, 2012, 31-32쪽.
9) 경제학자 배리 노턴은 이러한 발전전략을 '빅 푸쉬 발전전략'으로 개념화한다.; 배리 노턴 지음, 이정구·전용복 옮김,『중국경제: 시장으로의 이행과 성장』, 서울: 서울경제경영, 2010, 75-76쪽.

이러한 농업생산물과 공업생산물의 '부등가 교환(unequal exchange)'을 통해 확보한 자본을 도시 중공업 부문에 집중 투자하는 방식의 발전전략을 유지하기 위해서는 무엇보다도 도시 인구를 제한해야 했다. 당시 도시 인구 제한의 핵심은 농민의 도시유입을 차단하는 것인데, 이러한 차단을 제도화 시킨 것이 바로 1958년 「조례」이다.

이미 1957년 12월 중공중앙과 국무원은 「농촌인구의 맹목적 유동의 제지에 관한 지시(關於制止農村人口盲目外流的指示)」를 발표하여 농촌인구의 도시유입에 대한 본격적인 차단을 예고했고, 1958년 1월 「조례」가 전국인민대표대회 상임위원회 회의를 통과하여, 농민의 도시유입은 공식 차단된다. 이어 공안부는 1962년 「호구이주문제에 대한 통지(關於戶口遷移問題的通志)」와 「호구관리업무의 강화에 관한 의견(關於加强戶口管理工作的意見)」을 통해서, 농민의 도시유입에 대한 엄격한 차단은 물론, 중소도시에서 베이징(北京), 상하이(上海), 톈진(天津), 우한(武漢), 광저우(廣州) 등 5대 대도시로의 인구이동도 엄격히 제한할 것을 요구한다. 또한 1975년 1월 전국인민대표대회 회의에서 「중화인민공화국헌법(中華人民共和國憲法)」에서 "중화인민공화국 주민은 거주와 이전의 자유가 있다"는 조문을 삭제하기로 결정하여, 국민의 자유로운 이주와 거주의 권리는 헌법에서도 사라지게 된다. 개혁기를 앞둔 1977년 11월에도 국무원은 「호구이주 처리에 관한 규정(關於處理戶口遷移的規定)」을 비준하여, 농민의 도시이주는 물론 농업인구가 비(非)농업인구로 호구를 바꾸는 '농전비(農轉非)'에 대해서도 엄격한 제한을 요구한다.[10] 삭제된 '거주이전의 자유' 조문은 1978년 3월 통과된 수정 「헌법」

---

10) 농전비는 주로 변경지역 농업부문에서 힘든 일을 하는 향진(鄕鎭)의 관리 및 기술인원과 그 가족들을 격려하는 차원에서 이들의 호구를 농업호구에서 비농업호구로 전환시켜주는 것을 가리킨다.

에서도 회복되지 못한다.[11]

중요한 것은 이 시기 국무원과 공안부를 중심으로 하는 엄격한 호구제도 집행을 통한 농촌인구의 도시유입 통제와 정반대의 움직임도 동시에 존재했다는 점이다. 즉 주로 정치적인 원인의 운동과 경제건설을 통해서 농촌인구의 도시유입과 도시인구의 농촌유입이 이뤄졌다. 대약진(大躍進) 시기(1958-1960년) "미국과 영국을 따라잡기" 위한 중공업 건설을 위해 3000만 명에 달하는 대규모 농촌인구를 도시로 이주시켰다가 대약진 실패 후 폭증한 도시인구를 축소시키기 위해서 도시 공장의 대규모 인원을 다시 농촌으로 돌려보낸다. 이후에도 중서부 내륙으로 연해지역의 공업기지를 옮기는 삼선건설(三線建設), 도시 청년을 농촌으로 내려 보내는 상산하향(上山下鄕), 문화대혁명(文化大革命) 등의 정치운동에 의해서 농촌과 도시 사이에는 상당한 인구이동이 존재했지만, 농업잉여의 추출을 위한 농촌인구의 도시유입 차단을 핵심내용으로 하는 호구제도는 개혁기 직전까지 비교적 잘 유지되었다고 할 수 있다.[12]

3. 개혁기(1978-2012년)

1978년 12월 중국공산당이 개혁개방을 결의한 이후, 중국은 개혁기에 들어선다. 발전전략에 있어서 개혁기는 이전 시기와 큰 대조를 이룬다. 개혁기는 기존의 중공업 우선 발전전략과 달리 경공업 동시 발전전략을 추진한 것이다. 경공업은 중공업과 달리 상대적으로 자본이 덜 필요한 노동집약적 산업으로, 당시 전체 10억 인구 중 82%가 농촌인구였던 중국으

---

11) 張英紅, 「戶口制度的歷史回溯與改革前瞻」, 『寧夏社會科學』, 第3期, 銀川: 寧夏社會科學院, 2002.

12) 자세한 내용은 다음을 참고. 路遇, 『新中國人口五十年 上』, 北京: 中國社會科學出版社, 2016, 471-494쪽.

로서는 이러한 농촌의 잉여노동력을 활용하여 수출용 상품을 생산하는 노동집약적 산업을 육성하기 시작했다.[13]

중요한 것은 개혁기 초기 1980년대는 농촌개혁의 시기였기 때문에 '호별영농(戶別營農)'에 의한 농가의 생산성 제고와 잉여노동력의 향진기업(鄕鎭企業) 취업으로 농촌의 가계소득은 크게 증대했지만, 농민이 도시로 이주하는 현상은 두드러지게 나타나지는 않았다는 점이다. 이 시기 농촌 노동력은 대부분 농업과 향진기업에 고용된 상태였다. 하지만 1980년대 말-1990년대 초에 도시지역의 개혁이 시작되어 본격적인 국유기업 개혁이 시작되었고 개체호(個體戶)를 비롯한 사영기업(私營企業)이 폭발적으로 증가하여 저임금 노동력에 대한 수요가 증가하자, 농민들은 도시로 유입되기 시작했다.

1990년대 본격화된 국유기업 개혁은 산업구조조정과 소유권 개혁이 핵심이다. 소유권 개혁에 의해서 기존 도시호구 노동자들은 '임금노동자'로 전락하고, 주로 저임금 저기술 저학력 중년의 도시호구 여성 노동자들이 먼저 '정리해고(下崗)' 대상이 된다. 이 노동자들의 직무는 진입장벽이 비교적 낮은 단순노동 위주라 기업의 입장에서는 해당 노동자를 정리해고해도 생산에는 별 영향을 미치지 않는다. 또한 이 노동자들은 도시호구이기 때문에 기업은 이들에게 농민들에 비해서 상대적으로 높은 임금과 주택, 교육, 의료, 보험 등 각종 '노동력 재생산 비용'까지 지급해야한다. 하지만 기업은 이들 도시호구 노동자들보다 훨씬 낮은 임금만 지급해도 되고, 도시호구 소지자에게만 제공되는 '노동력 재생산 비용'도 지불할 필요가 없는 농민공(農民工)을 선호했다. 국유기업 뿐만이 아니라 개체호, 독자기업(獨資企業), 합자기업(合資企業), 합작기업(合作企業) 등 사영부문도 저임금만 지급하면 되고 노동력 재생산비용을 지급할 필요가 없는

---

13) 1978년 말 중국 도시화율은 17.9%였다.

농민공을 선호했다. 이에 따라 농민들의 도시유입은 점차 증가한다.

　문제는 이러한 저임금 농민공 노동력에 기초한 발전전략을 추구하기 위해서는 농민공이 도시 노동시장에 유입되어야 하지만 그렇다고 지나치게 대규모로 유입되면 도시 기층사회의 인구학적 이질성 증가, 유동성 증가, 불안정성 증가라는 사회정치적 리스크가 대두될 수 있다. 또한 주택, 교육, 의료, 보험 등 ‘도시공공재(urban public goods)’는 도시호구 소지자만이 배타적으로 누릴 수 있는 특권인데, 도시로 유입된 대규모 농민공들이 이러한 도시공공재를 누리고자 할 경우, 사회주의 시기부터 형성되어 온 중국의 ‘도시레짐(urban regime)’ 자체가 붕괴될 가능성도 있다.

　이렇게 기존 사회주의 시기와 달리 농민의 도시유입을 허용하되 지나친 대규모 유입은 통제하기 위해서는, 기존 호구제도의 핵심내용인 농업호구와 비농업호구의 구분을 폐지하지 않고 농민의 제한적 도시유입을 허용하며, ‘도시공공재’에 대한 이들의 접근을 차단하는 것이 중요하다. 이를 가능하게 하기 위해서 국가는 기존 호구제도의 일정한 개혁을 추진해나간다.

　이 시기 취해진 구체적인 개혁조치들은 다음과 같다. 1980년 국무원은 「일부 전문기술간부의 농촌가족 도시이주 이후 국가제공 양식문제의 해결에 관한 규정(關於解決部分專業技術幹部的農村家屬遷往城鎭由國家供應糧食問題的規定)」을 통해서 일부 기술간부의 가족들이 도시로 이주해서 국가에서 직접 제공하는 식량을 받을 수 있는 근거를 마련했고, 1984년 「농민의 집진 정착 문제에 관한 통지(關於農民集鎭落戶問題的通知)」를 통해 농민과 그 가족이 ‘집진(集鎭: 도시와 가까운 농촌의 상업중심지)’에 정착할 수 있게 했다. 이후 1985년 「성진임시거주인구 관리에 관한 임시규정(關於城鎭暫住人口管理的暫行規定)」과 「중화인민공화국 주민신분 조례(中華人民共和國居民身分條例)」 등을 마련했다. 하지만 이 시기는 상술한 바와 같이 아직은 농민의 대규모 도시유입이 시작되기 전이라 호구제도 개혁도 비교적 간단한 수준이었다.

1990년대부터 시작된 도시개혁과 함께 보다 진전된 호구제도 개혁이 등장한다. 특히 1992년 제14차 공산당 대회에서 중국이 '사회주의 시장경제체제' 수립을 목표로 설정한 이후, 시장이 사회와 경제를 운용하는 핵심기제로 확산되면서, 여기에 적합한 방식으로 호구제도 개혁이 시작되는데, 기존과 달리 일정한 범위의 소수 농민공에게 '소도시(小城鎭)' 지역 호구를 개방하여 조건에 맞으면 해당 소도시 도시호구를 취득할 수 있게 하는 것이다. 1995년 국무원과 공안부는「소도시 호적개혁 시점 방안(小城鎭戶籍改革試點方案)」과「현재 호구관리 업무 중 몇 가지 돌출된 문제의 해결에 관한 의견(關於解決當前戶口管理工作中幾個突出問題的意見)」을 발표하여, 특히 농민공의 도시정착과 관련된 일정한 호구제도 개혁 조치를 발표한다.

후진타오(胡錦濤) 시대가 시작되는 2000년대 들어서면 기존 1990년대와는 또 다른 호구제도 개혁이 시작되는데, 무엇보다도 당시 개혁개방 이후 눈부신 경제발전에 따른 각종 부작용 ─ 지역격차, 계층격차, 도농격차 ─ 이 점차 심각한 사회문제화 되고 있었기 때문에, 어떤 식으로든 이러한 부작용을 해결하지 못하면 '지속가능한 발전'이 불가능하다는 경각심이 점차 중국 지도부내에도 확산되고 있었던 것이 가장 큰 배경이다. 이에 따라 호구제도 분야에서는 기존과 달리, 일정한 조건과 범위 내에서 소도시는 물론 대도시에서까지 농민공의 도시호구취득이 점차 가능해지기 시작했다. 2001년에 발표된「소도시 호적관리제도 개혁에 관한 의견(關於推進小城鎭戶籍管理制度改革的意見)」에 따르면, 본인 의사가 있으면 소도시 호구를 자유로이 취득할 수 있게 되었다.

후진타오 시대에 주목할 점은 기존과 달리 지방을 중심으로 하는 호구제도 개혁실험이 활발히 진행되었다는 사실이다. 2001년 스자좡(石家莊)의「우리 시 시구 호적관리제도개혁에 관한 의견(關於我市市區戶

籍管理制度改革的意見)」, 2004년 청두(成都)의 '도농통합호적제도 개혁', 2004년 선양(瀋陽)의 「호구이주제도의 진일보 개혁에 관한 시 계획위원회 부문의 약간 의견(市計委部門關於進一步推動改革戶口遷移制度若幹意見)」등의 조치들이 등장한다. 이 조치들은 모두 대도시에서 농민공의 호구취득을 가능하게 한 것이지만, 이러한 제도적 변화와는 달리 실제로 농민공이 대도시호구를 취득하는 것은 매우 어려웠고, 그 제도적 변화가 중국 대도시에 전면적으로 시행된 것도 아니었다.

하지만 이러한 지방을 중심으로 하는 호구제도 개혁 실험은 곧 이후 시진핑 시대 호구제도 개혁의 중요한 기초가 된다는 점에서 주목할 만하다. 이러한 대표적인 지방 호구제도 개혁 실험을 유형별로 개괄하면 다음과 같다.14)

첫째, 전면개방형이다. 2003년 8월 정저우(鄭州)는 「호적관리제도 개혁에 관한 정저우시 인민정부 통지(鄭州市人民政府關於戶籍管理制度改革的通知)」를 발표하여, 기존 '농업호구', '임시거주호구', '소도시호구', '비농업호구' 등의 구분을 폐지하고, '정저우 거민호구(居民戶口)'로 통일했다.

둘째, 인재유치형이다. 투자, 학력, 근무기한 등에서 일정한 조건을 충족하는 외지인에 대해서 현지 호구소지자와 동일하거나 상당하는 대우를 제공하는 것으로, 베이징, 상하이 등에서 실시되었다.

셋째, 도농통합형이다. 앞서 언급했듯이 청두는 2003년부터 일원적(一元的) 호구제도를 건립하기 위해서, 농업호구와 비농업호구의 구분을 폐지하고「청두 전역 도농통일 호적으로 거민자유이주를 실현하는 것에 관한 의견(關於全域成都城鄕統一戶籍實現居民自由遷徙的意見)」를

---

14) 李偉,「戶籍制度改革硏究綜述」,『經濟硏究參考』, 第66期, 北京: 經濟科學出版社, 2015, 51-52쪽.

발표하였다. 이것은 2012년 말까지 청두가 호구등기지역과 실제거주지역
이 일치하는 호적관리제도를 수립하고, 거주, 육아, 취업, 납세, 신용, 사
회보험 등의 정보를 신분증 번호를 기초로 '공민정보관리시스템(公民信
息管理系統)'에 통합하는 것을 목표로 하고 있다.

넷째, 점수적립(積分)형이다. 이것은 2009년 광동 중산시(中山市)에
서 최초로 실시된 것으로, 기술, 학력, 사회보험납부, 취업, 연령, 거주 등
의 지표(指標)를 수량화한 후 개별 유동인구(流動人口)의 점수를 합산
하여 해당 도시의 공공서비스 및 호구부여를 결정하는 방식인데, 2010년
부터 광동성에서 전면 실시되었다.

이상 후진타오 시대 특히 지방을 중심으로 이뤄진 호구제도 개혁 실험은
이후 시진핑 시대 호구제도 개혁의 중요한 기초가 된다는 것이 중요하다.

III. 시진핑 시대의 발전전략과 호구제도 변화 분석

이상에서 살펴본 건국 이후 2012년까지 호구제도 변화와는 달리 시진
핑 시대 호구제도 개혁은 여러 가지 측면에서 질적인 차별성을 보인다.
이러한 질적 차별성을 만들어 낸 가장 큰 이유는 바로 기존 발전전략의
전면적 수정을 필요로 하는 국내적 국외적 배경이 형성되었다는 점이다.
3장에서는 이러한 국내외적 배경이 무엇인가를 살펴보고, 시진핑 시대
이뤄진 구체적인 개혁조치의 내용들을 점검한 후, 이러한 개혁조치의 의
미를 분석한다.

1. 국내외 정치경제적 배경

우선 1978년 이후 개혁기에 들어서 유지해온 기존 발전전략이 엄청난

경제성장을 가져왔지만 동시에 심각한 각종 사회경제적 정치적 문제들이 각종 '격차'의 형태로 드러나기 시작했다는 점이다. 이것들은 도농격차, 지역격차, 계층격차이다. 중국은 1980년대 도시지역은 그대로 두고 몇몇 특구 및 농촌지역을 개혁개방의 실험대상으로 삼았다. 이것은 단위체제, 국유기업과 소속 노동자, 복지제도 등 체제의 핵심이 집중된 도시가 아니라 농촌을 실험대상으로 함으로써, 개혁개방 실험이 체제에 초래할 수도 있는 부정적 영향을 최소화하고자 했다는 것을 의미한다. 또한 지역적으로 볼 때 개혁개방이 투자 및 수출에 유리한 동남연해 지역에서 먼저 시작되고 정부의 특혜정책도 이 지역들에 집중됨으로써 중서부내륙 지역은 동남연해 지역에 비해서 사회경제적 발전이 낙후되는 결과를 낳았다. 그리고 도시로 이주한 농민공의 저임금 노동력에 기반한 발전방식은 도시 내부에서 농민공을 주변화시켰다. 이러한 격차는 각종 형태의 사회적 저항으로 폭발하여 중국 사회 내부에 광범위하고도 깊은 불안감과 우려를 조성하였다.

다음으로 1990년대 중국이 '사회주의 시장경제' 건설을 목표로 내건 이후, 시장은 사회와 경제를 운용하는 핵심원리로서 급속히 확산되었는데, 시장경제의 원활한 작동을 위해서는 노동력의 자유로운 이동에 기반한 노동시장의 형성, 즉 '도농통합 노동시장(城鄕一體化勞動力市場)'의 건설이 매우 중요한 문제가 되었다. 비록 1990년대 본격화된 국유기업 개혁으로 저임금 농민공 노동력의 도시 유입이 일정하게 가능해졌지만, 농민공의 도시유입이 기존 도시레짐에 미칠 악영향을 우려한 정부는 여러 가지 법적 제도적 장치를 통해서 농민공의 도시유입과 체류를 상당부분 제한하는 정책을 취했다.[15] 문제는 중국정부가 2001년 세계무역기구

---

15) 대표적인 제도가 「잠주증(暫住證)」 제도와 「유랑구걸인원수용송환(流浪乞討人員 收容遣送)」 제도이다. 전자는 2015년 2월, 후자는 2003년 6월 각각 폐지된다.

(WTO: World Trade Organization) 가입을 계기로 급속한 고성장을 보이는 경제를 뒷받침하기 위해서 농민공의 도시유입이 도시레짐에 미칠 악영향보다 농민공의 도시유입에 대한 제한을 제거함으로써 얻을 수 있는 긍정적 경제적 효과를 더 중시하기 시작했다는 점이다. 따라서 농민공 노동력의 자유로운 이동은 매우 중요한 과제가 되었다.[16]

아울러, 경제발전을 위해서는 자유로운 토지사용권 시장의 형성을 통한 원활한 토지공급이 필요한 데 도시지역 토지는 이미 포화상태라서 농촌지역 토지를 활용해야 할 필요가 생긴다. 하지만 농촌토지는 집체토지(集體土地)로서 크게 농업생산을 위한 경지(耕地)와 농민주택 및 부대시설인 택기지(宅基地)로 나뉘는데 원칙적으로 다른 용도로 사용할 수 없다. 이에 따라 도시정부는 경제발전을 위한 토지공급을 위해서 주변의 농촌을 도시지역으로 흡수하거나 기존해당 지역 농촌주민을 도시주민으로 바꿈으로써 농촌토지를 흡수할 필요가 생겼다.[17]

뿐만 아니라, 개별 도시와 인근 농촌 차원의 도농통합을 넘어서 몇 개의 성(省)이나 대도시를 포함하는 차원의 '지역일체화(區域一體化)'도 호구제도 개혁의 중요한 배경이다. 징진지(京津冀, 베이징 톈진 허베이), 장삼각(長三角, 창장 삼각주 일대), 주삼각(珠三角, 주장 삼각주 일대)으로 대표되는 지역일체화는 지리적으로 인접한 성들을 주요 도시들을 중심으로 거대한 사회경제적 네트워크로 연결하여 해당 지역의 특징을 살리는 경제통합을 가속화하기 위한 발전전략이다. 이러한 지역일체화를

---

16) 2010년을 전후하여 중국 당−국가 지도부에서는 도농통합 노동시장 건설이 경제발전에 필요한 조건이라는 점을 강조하는 발언이 나오기 시작한다. 다음을 참고. 「解讀: "中央經濟工作會議"定調明年財政和貨幣政策」http://finance.people.com.cn/GB/70846/16726789.html(검색일: 2018.9.10);「中共中央國務院關於加大統籌城鄉發展力度進一步夯實農業農村發展基礎的若幹意見」, 2009.12.31.

17) 刑冬靜,「統籌戶籍制度與農村土地産權聯動改革的對策研究」,『中國農業信息』, 第1期, 北京: 中華人民共和國農業農村部, 2016.

위해서는 지역 내부의 도농통합과 호구제도개혁이 필수적이라고 할 수 있다.

마지막으로, 2008년 미국 서브프라임 모기지 사건으로 촉발된 글로벌 금융위기가 미친 영향이 중요하다. 글로벌 금융위기로 당시 주로 수출용 상품을 제조하던 중국 동남연해 지역의 기업들은 큰 충격을 받고 농민공 대량해고, 기업도산, 조업정지 등의 사태가 속출했고, 중서부 지역 기업들은 중국 국내 소비 감소와 자기 지역 출신 농민공의 해고로 인한 수입 감소로 큰 어려움을 겪었다. 중국은 농민공 저임금 노동력에 기초한 수출용 상품생산에 기초한 기존 발전전략으로는 글로벌 자본주의 변동성에 제대로 대처할 수 없다는 것을 알게 되고, 이를 해결하기 위해서는 거대한 인구를 기초로 한 내수증대의 필요성을 절감하게 되었다. 내수증대를 위한 하나의 방안이 바로, 기존과 달리 농민공의 도시이주를 적극 고무함으로써 유효수요(effective demand)를 창출하는 것이다.

이상은 2000년대에 들어서 발생하거나 누적되어온 것들로 2013년 시작된 시진핑 시대 호구제도 개혁을 위한 중요한 배경이 된다. 다음에서는 시진핑 시대 개시를 전후한 호구제도 개혁의 주요한 과정과 내용을 살펴보기로 하자.

2. 호구제도 변화의 내용

2012년 2월 국무원은 「호적관리제도개혁을 적극적이고 타당하게 추진하는 것에 관한 국무원 판공청의 통지(國務院辦公廳關於積極穩妥推進戶籍管理制度改革的通知)」를 통해, 향후 농민공의 호구취득을 대상도시에 따라 다르게 할 것을 명확히 한다. 즉 현급시(縣級市), 지급시(地級市), 직할시(直轄市) 등 '행정급별(行政級別)'에 따라 호구취득 요건을 차별화시켜서, 중소도시 일수록 용이하게 만들 것을 강조했다.[18] 이것은 무엇보다도 기존의 '호구취득의 제한'에서 '호구취득의 허용'으로 기본방침에서 변화가 생겼고, 1990년대 이후 지속되어온 "맹목적" 농민공의 도시이동을 정부가 의도하는 방향으로 유도하겠다는 것을 의미한다.

2013년 6월 전국인민대표대회 상무위원회 회의에서 「도시화건설 공작 상황에 관한 국무원 보고(國務院關於城鎭化建設工作情況的報告)」를 통해, 국무원은 호구제도 개혁과 관련해서 이미 18개 성에서 구체적인 의견을 제출했고 14개 성에서는 도농통합 호구제도의 수립을 연구하고 있으며, 도시내부 '도농이원구조'의 타파를 위한 조치들을 강구하고 있다고 보고 했다.[19]

2013년 11월 공포된 「전면심화개혁의 약간의 중대문제에 관한 중앙중앙의 결정(中共中央關於全面深化改革若幹重大問題的決定)」(이하, 「결정」)에서 호구제도와 관련해서 중공중앙은 '농민의 시민화(市民化)'를 전면에 내세운다. 구체적인 내용은 다음과 같다.

> 조건에 부합하는 농민에게 도시주민(城鎭居民)의 지위를 부여하고, 소도시(小城鎭)는 전면개방하고 중등도시(中等城市)는 질서 있게 개방하며, 대도시(大城市)는 합리적으로 확정하며, 특대도시(特大城市)는 엄격하게 제한한다. 기본적인 공공서비스가 모든 도시 상주인구를 포괄할 수 있도록 착실히 추진하며, 도시호구를 취득한 농민은 주택 및 사회보장체계를 완벽히 누릴 수 있게 한다[20]

「결정」은 다음과 같은 몇 가지 점에서 중대한 의미를 가진다. 첫째, 중공중앙 차원에서 '농민의 시민화'를 제기했다는 점이다. 1958년 제정된

---

18) http://www.gov.cn/zwgk/2012-02/23/content_2075082.htm(검색일: 2018.9.10)

19) http://www.npc.gov.cn/npc/xinwen/jdgz/bgjy/2013-06/27/content_1798658.htm(검색일: 2018.9.10)

20) http://politics.people.com.cn/n/2013/1115/c1001-23559207.html(검색일: 2018.9.10)

「중화인민공화국 호구등기 조례」를 통해서 농민과 시민을 구분하고 상호
간의 호구이동을 금지한 원칙을 중공중앙 차원에서 파기한 것이다. 둘째,
개혁기에 들어선 이래 진행되어온 농민의 도시이주가 대부분 동남연해의
발달된 대도시에 집중됨으로써 가져온 문제점을 인지하고 소도시 및 중
등도시로 농민공의 도시이주를 적극 유도하겠다는 것이다. 셋째, 도시로
진입한 농민공이 모든 측면에서 2등 시민으로 취급당하는 '도시내부의 도
농이원구조'를 혁파하기 위해서 도시호구를 취득한 농민이 주택 및 사회
보장을 누릴 수 있도록 하겠다는 것이다.

　이듬해인 2014년 7월 국무원은 「호구제도 개혁의 진일보 추진에 관한
의견(關於進一步推進戶籍制度改革的意見)」(이하, 「의견」)을 발표한
다. 2013년 중공중앙의 「결정」에 뒤이은 2014년 국무원의 「의견」은 「결
정」을 이행하기 위한 구체적인 조치들로 구성되어있다. 그 핵심내용은
다음과 같다.[21] 첫째, 전국도시를 상주인구 규모에 따라, 특대도시 - 대도
시 - 중등도시 - 소도시로 구분한다. 호구취득과 관련하여, 특대도시는 엄
격히 통제하고, 대도시는 합리적으로 확정하며, 중등도시는 질서 있게 개
방하며, 소도시는 전면 개방한다는 점이다. 이 점 「의견」과 동일하지만,
특대도시(500만 이상), 대도시(100만 이상), 중등도시(50만 이상), 소도시
(50만 이하)로 도시의 상주인구 규모를 구체적으로 제시했다는 점에서
차이가 있다. 둘째, 도시별로 호구취득을 위한 조건을 일정정도 구체적으
로 제시했다는 점이다. 특히 특대도시와 대도시에는 「점수적립제 도시거
민호구 취득(積分落戶)」 제도(이하, 「취득」 제도)의 수립을 명시함으로
써, 이들 도시에서는 농민공이 소득, 학력, 기술, 연령, 사회보험료 등의
지표에 의해 환산된 '점수적립(積分)'에 따라서 도시거민호구(居民戶口)

---

21) http://www.gov.cn/zhengce/content/2014-07/30/content_8944.htm(검색일:
　　2018.9.10)

를 취득할 수도 있게 되었다. 셋째, 농업호구와 비농업호구의 구분을 폐지하여, 거민호구로 통일함으로써, '도농통합 호구제도'를 수립하게 되었다. 예를 들자면, 베이징시 농업호구와 베이징시 비농업호구의 구분이 사라지고, 베이징시 거민호구로 통일된 것이다. 넷째, 거주증(居住證) 제도 수립이다. 자신의 호구 소재지를 떠나서 다른 지역에서 일정기간 이상 거주하는 사람은 절차를 통해서 해당 지역의 거주증을 발급받아, 노동취업, 공공교육, 의료위생, 주택 등 공공서비스 측면에서 해당 지역 거민호구 소지자와 기본적으로 동일한 혜택을 누릴 수 있게 하는 제도이다.

2015년 2월에는 「공안개혁 전면심화의 약간의 중대문제에 관한 의견(關於全面深化公安改革若幹重大問題的框架意見)」을 통해서 잠주증(暫住證) 제도가 전면 폐지된다.[22] 잠주증은 1984년 선전(深圳)에서 최초로 도입된 이후 전국적으로 확산되었는데, 도시로 이주한 농민공의 지속적인 도시정착을 방해하고 도시내부의 도농이원구조를 지탱하는 핵심적인 제도 중 하나로 지목되어왔다. 이로써 중국은 잠주증 제도가 폐지되고 거주증 제도가 전면적 실시되었다.

2015년 12월 '중앙경제공작회의(中央經濟工作會議)'에서도 도시의 기초시설 건설과 스마트시티 건설의 중요성을 강조하면서, '농민의 시민화' 전략을 위한 호구제도 개혁을 강조하여, 호구제도 개혁이 정부 관련 부문 실무책임자 수준이 아닌 중공중앙(中共中央) 차원에서 추진 중인 사안임을 명확히 한다.[23]

---

22) http://www.mps.gov.cn/n2255079/n4876594/n4974590/n4974592/n5116754/index.html(검색일: 2018.9.10)

23) 劉鵬, 「中央城市工作會議三大啓示」, 『黨政論壇』, 第2期, 上海: 中共上海市委黨校, 2016; 중앙경제공작회의가 '중앙도시공작회의(中央城市工作會議)'와 함께 개최되었다는 점이 중요하다. 원래 도시공작회의는 '전국도시공작회의(全國城市工作會議)'라는 이름으로 1962년, 1963년, 1978년 3차례 개최되었으나, 개혁기 들어서 한 차례도 개최되지 않다가 2015년 12월 중앙도시공작회의라는 이름으로 37년 만에

2016년 10월 베이징시는 「거주증 임시 조례(居住證暫行條例)」를 실시하여, 거주증 소지 농민공에게 기본적인 공공서비스를 누릴 수 있게 해준다. 이러한 거주증 소지자를 대상으로 '점수적립'을 통한 베이징시 거민호구 취득 신청을 할 수 있게 해준다.[24]

2016년 10월 국무원은 「1억 비호구 인구의 도시거민호구 취득 방안(推動1億非戶籍人口在城市落戶方案)」을 발표하여, 농민공의 도시거민호구 취득 방안을 완화하는 조치를 내놓는다. 특히 초대도시(超大城市: 상주인구 1천만명 이상)와 특대도시도 거주, 취업, 사회보험 등의 요건을 만족하면 도심(主城區), 교외(郊區), 신구(新區)로 차등 분류하여 농민공의 도시거민호구 취득을 가능하게 하였다.[25]

이상과 같이 2013년 시진핑 시대의 개시를 전후로 하여 기존과는 확실한 차별성을 보이는 호구제도 개혁이 진행되어왔다. 다음 절에서는 이러한 시진핑 시대 호구제도 개혁의 의미를 분석하도록 하자.

3. 호구제도 변화의 의미 분석

첫째, '능력'에 따른 거민호구 취득이 가능해졌다는 점이다. 기존 1958년 「조례」는 중국의 모든 국민을 농업호구와 비농업호구로 구분하는데, 이 구분은 '생득적(生得的)'인 것으로 본인의 의사와는 무관하게 부모의

다시 개최되었다. 도시공작을 담당하는 주요 실무자들이 아니라 중공중앙 차원에서 도시공작을 직접 챙기기 시작했다는 점, 중앙경제공작회의와 함께 개최했다는 점에서, 이제 도시문제는 경제문제와 동일한 반열에 오를 정도로 중요해졌으며, 중공중앙 입장에서 호구제도 개혁의 문제는 도시와 경제와 동시에 관련된 핵심적인 문제가 되었다.

24) http://zhengce.beijing.gov.cn/library/192/33/50/438650/79167/index.html(검색일: 2018.9.10)

25) http://www.gov.cn/zhengce/content/2016-10/11/content_5117442.htm(검색일: 2018.9.10)

호구(정확하게는 모친의 호구)에 의해서 결정되었다. 따라서 1978년 이전에는 대약진 문화대혁명 등과 같은 정치운동을 제외하면 대학입학, 군대입대, 결혼을 통해서만 호구를 변경할 수 있었는데, 높은 문맹률, 낮은 소득수준, 거주이전의 제한 속에서 농업호구 소지자가 비농업호구로 자신의 호구를 변경하는 것은 사실상 불가능했다. 하지만 2013년 「결정」을 통해서 공식화된 「취득」 제도는 기존 호구제도가 가진 생득적 성격과는 달리 '후천적(後天的) 능력'에 따라서는 도시거민호구를 취득할 수도 있게 되었다는 점에서 중국 호구제도 개혁에서 획기적인 변화이다. 즉 원칙적으로 농민공도 부모의 호구와 상관없이 본인의 능력에 따라서 도시 거민호구를 취득할 수도 있게 되었다는 점이다.

둘째, 지방정부가 자신의 사회경제적 발전목표에 적합한 호구제도를 구성할 수 있게 되어서, 도시정부 별로 '맞춤형 호구제도' 수립이 가능해졌다.[26] 이와 관련하여 앞서 언급한 「취득」 제도의 경우를 보자. 개별 농민공이 자신의 학력, 기술, 소득, 사회보험료 등의 지표를 점수로 환산하여 합계점수가 자신이 원하는 도시가 정한 점수를 통과해야 비로소 거민호구취득 신청자격이 생긴다. 여기서 중요한 것은 도시들은 자신들의 사회경제 발전목표의 달성에 필요한 노동력 확보에 적합하도록 「취득」 제도의 점수지표를 구성한다는 점이다.[27] 예를 들어서 광동성 광저우(廣州)시는 도시거민호구 취득을 위한 점수지표에서 다른 항목보다 '학력(學歷)'에 더 높은 가중치를 부여하는 한편, 광동성 주하이(株海)시는 학

---

26) 이것은 1994년 '분세제(分稅制)' 개혁 이후 지방정부의 세수가 감소하면서 세수 증대를 위해서 지방정부가 자신이 보유한 토지 및 행정권력 등을 이용하여 산업을 육성하는 주체가 되는 과정에서 사회경제 정책에 있어서 일정한 자율성을 획득하게 된 것이 근본적인 배경이다.

27) 「점수적립제 도시거민호구 취득」 제도 전반과 관련된 구체적인 내용은 다음을 참고. 박철현, 「개혁기 위계적 시민권과 중국식 도시사회의 부상」, 『역사비평』, 115호, 서울: 역사비평사, 2016.

력보다는 자신의 산업구조에 적합한 특정 부문의 '기술(技術)'에 더 높은 가중치를 부여하는 것이다. 또한 베이징시는 다른 도시와 달리 연령제한이 매우 엄격하여 45세 이하만이 거민호구 신청자격이 부여될 뿐만 아니라, 중국 최고 명문대학들의 소재지임으로 인해서 학력에 가중치를 부여하고, 특히 '징진지 일체화'의 중심도시이자 과밀화 해소가 제일 중요한 목표인 수도이기 때문에 '도심 6구(區)'에 집중된 농민공을 도심 6구 바깥으로 이주시키기 위한 정책을 거민호구취득을 위한 점수지표로 만들어서 시행 중이다.28)

셋째, 기존 호구제도의 핵심내용인 농업호구와 비농업호구의 분리는 사라졌지만, 호구제도가 발전전략을 실현하기 위한 사회정치적 제도로서 기능한다는 점은 여전히 동일하다. 다시 말해서 농업호구와 비농업호구의 분리가 폐지되고 거민호구로 통합되었지만, 호구제도 자체는 여전히 유지되며 초대도시(超大城市), 특대도시, 대도시의 거민호구 소지자와 비(非)소지자를 분리하여 노동취업, 공공교육, 의료위생, 주택 등 공공서비스에 대한 접근에서 차별을 두고 있다. 물론 거주증 제도가 실시되어 비록 거민호구 소지자가 아니더라도 거주증 취득을 통한 이러한 공공서비스 접근이 제도화되었지만, 특히 베이징 상하이 광저우 선전 톈진 우한 (武漢) 칭다오(靑島) 등과 같은 초대도시 특대도시 대도시의 거주증 취득은 취업, 거주, 사회보험 등과 같은 조건이 충족되어야 비로소 가능하기 때문에, 이들 도시에서의 거주증 취득은 결코 용이하지 않다. 이렇게 보면 농업호구와 비농업호구의 분리는 폐지되었다고 해도 거주증과 거민호구를 그 내용으로 하는 호구제도는 여전히 해당 '도시'의 발전전략을 위한 핵심적인 사회정치적 제도로서 기능하고 있다고 볼 수 있다. 또한

---

28) 도심 6구는 동청(東城), 시청(西城), 차오양(朝陽), 하이뎬(海澱), 펑타이(豊臺), 스징산(石景山)을 가리킨다.

거민호구 취득 이전에 거주증 취득 단계를 둠으로써, 대규모 인원이 바로 거민호구 취득 신청을 하게 되어 발생할 수 있는 리스크를 최소화하고 있다. 도시정부 입장에서 보면, 거주증이 공식적으로 노동취업, 공공교육, 의료위생, 주택 등 공공서비스에 대한 거주호구 소지자와의 동일한 접근을 보장하기 때문에, 거주증이라는 '유사호구' 단계를 설정하여 도시 정부가 농민공에 대한 개방적 정책을 취한다는 정치적 효과를 거둘 수 있고, 동시에 실제 취득과 관련된 조건을 까다롭게 함으로써 실제 거주증 취득자의 숫자를 조절할 수 있는 경제적 효과를 거둘 수 있게 된다.[29]

넷째, 호구제도 개혁과 발전전략과의 관계는 최근 부상하고 있는 '농촌 토지와 사회보장의 연계(土地換社保)'(이하, '연계')에서도 드러난다. '연계'는 농민이 자신의 택지지와 경지의 사용권을 농촌집체정부에 반환하고 농촌 집체정부는 그 대가로 농민의 도시정착에 필요한 의료, 실업, 양로 등의 각종 사회보장(社會保障)에 필요한 비용을 지불한다는 것이다. 주로 도시정부가 자신의 관할구역 내부에 있는 집체토지를 상급정부와의 협의를 통해 국유토지로 전환하고 해당 토지의 농민의 신분도 비농업호구로 전환시키고 이들 농민의 도시정착에 필요한 비용을 지급하는 방식으로 진행된다.[30] 예를 들어, 베이징시 차오양구 정부가 그 관할구역 내에 있는 '향(鄉)정부'의 집체토지를 수용(征收)하는 방식을 통해서 집체토지를 국유토지로 전환하고 해당 지역 농민을 도시호구로 전환하면서

---

29) 박철현, 위의 논문, pp.28-29.
30) 물론 이 경우 국유토지로 전환시킨 만큼에 해당하는 집체토지를 확보해야 한다. 원래 농촌토지는 기본적으로 농업호구 소지자만이 그 사용권을 가질 수 있는데, 급속한 도시화와 함께 경제발전을 위해서 지속적인 토지공급이 필요한 상황에서 도시정부가 농촌 집체정부와의 협의를 통해 해당지역 농민호구의 도시호구 전환을 포함하는 집체 토지의 국유토지로의 전환을 추진하기도 한다. 관련 내용은 다음을 참고. 장호준, 「도시개발 속 스러져 간 동향촌: 베이징 성중촌의 어제와 오늘」, 『도시로 읽는 현대중국 2』, 서울: 역사비평사, 2017.

집체토지 수용의 대가로 이들 농민에게 도시에서의 사회보장 비용을 지급하는 것이다.

다섯째, 호구제도 개혁이 증가된 글로벌 자본주의의 변동성에 대응하여 보다 안정적 성장을 추구하기 위해 추진되는 '신형도시화(新型城鎭化)' 전략의 핵심적 구성요소라는 점이다.[31] 2008년 글로벌 금융위기를 포함하여 지속적으로 증가하는 글로벌 자본주의의 변동성에 대응하여 지속적인 발전을 추진하고 중국이 미국에 대응하는 패권국가 지위에 오르기 위해서는 기존의 수출주도형 산업구조를 내수주도형으로 전환할 필요가 있는데, 신형도시화를 통해서 농민의 도시이주가 적극적으로 고무되면 농민이 도시이주 및 정착과정에서 주택과 사회보험 등에 대한 지출이 증가하고 이것은 곧 내수증대로 이어진다는 것이다. 즉 과거와는 달리 농민의 도시유입의 제한적 허용이 아니라 전면적 고무로 정책기조가 완전히 바뀌는데 이것을 실현하기 위해서는 호구제도 개혁이 필수적이다. 농업호구와 비농업호구의 분리 폐지를 통한 도농통합형 호구제도의 창출을 통해서 시장경제 발전의 심화가 실현될 뿐만 아니라, 농민의 소비증대를 통한 내수증가로 통해 글로벌 자본주의 변동성에 대응할 수 있는 기초체력을 쌓을 수 있는 것이다.

Ⅳ. 결론

이상의 내용을 정리하면 다음과 같다. 중국은 건국 초기 다양한 소유제가 병존하는 짧은 "신민주주의 시기"를 거쳐서, 여러 가지 이유로 중공

---

31) 물론 신형도시화는 개혁기 들어서 진행되어온 도시화가 가져온 인구과밀화, 환경오염, 양극화 등의 문제를 해결하기 위해서 제기된 새로운 도시화 전략이기도 하다.

업 우선 발전전략을 추진한다. 중공업 우선 발전전략의 실현을 위해서는 이를 뒷받침하는 사회적 제도가 필요했고 이 제도는 1958년 「조례」의 시행으로 실현된다. 구체적으로는 모든 국민을 농업호구와 비농업호구를 분리하는 '생득적' 호구제도를 수립함으로써 농촌으로부터 도시로 중공업 부문으로 잉여를 이전하였고, 이를 기초로 중공업 우선 발전전략을 추진할 수 있었다. 대약진, 삼선건설, 상산하향, 문화대혁명 등 도농 간 대규모 인구이동을 수반하는 정치운동이 있었지만, 호구제도는 사회주의 시기 내내중공업 우선 발전전략을 추진하기 위한 가장 기본적인 사회적 제도로서 상당히 안정적으로 유지되었다.

1978년 이후 개혁개방이 시작되면서 중국은 기존의 계획경제에서 시장경제로 점진적으로 이행하기 시작한다. 1980년대 초 농민을 농업에 결박시켰던 인민공사(人民公社)가 폐지됨으로써 호별영농이 실현될 수 있었고 기존 인민공사에 부속된 사대기업(社隊企業)은 향진기업으로 변신하여 농촌 잉여노동력을 흡수할 수 있었다. 1990년대 도시지역 개혁과 함께 본격적인 국유기업 개혁이 시작되자 저임금 농민공 노동력이 대규모로 도시로 이주하기 시작한다. 문제는 1958년 「조례」에 의해서 만들어진 농업호구와 비농업호구의 구분을 핵심적인 내용으로 하는 호구제도는 여전히 유지되었고, 도시로 이주한 농민공은 도시호구 소지자보다 낮은 임금과 함께 교육, 의료, 주택 등 도시공공재에 대한 접근이 차단된 채로 2등 시민으로 존재했다.

한편 1990년대에는 일부지역에서 농민공의 도시정착과 관련된 호구제도 개혁도 점진적으로 시작되었고, 2000년대 들어서는 기존의 발전방식이 가져온 문제점이 심화되어 '도농이원구조'를 지탱하는 핵심적인 기제인 호구제도 개혁에 대한 요구는 점점 더 커진다.

또한 후진타오 시대에는 지방을 중심으로 호구제도 개혁의 실험이 활발히 이뤄져서 이후 시진핑 시대 호구제도 개혁을 위한 경험적 기초가 되었다.

시진핑 시대에 들어서 기존 발전방식에 대한 전면적 수정의 요구, 시장경제의 심화발전을 위한 도농통합 노동시장 형성, 도시화 과정에서 증대된 토지공급을 위한 농촌 집체토지의 전환 요구, 지역일체화 경제발전, 미국 서브프라임 모기지 사태로 촉발된 글로벌 금융위기 등이 배경이 되어, 호구제도 개혁은 가속화 된다. 특히 2013년 중공중앙의 「결정」과 뒤이은 2014년 국무원의 「의견」은 시진핑 시대 호구제도 개혁이 이전 시기와 질적 차별성을 가지고 있음을 보여주는데, 농업호구와 비농업호구 구분의 폐지, 상주인구 규모에 따른 도시 분류, 특대도시와 대도시 등에 대한 「취득」 제도의 실시, 거주증 제도의 실시 등이 그 내용이다.

시진핑 시대 호구제도 개혁, '능력'에 따른 거민호구 취득, 도시별 '맞춤형 호구제도' 수립, 발전전략 수립을 위한 호구제도의 성격 지속, 글로벌 자본주의 변동성에 대응하기 위한 신형도시화 전략의 핵심요소 등의 의미를 가진 것으로 분석된다.

호구제도는 기본적으로 자본, 기술에 비해서 과도하게 많은 농촌인구를 통제하면서도 국가가 원하는 발전전략을 추진하기 위한 사회적 제도로서 만들어졌기 때문에, 발전전략의 수정을 요구하는 새로운 사회경제적 패러다임의 대두는 곧 호구제도의 개혁을 요구하게 된다. 1978년 이후 개혁개방기에 들어선 중국은 기존의 계획경제에서 시장경제로 전환하면서 발전전략도 기존의 중공업 우선 발전전략에서 경공업 동시 발전전략으로 전환하였다. 그렇다면 최근 중국이 한창 추진 중인 「중국제조2025」, 「뉴노멀 혼합소유제 개혁」, 「공업 4.0」, 「스마트시티(智慧城市)」 등과 같은 새로운 사회경제적 패러다임은 어떠한 호구제도 개혁을 초래할 것인가?

이 중 「스마트시티」의 경우를 보자. 현재 중국에서 추진되고 있는 스마트시티는 사회관리(社會管理)를 도시관리(城市管理)와 결합시키는 유력한 매개로 인식되고 있다. 사회관리는 국가가 사회를 관리하는 것을 의미하는 것으로, 건국 이래 도시지역 기층사회에서 단위체제(單位體制)의 형태로 존재해왔다. 개혁기 들어서 단위체제가 점차 해체되고 이를 대체하기 위해서 사구(社區)가 건설되었으나, 개혁기는 사회주의 시기와 달리 대규모 유동인구(주로 농민공)의 도시유입으로 기층사회의 불안정성과 유동성이 크게 증가한 상황이다. 따라서 국가의 입장에서는 기층사회 사구 층위에서 대규모 유동인구를 포함하는 주민에 대한 안정적 사회관리의 필요성이 제기된다. 또한 도시화가 진행되면서 물리적 공간, 교통, 기초시설, 인구증가 등에 대한 공공적 관리와 통제가 도시관리의 중요한 대상이 되었다. 특히 호구제도 개혁으로 대규모 농민공의 자유로운 도시이주가 일상화된 것이 도시의 공간, 교통, 기초시설에 대한 도시관리의 필요성 증가의 중요한 원인이다. 따라서 이 부분에서 도시관리는 사회관리와 불가분의 관계를 가지게 되는데, 스마트시티는 빅데이터, 사물인터넷, 클라우드 등의 최신 정보통신기술을 이용하여 사회관리와 도시관리를 보다 효율적으로 결합시킨다.[32] 국가는 스마트정부(智慧政府)와 스마트사구(智慧社區)의 건설을 통해 사회관리와 도시관리를 결합시켜서, 호구제도 개혁이 유발한 도시 기층사회의 불안전과 유동성이 가져올 리스크에 대응하고자 하는 것이다.

향후 스마트시티 외에도 「중국제조 2025」, 「뉴노멀 혼합소유제 개혁」, 「공업 4.0」 등 새로운 사회경제적 패러다임이 시진핑 시대 호구제도 개혁과 어떠한 관련성을 가질지에 대한 연구가 필요할 것이다.

---

32) 중국 사회관리체제 구축과 스마트시티에 대한 보다 구체적인 내용은 다음을 참고.
박철현, 「중국 개혁기 사회관리체제 구축과 스마트시티 건설: 상하이 푸동신구의 사례를 중심으로」, 『공간과 사회』, 제27권 1호, 서울: 한국공간환경학회, 2017.

| 참고문헌 |

배리 노턴 지음, 이정구·전용복 옮김, 『중국경제: 시장으로의 이행과 성장』, 서울: 서울경제경영, 2010.

박철현, 「개혁기 위계적 시민권과 중국식 도시사회의 부상」, 『역사비평』, 115호, 서울: 역사비평사, 2016.

_____, 「중국 개혁기 사회관리체제 구축과 스마트시티 건설: 상하이 푸동신구의 사례를 중심으로」, 『공간과 사회』, 제27권 1호, 서울: 한국공간환경학회, 2017.

장호준, 「도시개발 속 스러져 간 동향촌: 베이징 성중촌의 어제와 오늘」, 『도시로 읽는 현대중국 2』, 서울: 역사비평사, 2017.

董志凱 吳江, 『新中國工業的奠基石』, 廣州: 廣東經濟出版社, 2004.

路遇, 『新中國人口五十年 上』, 北京: 中國社會科學出版社, 2016.

劉鵬, 「中央城市工作會議三大啓示」, 『黨政論壇』, 第2期, 上海: 上海市委黨校, 2016.

李偉, 「戶籍制度改革硏究綜述」, 『經濟硏究參考』, 第66期, 北京: 經濟科學出版社, 2015.

張英紅, 「戶口制度的歷史回溯與改革前瞻」, 『寧夏社會科學』, 第3期, 寧夏: 寧夏社會科學院, 2002.

鄭有貴 主編, 『中華人民共和國經濟史(1949-2012)』, 北京: 當代中國出版社, 2012.

刑冬靜, 「統籌戶籍制度與農村土地產權聯動改革的對策硏究」, 『現代經濟信息』, 第1期, 哈爾濱: 黑龍江省經濟委員會, 2016.

「中共中央國務院關於加大統籌城鄕發展力度進一步夯實農業農村發展基礎的若幹意見」, 2009.12.31.

「解讀: "中央經濟工作會議"定調明年財政和貨幣政策」

http://finance.people.com.cn/GB/70846/16726789.html(검색일: 2018.9.10)

http://politics.people.com.cn/n/2013/1115/c1001-23559207.html(검색일: 2018.9.10)

http://www.gov.cn/zhengce/content/2014-07/30/content_8944.htm(검색일: 2018.9.10)

http://www.gov.cn/zhengce/content/2016-10/11/content_5117442.htm(검색일: 2018.9.10)

http://www.gov.cn/zwgk/2012-02/23/content_2075082.htm(검색일: 2018.9.10)

http://www.mps.gov.cn/n2255079/n4876594/n4974590/n4974592/n5116754/index.html(검색일: 2018.9.10)

http://www.npc.gov.cn/npc/xinwen/jdgz/bgjy/2013-06/27/content_1798658.htm(검색일: 2018.9.10)

http://zhengce.beijing.gov.cn/library/192/33/50/438650/79167/index.html(검색일: 2018.9.10)

대만 TV 시사토론프로그램의 정치편향성

● 이광수 ●

Ⅰ. 서론

대만의 언론은 민주화라는 정치적 변화가 이루어지고 상업적 이윤 추구라는 경제적 필요성이 상호 작용하면서 대폭 성장했다. 여기에 대만해협을 사이에 두고 정치군사적으로 대치하고 있는 중국과의 관계가 확대되고 대만의 안보와 미래 구상에 중대한 결정 변수로 작용하게 되면서 대만 언론의 정치적 입장 표명과 기사 작성 프레임에 직접적인 영향을 주었다. 즉 정치 편향성에 따라 국민당 지지파와 민진당 지지파 또는 통일파와 독립파라는 두 입장으로 분리·대립하는 양극화 현상이 선명하게 나타나고 있다.

본래 대만 언론은 장징궈 총통 시기였던 1987년 계엄 해제와 함께 정당 활동의 자유와 언론 자유 허용과 같은 민주화 조치가 실행되면서 발전의 기틀을 마련했다. 당시 이러한 전향적인 결정의 배경에는 대만 내·외부를 향한 두 가지 정치적 목적이 있었다. 먼저, 당외(黨外)운동이라는 명목하에 국민당 비주류 인사들과 민진당 인사들이 취했던 국민당 일당

* 이 글은 「대만 TV시사토론프로그램의 정치편향성 연구」, 『중국지식네트워크』, 제13호, 2019를 수정, 보완한 것이다.

** 국민대학교 중국인문사회연구소 HK연구교수.

독재를 비판하는 민주개혁 요구에 대응하는 것이다. 이는 대만 내부 모순에 대응하려는 성격을 지녔다. 다음으로, 국공내전 이후 장기간의 분단으로 인해 중국 출신 국민당 관료나 군인으로 구성된 이산가족의 중국 방문 요구를 허용하면서 중국과의 교류가 공식적으로 복구되는 상황을 대비하기 위한 것이다. 즉 공산당 독재라는 권위주의적 정치체제를 유지하고 있는 중국과 달리 대만은 민주적 정치체제라는 체제 우월성을 강조하기 위해 언론자유를 보장하는 정책을 채택했다.[1]

이러한 정치적 목적에 따라 대만의 언론은 일찍이 신문과 방송의 민주적 재배치와 신규 설립을 허용하고, 위성 및 케이블 TV 설치에 대한 규제를 완화하는 정책을 시행함으로써 1990년대와 2000년대 초반에 걸쳐 비약적인 양적 성장을 달성했다. 그러나 정치적 대립이 심화되고, 경제적 경쟁이 가열되면서 사회적 공론장이 되어야 할 언론으로서 긍정적 기능은 퇴색되고, 선정성과 상업성의 추구라는 부정적 기능이 부각되면서 대만 언론의 양극화 현상은 언론에 대한 신뢰도 하락이라는 결과를 초래했다.(이정기·황우념, 2016)

대만 언론의 양극화 문제는 1990년대 이후 양안간의 교류와 협력관계가 진행되는 과정에서 대만 내부의 정치적 입장 차이에 따라 나타난 극심한 반목과 대립의 결과이다. 우선 정치적으로 국민당과 민진당의 대립에 따른 것이며, 여기에는 대만 중심적 사고의 인정 여부와 관련되어 있다. 즉 대만사를 중국사와 분리된 독자적인 역사로 보려는 시각, 대만인과 중국인으로 구별하려는 민족 정체성에 대한 인식 차이가 대만 내부의 양극화 현상의 근본적인 배경이다.

이러한 배경에 따라 대만 언론은 내성인과 외성인사이의 갈등과 대립,

---

1) 2018년 〈국경없는 기자회〉가 발표한 언론자유지수를 보면 대만이 23.36으로 세계 42위, 아시아 1위인 반면에 중국은 78.29로 176위 정도이다. https://rsf.org/en/ranking# (검색일: 2018.10.30)

통일과 독립을 둘러싼 갈등과 대립, 국민당 세력과 민진당 세력간의 갈등과 대립, 중국에 대한 입장 차이로 인한 갈등과 대립이 점차 첨예하게 나타나고 있다. 이른바 남녹(藍綠)[2]이라는 양극화 언론지형이 형성되고 정파적 입장에 편향된 보도 경향이 나타나고 있다. 대만의 TV시사토론프로그램(電視新聞談話性節目, 政論節目)은 극단적인 양극분화를 여실히 보여주고 있는 사례이다. 프로그램의 제작사의 정파성, 사회자의 진행방식, 참여 패널의 발언, 토론 주제 선택과 평가 등 프로그램의 전 분야에 걸쳐 정치적 편향성을 선명하게 보여준다.

이 글은 바로 대만 미디어의 양극화 현상을 여실히 보여주는 대만 TV의 시사토론프로그램을 통해 대만 언론의 양극화 현상의 특징을 살펴보고, 양극화 현상이 양안관계 이슈와 관련하여 구체적으로 어떻게 진행되고 있는가를 분석하는 것이 연구 목적이다. 이글은 다음과 같이 구성되어 있다. 먼저 Ⅰ장 서론에서는 대만언론의 양극화 현상에 대한 문제제기를 통해 대만 방송언론의 정치편향성에 대한 연구의 의의를 살펴보았다. Ⅱ장에서는 전반적인 대만 방송언론의 발전과정을 역사적 접근법을 통해 분석하여, 방송언론의 남녹 양극화 형성의 원인과 현황을 살펴보았다. Ⅲ장은 대만 TV시사토론프로그램의 발전과정 및 특징을 살펴봄으로써 TV 시사토론프로그램에 대한 이해를 높이고, 양극화 현상이 발생하는 초창기 형태를 분석했다. Ⅳ장은 이 글의 핵심으로 정치편향성에 따라 나타난 양극화의 대표 사례 두 프로그램을 네 가지 기준을 통하여 비교분석하

---

2) 대만에서 남녹은 정치적으로 양안통일을 지향하고 문화적으로 중국 정체성의 유지와 옹호를 주장하는 국민당 지지세력과 이에 반하여 정치적으로 대만 독립을 지향하고, 문화적으로 대만 정체성을 강조하는 민진당 지지세력을 의미하는 용어이다. 보통 국민당 연합세력을 범람진영(남영)으로, 민진당 연합세력을 범록진영(녹영)으로 명명하는데, 국민당의 당 깃발이 청천백일기와 유사한 남색 위주로 되어 있고, 민진당의 당 깃발이 녹색 섬을 상징하며 녹색으로 되어 있기 때문이다.

여 정치편향성이 어떻게 표명되는가를 살펴보았다. Ⅴ장 결론에서는 연구결과를 요약, 정리하고 연구의 부족한 부분을 서술했다.

Ⅱ. 대만 방송언론의 양극화 현상과 형성과정

1. 대만 방송언론의 양극화 현상

앞에서 언급한 바와 같이 대만의 언론지형은 출신 지역, 정체성 지향, 통독 입장, 지지 정당 등의 요인에 따라 남영 언론과 녹영 언론 두 진영으로 나뉘는 양극화 특징을 보여준다.

1990년대 이후 정치 민주화로 인해 양적으로 많은 발전을 이루었고, 질적 측면에서도 기사 작성과 편집에 있어서 통일지향적인 남영 언론과 독립지향적인 녹영 언론 사이의 보도 태도 즉 프레임의[3] 차이가 분명하면서 대만 일반 대중에게 다양한 시각을 보여주고, 선택의 폭을 넓히도록 하면서 대만의 민주주의 발전에 긍정적으로 작용하는 측면이 존재한다.

하지만 남녹 언론이라는 이분법적 구도에서 진행되는 언론의 정치편향적 보도 태도는 상업적 경쟁의 심화에 따라 경쟁 구도가 더욱 치열하게 변하면서 구독률과 시청률 증가를 우선적으로 앞세우게 하고, 이는 언론의 보도 태도에 있어서 과장, 축소, 왜곡, 비방, 폭로 등의 양산과 확대라는 문제점을 야기했다.

---

3) 프레임(Frame)은 사회현상을 미디어가 특정한 방식으로 정의함으로써, 독자의 이해와 수용에 효과를 발휘하기 때문에 '틀짓기 효과(Framing Effect)'라고 한다. 현대 미디어 커뮤니케이션 연구에서 프레임은 "수용자가 뉴스를 특정한 방식으로 해석하고 이해하도록 돕는 이야기 구성방식"으로 정의되고 있다. 양승목, 「미디어와 사회적 현실」, 김광억 편, 『세상읽기와 세상 만들기: 사회과학의 이해』, 서울: 서울대학교출판부 2008, p.233

대만의 언론은 지지 정당의 정치적 위상 변화에 따라 비슷하게 부침을 겪어오고, 의제를 선점하거나 주도하는 경향이 강하다. 2000년 이전까지는 국민당 중심의 정치 유산의 영향에 따라 남영 언론이 여론 지형에서 우세를 차지했지만, 2000년 천수이볜 정부의 등장 이후에는 대만 중심 사관의 보급과 탈중국화 운동의 영향으로 친민진당 지지와 독립지향적 성향을 지닌 녹영 언론이 급성장하면서 영향력도 강화되었다.

현재 녹영 언론으로는 신문 형태인 자유시보(自由時報), 방송으로 민시TV(民視), 삼립(三立)TV, 년대(年代)TV 등이 대표적이다.[4] 특히 방송은 자체 제작하는 시사토론프로그램을 통해 녹영 입장에 치우친 패널을 고정적으로 출연시켜 국민당의 친중국 정책과 공산당의 통일전선전술을 비판하는 보도 태도를 주로 취하고 있다. 따라서 중국과의 통일을 대만을 위험하게 하는 잘못된 선택이라는 내용으로 보도하고 대만 독립을 지향하는 입장을 보이고 있다.

한편 남영 언론은 신문 형태로 연합보(聯合報)와 중국시보(中國時報)가 있으며, 방송으로는 중시(中視)TV, 중천(中天)TV, TVBS, 동삼(東森)TV 등이 있다. 이들 역시 녹영 언론의 주장이나 민진당의 정책에 대해서는 비판 위주의 보도를 하면서, 중국과의 교류를 통한 이익을 강조하고 국민당을 지지하는 프레임을 주로 표방한다.[5]

---

4) 대표적인 녹영 언론을 흔히 '삼민자(三民自)'로 지칭하고 있는데, 이는 삼립TV, 민시TV와 자유시보를 의미한다.

5) 대만의 신문 지형은 흔히 4대 신문이라고 하여, 핑궈일보, 중국시보, 연합보, 자유시보를 지칭한다. 정치성향별로 중국시보와 연합보는 남영에 속하면서, 조금씩 차이가 있다고 한다. 즉 중국시보는 심람(深藍)으로 남영 색채가 강하고, 연합보는 연람(淺藍) 즉 상대적으로 입장이 온건하다. 두 신문에 비해 자유시보는 녹영의 대표 신문매체이다. "2천만 대만인의 대변지(一份為台灣兩千萬人所辦的報紙)"라는 사훈에서 대만인 정체성을 강하게 내세우고 있다. 핑궈일보는 주로 소비, 오락 위주의 비정치 뉴스 위주로 보도하면서, 컬러풀하고 단순명료한 편집을 통해 젊은 세대들이 선호하면서,

위와 같은 대만 언론의 양극화 현상은 대만의 특수한 현대사적 발전과정에 따라 형성되었다는 점에서 역사적 요인을 간과할 수 없다.

2. 대만 방송언론의 양극화 형성과정

대만 방송언론의 남녹 양극화 구도의 형성은 대만의 정치발전에서 민주화 되어가는 과정에서 유래했다. 즉 대륙 출신의 장제스와 국민당의 독재체제에서 벗어나 점차 대만인 중심의 민진당의 영향력이 확산되어 가는 과정에서 언론 미디어의 발전도 정치세력과 상호 작용을 하면서 남녹 양극화 구도가 형성되었다. 먼저 민진당 집권과 맞물려 진행된 계엄시기의 남영 일색의 언론 지형의 반발과 민주화에 따른 녹영 언론 발전 시기, 다음으로 국민당의 재집권에 따라 남영 언론의 재발전 시기 등 2단계로 분류할 수 있다.

(1) 민진당 집권 시기: 당정군 TV 독과점 해체와 녹영 방송국 설립

1990년대 민주화 이전 시기의 대만 TV는 장제스·장징궈 양대 정권에 걸쳐 권력 핵심을 담당했던 국민당, 정부, 군 3대 권력기관이 직접 관리하고 운영한 3대 방송국(老三台)에 의한 독과점체제로서 오로지 정부 입장에서 보도를 하였다.(何貽謀, 2002) 구체적으로 살펴보면, 1962년 국영방송국이라 할 수 있는 '대시(台視)' 즉 대만전시공사(臺灣電視公司, 약칭 TTV)가 가장 먼저 설립되었고, 두 번째로 국민당이 관리 책임을 맡은 '중시(中視)'로 불리는 중국전시공사(中國電視公司, CTV)가 1969년

높은 신뢰도를 평가받고 있다. 「臺灣國內四大報—中國時報,聯合報,自由時報, 蘋果日報最大明顯差異是啥」, https://tw.answers.yahoo.com/(검색일: 2018.10.10); 蘇蘅, 「台灣新聞媒體公信力研究」, 2015.3.30. p.27. http://www.mediawatch.org.tw/sites/default/files/files/新聞媒體可信度研究成果報告(검색일: 2019.1.20)

개국했고, 마지막으로 교육부와 국방부가 투자하여 '화시(華視)'로 불리는 중화전시공사(中華電視公司, CTS)가 1971년 방송을 시작했다. 1960년대부터 계엄이 해제된 1980년대 말까지 대시, 중시, 화시 세 방송국이 당정의 정책을 보도하거나, 장제스, 장징궈 등 지도자의 언행을 보도하고 찬양하는 선전도구로서의 역할에 충실했다.

1988년 계엄 해제 이후 계엄시기에 불허되었던 정당 활동 금지조치가 해제되면서, 언론 자유도 본격적으로 이루어졌다. 이에 따라 방송 민영화가 이루어지면서 이후 다수의 민영방송 채널이 신규로 방송을 시작했다.

이 시기 민영화 움직임을 유도한 계기가 이른바 당정군의 미디어 퇴출운동이다. 국민당 출신이었으나 대만성 출신으로 첫 총통이었던 리덩후이 정부는 만년 국회 폐지, 직선제 총통 선출을 포함한 개혁성과를 달성했다. 곧이어 1995년 '3대 TV에서의 당정군 퇴출 대행진'운동[6]을 시작했는데, 2000년 천수이벤 정부가 등장하면서 본격적으로 성과를 이루어냈다. 2003년 12월 방송3법(廣電三法)이 통과되고[7] "정부, 정당의 라디오와 TV 사업 투자를 금지하고, 정부, 정당은 반드시 광전 3법 공포 후 2년 이내에 투자금을 회수하고, 당정 업무인원은 반드시 6개월 이내 퇴출하거나 직무 해제를 한다."는 내용의 당정군 퇴출 일정이 공표되었다. 2005년 이후 화시는 공영TV, 대시는 민영TV, 중시 역시 '국민당 TV'에서 민영TV로 변화하는 등 대폭적인 민영화가 진행되었다.

이처럼 당정군 TV의 공영화와 민영화 변화에 따라 본격적으로 녹영 언론이 등장하기 시작했다. 현재 녹영 TV의 대표인 '민시(民視)' 민간전민

---

6) 3대 TV 당정군 퇴출 대행진(黨政軍退出媒體)운동은 국민당과 정부, 군대에 의해 운영되는 3대 TV에 대한 국민당 독점과 통제 체제를 바꾸자는 언론개혁운동의 성격을 지녔다. 1995년 리덩후이 정부시기에 시작되어, 2003년 천수이벤 정부 시기에 방송3법의 입법과 민영화 과정을 통해서 완성되었다.

7) 방송3법은 광파시법, 유선광파전시법, 위성광파전시법 3법을 의미한다.

전시공사(Formosa TV, FTV)가 1993년 민진당 당원(蔡同榮, 李鎭源, 李
應元)들에 의해 설립되면서 대만의 네 번째 무선 TV방송국이 되었다. 또
한 '공시(公視)'로 불리는 공공전시(Public Television, PTS)가 1998년 새
로이 중화민국 정부의 출자형태로 설립되어 대만의 제5대 TV 방송국이
되었다.[8] 이밖에 원주민 TV를 합하여 6대 무선 TV 방송으로 지칭하는데
6개 방송사가 우리의 '지상파' 방송에 해당한다.

이처럼 1990년대와 2000년대 초반에 걸쳐 당정군의 언론 퇴출 운동으
로 인해 3대 방송사의 공영화와 민영화가 이루어지고, 녹영 언론의 신규
설립이 진행되면서, 대만 언론은 남영 일색의 언론 지형에서 벗어나는 계
기를 마련했고, 이는 기존 언론이 보여왔던 정권나팔수 역할에서 벗어나
언론 본연의 역할인 공정성과 비판성을 확보하는 요소로 작용했다. 또한
동시에 정치적 편향성에 치우친 녹영 언론의 대량 등장은 이후 남영 언론
의 반격을 초래하면서 남녹 언론의 대립이라는 양극화 현상의 배경이 되
기도 한다.

(2) 국민당 재집권 시기: 남영 TV 영향력 확대와 중시의 합병

2000년대 이후 녹영 언론의 빠른 성장 추세에 비해 상대적으로 위축된
남영 언론은 2008년 국민당의 마잉주 정부의 등장과 함께 회복의 발판을
마련하기 시작했다.

본래 당정군 미디어에서 출발한 남영 언론은 대만독립 경향을 강하게
보였던 리덩후이, 천수이벤 정부 시기의 언론 민영화와 공영화 정책의 영
향에 따라 퇴조하는 추세에 있었다. 그러나 2008년 국민당이 다시 집권
하면서 등장한 마잉주 정부는 양안관계에서 대립과 경색을 야기하는 대

8) 「關於民視」 https://www.ftv.com.tw/aboutftv.aspx(검색일: 2018.10.10)
「公視建台歷史」 https://info.pts.org.tw/intro/ab_history.html(검색일: 2018.10.10)

만 독립 노선을 수정하여 중국과의 교류협력을 확대하는 정책을 강력하게 추진했다. 더불어 남영 언론 지형의 확대를 도모하고 지원했다.

대표적인 사례가 중시TV를 소유하고 있는 중시미디어(中時媒體) 그룹을 민간기업에 매도하여 민영화한 것이다. 2011년 본래 국민당이 소유와 경영을 책임지던 중시미디어를 중국에서 대규모 사업을 하고 있는 왕왕그룹(旺旺集團)에 매도했고,[9] 인수 이후 새로 설립된 왕왕미디어그룹(旺旺中時媒體集團)은 중시미디어 산하의 신문 중국시보(中國時報), 중시TV(中國電視公司), 중천(中天)TV를 운영하면서 남영의 정치적 입장에 입각한 언론 보도와 여론 조성을 하는 경향을 보여주고 있다.[10]

대만 독립을 지향하는 녹영의 입장에서 보았을 때 중국에서 대규모의 투자와 경영활동을 하는 왕왕그룹에 의한 대만 언론매체의 인수합병은 중국이 배경으로 존재한다는 의심과 우려를 자극했다. 즉 중국자본을 이용하여 대만 내부의 유력한 언론매체인 중국시보, 중시TV, 중천TV 등을 통해 이른바 '언론 통일전선' 전술을 진행함으로써 대만의 여론을 중국에 유리하도록 진행시키려는 의도가 있을 것이라는 비판이다.[11]

반중(反中)인사 웬홍빙(袁紅冰)은 "중국은 대만의 정치, 학술, 경제, 문화, 언론 분야 등을 대상으로 계획적으로 투자함으로써 국민당과 대만 각 분야에 (친중국인사를 포괄하는) 대규모 통일전선 방식의 침투를 하고

9) 왕왕그룹의 동사장 차이옌밍(蔡衍明)은 공개적으로 양안관계에서 하나의 중국 입장을 의미하는 것으로 이해되는 '92컨센서스'를 지지한다거나 양안 통일을 바란다는 발언을 하는 등 친중국 입장을 표명하고 있다. 蔡衍明,「九二共識 就是兩岸一家人共識」, 中國時報, 2019.01.24. https://www.chinatimes.com/newspapers/20190124000574-260118?chdtv(검색일: 2019.2.20)
10)「旺旺之父蔡衍明：我就是要做台灣的"默多克"」 http://business.sohu.com/20131112/n389981766.shtml(검색일: 2018.10.10)
11)「台灣親共富商操控媒體專家解析」, 大紀元, 2012.2.15. http://www.epochtimes.com/gb/12/2/10/n3508388.htm(검색일: 2018.10.10)

있다면서, 대만 내부의 통일파 인사 중 다수는 친중파라고 생각한다."라고 말한 바 있다.[12] 실제로 대만 내부 사회운동단체에서는 왕왕그룹이 인수한 중시미디어 소속 신문방송에 대한 구독(시청)을 거부하는 사회운동을 진행하기도 했다.[13]

2011년 중시 미디어 그룹의 인수합병은 남영 언론의 신문, 방송을 활용하여 여론 형성과 관련한 언론 영향력을 확대하는 요소로 작용했다. 이후 대만 언론 지형은 정치적 성향에 따른 언론간의 상호 비판과 대립이 치열해지면서, 남녹 양극화 현상이 고착화되었다. 특히 대만 언론의 정치적 편향성은 TV 방송에서 시사정치성 의제를 놓고 토론을 진행하는 시사토론프로그램에서 극명하게 나타나고 있다.

Ⅲ. 대만 TV시사토론프로그램의 발전과 특징

1. 대만 TV시사토론프로그램의 발전

대만의 TV시사토론프로그램은 토크쇼 형태의 대화형 토론프로그램이다. 1~2명의 사회자와 여러 명의 토론자(panelist)들이 참여하여, 시사성 있는 사건이나 주제를 놓고서 각자의 관점에서 설명, 주장, 설득, 반격하는 과정을 거치면서 합리적인 결론을 도출하는 토론형 프로그램이다. 그러나 많은 경우에 있어서 정치적 편향성이 짙은 남녹 언론의 양극화 현상에 따라 동일한 사건이나 주제에 대해서도 전혀 다른 논리로 자신의 주장

---

12) 「臺灣紅頂巨賈大購港媒 再牽最嚴重統戰事件」, 大紀元, 2012.10.17.
   http://www.epochtimes.com/b5/12/10/17/n3707588.htm(검색일: 2018.10.10)
13) 중시 시청거부 운동에 대해서는 다음을 참조. https://zh.wikipedia.org/wiki/拒絕中時運動(검색일: 2018.10.10)

을 강조하고 상대방의 논리는 비판하거나 심지어 무시하는 형태로 진행
되고 있다.

이러한 대만의 TV시사토론프로그램의 발전 과정은 남녹 언론의 발전
과정에 맞춰 진행되어 왔는데 대략 3단계 과정을 거쳐 왔다.

제1기는 1984-1994년까지의 시기로서 장징궈 총통에 의한 제한적인
민주화 즉 1987년 계엄 해제와 대만 이산가족의 중국 고향 방문이 부분
적으로 허용되는 등 정치사회적으로 개방화 되는 시기다. 이때는 국민당
과 정부 관료나 학자들이 출연하여 정부 정책을 소개하거나 분석하는 형
태였다. 대표적인 프로그램은 '뉴스의 눈(新聞眼)', '국제전망(國際展
望)', '할말 있어요(有話要說)' 등으로 '뉴스의 눈' 같은 일부 프로그램은
3대 TV가 공동으로 송출(三台聯播)하는 형식이었고, 주 1~2회 정도 편
성되는 등 정식 뉴스토론프로그램이라고 보기 어려운 수준이었다. 때문
에 이 시기는 뉴스토크쇼 프로그램의 맹아적 형태가 생성되는 시기로 볼
수 있다.

제2기는 1990년대 초 리덩후이 정부 시기부터 2000년대 초반 천수이볜
정부 시기까지이다. 국민당 소속이지만 중국 대륙이 아닌 대만 출신인 리
덩후이는 1990년 총통으로 당선되자 대만 중심적 정책을 시작해 나갔다.
우선 종신제 임기로 비판받던 '만년(萬年)국회' 해산과 새로운 정치체제
건설을 위한 비상시국회의 개최를 실시하였고, 이 결과 대만은 정치사회
적으로 개방성과 다원성을 갖추어 나가게 되었다. 또한 1986년 정식 정
치세력으로 인정받은 민주진보당의 활동이 본격화되면서 대만 정치환경
은 점차 국민당과 민진당이 맞서는 양당제 시스템을 구성하였다.

정치적 민주화와 사회적 다원화 그리고 새로운 정치체제의 형성에 따
라 대만 TV시사토론프로그램도 본격적으로 정파적 입장을 반영하는 정
치편향적 보도태도가 나타났다. 새로이 편성된 TV시사토론프로그램은
뉴스 전달력과 여론 확산정도를 제고하기 위해서 저녁 6시에서 10시 사

이의 황금시간대에 편성되었다. 1993년 TVBS는 '리타오 광장(李濤廣場)'을 시작했는데, 기존에 초청 인사와의 질의응답이라는 단순한 포맷을 탈피하여, 시청자 전화 참여 방식, 주제 당사자와 토론자간의 직통 통화 등의 새로운 방식을 채택함으로써 대중의 반응정도를 높이고자 했다. '리타오 광장'은 이후 1994년 오후 9시로 시간을 변경하고, 프로그램 명칭도 '2100 전국민 개강(全民開講)'으로 바꾸면서 높은 시청률을 유지하는 대표적 TV시사토론프로그램으로 인정받았다.

이후 시사성 주제의 토론 프로그램이 민영방송국을 중심으로 확대 제작되면서 TV 토론 프로그램은 '대만식 토론민주주의'의 상징이 되었다. 그 배경에는 시사성 있는 의제를 다양한 시각으로 분석하고 토론하며 시청자의 흥미와 알권리를 충족시키는 언론으로서 역할을 인정받았다는 평가가 있다. 즉 새로운 TV 시사토론프로그램이 지난 시사토론프로그램이 보여주었던 관료의 형식적인 토론이나 관변 학자의 편향적인 시각과 분석에서 벗어나, 토론주제, 토론형태, 토론자 구성 등에서 다양한 변화를 통해 시청자의 호응을 이끌어냈기 때문이다.

대부분의 토론프로그램이 저녁 시간에 편성되면서 자연스럽게 유권자이기도 한 일반 시청자들의 정치적 관심을 향상시키면서 여론 형성 통로로 중요한 역할을 담당했다. 1994년 '2100 전국민개강'이 시청자들의 높은 관심과 주목을 받기 시작하자, 시사토론프로그램에 대한 대중의 관심이 급격히 증가했다. 그리고 대만을 프로그램 명칭으로 한 '대만 내면의 소리(台灣心聲)' 프로그램이 방송을 시작하면서 점차 대만 본토화 운동 즉 대만 독립을 지지하는 정파의 주장을 반영하는 녹영TV토론프로그램이 나타났다.

제3기는 민진당으로 정권교체가 된 이후 2004년부터 현재까지 시기로서 남녹 양극화에 따른 토론프로그램간의 경쟁이 격화되고, 반작용으로 언론으로서의 신뢰도는 하락하고 시청율도 하락하는 상황이 발생하고 있다. 1990년대 중반 총통직선제 실시와 양안관계의 위기로 인한 긴장국면의 조성과 같은 환경의 영향으로 대중의 언론관심이나 참여도는 계속하여 증가했다. 그러나 TV시사토론프로그램은 정파적 입장에서 자신의 입장을 되풀이 주장하고 강요하는 형태로 일관하는 형태를 반복했다. 무수한 TV시사토론프로그램이 대부분 형식, 내용, 수준이 거의 유사한 틀을 유지하면서 상호 비방과 왜곡된 주장을 통한 가짜 뉴스를 양산하면서 대중으로부터 외면받기 시작했다. 그러나 TV시사토론프로그램의 방송시간은 대부분이 여전히 황금시간대에 방송되고 있다.

〈표 1〉 현재 방송중인 대만의 주요 TV시사토론프로그램[14]

정파	방송국	프로그램명	사회자	첫 방송 일시
녹영	삼립 TV	54신관점(54新觀點)	천페이쥔(陳斐娟)	2013.2.18
		전진신대만(前進新台灣)	황첸핑(黃清萍)	2013.2.18
		신대만 파이팅(新台灣加油)	라오사오쥔(廖筱君)	2013.4.15
	민시 TV	정경은 민시 보기(政經看民視)	펑원정(彭文正), 리징위(李晶玉)	2016.8.22
		대만최전선(台灣最前線)	쉬종장(許仲江)	2018.3.12
	년대 TV	뉴스면대면(新聞面對面)	셰전우(謝震武), 구화이쉔(穀懷萱)	2010.6.16
		뉴스추적(新聞追追追)	장치카이(張啟楷), 안요우치(安幼琪)	2011.5.23
남영	중천 TV	야문타권(夜間打權)	황즈쉔(黃智賢)	2016.7.14
		대정치대폭괘(大政治大爆卦)	周玉琴(저우위친)	2016.6.13
		뉴스심후롱(新聞深喉嚨)	핑슈린(平秀琳)	2015.8.31
		양안 반드시 흥성(兩岸一定旺)	루시우팡(盧秀芳)	2017.3.20
		뉴스용권풍(新聞捲捲風)	다이리강(戴立綱)	2012.6.25
	TVBS	샤오캉상황실(少康戰情室)	자오사오캉(趙少康)	2014.3.31
		국민대회(國民大會)	위메이런(於美人)	2007.12.10
	동삼 TV	관건시각(關鍵時刻)	류바오제(劉寶傑)	2007.4.2

14) 표는 https://zh.wikipedia.org/wiki/政論節目#臺灣政論節目 등을 참조하여 현재 방송중인 프로그램을 중심으로 정리했으며, 정치적 성향에 따른 남녹 분류는 중국 인터넷 자료를 참조했다. https://www.zhihu.com/question/26725095(검색일: 2018.10.15); http://bbs.tianya.cn/post-333-474853-1.shtml(검색일: 2018.10.15)

〈표 1〉은 정치적 성향에 따라 대만의 주요 TV시사토론프로그램을 분류한 것이다. 표를 보면 녹영 방송사가 운영하는 7개, 남영 방송사가 운영하는 8개 등 모두 16개 프로그램이다. 표에 열거한 프로그램은 2018년 10월 현재 방송을 진행하고 있는 중에 있다. 방송 개시 시점을 기준으로 보면 몇 개 프로그램은 천수이볜 정부가 끝나는 시기인 2007년에 시작되었고, 보다 많은 프로그램이 마잉주 정부시기에 본격적으로 방송을 시작했다. 이는 천수이볜 민진당 정부와 마잉주 국민당 정부의 정권교체가 이루어지면서 방송에서의 남녹 정치적 편향성이 심화되었음 입증하고 있다. 2016년 총통선거에서 남녹 언론의 양극화 분위기는 더욱 뜨거워져 실제로 주리룬 국민당 후보와 차이잉원 후보의 각축전에도 깊은 영향을 주었다. 〈표 1〉에서 드러난 방송사와 프로그램을 보면 남영 방송사로 중천(中天)TV, TVBS, 동삼(東森)TV 등 3사가 대표적이고, 녹영 언론사는 삼립(三立)TV와 민시(民視)TV, 연대(年代)TV 등 세 곳이 대표적이다.

2. 대만 TV시사토론프로그램의 특징

대만 TV시사토론프로그램은 프로그램을 제작 방송 책임을 담당하는 모기업 혹은 기업 최고책임자의 정치적 성향, 프로그램에 참여하는 사회자와 토론자의 정치적 성향, 토론 주제의 성격에 따라 매우 높은 정치적 편향성을 지니고 있다는 특징을 보여준다. 그리고 시사토론프로그램 자체의 정치적 편향성은 남녹 양극화 현상의 영향을 받으면서 다시 정치적 편향성이 증폭되는 악순환적 관계에 처해 있음을 드러내고 있다.

이 절에서는 토론자의 직업과 토론 의제 성격 두 가지 부분에 걸친 기존 연구를 살펴보는 것을 통해, 대만 TV 토론프로그램의 정치적 편향성의 역사적 축적을 확인해보고자 했다. 〈표 2〉는 토론자의 다양한 직업형태를 분석한 대만 학자의 연구결과다. 〈표 2〉에서 나타나듯이 토론프

〈표 2〉 TV 토론 프로그램 토론자 직업 분류15)

토론 참여자 직업	참여인수	백분비율
전직 언론사 기자	538	44.2
정치평론가	233	19.2
현직 입법위원	91	7.5
학자 전문가	78	6.4
지방(현, 시)의회 의원	64	5.7
민간사회단체 대표	69	5.3
전업인사(전문직)	60	4.9
전직 정부관료	29	2.3
전직 입법위원	23	1.9
정당 대표	21	1.7
현직 정부관료	6	0.5
기타	5	0.4
합계	1,217	100%

출처: 唐士哲, 「電視政論與政／媒互動實踐初探」, 『傳播研究與實踐』, 第2卷 第1期, 2012.1. p.115.

로그램에 참여한 토론자들은 먼저 언론 종사자라 할 수 있는 전직 언론기
자와 정치 평론가 각각 1위와 2위로 두 직업군을 합치면 과반을 훨씬
넘은 65% 수준에 근접해 있다. 두 번째는 정치인 출신으로 전현직 입법
위원과 지방의회 의원들이 3위와 5위에 랭크되면서 도합 13.2%를 차지한
다. 더욱이 전직 관료, 정당 관계자 등 6.4% 도 포함시키면, 정치인 출신
은 20% 수준에 육박한다. TV토론프로그램에 참여하는 출연자의 직업군
을 분석해보면 당연히 높은 정치편향성을 지니게 되는 구조적 환경에 처
해 있음을 알 수 있다. 반면에 일반 시민단체 출신은 5% 정도로 정치색
이 비교적 옅은 직업군의 출연 비율은 매우 낮다.

실제로 진행되는 프로그램에서 정치인 출신은 자신의 소속 정당 및 정
치적 입장을 토론에서 그대로 주장하기 때문에 토론은 쉽게 남녹 진영의

---

15) 〈표 2〉는 TVBS, 삼립, 중천, 민시, 동삼, 공시(公視) 6개 채널 12개 토론프로그램
대상으로 1개월 방송분량을 종합한 결과이다.

대립으로 격화한다. 또한 언론기자와 정치평론가들 역시 자신의 주장을 강하게 인식시키기 위해서는, 정치적 편향성에 치우친 주장이나 과장, 왜곡, 호도하는 발언도 적지 않게 하는 편이다. 시사토론프로그램 참여 토론자들의 편중된 직업군의 특징은 남녹 양극화 경향을 심화시키는 요인이 되고 있다.

한편 토론프로그램에서 논의되는 주제 분석을 통해서도 정치적 편향성이 높게 나타나는 원인을 추론할 수 있다. 토론프로그램에서 논의되는 토론 의제는 대부분 시사성이 높은 주제들이다. 〈표 3〉을 보면 토론 주제 가운데 가장 많이 논의된 주제가 정치 이슈로 절반에 가까운 46%를 차지하고 있으며, 구체적으로 보면 정부정책이나 시정평가가 가장 많고 두 번째로 정당정치, 세 번째가 국방이며, 양안관계는 네 번째이다. 그러나 대만에서 정부정책, 정당정치, 국방문제 대부분이 양안관계와 밀접한 관련을 맺고 있기 때문에 대만에서 가장 민감한 이슈이자 남녹 양극화 현상이 나타나는 양안 이슈가 토론프로그램에서 가장 많이 논의되고 있다.

〈표 3〉 TV시사토론 프로그램의 주제 및 정치의제별련 특징 분포비율

주제	%	정치의제별 특징	%
정치	46	정부정책 및 시정 평가	22
사회	10	정당정치과정	25
민생소비	3	양안관계	6
경제	5	대륙사무(중국업무)	1
취약계층	3	민족 정체성	3
교육	1	국방	13
미디어	1	외교	1
과학기술	5	국제사무	6
이색뉴스	16	정치 사건	23
환경생태	2		
기타	8		

출처: 唐士哲, 『建立電視時事議題討論(政論)節目觀察評鑑指標成果報告』, 國立中正大學, 2013.

앞에서 언급한 바와 같이, 대만의 TV 토론 프로그램에 패널리스트로 참여하는 신분은 다양한 가운데, 기자, 정치인, 전문가(학자) 등 세 부류가 다수를 차지한다. 대만 미디어의 남녹 양극화 현상에 따른 두 입장의 대립이 격렬해지는 추세에 따라, 대만 등 중화권에서는 토론프로그램의 유명 토론자를 '밍쭈이(名嘴)'라는 비하성 용어를 통해 폄하하는 현상도 발생한다.16) 밍쭈이 현상 이외에 방송사 간의 시청율 경쟁의 심화, 패널 간의 극단적인 대립, 정치성 주제 자체의 반복적 논리 대립 등과 같은 다양한 문제점이 야기되면서 TV시사토론프로그램에 대해서 점차 시청자의 무관심, 냉소주의적 태도가 나타나는 원인이 되고 있다. 토론프로그램의 격렬한 대립은 토론자 사이, 토론자와 비난받는 방송사 사이에까지 대립과 충돌이 발생하면서, 근거 없는 주장이나 비방, 왜곡으로 인한 명예훼손이나 무고 등의 이유로 사법판결을 요구하는 상황으로까지 이어지기도 한다.17) 대표적으로 녹영 대표적인 토론자 가운데 한 사람인 저우위코우(周玉蔻)는 왕왕그룹이 인수합병한 중시미디어그룹을 '중국 국무원대만판공실의 대변인'이라고 비난하였는데, 중시미디어는 이러한 표현에 대해 명예훼손이라는 명목의 소송절차를 취했고, 결국 발언 당사자가 공개사과를 하는 상황까지 나타나기도 했다.18) 결국 여론형성의 공론장이 되어야할 대만의 TV시사토론프로그램의 난맥상에 대해서 많은 연구자들이 문제를 제기하는 상황에 처해 있다.

---

16) 스타패널로 번역할 수 있는 밍쭈이(名嘴, míngzuǐ)는 사전적 의미로는 입, 말이라는 뜻을 지니며, 뛰어난 말솜씨를 지닌 사람을 지칭하는 용어지만, 실생활에서는 다소 비하 혹은 조롱의 의미도 내포하고 있다. 대만과 중국에서는 통상적으로 대만 TV나 라디오 프로그램의 시사평론가나 사회자를 비판적으로 호칭할 때 사용한다.

17) 王一晴, 「台灣"名嘴"現象面面觀」, 『兩岸關系』, 2017.6.(검색일: 2018.11.1)

18) 「周玉蔻道歉 認旺中真愛台灣」, 中國時報, 2018.2.9. https://www.chinatimes.com/newspapers/20180209000601-260106?chdtv(검색일: 2018.11.1)

Ⅳ. 대만 TV시사토론프로그램의 정치편향성 사례 분석

이 장은 지금까지 살펴보았던 대만 TV시사토론프로그램에서 나타난 정치편향성 문제를 입증하기 위하여, 현재 방송되고 있는 남녹 진영의 대표적인 프로그램 현황을 간략히 정리하고, 양극화 현상이 선명하게 대비되는 두 프로그램을 비교 분석했다.

분석 대상 TV시사토론프로그램으로 녹영 언론의 대표 격인 민시에서 방영하고 있는 '정치경제는 민시로 보기'와 남영 언론 사례로는 TVBS의 '샤오캉 상황실'을 선정했다. 그리고 두 개의 상이한 정치적 입장을 지닌 토론프로그램의 양극화 특징을 분석하기 위하여, 소속기업, 사회자, 토론자, 토론의제를 기준으로 분석을 진행했다. 또한 정치 편향성에 따른 양극화 특징을 살펴보기 위하여, 대만에서 가장 민감한 주제인 양안관계와 관련한 토론 내용을 분석했다.

1. TV 시사토론프로그램의 방송사 배경 분석

남영 프로그램 '샤오캉상황실'을 방송하는 TVBS는 홍콩 자본 TVB와 대만 자본이 합작하여 1993년 케이블-위성 종합채널로 설립되었다가 2005년 홍콩 TVB의 완전한 자회사가 되었다.[19] 한편 '정경은 민시 보기'의 제작과 방송을 하는 민시(民視)는 당정군 3대 TV 시대의 종식을 요구하며 방송 민주화 운동을 추진하던 배경에서 설립된 네 번째 지상파 TV 방송국이다. 영어식 표기인 Formosa TV 에서도 독립파의 정서를 담고

---

19) 홍콩 TVB(Television Broadcasts Limited)는 홍콩의 유명 영화사 쇼브러더스의 창립자 중의 하나인 샤오이푸(邵逸夫)가 창립했다. 샤오이푸는 교육과 과학기술분야에 폭넓은 기부를 해왔는데, 대표적으로 홍콩과 중국 여러 대학에 '이푸빌딩(逸夫樓)'으로 불리는 건물을 건축하여 기증했다.

있음을 알 수 있다. 또한 방송사 본사도 다른 방송사와 달리 유일하게 타이베이시가 아닌 독립파의 영향력이 강한 대만 남부 가오슝에 위치해 있다. 방송의 설립자들도 모두 대만 독립을 주장하거나 민진당의 당직자로 나섰던 경력이 있는 사람들이다.[20] TVBS와 민시의 설립자와 회사의 성격을 보았을 때, TV 시사토론프로그램의 방송사 배경은 프로그램의 정치적 편향성과 깊은 관계를 갖고 있다는 추론이 가능하다.

TV 시사토론프로그램의 정치적 편향성은 프로그램이 스스로를 소개하는 SNS 플랫폼에서 보다 분명하게 나타났다. '정경은 민시 보기'와 '샤오캉상황실'이 각기 대외적으로 홍보 통로로 활용하고 있는 Facebook에서 알 수 있다. '정경은 민시 보기'는 "우리는 독립 국민투표와 대만 명칭으로 유엔가입을 지지한다"라는 캐치프레이즈가 페이스북의 첫페이지에 나타나 있는데 프로그램이 독립파 입장에 치우친 정치편향성을 선명하게 표방하고 있다.[21]

반면에 '샤오캉상황실'의 페이스북에 있는 소개를 보면, "자오샤오캉(사회자의 이름)의 독자적인 시각으로 세계를 해석하고, 시청자에게 다양한 생각을 제공한다"라는 비교적 중립적인 입장을 천명하고 있다.[22] TVBS는 여러 남영 언론 가운데 중천TV, 중시에 비해서는 정치적 편향성이 비교적 약한 미디어로 평가받고 있다.

---

20) 공동 설립자들인 차이퉁룽(蔡同榮), 리쩐위엔(李振遠), 리잉위엔(李應元) 등은 모두 대만독립을 주장하는 운동에 참여하거나, 민진당의 입법위원 등의 역할을 함으로써 독립성향을 강력하게 표방했다.

21) 『政經看民視』 facebook. https://www.facebook.com/jengchinonftv53(검색일: 2018. 10.15)

22) 『少康戰情室』 facebook. https://www.facebook.com/pg/2100room/about/?ref=page_internal(검색일: 2018.10.15)

2. 사회자 분석

TV시사토론프로그램의 사회자는 프로그램 진행을 책임지며, 토론자의 발언 기회를 제공하고 정리하는 역할을 맡고 있다. 따라서 전체 프로그램의 서두와 결말에 적지 않은 영향력을 행사한다. 따라서 사회자 개인의 정치적 성향과 진행 태도는 프로그램의 정치편향성을 분석하는 데 있어서 중요한 분석 대상이 된다.

우선 '정경은 민시 보기'는 펑원정(彭文正)과 리징위(李晶玉) 두 남녀 사회자가 진행한다. 남성 사회자인 펑원정이 주 사회자 역할을 맡아 토론을 진행하며, 여성 사회자 리징위는 관련된 뉴스나 정보를 소개하는 역할을 주로 하면서 공동 진행하는 형태이다.23) 주 사회자인 펑원정은 방송 기자, 앵커 출신으로 대만대학 교수를 하기도 했다. 펑원정은 온라인공간의 빅데이터 분석에서 '대만 10대 TV시사토론프로그램 사회자' 중 1위로 선정되기도 했는데, 진행방식이 직설적이고 진실을 말한다는 평가를 받고 있다.24) 펑원정은 독립파 시민단체가 주도하는 반중국 시위에 직접 참여하는 등 자신의 정치적 입장에 따른 정치적 의사표현을 분명하게 드러내고 있다는 점에서 정치적 편향성이 뚜렷하다.

TVBS의 '샤오캉 상황실'은 자오샤오캉(趙少康)은 현재 방송 중에 있는 시사토론프로그램 사회자 중 가장 장기간 현직에 있으면서 '언론계의 실력자(媒體大亨)'로 회자되고 있다. 위에서 언급한 빅데이터 분석에서 대만 10대 시사토론프로그램 사회자 중 펑원정 다음으로 영향력 2위에 랭

---

23) 특이하게도 공동사회자인 펑원장과 리징위는 서로 부부이다. 두 사람은 민시TV에서 '정징시사검증(正晶限時批)'를 진행하다가 '정치경제는 민시를 보기(政經看民視)'로 프로그램 명칭을 바꾼 이후에도 공동 사회자 역할을 하고 있다.
24) 「來賓傑我跟你說! 十大人氣政論節目主持人!」, DailyView網路溫度計, 2017.6.13. https://dailyview.tw/Daily/2017/06/13?page=1(검색일: 2018.10.17)

크되기도 했다. 정치경력도 적지 않은 자오샤오캉은 입법위원과 환경보호처장 등을 역임했고, 1994년 타이베이시장 선거에서 남영 정치세력인 신당(新黨) 후보로 민진당의 천수이볜과 경쟁했다. 선거 패배 이후 언론 분야에서 다양한 경력과 경험을 토대로 남녹 대립으로 인한 양극화된 토론을 차분하게 유도하고자 한다. 하지만 대체로 현 집권세력인 차이잉원 총통과 민진당을 비판하는 기조에 있다는 평가를 받고 있다.

두 토론프로그램의 사회자인 펑원정과 자오샤오캉의 정치적 배경과 정치적 의견을 표현하는 내용을 보면 각기 독립파인 녹영 정파와 중국과의 협력을 강조하는 남영 정파와 가까운 정치적 편향성을 지니고 있음을 볼 수 있다. TV시사토론프로그램의 정치적 편향성은 사회자의 정치적 배경과 입장 이외에 토론자의 구성과 발언에서 더욱 분명하게 나타나고 있다.

3. 토론자 분석

앞서 3장에서 보았듯이 토론프로그램에 출연하는 토론자들은 대부분 전현직 언론 기자, 정치평론가, 전현직 정치인들이 다수를 차지하고 있다. 이 장에서 분석하고 있는 두 TV시사토론프로그램도 유사한 구성으로 되어 있다. 〈표 4〉에서 간략하게 나타나듯이 '정경은 민시 보기'는 주로 저널리스트, 정치평론가 중심으로 되어있고, 반면에 '샤오캉 상황실'은 저널리스트 이외에 현직 입법위원이나 시의원 등 정치인을 포함하고 있으며, 남영과 녹영의 정파 즉 국민당 입법위원과 민진당 입법위원을 동수로 균형을 맞춰 토론을 진행한다는 특징이 있다. 때문에 토론자의 정치적 편향성은 '정경은 민시 보기'의 경우에는 녹영의 주장을 강하게 주장하거나 그대로 대변하는 형태로 선명하게 표출되는데 반하여, '샤오캉 상황실'의 경우에는 분석 위주의 토론 경향을 특징으로 보여주고 있다.

토론자의 정치적 편향성은 구체적인 발언과 행동에서 선명하게 드러난다. '정경은 민시 보기' 출연자 중의 저우위코우는 2006년 대만독립노선을 표방하는 대만단결연맹당의 후보자로 대북시장 선거에 출마한 바도 있다. 그녀는 앞서 언급한 것처럼 남영 언론과 국민당의 양안 교류협력 정책이나, 중국의 92공식과 일국양제와 같은 대만 정책에 대해서는 비판적으로 발언함으로써 녹영의 정치적 견해를 그대로 드러내고 있다. 또한 미국에 거주하는 차오창칭도 민시와 같은 녹영 언론에 고정 출연하여 "중국공산당의 독재를 막기 위해서는 대만독립이 필요하다"는 반중(反中) 발언을 하면서 독립파의 정치적 견해에 동조하는 정치적 편향성을 드러내고 있다.

<표 4> 토론프로그램 참여 토론자와 직업 분류

명칭	참여 토론자 - 직업
정경민시보기	저우위코우(周玉蔲) - 언론인, 작가[25]
	쉬친황(徐嶔煌) - 선임언론인
	우궈동(吳國棟) - 선임언론인, 작가, 정치평론가
	차오창칭(曹長靑) 미국 거주, 정치평론가, 반중공 인사[26]
	치우밍위(邱明玉) - 선임기자
	션차이잉(沈采穎) - 언론인
샤오캉 상황실	션푸송(沈富雄) - 전 민진당 입법위원
	뤼즈쩡(羅志政) - 민진당 입법위원
	커즈원(柯志恩) - 국민당 입법위원
	정리원(鄭麗文) - 국민당 부비서장
	탕샹롱(唐湘龍) - 선임언론인[27]
	라이스바오(賴士葆) - 국민당 입법위원
	란쉔(蘭萱) - 선임언론인
	쉬홍팅(徐弘庭) - 타이베이시의원

---

25) 저우위코우는 대표적인 녹영 언론인이다. 앞에서 중시미디어를 중국의 국무원대만판 공실의 대변인이라고 하는 발언도 하면서 소송을 당하기도 하는 등 반중국, 반남영 입장에서 강경한 정치적 발언을 한다.

26) 차오창칭은 원래 중국 선전청년보(深圳靑年報) 편집인이었다. 중국공산당의 일당독

남영 프로그램에 토론자로 출연하고 있는 사람들도 남영의 정치적 입장을 대변하는 기조로 정치적 편향성을 보이는 것은 유사하다. 특히 〈표 4〉에서 언급된 탕샹룽은 중국 TV 토론프로그램에 고정 토론자로 출연하고 있다. 이외에도 대만 중국문화대학 교수 치우위(邱毅), 세신대학 교수 요우즈샹(遊梓翔), 국민당 고문이자 대북대학 교수 정요우핑(鄭又平) 등의 대만 학자들은 남영 언론의 TV 시사토론프그램에 고정 토론자로 참여하지만, 때로는 중국 국영 CC-TV에서 방송하는 대만문제 전문 시사토론프로그램인 〈해협양안(海峽兩岸)〉의 고정 토론자로 참여하기도 한다. 이들은 이 프로그램에서도 국민당의 양안 교류협력 정책을 지지하거나, 민진당의 대만 독립 경향을 비판하는 발언을 함으로써 대만에서는 친중국 인사로 평가받고 있다.

4. 주제 분석

TV 시사토론프로그램의 정치적 편향 문제는 토론 주제 선택과 주제에 대한 토론 과정에서 보다 선명하게 드러난다. 여기서는 대만의 가장 민감하고 남녹 양극화 현상이 분명하게 드러나는 양안관계 즉 중국과 관련하여 남녹 양쪽에 각각 상이한 이익 충돌이라는 성격을 지닌 두 주제를 분석했다. 하나는 중국과의 교류협력을 강조하는 남영 정파가 긍정적으로

재를 비판하는 기사를 실은 이유로 폐간되자, 1988년 미국으로 이주한 반중인사이다. 2016년 8월부터 '정경은 민시 보기' 토론프로그램의 고정 토론자로 출연하면서, 서구 자본주의와 민주주의를 옹호하고 중국의 사회주의와 민족주의 경향을 비판한다. 그의 정치 성향은 이러한 부분에서 녹영 언론인 민시와 일치한다.

27) 탕샹룽은 남영의 정치성향을 지닌 정치평론가로써 비교적 합리적인 추론과 분석을 통해 녹영의 정책을 비판하는데, 기본적으로 중국과의 교류는 대만에게 불가피한 선택이라는 입장을 갖고 있다. 예를 들어 혜대 조치는 대만 청년들의 실업문제를 완화시키는 좋은 방법 가운데 하나라고 주장한다.

평가할 만한 성격을 지닌 중국의 대만인 우대정책인 '혜대조치(惠臺措施)'와 관련한 토론이고, 다른 하나는 녹영 즉 대만 독립파 정치세력이 적극 참여하고 있는 '국민투표 및 병합 반대 요구시위(全民公投反倂呑大遊行)'와 관련한 토론이다.

〈표 5〉 혜대조치(惠臺措施) 주제 토론

명칭	토론프로그램의 제목
정경민시보기	업데이트된 통일전선전략, 중국이 내놓은 31항의 혜대정책, 사탕으로 포장된 독약인가?[28] 중국의 양수겹장인가? 정신분열인가? 왼손에는 혜대조치, 오른손은 무력통일 위협![29]
샤오캉 상황실	대륙의 정책! 대만인에게 대륙인과 동등한 대우의 31항의 혜대조치 제공[30] 대륙의 혜대조치가 대만청년을 흔들리게 함! 젊은 세대는 "대륙이 대만에 우호적"이라고 생각하며 6할 이상이 대륙으로 가서 발전하길 원함.[31]

혜대정책(惠臺政策)은 중국 정부가 중국으로 이주하여 학업과 경제활동을 하려는 대만의 학생, 교수, 기업가들을 대상으로 중국인과 동등한 자격과 혜택을 부여한다는 점에서 대만인 우대정책으로 불린다.[32] 1980

---

28) 「統戰更新, 中國祭出31項惠台政策, 包裹糖衣的毒藥?」, 2018.3.3. (검색일: 2018. 10.20)

29) 「中國兩手策略? 精神分裂? 左推惠台措施, 右嗆武統!」, 2018.3.3. https://www.youtube.com/watch?v=igk4Kvutdus(검색일: 2018.10.20)

30) 「大陸出招了! 提供台灣人「31項惠台措施」同國民待遇!」, 2018.3.1. https://www.youtube.com/watch?v=q_BNYk707EU(검색일: 2018.10.20)

31) 「大陸惠台打動台灣青年! 年輕世代認為「陸對台友善」6成願赴發展」, 2018.3.14. https://www.youtube.com/watch?v=q_BNYk707EU(검색일: 2018.10.20)

32) 중국 정부는 2018년 양회(전국인민대표대회와 전국정치협상회의의 연례 대회) 개최에 앞서 '양안 경제문화 교류합작 촉진을 약간의 조치'(「關於促進兩岸經濟文化交流合作的若幹措施」) 라는 기존의 혜대조치보다 훨씬 확대된 '31개 혜대조치'를 발표했다. 구체적 내용은 대만기업에 대한 세금 우대 조치, 기업소득세 15% 감면, 연구개발비용 지원 등 기존의 지원폭을 확대하는 것 이외에 국가급 프로젝트인 '중국제조 2015' 사업과 에너지, 교통, 수리, 환경보호, 공공건설사업 등에까지 문호를 넓히는 등 12개 조항에 이른 대만 기업 지원내용을 포함하고 있다. 또한 대만 주민에게도 134개 국가직업자

년대 대만문제를 평화적으로 해결하기 위해 덩샤오핑이 일국양제(一國兩制) 통일방안을 제시한 이후, 중국정부는 대만인의 흡수통일 우려를 해소하고, 관계 정상화 분위기를 조성하기 위해 민간교류와 경제교역 분야에서 중점적으로 대만을 우대하고 있다는 부분을 강조해왔다. 그러나 대만의 녹영 정치세력 중 중요인사인 라이칭더(賴清德) 행정원장은 중국의 혜대정책은 '사탕으로 포장된 독약' 즉 궁극적으로 대만을 흡수통합하려는 통일전선전술의 하나라고 비판하면서 혜대정책이 아닌 '대만정책'에 불과하다고 주장하고 있다.[33]

혜대조치에 대해 남영 TV시사토론프로그램은 주로 대만의 기업의 경영활동과 주민 특히 청년세대의 일자리 창출에 실질적인 기회가 될 것이라는 남영 언론의 보도를 인용하면서 적극적으로 평가했다. 〈표 5〉의 샤오캉상황실의 토론 제목에서도 선명하게 정치편향성을 짐작할 수 있다. 즉 '대만인에게 대륙인과 동등한 대우의 31항의 혜대조치 제공'이나 '대륙의 혜대조치가 대만청년을 흔들리게 함! 젊은 세대는 "대륙이 대만에 우호적"이라고 생각하며 6할 이상이 대륙으로 가서 발전하길 원함'으로 표현하고 있는 것은 중국과의 교류협력을 강조하는 남영의 정치적 입장과 일치하고 있음이다.

반면에 녹영 미디어는 중국의 통일전선전술을 통한 대만에 대한 위험한 유인전술이며 대만에 대한 경제적 종속을 강화시키려는 불온한 의도

격고시 참여 개방, '1천인 계획', '1만인 계획' 및 국가사회과학기금 프로젝트 참여 허용, 중화 우수전통문화 계승발전 프로젝트 참여와 표창, 영예호칭 평가, 전문사회단체조직, 산업별 협회 가입, 중국의 빈곤구제, 공익사업 등 기층사업 참여 허용 등 19개 조항에 걸쳐 중국인과 동등한 대우를 제공한다는 내용을 담고 있다. 「一張圖看懂一大陸公布31條惠台政策台商、産學、影劇全包了」, 2018.3.1, https://www.cw.com.tw (검색일: 2018.10.21)

33) 周思宇, 「中國惠台政策一賴清德 : 中國最後的目標就是'併吞台灣'」, 2018.3.6, https://www.storm.mg/article/406712(검색일: 2018.10.20)

가 내포되어 있다고 비판하는 부정적인 평가가 주종을 이루었다. 이러한 각자의 정치적 편향성에 근거한 주제 선정에서 나타난 차이는 대만 TV시사토론프로그램의 양극화 현상을 설명하는데 있어서 유의미한 사례이다.

〈표 6〉 독립시위(全民公投反併吞大遊行) 주제 토론

명칭	토론프로그램의 제목(원 제목)
정경민시보기	대만 국민투표로 병탄을 막아내자! 희락도의 10월 20일 10만명 대행진 호소[34]
샤오캉 상황실	희락도의 정명공투운동이 녹영의 선거상황을 교란하다! 민진당을 곤혹스럽게 할까?[35]

대만 TV시사토론프로그램의 정치적 편향성과 그에 따른 남녹 양극화 현상은 녹영이 적극적으로 추진하는 대만 독립 관련 활동에서도 서로 대조적인 반응을 보이고 있음을 확인할 수 있다.

대만독립은 1990년대 이후 대만 중심 인식이 높아지게 되면서 대만 내부의 여론 분열 및 대립의 핵심 주제가 되었을 뿐만 아니라 중국과의 관계에서 상호 정치군사적 대치와 긴장감을 높이는 이슈가 되었다. 민진당은 '대만독립'을 지향한다는 당강을 여전히 유지하고 있으며, 일부 급진적 독립 선언을 주장하는 민진당 원로와 시대역량당과 같은 젊은 독립파 세력에게는 가장 핵심적인 정치목표가 되고 있다.

따라서 군사훈련과 같은 중국의 무력시위가 발생하거나 대만 내부 총통 또는 지방선거가 있는 시기가 되면 독립 시도를 다양한 방식으로 표현

34) 「全民公投反併吞! 喜樂島呼籲1020十萬人上凱道!」, 2018.9.1. 政經看民視, https://www.youtube.com/watch?v=Q5Vwhcvhr2Q(검색일: 2018.10.21)

35) 희락도연맹은 2018년 4월 7일 설립되어, 9월 1일 기자회견을 했는데, 이때 민시의 TV 시사토론프로그램 사회자 펑원정이 직접 사회를 보면서 대만 독립 주장을 선동하기도 했다. 「喜樂島正名公投攪動綠營選情! 逼民進黨逆襲尬場?」, 2018.10.18, 少康戰情室 https://www.youtube.com/watch?v=CMMAkpu1rMw(검색일: 2018.10.21)

한다. 특히 유엔 가입 문제에 대한 대만인들의 의사를 묻자는 국민투표 요구는 2004년 천수이볜 정부 시기에 발생한 이후 끊임없이 제기되는 녹영 정치세력의 전통적인 투쟁방식이다. 남영 정치세력과 언론에서는 이러한 행위를 양안관계의 긴장을 고조시키고, 대만 내부의 여론을 분열시키는 불필요한 소모적인 정치행사라고 비판하는 입장이다.

〈표 6〉의 독립시위(全民公投反併呑大遊行)는 2018년 11월 24일로 예정된 지방선거를 앞두고 1개월 전인 10월 20일에 발생했다.[36)37)]

위 국민투표 요구 시위와 관련해서도, 역시 대만 TV 시사토론프로그램의 남녹 미디어의 양극화 추세에 따라 진영별로 판이하게 시각차가 대립하였다.

우선 민시의 '정경은 민시 보기' 프로그램의 경우 국민투표 요구 시위에 적극적으로 개입했다. 민시의 이사장인 궈페이훙(郭倍宏)이 집회를 주최한 희락도연맹의 대표를 담당했다. 그는 시위에서 "타이완의 민주적이고 자유로운 생활방식을 영원히 유지하기 위해서 유엔가입을 묻는 국민투표를 실시해야 한다"고 직접 발언하기도 했다.[38)] 그밖에 '정경은 민

---

36) 대만의 명의로 유엔에 가입하는 방식을 국민투표로 묻자는 주장이다. 여기에는 2020년 개최 예정인 동경올림픽에 국제경기에서 대만이 사용할 수 있는 '중화대북(中華台北, Chinese Taipei)' 명칭은 대만의 주권을 내세울 수 없는 한계가 있으니, '대만(台灣, Taiwan)' 명칭으로 참가하는 내용도 포함한다. 녹영 정파와 가까운 시민단체들이 운동 추진을 위해 공동으로 희락도연맹이라는 운동단체를 조직했다. '국민투표 실시와 합병 반대를 내건 대행진을 조직하였고, 실제 2018년 11월 24일 실시된 국민투표에서 '동경올림픽에 대만 명의 참가'여부를 묻는 투표는 찬성 45.2%, 반대 54.8%로 부결되었다. 명분보다 실제적 이익과 안정을 추구하려는 대만 유권자의 심리가 반영된 결과라는 평가이다. 「全民公投反併呑活動 外媒關注大幅報導」, 民視新聞台, https://news.ftv.com.tw/news/detail/2018A20P18M1(검색일: 2018.10.21)

37) 「拒絕中國霸淩, 全民公投反併呑」, https://www.facebook.com/events/2182662185346787(검색일: 2018.10.22); 「喜樂島聯盟」, https://www.facebook.com/Formosa Alliance(검색일: 2018.10.22)

시 보기' 토론프로그램의 사회자인 펑원정도 직접 집회에 참석하면서, "세계 각국의 언론사들이 타이완 독립, 국민투표 요구 집회를 취재하기 위해 왔다"고 하면서 집회분위기를 고양시켰다. 민시TV는 자사 뉴스채널 (民視新聞台)을 통해 집회를 중계했다.

이에 반해 남영의 TVBS 샤오캉상황실은 대규모 시위의 성격과 배경 분석을 주로 했다. 그리고 시위가 민진당 차이잉원 정부의 양안정책과 중국에 미치는 영향을 집중적으로 토론했다. 예를 들어 토론자인 탕샹룽은 시위 주도세력이 민진당과 깊은 연관이 있다고 주장했다. 즉 그는 "시위 주최단체인 희락도연맹의 배후에는 천수이볜 전(前)총통이 있으며, 현(現) 차이잉원 총통은 '현상유지 정책'을 정면으로 부정하는 것으로 인식될 수 있기 때문에, 유엔 가입 국민투표 요구 주장에 대해 명확한 입장을 표명하지 않고 있다"는 분석을 했다.[39] 이러한 분석 배경에는 녹영 정치세력의 대만 독립 노선에 대한 남영 언론계 인사들의 비판적 시각이 작용하고 있다.

일부 남영 정치세력과 언론은 국민투표 요구 시위에 대해 더욱 분명하고 강력하게 비판한다. 예를 들어 TVBS 상대적으로 보다 더 남영으로 치우친 중천TV와 중시TV의 시사토론프로그램에서는 국민투표 요구 시위는 대만을 분열시키고, 중국에게 도발하여 대만의 안정을 위협하는 어리석은 정치행위라고 비판했다.

---

38) 희락도 대표인 궈페이훙은 원래 미국의 대만독립운동단체인 대만독립건국연맹(台灣 獨立建國聯盟) 대표를 역임한 대만독립운동파의 대표 인사이다. 대만으로 귀국한 이후에는 민시TV 의 이사장이 되어 녹영의 정치적 성향에 치우치는 언론 활동을 하고 있다.

39) 「鄭新助動員20遊覽車挺喜樂島！陳致中搭車北上剛好？」, 少康戰情室, 2018.10.19. https://www.youtube.com/(검색일 2018.10.22)

Ⅴ. 결론

이 글에서 대만 언론의 정치편향성에 따른 남녹 양극화 현상의 역사적 배경과 특징을 살펴보고, 이어 정치적 편향성이 선명하게 드러나는 TV시사토론프로그램의 모기업, 사회자, 토론자, 토론주제에 대한 내용분석을 통해 정치편향성이 어떻게 나타나고 있는가를 입증해보고자 했다.

연구 결과를 정리하면, 현재 대만 언론의 남녹 양극화 현상은 근현대 이후 대만이 경험해온 역사적 흐름이 축적된 결과인데, 대략 네 가지의 갈등요인으로 정리할 수 있을 것이다. 첫째, 출신지역이 대만이냐 대륙 중국이냐에 따른 갈등, 둘째, 중국인이냐 대만인이냐라는 정체성의 인식 차이에 따른 갈등, 셋째, 국민당 지지자냐 민진당 지지지냐에 따른 갈등, 넷째, 통일 지향이냐 독립 지향이냐에 따른 갈등 등이다. 이는 결국 중국과 가까이에 마주하고 대만의 지정학적 위치가 갖고 있는 원천적인 문제이다. 다시 말해서 한편으로 해협을 사이에 두고 있는 중국과 긴장관계를 유지하고 있지만, 다른 한편으로 대만의 생존과 발전을 위해서는 중국과의 교류협력을 하지 않을 수도 없는 대만의 현실이 바탕에 깔려 있다. 따라서 대만 정치사회의 양극화는 대만 언론의 양극화 현상을 초래하는 근본적인 원인이다. 더구나 여러 문제에 대한 다양한 시각이 논쟁하는 TV시사토론프로그램에서는 쉽게 어느 한쪽의 입장을 반영하거나 주장하는 정치편향성 문제에서 벗어나기 힘든 구조이다.

대만의 TV시사토론프로그램은 민주화시기에는 공공영역과 민간영역이 상호 정보 전달과 여론 수렴의 기능을 수행하는 통로 역할을 함으로써, 정치세력과 일반 대중사이의 거리를 감소시키는데 있어서 중요한 교량으로 역할을 수행해왔다.

다시 말해서 TV시사토론프로그램은 공적 의제 발굴과 토론을 통해 사건 내부에 감춰져 있는 의도에 대해 각기 다른 관점에서 서로 토론하고 교류하면서 결국 모두의 공감대를 형성할 수 있는 기회를 제공했다는 점에서, 민주적 시민으로의 교육과 정치참여를 하도록 하고, 정부 또는 정당 활동에 대한 감시와 감독을 할 수 있도록 하는 순기능을 발휘했다.

그러나 오늘날 대만의 TV시사토론프로그램은 남녹 양극화 현상에 따른 정치편향성 문제로 인해 언론으로서의 부정적인 모습 즉 역기능이 문제시되고 있다. 다시 말해서 정치편향성과 상업화 경향에 따른 경쟁 심화로 인해 TV시사토론프로그램의 문제점이 대두되고 있다. 대만 학자는 이를 네 가지 문제점으로 요약하기도 했는데, 첫째, 토론 과정에서 부정확한 주장을 하거나 입장만을 강요하는 문제, 둘째, 일부 토론자들의 무분별한 폭로나 과장된 토론 자세, 셋째, 객관적이고 중립적인 토론자세가 아닌 편향적인 토론에 치중하는 문제, 넷째, 언론의 사유화(私有化) 문제인데, 이는 토론프로그램을 제작·방송하는 권한을 지닌 소속 기업의 정치성향을 주로 반영하고 있다는 부분에 대한 문제제기다.(唐士哲, 2013)

정치경제적으로 현저한 차이가 존재하는 비대칭적 역학 구도 속에서 일국양제 방식을 통한 대륙 중국의 통일 압박에 맞서 자유민주주의적 가치와 제도에 대한 우월성을 강조하는 대만으로서는 앞으로도 다원적, 개방적, 민주적인 사회를 지향할 것으로 예측된다. 대만 언론의 TV시사토론프로그램은 내외부 환경의 영향을 받기 때문에 앞으로도 남녹 양극화의 영향에 따라 정치편향성 부분은 지속적으로 문제시 될 것으로 보인다.

이 글은 대만 언론의 양극화 현상과 정치편향성 문제를 방송TV방송 분야로 한정하여 접근했다는 점에서 한계를 갖고 있다. 대만 언론은 녹영에는 자유시보, 남영에는 연합보와 중국시보라는 신문 매체도 존재한다. 또한 대만 언론의 양극화와 정치편향성에 대한 시청자 즉 일반인의 반응이 매체의 신뢰도를 측정할 수 있다는 점에서 의의가 있는데, 분량의 제한으로 인하여 다루지 못했다. 부족한 부분은 추후의 연구과제로 할 것이다.

| 참고문헌 |

양승목, 「미디어와 사회적현실」, 김광억 편, 『세상 읽기와 세상 만들기: 사회과학의 이해』, 서울: 서울대학교출판부, 2008.

이정기・황우념, 『대만 방송 뉴스의 현실과 쟁점』, 서울: 커뮤니케이션북스, 2016.

唐士哲, 『建立電視時事議題討論(政論)節目觀察評鑑指標成果報告』, 國立中正大學, 2013.

劉嘉薇, 『臺灣民眾的媒體選擇與統獨立場』, 臺北: 五南, 2016.

蘇蘅, 『台灣新聞媒體公信力研究』, 2015.3.30.

何貽謀, 『台灣電視風雲錄』, 台北: 台灣商務印書館, 2002.1.5.

唐士哲, 「電視政論與政／媒互動實踐初探」, 『傳播研究與實踐』, 第2卷 第1期, 2012.1.

劉嘉薇, 「網路統獨的聲量研究: 大數據的分析」, 國立臺灣大學, 『政治科學論叢』, 71期, 2017.

劉嘉薇・張福建, 「民眾對媒體多元的認知: 社經地位的鴻溝」, 『國家發展研究』, 15卷2期, 2016.

李峰, 「兩岸關系與電視評論—央視《海峽兩岸》傳播策略研究」, 『台灣研究』, 2005.3.

李豐, 「台灣電視新聞評論欄目模式是否適用於大陸同類欄目——從兩岸電視新聞評論員之異同說起」, 『改革與開放』, 2010.2.

王一晴, 「台灣"名嘴"現象面面觀」, 『兩岸關系』, 2017.6.

張卿卿・羅文輝, 「追求知識、認同或娛樂? 政論性談話節目的內容與閱聽眾收視動機的探討」, 2007.

張彬, 「精確 深入 活潑——關於做好對台灣廣播評論節目的思考」, 『中國廣播』, 2010.2.

何博儀, 「淺談台灣電視"名嘴文化"」, 『南方電視學刊』, 2013.1.

周思宇, 「中國惠台政策-賴淸德 : 中國最後的目標就是'倂呑台灣'」, 2018.3.6.
　　　　https://www.storm.mg/article/406712(검색일: 2018.10.20)

蔡衍明, 「九二共識　就是兩岸一家人共識」, 中國時報, 2019.1.24.
　　　　https://www.chinatimes.com/newspapers/20190124000574-260118?
　　　　chdtv(검색일: 2019.2.20)

『少康戰情室』 facebook https://www.facebook.com/pg/2100room/about/?ref=
　　　　page_internal(검색일: 2018.10.15)

『政經看民視』 facebook https://www.facebook.com/jengchinonftv53(검색일:
　　　　2018.10.15)

「公視建台歷史」 https://info.pts.org.tw/intro/ab_history.html(검색일: 2018.10.10)

「關於民視」 https://www.ftv.com.tw/aboutftv.aspx(검색일: 2018.10.10)

「臺灣國內四大報─中國時報,聯合報,自由時報,蘋果日報最大明顯差異是啥」,
　　　　https://tw.answers.yahoo.com(검색일: 2018.10.10)

「臺灣紅頂巨賈大購港媒　再牽最嚴重統戰事件」, 大紀元, 2012.10.17.
　　　　http://www.epochtimes.com/b5/12/10/17/n3707588.htm(검색일: 2018.
　　　　10.10)

「來賓傑我跟你說!十大人氣政論節目主持人!」, DailyView網路溫度計, 2017.6.13.
　　　　https://dailyview.tw/Daily/2017/06/13?page=1(검색일: 2018.10.17)

「全民公投反倂呑! 喜樂島呼籲1020十萬人上凱道!」, 2018.09.01. 政經看民視,
　　　　https://www.youtube.com/watch?v=Q5Vwhcvhr2Q(검색일: 2018.10.21)

「鄭新助動員20遊覽車挺喜樂島! 陳致中搭車北上剛好?」, 少康戰情室, 2018.10.19.
　　　　https://www.youtube.com/(검색일 2018.10.22)

「喜樂島正名公投攪動綠營選情! 逼民進黨逆襲尬場?」, 2018.10.18, 少康戰情室,
　　　　https://www.youtube.com/watch?v=CMMAkpu1rMw(검색일: 2018.10.21)

http://www.peoplenews.tw/news/9ede8b9f-1706-4f69-9ec6-08e8ebf201c7(검색
　　　　일: 2018.10.10)

중국의 동남아 연구와 지식 교류 네트워크

● 허재철 ●

I. 서론

2017년 5월에 출범한 문재인 정부는 100대 국정과제의 하나로서 '동북아플러스 책임공동체 형성'을 제기했다. 동북아를 넘어서 남방·북방 지역을 '번영의 축'으로 삼고자 한 것으로, 이를 위해 신남방정책과 신북방정책을 추진한다는 것이 골자였다. 이 중, 신남방정책 추진과 관련해서는 아세안과의 관계를 주변 4국과 유사한 수준으로 발전시킬 것이라고 하면서 동남아 지역에 대한 높은 정책적 관심을 나타냈다. 아세안이 젊고 역동적인 성장지역으로서 우리의 경제 성장에 새로운 동력을 제공해 줄 수 있는 블루 오션(Blue Ocean)이 될 수 있다는 판단에서였다.

이에 따라 2017년 11월 9일, '한-아세안 미래공동체 구상'이 문재인 정부의 신남방정책으로서 표명되었고, 2018년 8월 28일에는 신남방정책을 추진할 중심 조직으로서 대통령 직속의 신남방정책특별위원회가 정식 출범했다.[1]

---

* 대외경제정책연구원 중국경제실 부연구위원.
1) 신남방정책특별위원회는 사람 공동체와 상생번영 공동체, 평화 공동체를 통한 한-아세안 미래공동체 구현을 비전으로 제시하며, 이를 위해 구체적으로 다음의 16가지 정책을 발표했다. 1. 신남방지역의 방한 관광객 확대 2. 신남방지역과 쌍방향 문화교

이와 같은 정부의 정책 방향에서도 나타나듯, 아세안은 이미 우리에게 있어 중요한 교류 상대국이 되었다. 2017년에 아세안을 방문한 우리 국민이 720만 명에 달해 아세안은 한국인이 가장 많이 찾는 해외 방문지역으로 나타났다. 또한 동년 한국과 아세안 사이의 총 교역액이 1,490억 달러인 것으로 집계되어 아세안은 우리의 제2위 교역·투자 대상지역인 것으로 나타났다.[2]

이와 같이, 동남아 지역은 현 정부의 대외정책에 있어 중요한 핵심 지역이자 이미 한국 사회와 밀접한 관계를 맺고 있는 지역이기도 하다. 이에 따라, 최근 동남아 지역에 대한 한국 학계의 연구도 활발하게 이뤄지고 있고, 이것이 동남아 지역에 대한 한국인들의 이해를 넓히고 정부의 정책을 뒷받침해 주는 긍정적인 역할을 하고 있다. 동시에 정부의 정책적 관심이 학계의 동남아 연구를 자극하는 선순환 효과를 보여주고 있기도 하다.

그럼에도 불구하고 한국 학계의 동남아 연구는 여전히 양적으로나 질적으로 부족하다는 평가가 나오고 있다. 심지어 한국의 동남아 연구 역사와 연구자 규모, 연구 축적 추이, 학계의 조직률 등과 같은 기초적인 데이터조차 제대로 구축되어 있지 못하다는 반성의 목소리가 나오고 있다.[3]

류 확대 3. 신남방 지역 학생, 교원, 공무원 대상 인적 자원 역량을 강화 4. 공공행정 역량 강화 지원, 거버넌스 증진에 기여 5. 상호 간 체류 국민의 권익 보호 증진 6. 신남방 국가의 삶의 질 개선 7. 무역·투자 증진을 위한 제도적 기반 8. 신남방 지역 내 연계성 증진을 위해 추진 중인 인프라 개발에 적극 참여 9. 중소·중견 기업의 시장진출과 상호 교류활동 지원 10. 신산업 및 스마트 협력 11. 신남방 각 국가별 맞춤형 협력 12. 신남방 국가들과 정상 및 고위급 교류 활성화 13. 한반도의 비핵화 및 항구적 평화체제 구축 14. 포괄적인 국방·방산 협력 15. 테러·사이버·해양 안보 16. 긴급사태 예방 역량과 신속 대응 및 복구 역량 강화, 신남방정책특별위원회 홈페이지, http://www.nsp.go.kr/policy/policy02Page.do(검색일: 2019.2.13)
2) 신남방정책특별위원회 홈페이지, http://www.nsp.go.kr/national/national02Page.do (검색일: 2019.2.13)

이와 같은 상황에서 본 연구는 중국의 동남아 연구에 대해 살펴보고자
한다. 왜냐하면, 중국은 한국과 달리 수세기에 걸쳐 동남아 지역과 직접
적으로 관계를 맺어왔고, 이를 바탕으로 동남아 연구가 상당히 긴 시간동
안 이뤄져 왔기 때문이다. 또한 중국 정부는 한국 정부의 신남방정책보다
한 발 앞서 아세안을 대상으로 한 적극적인 외교를 전개하여 이것이 중국
학계의 동남아 연구에 일정한 영향을 끼쳐왔다. 따라서 중국 학계의 동남
아에 대한 연구를 살펴보는 것은 한국 학계의 동남아 연구를 이해하는데
중요한 비교 자료로 활용할 수 있다. 뿐만 아니라, 한국 정부가 신남방정
책을 의욕적으로 추진하고 있는 상황에서 정부 정책과 학계 연구의 선순
환 구조를 모색하는 데에도 유용한 참고 자료가 될 수 있을 것이다. 더
나아가 정치, 경제, 군사 등의 영역뿐만이 아니라 학술적인 측면에서도
급속히 성장하고 있는 중국이 주변국에 대한 연구를 어떻게 전개해 가고
있는지 살펴볼 수 있는 좋은 기회가 될 것이다.

이를 위해 본 연구는 우선 2장에서 중국과 동남아의 관계 및 중국의
동남아 연구 역사에 대해서 살펴볼 것이다. 이에 대해서는 주로 선행 연
구에 대한 문헌 조사를 통해 연구 주제와 연구자, 연구기관 및 문제점 등
에 대해 알아본다. 이어 3장에서는 2장의 내용을 바탕으로 중국의 동남아
연구 현황에 대해 좀 더 새로운 시각에서 살펴보고자 한다. 이 장에서는
기존의 연구방법과 함께 네트워크 분석이라는 새로운 방법론을 사용하
여, 동남아 연구에 대한 중국 학계의 지식 교류 네트워크를 살펴볼 것이
다. 특히 지식 교류에서 나타난 주요 행위자와 네트워크 구조의 특성 등
을 살펴볼 것인데, 이것이 중국의 동남아 연구에 대한 기존 연구를 보완
해 줄 것으로 기대된다. 마지막으로 4장에서는 중국의 동남아 연구 및 지

---

3) 전제성, 「한국의 동남아연구 성장과 포괄성 문제」, 『동남아시아연구』, 제28권 제4호,
　 서울: 한국동남아학회, 2018, 2쪽.

식 교류 네트워크에 대한 분석 내용이 한국의 동남아 연구에 주는 시사점
에 대해 생각해 본다.

Ⅱ. 중국-동남아 관계 및 중국의 동남아 연구

1. 중국-동남아 관계

청말 중엽에 서방세력이 중국에 진출하기 이전까지, 중국과 주변국가
사이의 국제관계는 중화제국(中華帝國)을 중심으로 '주변의 오랑캐(四
夷)'가 조공의식(朝貢儀式)을 하는 '천조관(天朝觀)' 식의 국제 체계였
다. 그 후 청말에 이르러 중국 '천조(天朝)' 독존(獨尊)의 국제관계는 무
너지고, 중국은 서방의 국제외교 모델에 따라 새로운 국제관계를 건립해
야 했다.[4]

근대 중국과 동남아의 관계도 대체로 이러한 역사적 변화와 비슷한 흐
름을 보여 왔다.

중국 본토에서 중화인민공화국이 건국되자, 중국은 1950년대와 60년대
에 걸쳐서 아세안(ASEAN)을 '미제국주의자의 앞잡이'로 간주했다. 비록
1970년대에 이르러 이러한 시각을 철회하기는 했지만, 그것이 곧 동남아
국가들과의 관계정상화로 이어지지는 않았다.[5]

소원했던 중국과 동남아의 관계는 1979년 중국이 개혁개방 정책을 채
택하면서 커다란 전기를 맞이하게 됐다. 중국은 경제개발을 통한 현대화

---

4) 李道緝, 「중국과 동남아시아: 중일전쟁 시기 중국-태국 관계를 중심으로」, 『중국근
   현대사연구』, 제80호, 서울: 중국근현대사학회, 2018, 111쪽.
5) 자오찬성 저, 김태완 역, 『중국의 외교정책: 미시·거시연계 접근분석』, 서울: 오름,
   2001, 297쪽.

를 우선적인 국정 과제로 설정했기 때문에, 한발 앞서 경제성장을 이룬 동남아 국가들과 관계 발전을 이루고자 했다. 또한 1989년 천안문 사태 이후 국제적 고립과 서방측의 경제제재 속에서 주변 동남아 국가들과의 정치·경제적 관계강화는 사활적인 문제이기도 했다.[6]

이와 같은 배경 속에서, 중국은 1990년 8월 인도네시아와의 국교를 정상화했고, 동년 10월에는 싱가포르와 외교관계를 맺었으며, 1991년에는 베트남과도 국교를 정상화했다.

한편, 중국과 동남아 개별 국가들과의 관계 유형을 살펴보면, 전통적 우호그룹 및 전략적 동반자 관계를 한 축으로 하는 유형과 비동반자 관계를 다른 한축으로 하는 유형으로 나누어 볼 수 있다. 전자는 미얀마와 같은 전통적 우호 국가와의 관계라고 할 수 있고, 후자는 베트남과 인도네시아, 라오스, 캄보디아 등과 형성하고 있는 '전략적 동반자 관계'라고 할 수 있다.[7] 이와 관련하여, 정재호는 동남아 국가들을 중국에 대한 편승국가와 균형국가로 구분한 후, 이를 이념적 스펙트럼에 따라 미얀마와 캄보디아, 라오스, 말레이시아, 인도네시아, 베트남, 태국, 싱가포르, 필리핀 순으로 구분하기도 했다.[8]

2000년대 이후, 정치, 경제 등 다양한 영역에서 중국의 부상(浮上)이 현저해지면, 새로운 강대국 중국과 기존의 초강대국인 미국 사이에 경쟁과 대립이 점차 격화되는 구도가 형성되고 있다. 현재 동남아 국가들은

---

6) 김진호, 「중국의 대국굴기와 동남아 화상네트워크의 변화」, 『中國硏究』, 제43권, 서울: 건국대학교 중국문제연구소, 2008, 478쪽.

7) 이희옥, 「중국의 주변지역전략과 대동남아정책의 새로운 조정」, 『中蘇硏究』, 제35권 제2호, 서울: 한양대학교 아태지역연구센터, 2011, 27-29쪽.

8) Jae ho Chung, "East Asia's Responses to China's Rise", *Pacific Affairs*, Vancouver, University of British Columbia, Vol.82, No.4, 2009, p.669; 이희옥, 위의 글, 29쪽에서 재인용.

남중국해 문제 등에 있어서는 미국과 함께 중국을 견제하면서도, 경제적 실리라는 목적을 위해 중국과 밀접한 교류를 계속 이어가는 모습을 보이고 있다.

2. 중국의 동남아 연구 역사

전통적으로 동남아는 중국에게 있어 중요한 연구 대상일 수밖에 없었다. 이는 중국에 대한 동남아의 지역적 특수성이 반영되어 있기 때문이다. 중국과 동남아의 관계는 현실적으로 세계에서 가장 방대한 사료가 비축되어 있는 분야일 뿐만이 아니라, 연구를 위한 시간적, 공간적, 인간적 조건이 잘 갖춰져 있다. 시간적으로, 중국과 동남아는 오랜 역사를 통해 직간접적으로 순치(脣齒)관계를 형성해 왔고, 공간적으로는 서로 인접해 있어 '지연(地緣)'을 공유하고 있다. 또한 인간적으로, 중국과 동남아는 전 세계 화교·화인의 80% 이상이 동남아에 집중되어 있고, 두 지역 사이의 인적 교류가 활발하여 각별한 '혈연(血緣)'을 갖고 있다.[9]

이러한 특수성을 바탕으로 중국은 오랜 기간 동안 다른 어느 지역보다 월등한 동남아 관련 연구와 기록을 축적해 왔다.

근대 이후 중국의 동남아 연구는 학계 외부의 정치 환경과 학계 내부의 연구역량을 배경으로 '맹아적 동남아학'과 '폐쇄적 동남아학', 그리고 '개방적 동남아학'의 세 단계를 거쳐 변화해 왔다. '맹아적 동남아학'은 정치혼란이 거듭되는 국민정부 시기(1911-1948)에 부상했는데, 당시 중국의 동남아 연구는 여전히 전통적 자국중심주의를 근대적 자국중심주의로 대체하는 수준에 머물렀다.[10]

---

9) 박사명, 「중국 동남아학의 발전과 과제」, 『동남아시아연구』, 제20권 제3호, 서울: 한국 동남아학회, 2010, 4-5쪽.

이어 마오쩌둥(毛澤東)이 군림하는 공산정부 전기(1949-1978)에 출현한 '폐쇄적 동남아학'은 새로운 사회주의적 국제질서를 지향하는 급진적 정치이념의 도구로서 동남아 연구가 이용됐다. 이 시기, 동남아의 전략적 중요성에 대한 인식이 확산됨에 따라 푸젠(福建)과 광둥(廣東), 광시(廣西), 윈난(雲南) 등 남부지역의 교육기관 및 연구기관에 동남아 연구기구가 증설되고, 베이징(北京) 및 상하이(上海) 등지에서도 역사연구와 화교 연구를 중심으로 동남아 연구가 재개됐다.11)

하지만 공산정부 초기 30년 동안, 중국에서 이뤄진 동남아 연구는 정치와 경제, 사회, 문화, 종교 등에 관한 약간의 통속적 책자와 연사에 관한 소수의 학술적 논문 이외에는 연구가 거의 전무하여 국민당 정부 시절의 '맹아적 동남아학'보다 학술적으로 후퇴하고 말았다.12)

한편, 중국의 '개방적 동남아학'은 덩샤오핑(鄧小平)이 주도하는 개혁개방 이후(1979-현재)에 발전하게 되는데, 이전과는 달리 대외적으로 국제화되고 대내적으로 현대화된 동남아 연구를 진행했다. 이에 따라 동남아학의 접근시각과 연구방법, 연구주제 등에서 다양한 변화가 급속하게 전개됐다.13) 이 시기 중국의 동남아 연구는 연구 조직이 수직적 위계구조에서 수평적 경쟁구조로 재편되었고, 연구 주제도 역사에서 현실로, 정치에서 경제로, 내정에서 외교로 이동했다. 또한 연구방법은 일원적이고 폐쇄

---

10) 박사명, 위의 글, 8-9쪽.

11) 박사명, 위의 글, 9-10쪽.

12) 박사명, 위의 글, 10-11쪽.

13) 陳喬之 著, 陳喬之·黃滋生·陳森海 編, 「對我國東南亞研究的認識」, 『中國的東南亞研究』, 廣州: 暨南大學出版社, 1992; 戴可來·王介南, 陳喬之·黃滋生·陳森海 編, 「中國十年來對東南亞的研究」, 『中國的東南亞研究』, 廣州: 暨南大學出版社, 1992; 於向東, 「中國的越南學研究狀況及其思考」, 『鄭州大學學報(哲學社會科學版)』, 第6輯, 鄭州: 鄭州大學, 2005; 박사명, 위의 글, 12쪽에서 재인용.

적인 접근에서 다원적이고 개방적인 접근으로, 민족해방과 계급투쟁에 대
한 도식적 강조에서 역사와 현실에 대한 구체적 분석으로 전환됐다.[14]

　이와 같은 변화를 거쳐, 현재 중국의 동남아학은 연구 기구가 더욱 확
장되었고, 연구 성과도 급증하고 있으며, 연주 주제도 분화, 다양화되는
추세를 나타내고 있다. 그럼에도 불구하고 중국의 동남아학은 여전히 전
통적 연구방법이 주류를 이루고 있고, 지나친 자국중심주의 시각이 나타
나고 있으며, 기초적·학술적 성격보다는 응용적·정책적 성격의 연구가
성행하고 있다는 문제점도 나타나고 있다.

3. 중국의 동남아 연구 현황

　동남아 지역이 중국에게 있어 외교안보와 경제협력, 그리고 인문사회
교류 등 다방면에서 중요해지면서, 중국의 동남아 연구도 현재 번영기를
맞고 있다.

　뤄이푸(羅儀馥)가 국제 문제를 연구 대상으로 하는 중국내 사회과학
계열의 주요 학술지(CSSCI) 12개[15]를 분석한 결과에 따르면, 동남아 관련
연구는 주로 동남아 개별 국가에 대한 연구와 남중국해 분쟁, 아세안[16],
양국 관계, 화교·화인, 지역 협력에 대한 연구가 이뤄지고 있는 것으로
나타났다(〈표 1〉 참고). 또한 개별 국가 중에서는 베트남에 대한 연구가

---

14) 박사명, 위의 글, 13쪽.
15) 《世界經濟與政治》, 《當代亞太》, 《外交評論》, 《國際政治研究》, 《國
　　際政治科學》, 《國際問題研究》, 《現代國際關系》, 《國際觀察》, 《國際
　　論壇》, 《太平洋學報》, 《南洋問題研究》, 《東南亞研究》.
16) 아세안에 대한 연구는 크게 3가지로 분류할 수 있는데, ▲ 아세안 자체의 발전에 대한
　　연구, ▲ 아세안 구성원 사이의 관계에 대한 연구, ▲ 아세안의 대외관계에 대한 연구가
　　그것이라고 할 수 있다.; 羅儀馥, "中國的東南亞研究現狀(2007-2017年)", 『戰略
　　決策研究』, 第5期, 廣東: 廣東外語外貿大學, 2018, 86-87쪽.

가장 많았으며, 태국, 인도네시아, 미얀마, 말레이시아 등이 그 뒤를 잇고 있었다(〈표 2〉 참고).

〈표 1〉 중국의 동남아 연구 주제 분포 (2007~2017년 논문 대상)

의제 유형	아세안	남중국해	개별 국가	양국 관계	지역 협력	화교	기타	총계
논문 수량(편)	225	185	563	165	31	105	196	1470
비중	15.31	12.59	38.30	11.22	2.11	7.14	13.33	100

출처: 羅儀馥, "中國的東南亞研究現狀(2007-2017年)", 『戰略決策研究』, 第5期, 廣東: 廣東外語外貿大學, 2018, 83쪽을 바탕으로 필자가 재구성.

〈표 2〉 중국의 동남아 국가별 연구 비중 (2007~2017년 논문 대상)

국가	수량(편)	비중(%)
베트남	100	17.24
태국	90	15.52
인도네시아	89	15.34
미얀마	76	13.1
말레이시아	75	12.93
싱가포르	66	11.38
필리핀	60	10.34
캄보디아	13	2.24
브루나이	5	0.86
라오스	3	0.52
동티모르	3	0.52
총계	580	100

출처: 羅儀馥, "中國的東南亞研究現狀(2007-2017年)", 『戰略決策研究』, 第5期, 廣東: 廣東外語外貿大學, 2018, 84쪽을 바탕으로 필자가 재구성.

동남아를 연구하는 주요 연구 기관으로는 샤먼(廈門)대학의 남양연구원과 동남아연구중심, 지난(暨南)대학의 동남아연구소와 화교화인연구원, 중산(中山)대학의 동남아연구소, 베이징(北京)대학의 동남아연구중심, 윈난(雲南)사회과학원의 동남아연구소, 광시(廣西)사회과학원의 동남아연구소, 중국사회과학원의 아태연구소[17], 상하이(上海)사회과학원

의 아태연구소[18] 등이 비교적 활발한 연구를 전개하고 있는 것으로 알려진다.[19]

한편, 동남아 지역을 전문적으로 연구하고 있는 연구자들을 대상(55명)[20]으로 분석한 결과에 따르면, 중국의 동남아 연구자는 주로 중년 학자들이 주축을 이루고 있는데, 이들은 기본적으로 중국 국내에서 최종 학위를 취득했고 국제관계학과 역사학을 전공 배경으로 하고 있었다(〈그림 1〉 참고).

〈그림 1〉 중국의 동남아 연구자 연령 및 전공 구성 (주요 연구자 55명 대상)

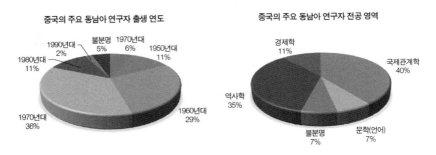

출처: 羅儀馥, "中國的東南亞研究現狀(2007-2017年)", 『戰略決策研究』, 第5期, 廣東: 廣東外語外貿大學, 2018, 93-94 쪽을 바탕으로 필자가 재구성.

---

17) 현 중국사회과학원 아태와 글로벌 전략 연구원(中國社會科學院亞太與全球戰略研究院)의 전신.

18) 2012년 6월에 상하이 사회과학원 산하에 있는 아태연구소(亞洲太平洋研究所)와 동유럽 중·서아시아 연구소(東歐中西亞研究所)가 합쳐져 국제문제연구소(國際關系研究所)로 개편되었다.

19) 박사명, 앞의 글, 18쪽.

20) 중문으로 동남아 관련 논문을 게재한 천여 명의 학자 중에서, 일회성 연구자를 배제하기 위해 논문 발표수가 상위 55위에 들어가는 연구자들을 대상으로 선정.

이와 같은 현황을 바탕으로, 뤄이푸는 중국의 동남아 연구가 과거에 비해 비약적으로 발전했음에도 불구하고 적지 않은 문제점을 가지고 있다고 평가한다. 첫 번째는 중국의 국제관계 연구 영역 중에서 동남아 연구는 여전히 변두리에 머물고 있다는 것이고, 두 번째는 중국의 동남아 연구가 한정된 학문 영역에 집중되어 있다는 것이다. 20세기 말 문학과 역사에 치중되고 현실 정치와 경제를 경시하던 경향이 어느 정도 극복되긴 했지만, 현실 문제에 대한 관심 영역이 여전히 불균형적이라고 평가한다. 그리고 세 번째는 동남아 자체에 대한 학술적 연구보다는 중국의 관점에서 정책적으로 접근한 동남아 연구가 여전히 주류를 이루고 있다고 지적한다.[21]

그리고 장샤오신(張小欣)은 1949년부터 1984년까지를 대상으로 중국의 동남아 연구 기구에 대해 분석한 후, 오늘날 중국의 동남아 연구자에게 있어서 가장 큰 문제점은 연구 대상국에 대한 언어 능력 부족이라고 말한다. 과거 중국의 동남아 연구자들 중에서 현지 경험이 풍부하고 언어 능력이 뛰어난 연구자들이 많았지만, 문화대혁명 기간에 이러한 인적 자산이 단절되고 말았다고 주장한다.[22]

또한, 탕스핑(唐世平)과 장제(張潔)는 제도화 측면에 주목하여, 정부수요와 중국-아세안의 상호 의존, 그리고 대중 매체라는 3가지 요소가 중국의 동남아 연구에 영향을 끼친 3대 주요 요소라고 분석했다. 그러면서 이러한 요소들이 중국에서 동남아 연구의 위상을 상승시켰고, 동남아 연구가 경제와 정치를 중심으로 발전할 수 있도록 했다고 분석했다. 반면, 이러한 요소들이 중국의 동남아 연구로 하여금 학술공헌과 정부 수

---

21) 羅儀馥, 위의 글, 96-98쪽.
22) 張小欣, 「新中國東南亞研究機構的創設與變遷(1949-1984): 以廈、中, 暨三校爲中心」, 『南洋問題研究』, 第2期, 福建: 廈門大學南洋研究院, 2017, 49-47쪽.

요, 그리고 학술공헌과 대중 수요 사이에서 균형을 잡기 힘들게 만들었고, 정부와 대중을 단기적으로 만족시키는 방향으로 나아가 장기적인 연구 능력의 향상을 어렵게 하고 있음을 지적했다.[23]

Ⅲ. 지식 교류 네트워크 분석

앞서 살펴본 봐와 같이, 중국은 동남아 지역에 대한 지리적, 시간적, 인적 특수성을 바탕으로 과거에서부터 해당 지역의 국가들과 잦은 접촉을 하며 많은 정보 축적해 왔고, 이것이 중국의 동남아학 발전에도 적지 않은 공헌을 해 왔다. 비록 1949년 공산 정권 수립 이후, 이념적 대립이라는 구조 속에서 동남아 연구가 일시적으로 위축되긴 했지만, 1978년 개혁개방을 계기로 중국의 동남아 연구는 다시 발전 궤도에 올랐고, 지금도 양적으로나 질적으로 성장을 이어가고 있다.

이러한 중국의 동남아 연구에 대해서, 최근 중국 학계를 중심으로 주요 연구 주제와 연구 기관, 연구자의 특성, 문제점, 발전 방향 등에 대한 분석이 이뤄지고 있어 중국 학계의 동남아 연구 현황을 이해하는데 큰 도움을 주고 있다.

하지만 이러한 연구들은 대부분 사료를 중심으로 이뤄지는 역사적 서술이거나, 연구자의 주관적 판단이 개입할 수 있는 질적 분석이고, 양적 분석의 경우도 단편적인 수치에 근거한 해석이 많다. 이에 따라 중국의 동남아 연구에 있어서 행위자 사이에서 벌어지고 있는 지식 교류의 역동성을 설명하는데 한계가 있다.

---

23) 唐世平·張潔,「中國東南亞硏究現狀: 制度化闡釋」,『當代亞太』, 第4期, 北京: 中國社會科學院亞洲太平洋硏究所, 2006, 3쪽.

이에 본 장에서는 네트워크 분석이라는 비교적 새로운 시각으로써 중국의 동남아 연구에 접근하고자 한다. 기존의 통계 방법들이 개체들에게서 측정한 속성의 데이터(attribute data)를 분석한다면, 네트워크 분석 방법은 개체들 간에 파악된 관계의 데이터(relational data)를 분석한다는 차이점을 갖고 있다.[24] 이러한 네트워크 분석을 통해 중국의 동남아 연구를 관계성이라는 시각에서 접근함으로써 지식 교류의 양태를 살펴볼 수 있다.

1. 동남아, 아세안 연구 현황

먼저, 최신의 데이터를 이용하여 중국에서의 동남아, 아세안(ASEAN)에 대한 연구추이를 살펴봤다. 중국에서 가장 체계적으로 광범위한 논문 데이터를 제공하고 있는 검색 엔진 《CNKI》를 사용하여 1992년부터 2018년까지의 관련 논문을 검색했다. 검색 기간을 1992년부터 2018년까지로 정한 이유는 검색 엔진에서 제공하는 데이터가 1992년부터이고, 가장 최근의 자료까지 포함하기 위해 2018년까지로 선정했다.

검색 조건은 '동남아(東南亞)' 또는 '아세안(東盟)'을 키워드로 하는 모든 학술 영역의 논문으로 하였고, 검색 대상은 중문 핵심 학술지(中文核心期刊)와 CSSCI[25]에 해당하는 주요 학술지로 했다.

---

24) 이수상, 『네트워크 분석 방법론』, 서울: 논형, 2012, 6-7쪽.
25) 중문 핵심 학술지(中文核心期刊)는 2011년 12월 베이징대학 출판사가 발행한 출판 도서로서, 베이징의 여러 대학 도서관 및 중국과학원 도서관, 중국사회과학원 문헌정보센터, 중국인민대학 출판자료센터, 중국학술잡지 전자잡지사, 중국과학기술정보연구소, 베이징 완팡(萬方) 데이터 주식회사, 국가도서관 등 27개 관련 조직의 전문가와 학술지 관계자들이 참여하여 만들어졌다. 한편, 중문사회과학인용색인(中文社會科學引文索引, Chinese Social Sciences Citation Index, CSSCI)은 난징(南京)대학 중국 사회과학 연구평가센터에서 개발한 데이터베이스로서, 중국의 인문·사회과학 평가 영역의 대표적 프로그램이다. 이 두 가지 항목에 포함되는지 여부가 특정 학술지의 학술적 평가를 가늠할 수 있는 중요한 기준이 되고 있다.

결과, 해당 기간 동안 총 5,541편의 관련 논문이 검색되었는데, 관련 연구가 꾸준히 증가하다가 2010년을 정점으로 약간의 하향세를 보이는 추세를 보였다(〈그림 2〉 참조). 그리고 가장 많은 동남아, 아세안 관련 논문을 게재한 학술지는 《東南亞縱橫》으로 나타났고, 《東南亞研究》와 《南洋問題研究》, 《當代亞太》, 《亞太經濟》 등이 그 뒤를 이었다. 가장 많은 논문을 게재한 《東南亞縱橫》은 광시(廣西)사회과학원 동남아연구소가 발행하는 월간지로서, 동남아에 관한 정치, 경제, 외교, 안보, 문화, 역사 등 다양한 글을 게재하고 있다(〈그림 3〉 참고).

〈그림 2〉 동남아 또는 아세안에 관한 중국의 연도별 학술 논문 수

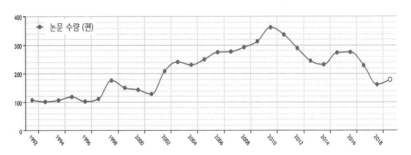

〈그림 3〉 주요 학술지에 게재된 동남아, 아세안 관련 논문 수 (단위: 편, 1992-2018년)

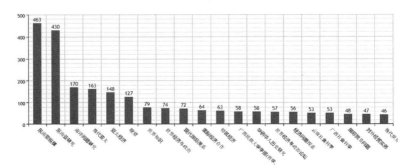

〈그림 4〉 동남아 또는 아세안에 관한 논문을 집필한 중국의 주요 연구자 (단위: 편, 1992-2018년)

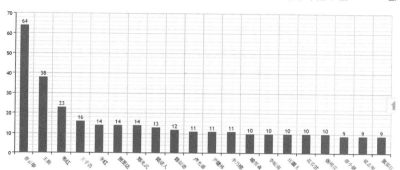

또한, 관련 논문을 작성한 연구자 중에서 챠오윈화(曹雲華)가 가장 많은 논문을 게재했고, 왕친(王勤), 왕웨이(韋紅), 왕즈창(王子昌), 리홍(李紅) 등이 그 뒤를 이었다. 챠오윈화는 1956년생의 지난(暨南)대학 국제관계학원 원장 겸 화교·화인 연구원의 집행원장으로 《東南亞硏究》학술지(잡지사)의 사장이기도 하다. 그리고 왕친은 샤먼대학 동남아연구센터 주임이며, 왕웨이는 화중(華中)사범대학 정치와 국제관계학원 교수, 왕즈창은 지난(暨南)대학 국제관계학원 교수이다.(2019년 4월 현재)

한편, 5,541편의 방대한 논문을 대상으로 연구 주제의 경향을 살펴보기 위해 키워드 네트워크를 구성했다. 〈그림 5〉는 각각의 논문에서 제시된 키워드를 수집하여 네트워크로 나타낸 것인데, 중국과 동남아 사이의 '지역협력'과 '지역경제협력', '지역경제 일체화' 등에 대한 논문이 큰 비중을 차지하고 있음을 알 수 있다. 특히, 일대일로(一帶一路)의 경우, 2013년에 시진핑 주석의 제안으로 본격화된 비교적 새로운 프로젝트임에도 불구하고, 네트워크에서 상당히 큰 비중을 차지하고 있다. 이는 일대일로에 대한 중국 학계의 연구가 상당히 짧은 시간에 집중적으로 이뤄졌음을 의미한다. 또한 일대일로가 광시(廣西)라는 노드와 연결되어 있는 것으로 봤을 때, 일대일로를 통한 동남아 지역과의 협력 과정에서 광시성의 역할에 대한 연구가 많이 이뤄졌음을 알 수 있다.

반면, 지역 협력과 같은 긍정적 주제와는 달리 중국과 동남아 사이의 부정적 이슈라고 할 수 있는 '남중국해 문제(南海問題)'도 네트워크상에서 나타나 있다. '남중국해'라는 노드가 '미국', '인도', '일본' 등의 노드와 연결되어 있는데, 이는 남중국해를 둘러싼 문제를 단순히 동남아 국가뿐만이 아니라, 미국과 일본, 인도 등과도 연계하여 분석한 연구가 많음을 의미한다.

〈그림 5〉 중국의 동남아, 아세안 연구에서 나타난 키워드 네트워크

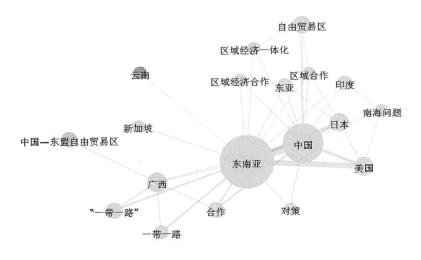

2. 연구기관 – 국가 네트워크

다음으로 중국의 어떤 연구기관이 동남아 연구를 활발하게 진행하고 있는지, 그리고 어떤 동남아 국가가 중국의 다양한 연구기관에 의해 연구 대상이 되고 있는지를 살펴보기 위해 네트워크 분석을 실시했다.

이를 위해 먼저 동남아 각국을 키워드에 포함하고 있는 논문을 검색한

후[26]), 해당 논문을 집필한 연구자의 소속기관을 조사했다. 이를 바탕으로 연구기관과 동남아 각 국가를 두 개의 노드로 하는 투-모드(two-mode) 네트워크를 구성했다. 그런 다음, 특정 동남아 국가에 대해서 적어도 20편 이상의 논문을 게재한 연구기관에 한하여 두 노드 사이의 관계가 성립한다고 정의한 후, 이를 이진(binary number)의 투-모드 네트워크로 나타냈다. 〈그림 6〉은 이렇게 해서 만들어진 투-모트 네트워크를 시각화한 것이고, 〈표 3〉은 다양한 동남아 국가에 대해서 연구를 진행한 중국의 연구기관을 나타낸 것이다.

그래프에서 볼 수 있는 봐와 같이, 동남아 국가들 중에서 싱가포르와 베트남이 중국의 연구기관에 의해 가장 많이 연구되고 있고, 이어 태국과 말레이시아 등이 그 뒤를 잇고 있다. 한편, 연구기관 중에서는 지난(暨南)대학과 샤먼(廈門)대학, 베이징(北京)대학 등이 다양한 동남아 국가들을 대상으로 연구를 활발히 진행하고 있음을 알 수 있다.

이와 함께, 네트워크의 구조에서 나타난 특징으로서, 복수의 국가에 대해 연구를 진행하는 연구 기관과 싱가포르 또는 베트남만을 연구하는 기관이 확연하게 구분되어 나타났다는 점이다. 후자의 연구 기관들은 지역적 제한 없이 거의 중국의 전 지역에 걸쳐 분포되어 있는 반면, 전자의 연구기관들은 대부분 광동(廣東)성과 광시(廣西)성, 윈난(雲南)성, 푸젠(福建)성 등 남부 지역에 집중되어 있는 특징이 나타났다.

---

26) 동남아 각국을 키워드에 포함하고 있는 논문 수는 다음과 같이 집계됐다. 싱가포르 4,345편, 베트남 3,030편, 태국 2,534편, 말레이시아 2,078편, 인도네시아 1,527편, 필리핀 1,217편, 미얀마 1,165편, 라오스 594편, 캄보디아 479편, 부르나이 111편, 동티모르 81편.

〈그림 6〉 중국의 동남아 연구 기관과 동남아 국가로 구성된 투-모드 네트워크

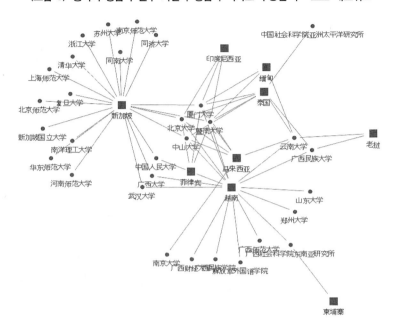

〈표 3〉 다양한 동남아 국가를 대상으로 연구를 진행한 연구기관

순위	연구 기관
1	暨南大學
2	廈門大學
3	北京大學
4	雲南大學
5	中山大學
6	廣西民族大學
7	廣西大學
8	廣西社會科學院東南亞研究所
9	中國人民大學
10	武漢大學

3. 연구영역-국가 네트워크

앞에서 살펴보았듯이, 싱가포르와 베트남이 다양한 중국의 연구기관에 의해 연구되고 있음을 알 수 있다. 그렇다면 중국의 연구기관들은 어떤 주제를 가지고 동남아 국가들에 대한 연구를 진행하고 있을까?

이와 관련하여 뤄이푸(羅儀馥)는 국제문제를 다루는 주요 학술지 12 개를 선정하여 2007년부터 2017년까지의 논문을 대상으로 연구 영역을 살펴봤다. 그 결과, 개별국가에 대한 연구가 가장 많았고, 이어 아세안에 대한 연구와 남중국해 문제, 그리고 양국관계 및 화교에 대한 연구 순으로 많이 이뤄졌다고 분석했다(〈표 1〉 참고).

하지만 이 연구 결과는 국제문제를 다루는 한정된 학술지만을 대상으로 하였고, 분석 기간도 2007년에서 2017년까지로 제한되어 있는 한계가 있다. 게다가 특정 국가에 대해 집중적으로 특정한 주제의 연구가 이뤄졌을 경우, 전체적인 동남아 연구의 경향을 파악하는데 왜곡이 발생할 수 있다. 예를 들어, A라는 국가에 대해 경제학 영역을 중심으로 다량의 연구가 이뤄졌을 경우, 이것이 중국의 동남아 연구가 경제학을 중심으로 이뤄졌다는 왜곡된 해석으로 이어질 수 있다.

따라서 본 절에서는 동남아 국가와 연구 영역(주제)을 두 개의 노드로 하는 투-모드 네트워크를 구성하여 중국의 동남아 연구 경향을 살펴봤다.

이를 위해 앞 절과 마찬가지로 동남아 각국을 키워드에 포함하고 있는 논문을 검색한 후, 해당 논문의 연구 영역을 집계했다.[27] 이를 바탕으로 동남아 각 국가와 연구 영역(주제)을 두 개의 노드로 하는 투-모드 (two-mode) 네트워크를 구성했다. 그런 다음, 특정 영역(주제)에 대해서 적어도 50편 이상의 논문이 게재된 동남아 국가에 한하여 해당 연구 영

---

27) 연구 영역(주제)의 종류는 《CNKI》에서 설정되어 있는 문헌분류목록의 167개 항목을 기준으로 했다.

역과 국가 사이에 관계가 성립한다고 정의한 후, 이를 이진(binary number)의 투‐모드 네트워크로 전환했다.

〈그림 7〉은 동남아 국가와 연구 영역의 두 노드로 구성된 투‐모드 네트워크를 시각화 한 것이고, 〈표 4〉는 다양한 주제로 연구 대상이 된 동남아 국가의 순위를 나타낸 표이다. 그리고 〈표 5〉는 연구 영역(주제) 중에서 다양한 동남아 국가를 대상으로 이뤄진 영역(주제)의 순위를 나타낸다.28)

〈그림 7〉 동남아 국가와 연구 영역의 두 노드로 구성된 투‐모드 네트워크

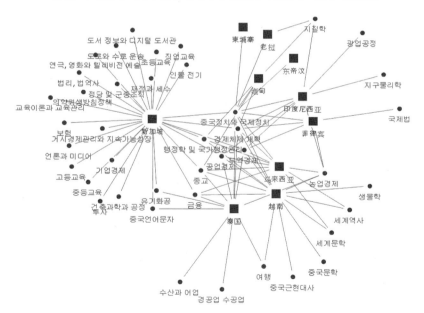

28) 여기서 주의해야 할 것은 절대수가 중요한 것이 아니라, 다양성과 균등성이 중요한 기준이 된다는 것이다. 즉, 특정 국가에 대해서 특정 주제로 많이 연구된 것보다 다양한 국가를 대상으로 진행된 영역(주제)이 중국의 동남아 연구 경향을 전체적으로 잘 설명해 줄 수 있을 것이기 때문이다.

〈표 4〉 다양한 주제로 연구가 된 동남아 국가 순위

순위	국가
1	싱가포르
2	베트남
3	태국
4	말레이시아
5	인도네시아
6	미얀마
7	필리핀
8	라오스
9	캄보디아
10	동티모르

〈표 5〉 다양한 동남아 국가를 대상으로 진행된 연구 영역 순위

순위	연구 영역
1	중국정치와 국제정치
2	경제체제 개혁
3	무역경제
4	공업경제
5	농업경제
6	종교
7	금융
8	행정학 및 국가행정관리
9	지질학
10	세계역사

이에 따르면, 싱가포르와 베트남, 태국, 말레이시아 등의 순으로 다양한 연구 영역에 걸쳐 연구가 이뤄진 것으로 나타났고, 연구 영역에서 있어서는 '중국정치와 국제정치', '경제체제 개혁', '무역경제' 등의 순으로 다양한 동남아 국가를 대상으로 연구가 이뤄졌다. 이는 양적으로 많은 연구가 이뤄진 국가일수록 다양한 연구 영역에 걸쳐 연구가 이뤄지고 있음을 나타낸다. 다만, 필리핀(1,217편)에 대한 연구가 미얀마(1,165편)보다 연구 편수는 더 많지만, 주제의 다양성 면에 있어서는 미얀마에 대한 연구가 더 폭넓게 이뤄지고 있음이 나타났다. 이는 통티모르와 부르나이의 연구에 있어서도 비슷하게 나타났다.

4. 학술지-국가 네트워크

다음으로 동남아 국가와 학술지를 두 개의 노드로 하는 투-모드 네트워크를 만들어, 동남아 연구에 있어 지식 교류의 장으로 역할을 하고 있는 주요 학술지를 살펴봤다.

〈그림 8〉은 이러한 네트워크를 시각화한 것이고, 〈표 6〉은 다양한 동
남아 국가에 대한 연구 성과가 게재된 학술지를 순서대로 나열한 것이다.
　　결과, 《東南亞縱橫》, 《東南亞研究》, 《瞭望》, 《南洋問題研究》, 《世
界知識》, 《當代亞太》 등의 순으로 다양한 동남아 국가에 대한 연구가
게재된 것으로 나타났다.[29] 이는 뤄이푸(羅儀馥)의 연구 결과나 아세안
에 대한 논문수를 중심으로 산정한 순위와 일정한 차이점을 보인다(〈표
6〉 참고).

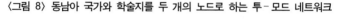

〈그림 8〉 동남아 국가와 학술지를 두 개의 노드로 하는 투-모드 네트워크

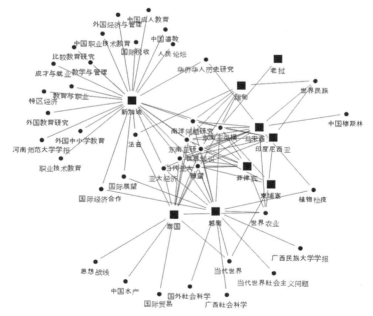

---

29) 이들 학술지는 네트워크를 나타낸 그래프에서 중심부에 위치하고 있다.

<표 6> 각 기준별 중국의 주요 동남아 연구 학술지 순위

순위	뤄이푸(羅儀馥)의 연구 결과 순위 (국제문제 중심)	단순 논문 편수 중심의 학술지 순위	다양한 국가를 연구 대상으로 한 학술지 순위
1	太平洋學報	東南亞縱橫	東南亞縱橫
2	現代國際關系	東南亞研究	東南亞研究
3	世界經濟與政治	南洋問題研究	瞭望
4	東南亞研究	當代亞太	南洋問題研究
5	國際論壇	亞太經濟	世界知識
6	國際觀察	瞭望	當代亞太
7	國際問題研究	世界知識	世界農業
8	外交評論	世界經濟與政治	亞太經濟
9	當代亞太	現代國際關系	當代世界
10	南洋問題研究	國際經濟合作	法音

가장 다양한 국가들에 대한 논문들이 게재된 《東南亞縱橫》는 광시(廣西)사회과학원 동남아연구소가 발행하는 학술지이고, 《東南亞研究》는 지난(暨南)대학 동남아연구소에서 발행하는 학술이며, 《瞭望》과 《南洋問題研究》는 각각 신화사와 샤먼(廈門)대학 동남아연구센터에서 발행하는 시사주간지와 학술지이다. 이들 학술지들이 중국의 동남아 연구에 있어 중요한 지식 교류의 매체가 되고 있다고 할 수 있다.

VI. 결론

중국은 시간적, 공간적, 인간적 조건을 바탕으로 동남아 지역과 오랫동안 밀접한 관계를 맺어 왔다. 그리고 이것이 중국 학계가 동남아 지역에 대한 연구를 활발히 진행할 수 있게 만든 토대가 되어 주었다.

최근 중국의 동남아 연구에 대해서 그 역사와 현황, 문제점 등에 대한 분석이 이뤄지고 있는 가운데, 본 논문은 네트워크라는 새로운 시각에서 중국의 동남아 연구에 대해 분석했다.

먼저, 1992년부터 2018년까지 모든 학술영역에 걸친 5,541편이라는 방대한 양의 동남아 관련 논문을 대상으로, 연구 빈도 추이 및 주요 연구자, 학술지 등을 살펴봤다. 그리고 키워드 네트워크를 통해 그 동안 어떤 주제로 연구가 진행되어 왔는지 살펴봤다. 그 결과, 중국과 동남아 사이의 '지역협력'과 '지역경제협력', '지역경제 일체화' 등에 대한 연구가 많이 이뤄져 왔으며, 최근 짧은 기간 동안 일대일로(一帶一路)에 대한 연구가 왕성하게 이뤄지고 있는 것을 확인할 수 있었다. 또한 부정적인 이슈 중에서는 '남중국해 문제(南海問題)'가 키워드 네트워크에서 주요한 노드로 부각되고 있었다.

한편, 동남아 각국과 연구기관, 그리고 학술지 및 연구 주제를 노드로 하는 투-모드 네트워크를 통해 동남아에 대한 지식 교류에 있어 주요한 연구기관 및 연구 영역, 학술지 등에 대해 살펴봤다. 그 결과, 연구기관 중에서는 지난(暨南)대학과 샤먼(廈門)대학, 베이징(北京)대학 등이 다양한 동남아 국가들을 대상으로 연구를 활발히 진행하고 있었고, 싱가포르와 베트남, 태국, 말레이시아 등의 순으로 다양한 연구 영역에 걸쳐 연구가 이뤄지고 있었다. 그리고 연구 영역에서 있어서는 '중국정치와 국제정치', '경제체제 개혁', '무역경제' 등을 중심으로 연구가 이뤄져 왔다. 또한, 《東南亞縱橫》, 《東南亞研究》, 《瞭望》, 《南洋問題研究》, 《世界知識》, 《當代亞太》 등이 동남아 국가에 대한 연구에 있어서 주요한 지식 교류의 매체로서 역할을 하고 있었다.

이와 같은 중국의 동남아 연구 현황은 한국 학계의 동남아 연구에도 시사점을 준다. 한국의 동남아 연구가 양적, 질적으로 끊임없이 성장하고 있고, 연구 주제도 다원화되고 있는 등 과거에 비해 많은 발전을 이루고 있음에도 불구하고 중국에 비하면 여전히 축적된 연구량이 부족한 상황이다. 예를 들어, 지난 2019년 3월 문재인 대통령이 방문한 브루나이의 경우, 해방 이후 2018년까지 한국에서 발표된 석·박사 논문이 8편, 학술지 논문이 8편에 불과한 반면30), 중국의 브루나이에 대한 연구는 1992년 부터 2018년 사이에만 111편의 학술지 논문이 발표됐다.

또한 동남아 지역을 전문적으로 연구하는 연구기관도 한국의 경우, 한국외대의 동남아연구소와 서강대의 동아연구소, 서울대 아시아연구소의 동남아시아센터, 사단법인 한국동남아연구소 등에 불과하지만, 중국의 동남아 연구소는 다수의 대학은 물론, 중앙 또는 지방 정부 산하의 싱크탱크에도 다양하게 분포되어 있다. 특히 중앙 및 지방 정부 산하의 연구기관을 살펴보면, 중국의 경우 중앙정부 산하의 중국사회과학원에 아태와 글로벌 전략 연구원(亞太與全球戰略硏究院)이 있어 동남아 연구를 전략적으로 진행하고 있고, 지방정부에도 윈난(雲南)사회과학원의 동남아연구소, 광시(廣西)사회과학원의 동남아연구소, 상하이(上海)사회과학원의 아태연구소 등이 있어 정부의 對동남아 정책을 뒷받침해 주고 있다. 하지만 한국의 경우, 국책연구기관 중에서는 대외경제정책연구원의 신남방경제실 정도가 전문적으로 동남아 지역을 연구하고 있는 실정이다. 물론 대학에는 좀 더 많은 동남아 연구 기관이 존재하지만, 연구 자금과 인력 등 연구 역량 차원에서 부족한 점이 많고, 학술 연구에 중점을 두고 있기에 정부의 신남방정책을 지원할 수 있는 정책연구 생산에는 한계가 있다. 동남아 지역에 대한 연구 강화가 반드시 정부 정책의 성공으로 이어진다는 보장은 없지만, 對동남아 정책의 성공적인 추진을 위해서는 관련 연구가 뒷받침되어야 할 것이다.

본 논문에서는 주로 중국의 동남아 연구 현황에 대해 분석을 했는데, 차후 중국과 한국, 또는 한·중·일 3국의 동남아 연구 비교 등을 통해 한국 학계의 동남아 연구를 좀 더 심층적으로 진단해 볼 필요가 있다. 동시에 본 연구의 결과를 잘 활용하여, 중국의 관련 연구자 및 연구기관들

30) 전제성, 앞의 글, 11쪽.

과 효율적인 지식 교류를 전개함으로써 우리의 동남아 연구를 한 단계 발전시켜 나갈 필요가 있다.

| 참고문헌 |

김진호, 「중국의 대국굴기와 동남아 화상네트워크의 변화」, 『中國硏究』, 제43권, 서울: 건국대학교 중국문제연구소, 2008.

박사명, 「중국 동남아학의 발전과 과제」, 『동남아시아연구』, 제20권 제3호, 서울: 한국동남아학회, 2010.

李道緝, 「중국과 동남아시아: 중일전쟁 시기 중국–태국 관계를 중심으로」, 『중국근현대사연구』, 제80호, 서울: 중국근현대사학회, 2018.

이수상, 『네트워크 분석 방법론』, 서울: 논형, 2012.

이희옥, 「중국의 주변지역전략과 대동남아정책의 새로운 조정」, 『中蘇硏究』, 제35권 제2호, 서울: 한양대학교 아태지역연구센터, 2011.

자오찬성 저, 김태완 역, 『중국의 외교정책: 미시·거시연계 접근분석』, 서울: 오름, 2001.

전제성, 「한국의 동남아연구 성장과 포괄성 문제」, 『동남아시아연구』, 제28권 제4호, 서울: 한국동남아학회, 2018.

唐世平·張潔, 「中國東南亞硏究現狀: 制度化闡釋」, 『當代亞太』, 第4期, 北京: 中國社會科學院亞洲太平洋硏究所, 2006.

戴可來·王介南著, 陳喬之·黃滋生·陳森海編, 「中國十年來對東南亞的硏究」, 『中國的東南亞硏究』, 廣州: 暨南大學出版社, 1992.

羅儀馥, 「中國的東南亞硏究現狀(2007-2017年)」, 『戰略決策硏究』, 第5期, 廣東: 廣東外語外貿大學, 2018.

於向東, 「中國的越南學硏究狀況及其思考」, 『鄭州大學學報(哲學社會科學版)』, 第6輯, 鄭州: 鄭州大學, 2005.

張小欣, 「新中國東南亞硏究機構的創設與變遷(1949-1984): 以廈、中、暨三校
　　　爲中心」, 『南洋問題硏究』, 第2期, 福建: 廈門大學南洋硏究院, 2017.

陳喬之著, 陳喬之·黃滋生·陳森海 編, 「對我國東南亞硏究的認識」, 『中國
　　　的東南亞硏究』, 廣州: 暨南大學出版社, 1992.

Jae ho Chung, "East Asia's Responses to China's Rise", *Pacific Affairs*,
　　　Vancouver, University of British Columbia, Vol.82, No.4, 2009.

신남방정책특별위원회 홈페이지, http://www.nsp.go.kr/national/national02
　　　Page.do(검색일: 2019.2.13)

신남방정책특별위원회 홈페이지, http://www.nsp.go.kr/policy/policy02Page.
　　　do(검색일: 2019.2.13)

싱가포르 SUTD의 對中·對美 연구협력 네트워크 분석

● 은종학 ●

Ⅰ. 서론

'동아시아의 4마리 작은 용(龍)'이라 불리는 한국, 대만, 싱가포르, 홍콩에 대한 경제학적·정책학적 비교연구의 상당부분은 그들을 '개발도상국'으로 인식하는 기초 위에서 전개되어 왔다.[1] 그들 논의의 초점은 개발

---

* 이 글은 「싱가포르 신설 국립대학 SUTD의 대중·대미 연구협력 네트워크 분석」, 『아태연구』, 제25권 제2호, 서울 경희대 국제지역연구원, 2018을 수정·보완한 것이다.
** 국민대 중국학부 중국정경전공 교수.

1) Wong, P.-K. and A. Singh, "From technology adopter to innovator: Singapore, " Edquist C. and Lief Hommen (eds.), *Small Country Innovation Systems: Globalization, Change and Policy in Asia and Europe*, Cheltenham: Edward Elgar, 2008; Wong, P.-K., "National innovation systems for rapid technological catch-up: An analytical framework and a comparative analysis of Korea, Taiwan and Singapore, " The DRUID Summer Conference on National Innovation Systems, Industrial Dynamics and Innovation Policy (Rebild, Denmark), 1999; Leipziger, D. M. (ed.), *Lessons from East Asia*, University of Michigan Press, 2001; Hobday, M., "East versus Southeastern Asian innovation systems: Comparing OEM- and TNC-led Growth in Electronics, " In: Kim, L. and Richard R. Nelson (eds.), *Technology, Learning, and Innovation*, Cambridge: Cambridge University Press, 2000; Rowen, H. S. (ed.), *Behind East Asian Growth: The Political and Social Foundations of Prosperity*, New York: Routledge, 1998;

도상국 단계에서의 발전전략 연구인 경우가 많고 그런 까닭에 연구의 대
상 시점도 과거에 치우쳤다. 물론 그러한 연구도 동남아시아, 중앙아시
아, 아프리카, 라틴 아메리카 등지의 후발 개도국에 발전전략을 제시할
수 있다는 점에서 여전히 가치를 지니고 있다고 할 수 있다.

　하지만 중저위 개발도상국 단계를 넘어 고소득국가가 된 동아시아의
작은 용들에 대한 새로운 조명이 이뤄질 필요가 있는 것도 사실이다. IMF
통계에 따르면, 2016년 싱가포르의 1인당 GDP(구매력 평가 기준)는
87,855달러로 세계 3위, 홍콩은 58,322달러로 세계 10위로 미국(57,436달
러, 11위)보다 높으며 대만은 48,095달러 세계 19위로 일본(41,75달러, 28
위)을 앞섰으며 한국(37,740달러, 31위)도 일본과 격차가 크지 않다.[2] 물
론, 1인당 GDP가 각국의 발전정도를 완벽히 대변하지는 못하지만 적어
도 이들 국가(혹은 지역)에 대한 인식과 전제가 새로워질 필요가 있음을
보여준다.

　또한 이들 아시아의 작은 용들이 둘러싸고 있는 중국이란 큰 용이 지
난 세대에 걸쳐 부상하였고 최근에는 단순히 저가의 제조기지로서가 아
니라 과학대국으로 그 면모를 새롭게 하면서 동아시아의 지형을 재편하
고 있다.[3] 이러한 변화의 시기에 동아시아의 선발 국가들이 중국의 부상
에 조응하여 어떠한 자기변형을 일궈가고 있는지를 살피는 것은 매우 중

　　Asian Development Bank, *Emerging Asia Changes and Challenges*, Manila: Asia
　　Development Bank, 1997; World Bank, *The East Asian Miracles*, Oxford: Oxford
　　University Press, 1993.

2) Wikipedia, https://en.wikipedia.org/wiki/List_of_countries_by_GDP_(PPP)_per_capita
　　(검색일: 2017.12.12)

3) 은종학, 「중국의 과학 역량에 대한 미시적 탐색: 학문적 리더십과 국제적 연구 네트워
　　크」, 『중국연구』, 47권, 서울: 한국외국어대 중국연구소, 2009; 은종학, 「네트워크 분석
　　을 통해 본 중국 나노과학의 성과와 특성」, 『현대중국연구』, 제17권 제1호, 서울: 현대
　　중국학회, 2015.

요하고도 방대한 작업이다.

그러한 맥락에서 Eun은, 중국이 정책적으로 과학기술을 크게 강조했던 2002-2012년(후진타오 총서기 재임기간)의 10년 동안 동아시아의 작은 용(중국에 편입된 홍콩을 제외한 한국, 대만, 싱가포르)들이 중국과의 과학연구 협력을 어떻게 발전시켜왔는지를 분석하였다.[4] 이는 (중국에 편입된 홍콩을 제외한) 한국, 대만, 싱가포르가 중국의 부상에 조응하여 진화한 양상을 국가 간 비교하는데 집중한 거시적 차원의 논의였다. 그리고 그 분석 결과는 싱가포르가 한국, 대만에 비해 중국의 부상에 조응하는 기민성과 전략적 균형성이 높음을 시사하였다. Calder 역시, 싱가포르는 선진국의 혁신가와 개발도상국의 수요자를 잇는 글로벌 허브(hub)로서의 역할을 수행하고 있다고 평가하였다.[5]

하지만 위 연구들은 싱가포르의 역동성을 뒷받침하는 미시적 차원의 구체적 분석을 향후의 과제로 남겼다. 일차적으로 본 연구는 그렇게 남겨진 후속 연구의 필요성에 응답하고자 하는 것이다.

싱가포르는 1990년 중국과 공식 수교 이후 중앙정부 차원의 협력 하에 1994년 중국 강소성(江蘇省)에 '소주공업원구(蘇州工業園區, Suzhou Industrial Park)'를 조성하였고,[6] 후진타오 집권기인 2008년에는 천진 빈

4) Eun, J.-H., "Evolution of the Little Dragons' Science Network with the Rise of China: A Bibliometric Analysis," *China: An International Journal*, Vol.13. No.3, 2015.

5) Calder, K. E., *Singapore: Smart State*, Washington DC: The Brookings Institution, 2016.

6) 싱가포르와 중국 간의 양자간 협력은 1990년 수교 이후 리콴유와 덩샤오핑의 지도력과 상호간 유대 속에 진전되었으나, 1994년 소주공업원구가 조성되기 시작하면서 제도화되기 시작하였다. 이때로부터 양국 부총리급 협의기구인 Joint Ministerial Council(JMC)과 그 아래 실무기구인 Joint Working Committee(JWC)가 만들어졌다. 이후 2003년에는 JMC가 Joint Council for Bilateral Cooperation(JCBC)로 재편되고, 그 아래 소주공업원구 Joint Steering Commitee(JSC), 천진 에코 시티 JSC 등이 잇따라 설립되었다. Zheng, Y. and L. F. Lye (eds.), *Singapore-China Relations: 50 Years*, Singapore: World Scientific, 2016.

해신구(瀕海新區)에 '천진생태도시(天津生態城, Tianjin Eco-city)'를 함께 조성하였다. 시진핑 시기에 접어 들어서는 중국이 야심차게 추진하고 있는 '일대일로(一帶一路)' 프로젝트 및 '서부대개발', '장강경제권(長江經濟帶)' 개발 사업과도 연결될 수 있는 중국 내륙의 교통 요지 중경(重慶)에 세 번째 양국 중앙정부 간 협력 개발 사업 이른바 '전략적상호연결시범사업(戰略性互聯互通示範項目, Initiative on Strategic Connectivity)'을 2015년 이래 추진하고 있다.[7)]

중앙정부 수준의 공식적인 개발 협력이 아니더라도 싱가포르는 민간 주도 방식으로 중국 각 지방정부의 개발 프로젝트에 적극 참여하고 있다. 그 대표적인 것이 廣州知識城(Guangzhou Knowledge City), 中新吉林食品區(Jilin Food Zone), 新川創新科技園(Sichuan Hi-tech Innovation Park), 南京國際水務中心(Nanjing Eco Hi-tech Island) 등이다.[8)]

이상과 같은 싱가포르-중국 간 개발 협력 내용을 살펴보면, 초기에는 외자기업을 끌어들일 수 있는 현대적 공단의 조성과 운영 노하우를 싱가포르가 중국에 전수하는 것을 중심으로 했지만, 점차 도시 생태 환경과 지식 및 혁신 기반 구축이라는 보다 폭넓은 분야에서 싱가포르가 쌓아온 지식과 경험을 활용하는 협력이 늘어나고 있음을 알 수 있다. 그러한 협력의 확대·심화 속에 '과학기술'은 여전히 핵심적 위치를 차지하지만 그

---

7) 이 사업은, 중국 서부 내륙의 하운 중심이자, 신강위구르를 거쳐 유럽으로 가는 육상 실크로드의 철도 교통 종착점인 중경(重慶)시에 싱가포르의 수자원 관리, 유통·물류, 금융 등 분야의 개발경험과 사물인터넷(IoT) 등 첨단 정보통신 기술을 활용한 협력 사업 기반을 구축하는 것으로, 중국 시진핑 총서기가 2015년 싱가포르를 방문했을 때 공식화되었다. Calder, K. E., *Singapore: Smart State*, Washington DC: The Brookings Institution, 2016; 百度百科, "中新(重慶)戰略性互聯互通示範項目"(검색일: 2017.11.9)

8) Zheng, Y. and L. F. Lye (eds.), *Singapore-China Relations: 50 Years*, Singapore: World Scientific, 2016.

외에도 다양한 측면의 '디자인'(도시 설계, 공간 디자인, 제품 디자인 등)도 싱가포르가 중국에 활용할 수 있는 중요한 요인으로 부상하고 있음을 감지할 수 있다.

또한, 변화하는 중국에 대한 싱가포르의 대응이 양국 간 협력 체제의 제도적 구축을 넘어 싱가포르 스스로의 지식기반 재편에까지 이르렀음도 주목할 만하다. 대표적으로, 싱가포르는 2012년 '기술'과 '디자인'을 대학 명칭에 담은 제4의 국립대학 SUTD(Singapore University of Technology and Design)를 설립하였다. 싱가포르는 국립대학 위주의 고등교육 및 연구 체제를 갖고 있는데 대학의 수는 매우 적어 신설 SUTD가 네 번째 국립대학이다. 그런 만큼 SUTD의 설립은 싱가포르의 맥락 위에서 상당한 전략적 의미를 갖는 것이라 할 수 있다.

특히, SUTD는 설립 과정에서부터 미국의 MIT와 중국의 절강대학을 양대(兩大) 전략적 협력 파트너로 선정, 그들을 SUTD의 교육 프로그램 개발 및 운영에 깊숙이 참여시켰다. MIT로부터는 커리큘럼의 개발에 많은 아이디어를 얻었으며, 절강대학에는 학생들을 대거 파견하여 중국 현장에 대한 이해를 제고시켰다.

그러한 협력과 함께 3개 대학의 교수 및 연구원 간 국경을 넘은 연구협력 네트워크도 생겨나고 또한 확대·강화되었을 것으로 추정해 볼 수 있다. SUTD, MIT, 절강대학은 모두 교육을 통한 기존 지식의 전수를 넘어 새로운 지식을 창출하는데 초점을 맞춘 '연구중심대학(research university)'을 표방하고 있기 때문이다.

그런데 SUTD가 MIT, 절강대학과 구축한 연구 네트워크의 구조와 성격에 대해서는 알려진 바가 거의 없다. SUTD가 미국의 MIT, 중국의 절강대학과 구축해 온 연구 네트워크의 구조와 성격은 SUTD, 더 나아가 싱가포르가 미국과 중국에 접근하는 방식과 싱가포르 자신의 전략적 포지셔닝을 부분적·간접적으로나마 드러낸다는 점에서 면밀한 주의와 해석의 가치가 있다. 그럼에도 그에 대한 연구가 전무한 것은 SUTD의 설립이 비교적 최근의 일이어서 실증적 분석을 위한 데이터의 축적이 미흡했던 탓이 크다.

하지만 SUTD가 정식 개교한 지 5년이 넘게 흘렀고, MIT 및 절강대학과 개교 전부터 추진한 각 7개년의 협력기간이 마무리된 현 시점에서는 실증적 분석을 위한 여건이 어느 정도 갖춰졌다고 볼 수 있다.[9] 즉, 3개 대학 간의 협력 연구 네트워크를 이들이 그간 발표한 다수의 공저 논문들을 분석해 일정 정도 파악할 수 있게 된 것이다. 그리고 이것이 바로 아래 본 연구에서 수행하고자 하는 작업이다. 이 작업을 통해, 싱가포르가 SUTD에 기대하고 부여한 임무가 실제 어떤 방식으로 구현되며 또 그 초기적 성과가 어떠한지를 살펴보고 그로부터 우리가 얻을 수 있는 유의미한 정책적 함의는 무엇인지 논의해보고자 한다. 앞서 소개한 Eun(2015)의 연구가 분석 대상 시기를 2012년까지로 한정했던 만큼, 그 이후 설립되고 운영되어 온 SUTD에 대한 본 연구의 미시적 분석은 기존의 연구를 업데이트하고 심화한다는 점에서도 의의가 있을 것이다.

II. 접근법과 연구설계

SUTD의 해외 연구 네트워크에 대한 기존의 연구가 거의 전무했던 만큼, 본 연구에서는 SUTD의 네트워크를 다양한 차원에서 분석·종합하여 SUTD의 전략과 실천을 실증적으로 파악해보고자 한다. 미지의 대상에 대한 '탐색적 연구(exploratory research)'인 만큼 연구 가설을 엄밀하게

---

9) SUTD, "MIT-SUTD's seven-year education collaboration a success, " Press Releases, 23rd June, 2017. https://sutd.edu.sg/About-Us/News-and-Events/Press-Releases(검색일: 2017.10.10)

사전 규정하고 그를 검증하는 방식을 택하기 보다는 SUTD의 해외(특히 對中, 對美) 네트워크의 구조와 성격을 밝힐 수 있는 다양한 네트워크 분석기법들을 활용하고자 한다. 보다 구체적인 자료수집 및 분석방법은 아래와 같다.

SUTD가 MIT 및 절강대학과 구축한 연구 네트워크를 분석하기 위하여 필자는 SUTD 소속 교수 및 연구원이 MIT 혹은 절강대학의 교수 및 연구원과 '공동저자(co-authorship)'로 발표한 SCI(공학 및 자연과학) 및 SSCI (사회과학) 논문의 서지자료를 Web of Science(WOS) DB로부터 추출 · 정리하였다.

그렇게 추출 · 정리한 자료를 대상으로 다양한 네트워크 분석(network analysis)을 실시하였다. 위에서 언급한 바와 같이 본 연구는 '탐색적' 연구인 만큼 SUTD가 두 전략적 협력 대상 대학과 형성한 네트워크의 다면(多面)을 여러 층차에서 복합적으로 조명해, 그 구조와 성격을 살펴보고자 하였다.

본 연구에는 네트워크 분석 전용 컴퓨터 소프트웨어인 Netminer 4.0를 활용하였다. Netminer 4.0은 네트워크 분석에 필요한 수학적 계산과 시각화(visualization)을 돕는 도구로, 그 이론적 기초와 계산법은 네트워크 분석의 교과서로도 통하는 Wasserman & Faust의 것을 준용하고 있다.[10] 따라서 Netminer 4.0을 활용한 본 논문의 분석은 표준적인 네트워크 분석 방법론을 따르는 것이라 할 수 있다.[11]

하지만, 여러 층차에 걸친 분석, 예컨대 전체 네트워크의 속성을 나타

---

[10] Wasserman, S. and K. Faust, *Social Network Analysis: Methods and Applications*, Cambridge: Cambridge University Press, 2009.

[11] 네트워크 분석은 Netminer 4.0 외에도 UCINET, Pajek 등 여타 소프트웨어를 사용해 수행할 수도 있지만 그들을 사용해 분석한다해도 본고에서 시도한 분석의 결과는 달라지지 않는다.

내는 지표를 바탕으로 한 거시적 분석, 네트워크 속 특정 주체의 지위와 역할을 나타내는 지표를 바탕으로 한 미시적 분석, 그리고 전체 네트워크의 하위 집단에 대한 중시적 분석을 모두 수행하여 SUTD를 둘러싼 네트워크의 양상을 복합적으로 분석·기술한 것은 본고 나름의 독특한 시도라 할 수 있을 것이다.[12]

본 연구에 활용된 다양한 네트워크 분석 기법 하나하나의 수학적 기초와 그 컴퓨터상에서의 기법에 대한 자세한 소개는 지면상의 이유로 간략화하고자 한다. 다만 본 연구에서 활용한 개별 네트워크 분석 기법들은 Wasserman & Faust(2009)에 기초하고 있는 만큼, 수학적 기초와 전개에 대해서는 위 책을 참고할 수 있다. 한편 Wasserman & Faust(2009)에 소개된 것이 아닌 분석의 경우에는 아래 본문 중에 분석결과를 소개할 때 그 분석방법에 대한 설명을 추가하는 것으로 (본서의 다양한) 분석방법에 대한 소개를 대신하고자 한다.

위와 같은 접근법에 따라 실제로 WOS로부터 자료를 추출해 본 결과, 2010년부터 2016년 말까지 SUTD와 MIT가 공동으로 수행·발표한 SCI 및 SSCI 논문은 총 95편, SUTD와 절강대학이 공동으로 수행·발표한 논문은 총 69편이었다. 그리고 이들을 본 연구의 주된 분석대상으로 삼았다.

그리고 위에 언급한 95편과 69편의 논문을 초벌 분석하는 과정에서 한 가지 흥미롭고도 중요한 사실을 발견하였다. 그것은 SUTD, MIT, 절강대학 3자가 동시에 공동저자로 참여해 발표한 논문은 단 1편이란 점이다.[13] 즉, SUTD-MIT 공동연구 논문 95편과 SUTD-절강대학 공동연구 논

---

12) 본 연구는 SUTD에 초점을 맞춘 미시적 연구이지만 SUTD의 네트워크를 분석함에 있어서는 네트워크의 거시·중시·미시적 측면을 모두 살필 것이다.

13) 이 한편의 논문은 Magee, Leong, Chen, Luo의 2012년 공저 "Beyond R&D: What Design Adds to a Modern Research University"인데 이 논문은, SUTD를 사례로, 디자

문 69편 간 교집합은 오직 하나뿐이었다. 이는 SUTD가 미국 MIT와 형성하는 네트워크와 중국 절강대학과 형성하는 연구 네트워크가 사실상 상호 분리되어 있음을 시사하는 것이다.

실제로 SUTD와 MIT의 교수 및 연구원이 공저로 발표한 논문 95편과 SUTD와 절강대학의 교수 및 연구원이 공저로 발표한 논문 69편을 통해 확인할 수 있는 기관간 협력연구 네트워크 전체를 시각화해보면 〈그림 1〉과 같다.[14] 〈그림 1〉 속에는 SUTD, MIT, 절강대학은 물론, SUTD와 MIT 간 95편의 공저 논문의 생성에 참여한 또 다른 82개의 기관들과, SUTD와 절강대학 간 69편의 공저 논문의 생성에 참여한 또 다른 66개 기관들(이들 중 일부는 위 82개의 기관과 중첩된다)이 '점', 즉 '노드 (node)'로 표시되어 있고 공저를 통해 생성된 노드 간 연계가 '선', 즉 '링크(link)로 그려져 있다. 링크는 방향성을 갖는 화살표로 표시되어 있는데 화살표의 원점은 교신저자가 속한 기관을 표시하고 화살표의 종착점은 공동저자가 속한 기관을 표시한다. 노드의 크기는 논문의 편수, 링크의 두께는 공저 연계의 횟수를 반영하고 있다.

인 중심 교육과 이공계 연구중심 대학의 목표가 갈등 없이 어우러질 수 있는지 여부와, 동양과 서양의 문화를 아우름으로써 혁신을 촉진할 수 있는지 여부를 이론적으로 검토하고 있다. Magee, C., P. Leong, J. Chen, J. Luo, "Beyond R&D: What Design Adds to a Modern Research University." *International Journal of Engineering Education*, Vol.28, No.2, 2012 참조.

14) 95편과 69편 중 겹치는 논문은 단 1편이어서, 〈그림 1〉에 표시된 네트워크는 총 163편 (95+ 69-1)의 논문이 집필되는 과정에서 형성된 공저자 간 네트워크를 그들의 소속기관을 기준으로 하여 시각화한 것이다.

〈그림 1〉 SUTD-MIT-절강대학 연구 협력 네트워크

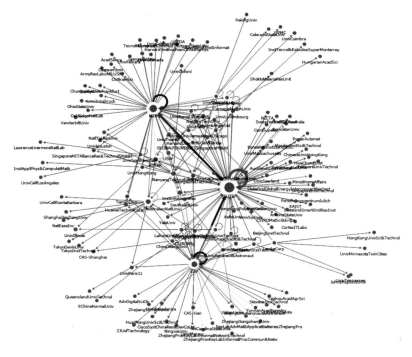

참고: 가운데 큰 노드가 SUTD, 좌상단의 큰 노드가 MIT, 중하단의 큰 노드가 절강대학(ZJU).
자료: 필자 작성(Netminer 4.0 활용).

〈그림 1〉에서 보듯, SUTD와 MIT, 그리고 SUTD와 절강대학(ZJU) 간에는 두꺼운 링크가 형성되어 있으나 MIT와 절강대학 사이에는 그렇지 못하다. 이는 SUTD, MIT, 절강대학 3자가 함께 협력 연구한 사례가 극히 적은데서 기인하는 것이다. SUTD가 MIT와 절강대학을 동시에 전략적 협력 파트너로 삼았음에도 3자가 공동으로 참여하는 연구가 이렇게까지 적은 것이 SUTD의 의도와 기획에 의한 것인지는 불분명하지만, 결과적으로라도 SUTD가 스스로를 두 가지 서로 다른 세계의 가운데에 위치시켰다는 점은 다음과 같은 이유에서 주목할 만하다.

〈그림 2〉 개념: 구조적 틈새(Structural Hole)

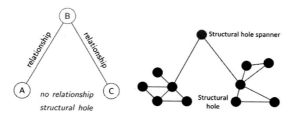

자료: Huang et al.(2014)

네트워크에는 '구조적 틈새(structural hole)'라는 것이 있을 수 있다. 구조적 틈새라는 개념은 사회학자 Burt가 처음 제기한 것으로,[15] 서로 다른 클러스터(내부적으로 조밀하게 연결된 그룹)들 사이에 존재하는 공백을 지칭한다(〈그림 2〉 참조). 그리고 그곳에 위치한 이, 즉 구조적 틈새를 메우는 이(structural hole spanner)는 상이한 그룹으로부터 나오는 이질적인 (혹은 중복되지 않은) 정보를 모두 취함으로써 특별한 우위(advantage)를 누릴 수 있고, 두 그룹 중 어느 한 곳에 속한 이들보다 더 혁신적인 아이디어를 창출해낼 가능성도 크다고 알려져 있다.[16] 이와 같은 관점에서, SUTD는 MIT를 중심으로 한 클러스터와 절강대학을 중심으로 한 클러스터 사이의 공백에 자리를 잡음으로써 이른바 '구조적 틈새'에 잠재된 가능성을 구현하려 했다고 볼 수 있다.

----

15) Burt, R., *Structural Holes: The Social Structure of Competition*, Cambridge: Harvard University Press, 1995.

16) 위의 책; Burt, R., "Structural holes and good ideas, " *American Journal of Sociology*, Vol.110, 2004; Lou, T. and J. Tang, "Mining structural hole spanners through information diffusion in social networks, " The 22nd International World Wide Web Conference (Rio de Janeiro, Brazil), May 13-17, 2013; Huang, H., J. Tang, S. Wu, L. Liu, and X. Fu, "Mining Triadic Closure Patterns in Social Networks, " The 23rd International World Wide Web Conference (Seoul, Korea), April 7-11, 2014.

위와 같은 이해를 배경으로 하여 아래에서는, SUTD가 MIT, 절강대학과 각기 형성한 두 가지 네트워크(SUTD-MIT 네트워크 vs. SUTD-절강대학 네트워크)의 '성격'과 '내용', '구조'를 실증적으로 비교 분석해보고자 한다. 다각도의 분석을 통해, SUTD가 두 전략적 파트너를 어떻게 활용하고 그들과의 연계를 통해 무엇을 얻고 또 자신의 위상을 어떻게 구축해 가는지를 보다 깊이 있게 이해해보고자 한다. 이어 논문 말미에서는 이상과 같은 분석으로부터 우리가 참고할 수 있는 정책적 함의가 무엇일지 논의해보고자 한다.

III. 두 네트워크의 성격과 연계의 강도

두 네트워크(〈그림 3〉 참조)의 성격은 각 네트워크를 구성하는 노드(기관)들이 얼마나 '쌍방향적'으로 연결되어 있느냐 하는 관점에서 비교해 볼 수 있다. 여기서의 방향이란 공저 논문 속의 교신저자로부터 여타 참여저자들로 향하는 방향을 뜻한다.[17] 즉, 쌍방향성이 크다는 것은 공동연구에 참여한 두 기관이 서로 번갈아 가며 교신저자의 역할, 즉 논문을 기획하는 주도적 역할을 맡았음을 의미하며, 반대로 단방향성이 크다는 것은 두 기관 중 어느 하나가 줄곧 교신저자의 역할을 도맡아 왔음을 의미한다.

---

17) 교신저자(교신저자가 여럿인 경우 그중 첫 번째로 나열된 제1교신저자)가 연구를 주도하였다는 전제 위에서 방향성 분석을 수행하였다.

〈그림 3〉 두 개의 네트워크

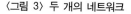

(1) SUTD-MIT 네트워크   (2) SUTD-절강대학 네트워크

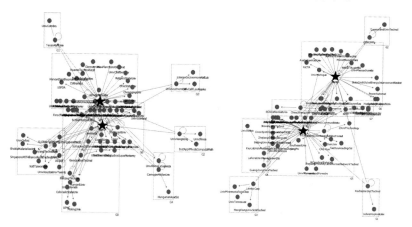

참고: (1) 위의 별이 MIT, 아래의 별이 SUTD; (2) 위의 별이 SUTD, 아래의 별이 절강대학.
자료: 필자 작성(Netminer 4.0 활용).

  네트워크 분석에서 쌍방향성의 정도를 파악할 수 있도록 해주는 것은
'상호성(reciprocity)' 지표(연결된 모든 노드 쌍들 중에서 쌍방향으로 연
결된 노드 쌍의 비율)이다. 이 지표의 계산 결과, SUTD-MIT 네트워크에
서는 그 수치가 0.116, SUTD-절강대학 네트워크에서는 그 수치가 0.082
로 나타나, 전자의 쌍방향성이 상대적으로 큼을 확인할 수 있었다. 반면,
SUTD-절강대학 네트워크는 상대적으로 단방향성 연계로 구성된 측면이
크다고 볼 수 있다.

  조금 다른 각도에서, 네트워크를 이루는 여러 기관들이 얼마나 '수직
적으로' 연결되어 있는지를 '위계성(hierarchy)' 지표를 통해서 확인해 볼
수 있다. 분석 결과, SUTD-MIT 네트워크에서는 위계성 지표의 수치가
0.971, SUTD-절강대학 네트워크에서는 0.995로, 후자의 수직 위계성이
더 큰 것으로 나타났다. 다시 말해, SUTD-MIT 네트워크가 보다 수평적인
속성을 갖는다는 것이다. 이는 위의 쌍방향성 정도에 관한 분석결과와도

상응하는 것이라 할 수 있다.

또한, 두 네트워크가 각기 얼마나 많은 수의 핵심적 기관을 갖고 있는 지를 파악하여 두 네트워크의 '다핵성' 정도도 파악해볼 수 있다. '보우 -타이(Bow-Tie)' 분석을 통해 이른바 'GSCC(Giant Strongly Connected Component)'가 두 네트워크 속에 얼마나 많이 존재하는지를 파악함으로 써 다핵성 정도를 알 수 있다.[18] 본 연구의 맥락 속에서 GSCC란, 공동 연구를 자주 주도하는 교신저자 기관이면서 동시에 공동 연구의 참여자 로 자주 초청받는 참여저자 기관을 지칭한다.

보우-타이 분석 결과, SUTD-MIT 네트워크 속에서는 9개의 기관 (SUTD, MIT, A*Star(싱가포르 과학기술청), NTU(싱가포르 남양이공대 학), 카네기멜론대학, 조지아텍, 텍사스A&M대학, 로마라사피엔자대학, 룩셈부르크대학)이 GSCC로 판명되었고, SUTD-절강대학 네트워크 속에 서는 3개의 기관(SUTD, 절강대학, NUS(싱가포르국립대))만이 GSCC로 판명되었다. 즉, SUTD-MIT 네트워크가 상대적으로 더 다핵적인 네트워 크라고 할 수 있다.

위의 분석 결과들은 SUTD-MIT 네트워크가 SUTD-절강대학 네트워크 에 비해 더 '쌍방향적'이고 '수평적'이며 '다핵적'으로 구성되어 있음을 보여준다. 이는 전자가 후자보다 성숙한 혹은 발전된 네트워크임을 시 사한다.

한편 위와 같은 두 네트워크 속에서 SUTD가 전략적 협력 기관(MIT 및 절강대학)과 얼마나 탄탄하게 연계를 구축했는지도 살펴볼 가치가 있다. 이는 '링크 연결성(link connectivity)' 지수를 계산해 확인할 수 있다. 링 크 연결성 지수는 네트워크 속에서 특정 두 개의 노드(예컨대 SUTD와

---

18) Bow-Tie 모델과 GSCC의 도출 방법에 관해서는 Lewis, T. G., *Network Science: Theory and Applications*, New Jersey: Wiley, 2009를 참조할 것.

MIT)가 (제3, 제4의 노드 등을 통해 간접적으로라도) 더 이상 연결되지 않고 완전 분리되기 위해 제거해야 하는 링크의 수를 의미한다. 계산 결과, SUTD-MIT 네트워크 속 양자의 링크 연결성 지수는 23이었으며 SUTD-절강대학 네트워크 속 양자의 링크 연결성 지수는 14였다. 이는, SUTD와 MIT가 SUTD와 절강대학보다 더 다면적으로 연결되어 있음을 보여준다. 요컨대, SUTD-MIT 네트워크가 SUTD-절강대학 네트워크보다 더 성숙했을 뿐 아니라, 전자의 네트워크 속에서 SUTD가 전략적 협력 기관(즉, MIT)과 보다 탄탄한 연계를 갖고 있음을 확인할 수 있었다.

IV. 두 네트워크의 내용과 산학연 연계 경향

본 절에서는 SUTD-MIT 네트워크와 SUTD-절강대학 네트워크 속에서 진행되어 온 연구의 '내용적' 측면을 중심으로 비교해보고자 한다. 〈그림 4〉는 두 개의 네트워크 속에서 생성된 연구논문들의 학문영역(Web of Science의 학문영역 분류법에 따름)을 빈도가 높은 순으로 중심에서부터 밖으로 멀어져가며 배열한 것이다. 즉, 중앙에 가까운 동심원 상에 표시된 학문영역이 해당 네트워크 속에서 주로 진행되는 연구 분야임을 뜻한다.

〈그림 4〉로부터 우리는, SUTD-MIT 네트워크 속에서 진행되는 연구는 물리학, 재료과학, 나노과학, 화학 등 기초 과학에 해당하는 연구가 상대적으로 많은데 반해, SUTD-절강대학 네트워크 속에서 진행되는 연구는 전기전자, 통신, 컴퓨터 분야의 공학적 연구가 주종을 이룬다는 사실을 확인할 수 있다.

〈그림 4〉 네트워크 속에서 진행되는 연구의 주요 학문분야

(a) SUTD-MIT 네트워크 (우측은 좌측그림 중심부 확대)

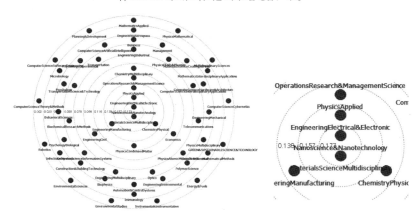

(b) SUTD-절강대학 네트워크 (우측은 좌측그림 중심부 확대)

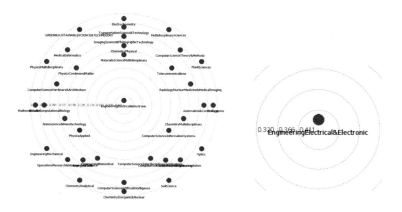

자료: 필자 작성(Netminer 4.0 활용).

기초 과학 분야에 좀 더 초점을 맞춘 연구가 이뤄지는 SUTD-MIT 네트워크의 특징과 공학 분야에 좀 더 초점을 맞춘 SUTD-절강대학 네트워크의 특징은, 해당 네트워크 속에서 산출된 연구 성과가 실린 학술지의 면면을 통해서도 재확인할 수 있다. 전자의 경우 주요 학술지(해당 네트워크에서 산출된 연구 성과를 게재한 전체 학술지 중 게재 빈도 기준 3% 이상의 학술지)는 *Scientific Reports*, *Journal of Mechanical Design*, *Microelectronics Reliability*, *Applied Physics Letters*, *Nano Letters*, *Physical Review* 등이었으며, 후자의 경우 주요 학술지는 *IEEE Transactions on Vehicular Technology*, *IEEE Transactions on Wireless Communications*, *IEEE Transactions on Parallel and Distributed Systems*, *IEEE Transactions on Communications* 등이었다. 후자의 경우는 모두 '국제전기전자기술자협회(Institute of Electrical and Electronics Engineers, IEEE)'가 주관하는 공학 분야의 학술지들이었다.

본 연구에서 논하는 두 네트워크는 공히 연구 네트워크이지만, 이들 네트워크에는 대학 이외의 연구소와 기업들도 참여하고 있다. 즉, 산학연 연계가 이뤄지는 것이다. 그런데 위에서 살펴본 바와 같이 두 네트워크는 그 연구의 내용상에 차이가 있어 산학연 연계의 정도에 있어서도 차이가 있을 것임을 짐작할 수 있다.

한 가지 가능한 추론은, 응용적 성격이 강한 공학 분야의 연구가 많은 SUTD-절강대학 네트워크에서 SUTD의 산학연 연계가 (SUTD-MIT 네트워크에서보다) 더 적극적이리라는 것이다.

본 연구에서는 위 가설적 추론을 실증하는 한편 SUTD의 역할을 보다 심도 있게 파악하기 위하여 이른바 중개(brokerage) 유형 분석을 실시하였다. 중개 유형 분석은, 네트워크 속 노드(본 연구의 경우, 기관)가 수행하는 두드러진 역할을 판별하는데 활용하는 분석이다. 일반적으로 그 역할 유형으로는 다음의 5가지, 즉, '조정자(coordinator)', '문지기(gatekeeper)', '대표자(representative)', '컨설턴트(consultant 혹은 itinerant)', '연락자(liaison)'를 상정한다(〈그림 5〉 참조).[19]

〈그림 5〉 5가지 중개 유형

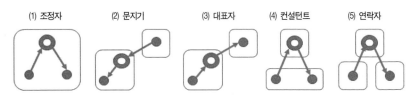

| (1) 조정자 | (2) 문지기 | (3) 대표자 | (4) 컨설턴트 | (5) 연락자 |

참고: 네모는 동질적 집단(예컨대 기업들, 대학들, 연구소들)의 경계를 표시하고, 화살표로 표시된 연계 방식에 따라 고리 모양 큰 원에 해당하는 노드의 중개 유형이 위 5가지로 분류됨.
자료: Gould & Fernandez(1989) 참조하여 작성.

위 분석방법을 응용하여 본 연구에서는, 두 네트워크에 참여한 기관 모두를 '대학', '연구소', '기업' 등 3가지로 분류하고, SUTD가 (대학이 아닌) 연구소, 기업 등 이질적인 조직과 협력하는, 즉, 산학연 연계하는 방식과 정도가 두 네트워크에서 어떻게 다르게 나타나는지 분석하였다. 특히, '조정자'는 같은 그룹 경계 속에서의 교류이며 나머지 4가지는 모두 (각기 다른 방식이기는 하나) 그룹의 경계를 넘어선 교류라는 점에서 산학연 연계라 할 수 있다는 점에 주목하였다.

중개 유형 분석 결과(〈표 1〉 참조), SUTD가 '대학'이란 그룹의 경계를 넘어 산학연 협력을 하는 경향성은 SUTD-MIT 네트워크 속(100-65.2= 34.8)에서 보다 SUTD-절강대학 네트워크 속(100-44.3=55.7)에서 더 강하게 나타났다. SUTD와 두 전략적 협력기관(MIT 혹은 절강대학)과 비교를 해보아도, SUTD-MIT 네트워크 속에서는 SUTD가 MIT에 비해 산학연 협

---

19) 위 방법론에 관한 자세한 설명은 Gould, R. V. and R. M. Fernandez, "Structures of Mediation: A Formal Approach to Brokerage in Transaction Networks," *Sociological Methodology*, Vol.19, 1989를 참조할 것.

력을 하는 경향성이 낮으나(34.8 < 100-51.7), SUTD-절강대학 네트워크 속에서는 절강대학보다 그 경향성이 높았다(55.7 > 100-51.7). 이상과 같은 사실은 SUTD가 절강대학과 구축한 네트워크 속에서 산학연 연계에 더 적극적이라는 앞서 제기한 가설을 실증적으로 뒷받침한다.[20]

〈표 1〉 산학연 연계: 중개 유형 분석

(1) SUTD-MIT 네트워크

	조정자 Coordinator	문지기 Gatekeeper	대표자 Representative	컨설턴트 Consultant	연락자 Liaison	총합 Total
SUTD	65.2%	8.2%	23.7%	1.3%	1.5%	100%
MIT	51.7%	6.4%	37.2%	2.4%	2.4%	100%

(2) SUTD-절강대학 네트워크

	조정자 Coordinator	문지기 Gatekeeper	대표자 Representative	컨설턴트 Consultant	연락자 Liaison	총합 Total
SUTD	44.3%	10.4%	37.0%	4.2%	4.2%	100%
절강대학	51.7%	12.1%	29.5%	3.4%	3.4%	100%

참고: 조정자 외 나머지 4가지 유형은 어떤 방식으로든 부분적으로나마 산학연에 참여하고 있는 것으로 볼 수 있음.
자료: 필자 분석.

보다 구체적으로, 〈표 1〉에서 보듯, 두 네트워크 속에서 핵심적인 기관들의 역할은 주로 '조정자(coordinator)'와 '대표자(representative)'의 역할이었다. 〈그림 5〉에 표시한 바와 같이, '조정자'는 대학이라는 그룹의 경계 속에서 다른 대학과의 교류·협력이며, '대표자'는 다른 대학과의 교

---

20) 네트워크 속 노드가 동질의 노드와 연계하려는 정도가 얼마나 강한지를 검증하는 또 다른 분석인 호모필리(homophily) 분석을 통해서도 위와 같은 맥락의 결과를 얻을 수 있었다. 즉, SUTD-MIT 네트워크 속에서 SUTD가 교신저자 기관으로서 주도적으로 연계를 맺은 기관들 중 (SUTD와 같이) 대학인 경우의 비중은 74.2%로 높은 반면 SUTD-절강대학 네트워크에서는 그 수치가 57.9%로 낮았다. 후자의 경우 연구소 및 기업과의 산학연 연계 비중이 그만큼 더 높았던 것이다. 여기서도 SUTD-절강대학 네트워크 속 SUTD의 산학연 연계 적극성이 확인된다.

류·협력을 배후에 두고 더 나아가 연구소 혹은 기업과 교류·협력하는 것이다. 대표자의 역할은 SUTD-MIT 네트워크 속의 MIT(37.2)와 SUTD-절강대학 네트워크 속의 SUTD(37.0)에서 상대적으로 높게 나타났다.

이상 두 가지 역할에 비해 두드러진 역할은 아니지만 SUTD, MIT, 절강대학이 수행한 여타 세 가지 역할을 살펴보는 것도 의미가 있다. 우선, '연락자(liaison)'는 대학이 연구소 및 기업과 동시에 연계하는, 즉 3자의 이질적 기관이 함께 참여하는 산학연을 의미하는데, 그러한 연계는 SUTD-절강대학 네트워크 속의 SUTD가 가장 적극적임을 알 수 있다. 또한 '컨설턴트(consultant)'는 (3자의 동시 참여는 아니지만) 대학이 연구소계 혹은 기업계 중 어느 하나와 쌍방향 교류하는 산학연 연계를 의미하는데, 이 또한 SUTD-절강대학 네트워크 속의 SUTD가 가장 적극적인 것으로 나타났다.[21]

V. 두 네트워크의 미시적 양상
: 주요 기관들의 위상과 연계의 동기

본 절에서는 두 네트워크(SUTD-MIT, SUTD-절강대학)를 구성하는 주요 미시주체, 즉, SUTD, MIT, 절강대학 등 주요 기관들이 각 네트워크 속에서 차지하는 위상을 살펴보고자 한다. 또한 SUTD와의 연구 협력 네트워크 속에서 MIT, 절강대학이 수행하는 역할, 혹은 SUTD가 그들과의 전략적 협력을 통해 기대하는 역할이 무엇일지에 대해서도 논해보고자 한다.

---

21) 한편 '문지기(gatekeeper)'는 연구소나 기업이 주도하는 공동 연구에 참여하여 다른 대학과의 연계를 책임지는 역할인데, 이는 SUTD-절강대학 네트워크 속의 절강대학에서 가장 두드러졌고 그 다음이 같은 네트워크 속의 SUTD였다(〈표 1〉 참조).

우선, 네트워크 속에서 비중이 크거나 혹은 영향력 크다고 판단되는 기관들을 추출하기 위하여, 두 네트워크 속 모든 노드(기관)들에 대해 '연결정도 중심성(degree centrality)'과 '근접 중심성(closeness centrality)'을 분석하였다. 연결중심성은 네트워크 속에서 해당 노드가 갖고 있는 링크의 수에 비례하여 커지며, 근접중심성은 해당 노드로부터 네트워크 내 나머지 노드들에 도달하는 평균 거리가 가까울수록 그 값이 커진다. 〈표 2〉는 두 네트워크 속에서 각기 그 값이 큰 기관들을 순서대로 보여준다.

〈표 2〉에서 보듯, 두 네트워크 속에서 SUTD와 그의 두 전략적 협력기관(MIT, 절강대학)의 위상이 다른 기관들에 비해 훨씬 높은 것을 확인할 수 있다. 그럼에도 싱가포르의 SUTD가 미국의 MIT와 중국의 절강대학과 협력 네트워크를 구축하는데 있어 적극적으로 참여한 싱가포르 국내의 여타 기관을 확인해보는 것은 의미가 있을 수 있다.

〈표 2〉를 보면 우선 SUTD-MIT 네트워크에서는 싱가포르의 NTU(남양이공대학)와 A*Star의 연결정도 중심성과 근접 중심성이 공히 높게 나타난다. NTU는 이공계 비중이 큰 싱가포르의 대형 국립대학이고, A*Star는 싱가포르의 과학기술청으로 국책 연구개발을 주도하는 정부 산하 기관이다. 한편, SUTD-절강대학 네트워크 속에서는 싱가포르의 가장 대표적인 종합 국립대학인 NUS(싱가포르국립대)가 연결정도 중심성과 근접 중심성에서 공히 3위를 차지했다(〈표 2〉 참조). 이상의 결과는, SUTD-MIT의 연구 협력이 첨단 과학기술과 전략적 연구를 지향하는 경향이 강한 반면, SUTD-절강대학의 연구협력은 좀 더 다방면의 연구를 포괄하는 경향이 있기 때문인 것으로 보인다. 다만 이는 아직 추론일 뿐 보다 정확한 판단을 위해서는 추가적인 연구를 필요로 한다.

〈표 2〉 연결정도 중심성 및 근접 중심성 상위 기관들

(a) SUTD-MIT 네트워크

순위	기관명	연결정도 중심성	순위	기관명	근접 중심성
1	MIT	0.422	1	MIT	0.520
2	SUTD	0.373	2	SUTD	0.495
3	NTU	0.108	3	UnivColorado	0.422
4	UnivColorado	0.084	4	NTU	0.404
5	UnivHongKong	0.048	5	UnivHongKong	0.401
5	UnivSouthernCalif	0.048	5	UnivSouthernCalif	0.401
7	UnivRomaLaSapienza	0.036	7	GlobalFoundries	0.392
7	CarnegieMellonUniv	0.036	8	UnivRomaLaSapienza	0.389
7	UnivTwente	0.036	8	CarnegieMellonUniv	0.389
7	A*Star	0.036	8	GeorgiaInstTechnol	0.389
7	NanjingTechUniv	0.036	8	UnivLuxembourg	0.389
7	GeorgiaInstTechnol	0.036	12	UnivTwente	0.386
7	UnivHaifa	0.036	12	NanjingTechUniv	0.386
7	TexasA&MUniv	0.036	12	UnivHaifa	0.386
7	UnivLuxembourg	0.036	15	SoutheastUniv	0.384
7	GlobalFoundries	0.036	15	UnivChicago	0.384
17	SoutheastUniv	0.024	15	HebrewUnivJerusalem	0.384
17	UnivChicago	0.024	18	TexasA&MUniv	0.383
17	HebrewUnivJerusalem	0.024	19	A*Star	0.380

(b) SUTD-절강대학 네트워크

순위	기관명	연결정도 중심성	순위	기관명	근접 중심성
1	ZJU	0.433	1	ZJU	0.526
2	SUTD	0.284	2	SUTD	0.461
3	NUS	0.149	3	NUS	0.415
4	NanjingUnivAeronaut	0.090	4	LemkoCorp	0.396
5	LemkoCorp	0.075	5	HangzhouNormalUniv	0.392
6	ChinaJiliangUniv	0.060	6	NanjingUnivAeronaut	0.384
7	RochesterInstTechnol	0.045	7	GuangdongUnivTechnol	0.381
7	GuangdongUnivTechnol	0.045	7	ChinaJiliangUniv	0.381
7	LahoreUnivManage	0.045	9	RochesterInstTechnol	0.374
7	HangzhouNormalUniv	0.045	9	LahoreUnivManage	0.374
7	CSIROMfg	0.045	9	CSIROMfg	0.374

참고: 공저 논문에서 교신저자가 여타 참여저자들에게 영향을 미치거나 그들을 주도한다고 보아, 중심성은 out-degree (화살표의 종착점이 아닌 원점에서 측정) 기준으로 계산하였음. (b) SUTD-절강대학 네트워크에 표시된 곳 이외의 기관들은 연결정도 및 근접 중심성이 소수점 셋째 자리까지 모두 '0'이어서 표시하지 않았음.
자료: 필자 분석.

위의 두 네트워크에서 SUTD, MIT, 절강대학의 위상이 높게 나타나는 것은 본 연구에서 두 네트워크를 SUTD-MIT 혹은 SUTD-절강대학의 연계로부터 식별하였기에 당연한 것이기도 하다. 오히려 더 주목할 것은, 두 네트워크에서 SUTD보다 그의 전략적 협력기관의 중심성이 더 높게 나타난다는 사실이다. 이는, MIT와 절강대학이 많은 연계를 형성할 수 있는 자산을 갖고 있고, SUTD는 자신이 직접 갖지 못한 두 전략적 협력기관의 연계 자산을 간접적으로나마 활용하고 있음을 시사하는 것이기도 하다.

그렇다면, SUTD의 두 전략적 협력기관은 각기 어떤 연계 자산을 가지고 있는 것일까? 한 가지 가능한 논리적 추론은, MIT는 미국 내 여러 기관들을 아우르는 허브(hub)로, 절강대학은 중국 내 여러 기관들을 아우르는 허브로 자리매김되어 있으리란 것이다.

이 가설적 추론을 실증적으로 검증하기 위하여 필자는, 두 네트워크 속에서 MIT, 절강대학이 연계를 맺고 있는 기관들을 모두 국가별로 분류한 뒤 추가로 호모필리(homophily) 분석을 실시하였다. 그를 통해, MIT가 미국 내 기관들과 연계하려는 정도, 그리고 절강대학이 중국 내 기관들과 연계하는 정도를 분석해보았다.

호모필리 분석결과, SUTD-MIT 네트워크 속에서 MIT가 미국 내 기관과 연계하는 정도는 42.9%, SUTD-절강대학 네트워크 속에서 절강대학이 중국 내 기관과 연계하는 정도는 55.3%였다. 두 수치 공히 낮다고 할 수는 없으나(즉, 해당 국가 내에서의 허브로 일정한 역할 수행), 절강대학이 자국 내 기관과 연계하는 정도가 MIT보다 더 커서 절강대학은 중국 내 '로컬 허브(local hub)' 기능이 상대적으로 두드러지며, MIT는 미국 뿐 아니라 세계 국가와 연계하는 '글로벌 허브(global hub)' 기능이 비교적 크다고 볼 수 있다.

요컨대, 싱가포르의 SUTD는 절강대학이 중국 내 로컬 허브로, 그리고

MIT가 미국 뿐 아닌 글로벌 허브로서 갖고 있는 연계 자원을 이들과의 전략적 협력을 통해 간접적으로 획득·활용하고 있다고 할 수 있다.

비록 위와 같은 모든 것을 SUTD가 사전에 기획했다고 보기는 어렵지만, SUTD가 MIT와 절강대학을 전략적 협력 파트너로 선정하고 교류를 이어온 것은, 파트너 기관들이 연계 자산을 갖고 일정한 공간에서 허브로서의 역할을 수행하며 SUTD의 발전에 기여하리라 판단했기 때문일 수 있다. 그런데 SUTD의 양방면(MIT 및 절강대학) 연구 협력을 재정적으로 뒷받침한 연구비 지원 기관 및 국가를 살펴보면, 그러한 협력적 연계가 SUTD의 일방적 공여에 의해 유지되고 있는 것은 아님을 확인할 수 있었다.

〈표 3〉은 SUTD와 두 곳의 전략적 협력 기관과 공동 연구에 연구비를 지원한 기관 및 그 기관의 소속 국가를 분석, 정리한 것이다. 각 공동 연구 논문의 연구비 지원기관은 해당 논문에 표기된 사사(acknowledgement)를 통해 파악하였다.

〈표 3〉에서 보듯, SUTD와의 공동 연구에 미국보다 중국이 연구비를 지원한 경우가 훨씬 많다.[22] SUTD-MIT 공동 연구에 미국 기관이 연구비를 지원한 것은 전체 95편 논문의 23.2%인데 반해, SUTD-절강대학 공동 연구 논문 69편 중 55.1%가 중국 국가자연과학기금(NSFC)의 연구비 지원을 받았고 여타 중국 기관의 연구비 수혜까지 합산하면 중국 기관의 연구비 수혜를 입은 SUTD-절강대학 공동 연구의 비중은 매우 높게 나타난다.[23]

---

22) 연구비 지원을 금액 기준으로 살펴보는 것이 더 의미 있을 수 있으나, 그에 관한 공개 자료가 없어 본 분석에서는 건수 기준으로 연구비 지원 상황을 파악하였다.
23) 논문 한편의 공저자가 서로 다른 기관의 연구비 수혜를 입었을 수 있고, 그러한 중복으로 인해 〈표 3〉 각항에 계산된 비중(%)은 서로 중첩될 수 있고 그 총합은 100%를 넘을 수 있다는 사실을 유의할 필요가 있다.

〈표 3〉 공동 연구의 주요 재정지원 기관

(a) SUTD-MIT

연구비 지원기관	국가	편수	비중 (%)
NSF	미국	22	23.2
SUTD	싱가포르	17	17.9
SUTD-MIT IDC	싱가포르-미국	16	16.8
EU Marie Curie	EU	3	3.2

(b) SUTD-절강대학

연구비 지원기관	국가	편수	비중 (%)
NSFC	중국	38	55.1
NSFC-절강성	중국	19	27.5
Basic Res Program	중국	16	23.2
Fundament Res Fund for Cent Univ	중국	11	15.9
SUTD	싱가포르	10	14.5
NSFC-강소성	중국	6	8.7
863 High Tech	중국	6	8.7
MOE	중국	6	8.7
ITRUST	싱가포르	5	7.2
KeyS&TInnovation-절강성	중국	4	5.8
SRFDP	미상	4	5.8
SUTD-ZJU Res Grant	싱가포르-중국	3	4.3
S&T Specific Major	중국	3	4.3

자료: Web of Science DB로부터 필자 정리.

한편, 싱가포르의 연구비 지원은 SUTD-절강대학 공동 연구보다 SUTD-MIT 공동 연구에 좀 더 집중되었다. 〈표 3〉에서 보듯, SUTD가 단독으로 혹은 SUTD가 전략적 협력기관과 공동으로 마련한 기금에서 연구비가 지원된 것이, MIT와의 공동 연구의 경우에는 각각 17.9%, 16.8%인데 반해, 절강대학과의 공동 연구의 경우에는 각각 14.5%, 4.3%에 지나지 않았다.

위와 같은 사실은, '소득수준이 상대적으로 낮은 중국의 대학에 싱가포르가 연구비 지원을 해가며 전략적 연계를 구축하였으리라' 하는 통념을 불식시키는 것이며, 오히려 미국과의 연계에 싱가포르가 기울이는 노력에 주목하게 하는 것이기도 하다. 연구비 수혜 여부라는 간접적인 증거만으로 싱가포르의 전략적 움직임을 명확히 파악하기는 어렵지만, 싱가포르는 미국과의 협력 속에 SUTD의 역량을 배양하고 그를 바탕으로 중국 측의 협력을 유도하는 것으로 보인다. 특히, 싱가포르가 중국측에 재정적 공여를 적극적으로 수행하기 보다는 중국측 파트너로 하여금 자국의 재원을 충분히 활용하여 싱가포르와의 국제 공동 연구에 참여하도록 하고 있음을 가늠해볼 수 있다.

중국이 싱가포르와의 협력에 적극적인 이유가, 위에서 살펴본 것과 같이, 싱가포르로부터의 연구비 지원이라는 유량(flow)적 측면이 크지 않다면, 대안적 설명은 싱가포르가 구축한 저량(stock)적 측면에서 찾아볼 수 있다. 후자에는 싱가포르의 선진적 연구 설비와 플랫폼, 우수한 지적·인적 자원의 축적, 싱가포르-중국 간의 기존 인적 네트워크 등을 상정해 볼 수 있는데, 이들의 실제 역할이 정확히 어떠했는지는 후속 연구들을 통해 확정될 필요가 있다.

VI. 요약 및 함의

싱가포르는 중국의 부상에 조응하는 기민성과 동서양의 국가들과 고르게 협력관계를 유지하는 전략적 균형성이 높다고 알려져 있다. 하지만 싱가포르의 그러한 속성을 뒷받침하는 미시적 차원의 분석은 깊이 있게 이뤄지지 못했다. 본 연구는 그러한 연구공백을 부분적으로나마 채우기 위해 수행되었다.

싱가포르-중국 간 개발 협력은 최근 제도화되고 확대·심화되었다. 싱가포르의 대중 협력에 있어 '과학기술'은 여전히 핵심적 위치를 차지하지만 최근 들어 '디자인'은 싱가포르의 경쟁우위를 구성할 요인으로 각광받고 있다. 그를 상징적으로 보여주는 것이 2012년 싱가포르 제4의 국립대학 SUTD의 설립이다.

SUTD는 설립 과정에서부터 미국의 MIT와 중국의 절강대학을 양대(兩大) 전략적 협력 파트너로 선정하였다. 이에 본고에서는 SUTD가 MIT, 절강대학과 구축한 네트워크의 구조와 성격을 사회네트워크 분석의 다양한 기법을 활용해 분석해 보았다.

분석의 첫 단계에서, SUTD가 미국 MIT와 형성하는 네트워크와 중국 절강대학과 형성하는 연구 네트워크가 사실상 상호 분리되어 있음을 발견하였다. 그리고 이는, SUTD가 MIT를 중심으로 한 클러스터와 절강대학을 중심으로 한 클러스터 사이의 이른바 '구조적 틈새'에 자리 잡음으로써 다양한 정보의 효율적 취득과 혁신적 아이디어의 창출이라는 가능성을 구현하려 한 것으로 평가할 수 있었다.

SUTD-MIT, SUTD-절강대학의 두 가지 네트워크에 대한 성격 비교에서는, 전자가 후자에 비해 더 '쌍방향적'이고 '수평적'이며 '다핵적'으로 구성된 성숙한 네트워크임을 확인할 수 있었고 SUTD는 전자의 핵심적 파트너인 MIT와 보다 더 탄탄한 연계를 구축하고 있음을 알 수 있었다.

두 네트워크의 내용 분석을 통해서는, SUTD-MIT 네트워크 속에서 진행되는 연구는 물리학, 재료과학, 나노과학, 화학 등 기초 과학에 해당하는 연구가 상대적으로 많은데 반해, SUTD-절강대학 네트워크 속에서 진행되는 연구는 전기전자, 통신, 컴퓨터 분야의 공학적 연구가 주종을 이룬다는 사실을 확인하였다. 또한 응용적 성격이 강한 공학 분야의 연구가 많은 SUTD-절강대학 네트워크에서 SUTD의 산학연 연계 노력이 보다 활발하게 전개됨을 관찰할 수 있었다.

또한 두 네트워크를 구성하는 미시적 주체의 위상과 그들 간의 연계 배경에 대한 분석에서는 다음과 같은 사실을 확인할 수 있었다, SUTD의 전략적 연계 기관인 MIT, 절강대학은 네트워크 속에서 연결정도 및 근접 중심성이 SUTD보다도 높게 나타나, MIT와 절강대학이 각각 글로벌 허브와 중국 내 로컬 허브 역할을 담당하고 있음을 보여주었다. SUTD는 두 전략적 파트너의 그러한 위상과 연계 자산을 십분 활용하되, 그들과의 공동 연구에 대한 재정지원에 있어서는 의외의 움직임을 보였다. 즉, 싱가포르의 연구비 지원은 SUTD-절강대학 공동 연구보다 SUTD-MIT 공동 연구에 집중되었다. 반면 중국측 파트너에 대해서는 중국 자국의 재원을 활용하여 싱가포르와의 국제 공동 연구에 참여하도록 하고 유도하는 듯 보였다. 비록 간접적인 증거에 기반한 것이지만, 싱가포르는 미국과의 협력속에 SUTD의 역량을 배양하고 그를 바탕으로 중국측의 협력을 유도하는 것으로 판단할 수 있었다.

중국 주변의 소규모 국가들에겐 부상하는 중국과의 관계를 어떻게 만들어가야 할지가 중요한 전략적 문제이다. 바람직한 대중(對中) 관계를 모색함에 있어 각국은 국제정치의 큰 틀 속에서 지혜를 발휘해야 하고 또 자국 경제를 활성화하고 기업 경쟁력을 높이기 위한 정책도 써야 할 것이다.

본 연구는 소규모 국가의 대중 관계 구축의 이슈를 다루되, 다양한 해법을 포괄적으로 종합하기보다는, 싱가포르라는 아시아 선도 국가의 작은 사례를 통해 유의미한 함의를 도출해보고자 하였다. 물론, SUTD라는 한 대학에 초점을 맞춘 본 연구에 한계는 있다. 본 연구결과만으로 'G2'로 일컬어지는 미국과 중국 사이에서 싱가포르가 어떠한 전략적 행동을 하고 있다고 확정적으로 진단할 수 없다. 또한 그로부터 한국이 가야할 길을 포괄적으로 제시하기에도 역부족이다. 하지만 이러한 미시적 연구가 거시적 연구와 담론에 보완적·구체적 제안을 더한다는 점에서는 의미가 있을 것이다.

무엇보다, 싱가포르 SUTD가 중국과 미국 사이의 구조적 틈새에 자신을 전략적으로 위치시키고, 미국과의 연계를 통해 기초 역량을 축적하는 한편 중국을 향해서는 산학연 연계를 다지고, 과학기술을 넘어 디자인의

영역을 개척하고 있다는, 본고가 밝힌 사실은 한국이 정책적 차원에서 참
조할 만할 것이다.

| 참고문헌 |

은종학, 「중국의 과학 역량에 대한 미시적 탐색: 학문적 리더십과 국제적 연구
　　　네트워크」, 『중국연구』, 47권, 서울: 한국외국어대 중국연구소, 2009.
　　＿＿, 「네트워크 분석을 통해 본 중국 나노과학의 성과와 특성」, 『현대중국연
　　　구』, 제17권 제1호, 서울: 현대중국학회, 2015.
　　＿＿, 「싱가포르 신설 국립대학 SUTD의 대중·대미 연구협력 네트워크 분
　　　석」, 『아태연구』, 제25권 제2호, 서울: 경희대 국제지역연구원, 2018.

Asian Development Bank, *Emerging Asia Changes and Challenges*, Manila: Asia
　　　Development Bank, 1997.

Burt, R., *Structural Holes: The Social Structure of Competition*, Cambridge:
　　　Harvard University Press, 1995.

Calder, K. E., *Singapore: Smart State*, Washington DC: The Brookings Institution,
　　　2016.

Leipziger, D. M. (ed.), *Lessons from East Asia*, University of Michigan Press,
　　　2001.

Lewis, T. G., *Network Science: Theory and Applications*, New Jersey: Wiley,
　　　2009.

Rowen, H. S. (ed.), *Behind East Asian Growth: The Political and Social Founda-
　　　tions of Prosperity*, New York: Routledge, 1998.

Wasserman, S. and K. Faust, *Social Network Analysis: Methods and Applications*,
　　　Cambridge: Cambridge University Press, 2009.

World Bank, *The East Asian Miracles*, Oxford: Oxford University Press, 1993.

Zheng, Y. and L. F. Lye (eds.), *Singapore-China Relations: 50 Years*, Singapore: World Scientific, 2016.

Burt, R., "Structural holes and good ideas, " *American Journal of Sociology*, Vol.110, 2004.

Eun, J.-H., "Evolution of the Little Dragons' Science Network with the Rise of China: A Bibliometric Analysis, " *China: An International Journal*, Vol.13, No.3, 2015.

Gould, R. V. and R. M. Fernandez, "Structures of Mediation: A Formal Approach to Brokerage in Transaction Networks, " *Sociological Methodology*, Vol.19, 1989.

Hobday, M., "East versus Southeastern Asian innovation systems: Comparing OEM- and TNC-led Growth in Electronics, " In: Kim, L. and Richard R. Nelson (eds.), *Technology, Learning, and Innovation*, Cambridge: Cambridge University Press, 2000.

Huang, H., J. Tang, S. Wu, L. Liu, and X. Fu, "Mining Triadic Closure Patterns in Social Networks, " The 23rd International World Wide Web Conference (Seoul, Korea), April 7-11, 2014.

Lou, T. and J. Tang, "Mining structural hole spanners through information diffusion in social networks, " The 22nd International World Wide Web Conference (Rio de Janeiro, Brazil), May 13-17, 2013.

Magee, C., P. Leong, J. Chen, J. Luo, "Beyond R&D: What Design Adds to a Modern Research University." *International Journal of Engineering Education*, Vol.28, No.2, 2012.

SUTD, "MIT-SUTD's seven-year education collaboration a success, " *Press Releases*, 23rd June, 2017. https://sutd.edu.sg/About-Us/News-and-Events/Press-Releases, 2017.10.

Wong, P.-K., "National innovation systems for rapid technological catch-up: An analytical framework and a comparative analysis of Korea, Taiwan and Singapore, " The DRUID Summer Conference on National Innovation Systems, Industrial Dynamics and Innovation Policy (Rebild, Denmark), 1999.

Wong, P.-K. and A. Singh, "From technology adopter to innovator: Singapore, " Edquist C. and Lief Hommen (eds.), Small Country Innovation Systems: Globalization, Change and Policy in Asia and Europe, Cheltenham: Edward Elgar(검색일: 2008.10)

Wikipedia, https://en.wikipedia.org/wiki/List_of_countries_by_GDP_(PPP)_per _capita(검색일: 2017.12.12)

百度百科, "中新(重慶)戰略性互聯互通示範項目", 2017년 11월 9일 검색.

浙江大學 홈페이지, "浙江大學與新加坡科技設計大學合作邁向新階段." http://www.zju.edu.cn/c2460304/content_3076232.html(검색일: 2017.5.8)

저자소개

박영순

국민대학교 중어중문학과를 졸업하고 중국 푸단(復旦)대학 중국어문학연구소에서 석사·박사학위를 받았다. 현재 국민대학교 중국인문사회연구소 HK교수로 재직하고 있다. 현재 주로 지역의 문인군체, 문학과 과거제도, 서학과 전통, 문인집단과 지식의 정치화, 문학지리와 지식생산, 중국문학의 한국수용사 등 문인집단, 지역의 인문학, 문학과 지식교류사 등에 관심을 두고 있다. 주요 논문으로 「현대화 과정에 나타난 저층담론과 지식생산: 다큐멘터리 『鐵西區』를 중심으로」, 「화인 디아스포라문학지형과 네트워크: 가오싱젠을 중심으로」, 「청초 강남지역의 유민결사: 驚隱詩社를 중심으로」, 「서학동점기 서학의 전파와 지식생산기제: 상해격치서원 '考課'의 활동과 인물을 중심으로」 등이 있다. 역서로는 『현대중국의 학술운동사』, 『호상학파와 악록서원』 등이 있다.

박철현

서울대학교 동양사학과를 졸업하고, 서울대학교 국제대학원에서 중국지역연구로 문학석사학위를 받고, 중국 선양(瀋陽) 테시구(鐵西區) 공간변화와 노동자 계급의식의 관계에 대한 연구로 중국 인민(人民)대학 사회학과에서 박사학위를 받았다. 현재 국민대학교 중국인문사회연구소 HK연구교수로 재직 중이다. 관심분야는 중국 동북(東北) 지역의 공간생산과 지방정부의 역할, 국유기업 노동자, 동북 지역의 "역사적 사회주의", 만주국, 동아시아 근대국가 등이다.
논저로는 『도시로 읽는 현대중국 1, 2(역사비평사, 2017)』(편저), 『다롄연구: 초국적 이동과지배, 교류의 유산을 찾아서』(공저, 진인진, 2016), 『특구: 국가의 영토성과 동아시아의예외공간』(알트, 공저, 2017), 『세계의 지속가능한 도시재생』(국토연구원, 2018), 「중국 동북지역의 전형단위제와 '창판대집체기업(廠辦大集體企業)'」(만주연구, 2018), 「개혁기 중국 지방국가와 자본가의 탄생: 산시성 메이라오반의 사례」(역사비평, 2018), 「개혁기 중국 '국가 신자유주의' 공간: 상하이 자유무역시험구와 그 외부」(현대중국연구, 2017), 「중국 개혁기 사회관리체제 구축과 스마트시티 건설: 상하이 푸동신구의 사례를 중심으로」(공간과사회, 2017) 외 다수가 있다.

서상민

고려대학교 정치외교학과를 졸업하고 고려대학교 대학원에서 중국정치로 석·박사학위를 취득하였다. 동아시아연구원(EAI) 중국연구센타 부소장을 거쳐 현재 국민대학교 중국인문사회연구소 HK연구교수로 재직 중이다. 주요 관심 연구영역으로는 중국정치과정 중 권력

관계, 정치엘리트, 관료제와 관료정치 그리고 외교안보 분야 정책결정과정 분석 등이 있다. 최근 사회연결망분석(SNA) 방법을 활용한 중국의 정책지식과 정책행위자 네트워크 분석하고 있으며, 이와 관련한 네트워크 데이터를 구축하여 중국의 정치사회 구조 변화와 행위자 간의 긴장관계와 정치적 다이나믹스를 추적 분석하고 있다. 주요 논문으로는 「시진핑 1기 중국인민해방군 상장 네트워크」(2018), 「중국의 강대국화와 시진핑 시기 사회관리」(2017), 「중국의 한중관계 연구동향 분석」(2017), 「중국 외교엘리트의 인적 네트워크 분석」(2017) 등이 있으며, 저서로는『현대중국정치와 경제계획관료』(2019),『얘들아! 이젠 중국이야』(2016, 공저),『동아시아공동체 논의 현황과 전망』(2009, 공저) 등이 있다

송인재

성균관대학교 동양철학과를 졸업했고, 동대학원에서 석사과정을 거쳐 1978년 이후 중국의 계몽, 민족국가, 문화 담론 연구로 박사학위를 받았다. 한림대학교 한림과학원 HK연구교수를 역임했고 현재 동기관 HK교수다. 주요 연구영역은 80년대 이후 중국의 사상과 지식 지형, 근대 동아시아 개념사, 디지털인문학이다. 주요 논문으로 「1980년대 중국의 문화의식에 대한 재조명 – 甘陽의 전통·현대에 대한 인식을 중심으로」(2008), 「포스트사회주의 중국에서 '문화' 담론의 지형」(2010), 「'문명'의 발견과 해석, 그리고 중국의 비전」(2012), 「1920,30년대 한국 지식인의 중국 신문화운동 수용 – 양건식, 정래동, 김태준의 경우」(2015), 「세계 지성계 속의 왕후이 사상 – 저술 번역 양상에 관한 고찰」(2016) 등이 있고, 저서로『왕후이』(2018), 공저로『현대중국의 진화와 지식네트워크』(2013),『과학질주의 시대 인간과 학문이 던지는 질문』(2019), 역서로『관념사란 무엇인가』(2010),『왜 다시 계몽이 필요한가』(2013),『왕단의 중국현대사』(2013),『절망에 반항하라』(2014),『상실의 시대, 동양과 서양이 편지를 쓰다』(2016),『권학편』(2017) 등이 있다.

은종학

서울대학교 국제경제학과를 졸업하고, 동 국제대학원에서 중국경제 전공으로 석사학위(경제학 석사)를 취득하였다. 이후 LG경제연구원 중국팀 선임연구원으로 근무하다가, 대한민국 교육부 국비유학생으로 선발되어 중국 청화(淸華)대학 기술경제경영학과에 유학, 박사학위(경영학 박사)를 취득했다. 청화대학 박사과정을 최우수 졸업하며 청화대학 총장으로부터 영예칭호를 수여받았다. 귀국 후 대외경제정책연구원 중국팀 부연구위원으로 근무했으며, 2006년부터는 국민대 중국학부에서 교편을 잡고 있다. 연구 관심 분야는 중국의 국가혁신체제와 과학기술 및 산업 발전이며, 최근에는 디자인 기반 혁신, 싱가포르 및 베트남 경제로 관심을 확대하고 있다. 다수의 논문을 SSCI급 국제학술지와 국내 유수 학술지에 발표하였으며, 세계적 학술지 Research Policy에 실은 대표논문 "Explaining the

University-run Enterprises in China: A Theoretical Framework"는 한국인의 중국 관련 연구 논문 중 국제적으로 가장 많이 인용되는 것 중 하나다.

이광수
중국인민대학에서 중국정치 전공으로 박사학위를 취득한 이후, 숭실대, 국민대에서 동아시아 관계와 중국정치에 대해서 강의해오고 있다, 국민대학교 중국인문사회연구소에서 HK연구교수로 재직하면서 중국과 대만의 지식네트워크와 정치체제에 대해서 연구하고 있으며, 근래에는 양안관계와 통일모델에 대해 주로 관심을 갖고 있다. 연구 성과로 「중국 정치학자의 지식네트워크 분석」(2013), 「중국 공공지식인의 활동과 영향력」(2013), 「중국 공산당의 정치선전과 홍색문화열」(2013), 「대만 사회운동에 관한 연구」(2015), 「대만의 '중국유학생 유치정책'의 특징과 영향」(2016), 「2016년 대만 선거와 양안관계」(2016), 「대만의 탈중국화 배경과 특징」(2016), 「한·중 신문 보도 프레임 연구」(2016), 「양안의 민족주의 정서 고양과 양안관계」(2017), 「대만의 인정투쟁 연구: 정당의 통독 입장 변화를 중심으로」(2017) 등이 있으며, 역서로는 『중국 정책결정과정과 전문가 참여』(2013)가 있다.

차태근
인하대학교 중국학과 교수. 고려대학교 중어중문학과 졸업하고 베이징사범대학에서 박사학위를 받았으며 중국근대학술사상을 연구하고 있다. 주요 관심분야는 근대 세계질서에서의 중국을 비롯한 동아시아 근현대 사상의 형성과 문제이다. 연구논문으로는 「문명의 기준과 근대 중국 인권담론」(2017), 「수면-각성론: 현대중국의 민족우언」(2018), 「20세기 초 동아시아 제국주의론의 세계인식」(2018), 「20세기 전환기 중국 평화담론 연구 ─ "세계평화회의"를 중심으로」(2018) 등이 있고 역저로는 『충돌하는 제국』(번역, 2016), 『중국 문명의 다원성과 보편성』(공저, 2014), 『근대 지식과 저널리즘』(공저, 2014) 등이 있다.

최은진
이화여대에서 역사학으로 박사학위를 받았으며, 현재 국민대학교 중국인문사회연구소 HK교수로 재직하고 있다. 전공분야는 중국현대사이며 현재는 중국의 대학교육, 지식인의 사상지형, 담론 및 네트워크를 연구하고 있다. 주요 논문으로는 「중국국립중앙연구원 역사어언연구소(1928-1949)와 근대역사학의 제도화」(2010), 「讀書잡지와 중국지식인의 담론지형」(2012), 「2012년 '韓寒-方舟子 論爭'을 통해 본 중국 매체의 네트워크 작용과 함의」(2013), 「上海 여행공간 형성 네트워크의 문화적 함의」(2014), 「언론매체를 통해 형성된 공자학원(Confucius Institutes) 이미지와 중국의 소프트 파워 확산」(2015), 「중국의 '중국학' 연구의 지적구조와 네트워크: 텍스트 마이닝 기법을 활용한 새로운 분석방법의 모색」

(2016), 「중국 푸쓰녠(傅斯年)연구의 지적 네트워크와 그 함의」(2017), 「中國 勞動教養制度의 歷史的 變遷과 社會的 含意」(2018), 「5・4운동 시기 존 듀이(John Dewey) 교육 사상의 확산과 그 함의」(2019) 등과 『중국 학술의 사승(師承)과 가파(家派)』(왕샤오칭(王曉淸) 저, 최은진・유현정 옮김, 학고방, 2015), 『현대 중국의 8종 사회사조』(마리청(馬立誠) 지음, 박영순・최은진 옮김, 학고방, 2015), 등 역서가 있다.

허재철

중국인민대학에서 정치학 박사학위를 취득한 이후, 국회의원 비서관과 원광대 한중관계연구원 연구교수, 일본 리츠메이칸(入命館)대학 JSPS 박사후 연구원 등을 거쳐 현재 대외경제정책연구원(KIEP) 중국경제실의 부연구위원으로 재직 중이다. 주요 연구영역은 중국의 현대 외교를 포함한 동북아 국제관계이다. 특히, 미디어와 네트워크 이론을 통한 국제관계 분석에 관심을 가지고 있다. 주요 논문으로는 「중국 글로벌 미디어의 특성 및 외교적 역할에 관한 분석」, "Analysis of Modern China's Summit Network", 「언론 네트워크를 통해 본 한중관계: 텍스트 및 매체 차원의 네트워크 분석을 중심으로」, "Networks Between Korean News Media and Korea Specialists Abroad: A Social Network Analysis of Korea Specialists in the United States, China and Japan", 「동북아 평화 협력과 공적 사과의 문제: 한・중・일 3국의 사례를 중심으로」 등이 있다.

국민대학교 중국인문사회연구소 총서 ● 9권

중국 지역연구와 지식네트워크

초판 인쇄 2019년 5월 20일
초판 발행 2019년 5월 29일

공 저 자 | 박영순·박철현·서상민·송인재·은종학
　　　　　이광수·차태근·최은진·허재철
펴 낸 이 | 하운근
펴 낸 곳 | 學古房

주　　소 | 경기도 고양시 덕양구 통일로 140 삼송테크노밸리 A동 B224
전　　화 | (02)353-9908 편집부(02)356-9903
팩　　스 | (02)6959-8234
홈페이지 | http://hakgobang.co.kr
전자우편 | hakgobang@naver.com, hakgobang@chol.com
등록번호 | 제311-1994-000001호

ISBN　　978-89-6071-881-4 94300
　　　　 978-89-6071-406-9 (세트)

값 : 27,000원

이 도서의 국립중앙도서관 출판예정도서목록(CIP)은 서지정보유통지원시스템 홈페이지
(http://seoji.nl.go.kr)와 국가자료종합목록 구축시스템(http://kolis-net.nl.go.kr)에서 이용하
실 수 있습니다. (CIP제어번호 : CIP2019021074)